D1866744

Andreas Heiber

Das SGB XI – Beratungshandbuch 2022/23

Gut beraten – die Leistungen richtig erklären

VINCENTZ
Wir entwickeln Fachwissen

Bibliografische Information der Deutschen Nationalbibliothek

Die Deutsche Bibliothek verzeichnet diese Publikation in der Deutschen Nationalbibliografie; detaillierte bibliografische Daten sind im Internet über http://dnb.d-nb.de abrufbar.

Sämtliche Angaben und Darstellungen in diesem Buch entsprechen dem aktuellen Stand des Wissens und sind bestmöglich aufbereitet.
Der Verlag und der Autor können jedoch trotzdem keine Haftung für Schäden übernehmen, die im Zusammenhang mit Inhalten dieses Buches entstehen.

Besuchen Sie uns im Internet: www.haeusliche-pflege.net

Druck: Gutenberg Beuys Feindruckerei GmbH, Langenhagen
Foto Titelseite: stockpics, Fotolia

ISBN 978-3-7486-0568-3

Andreas Heiber

Das SGB XI – Beratungshandbuch 2022/23

Gut beraten – die Leistungen richtig erklären

VINCENTZ NETWORK

Inhalt

1 Einleitung

Zielgruppe dieses Beratungshandbuchs sind alle Beratungskräfte, die insbesondere in der AMBULANTEN PFLEGE arbeiten, aber auch aus Pflegestützpunkten oder anderen Institutionen, die die Leistungen der Pflegeversicherung im Alltag erklären müssen.

Die erste Ausgabe des SGB XI-Beratungshandbuches wurde 2010 veröffentlicht. Nach dem Pflege-Neuausrichtungsgesetz 2013 erfolgte die 2., überarbeitete Auflage 2013. Die dritte Auflage 2016 enthielt die Übergangsrechtslage, also sowohl die Regelungen für 2016 als auch die neuen für 2017 sowie Hinweise zur Überleitung, und war damit auch etwas umfangreicher. Die 4. Auflage für die Jahre 2018/2019 war ausverkauft, auch gab es durchaus viele kleine Ergänzungen und Veränderungen, die in die 5. Auflage eingeflossen sind. Pünktlich zum Jahresbeginn 2022 erscheint nun die 6. Auflage, die geplant für die Jahre 2022 bis 2023 aktuell sein sollte.

Im Koalitionsvertrag der Regierungsparteien gibt es nur wenig konkrete Hinweise zu Änderungen in der Pflegeversicherung und ihren Leistungen. Das hat sicherlich auch damit zu tun, dass die Vorgängerregierung (an der die größte aktuelle Regierungspartei (SPD) mit beteiligt war) einiges an Änderungen auf den Weg gebracht hat, insbesondere mit dem GVWG. Hier wird man sicherlich auch erst einmal die konkrete Umsetzung abwarten und die Ergebnisse evaluieren wollen. Soweit es schon geplante Leistungsveränderungen geben wird (nur bei der Verhinderungspflege/Kurzzeitpflege konkret formuliert), haben wir sie in den entsprechenden Kapiteln, soweit bekannt, mit dargestellt.

Wie auch in den vorherigen Ausgaben ist die EINSTUFUNG mit den Fragen rund um den neuen Einstufungsbegriff und das Begutachtungsinstrument NICHT Gegenstand des Beratungshandbuches.

Das Handbuch ist wie immer Nachschlagewerk, Arbeitsbuch und Materialfundgrube in einem. Es stellt die Informationen praxisnah dar, sodass sie unmittelbar in der Arbeit genutzt werden können.

In einer ersten **KURZDARSTELLUNG** werden die wesentlichen Aspekte der Leistung kurz zusammengefasst sowie die folgenden ausführlichen Punkte stichwortartig aufgezählt.

Die **WESENTLICHEN PUNKTE** der Leistung werden in Leitsätzen erfasst und jeweils ausführlich dargestellt.

Zum Verständnis der Leistung wird der inhaltliche, historische und/oder politische **HINTERGRUND** der Leistung erläutert.

Die **HINWEISE ZUR BERATUNG** enthalten wichtige Stichworte und Problemfelder, die in der Beratung gezielt angesprochen werden können.

Die **HINWEISE ZUR INTERNEN** UMSETZUNG benennen Punkte, die organisatorisch und praktisch für die Umsetzung notwendig sind.

Die **GESETZESTEXTE** sowie weitere **QUELLEN UND LINKS** finden sich am Schluss jedes Kapitels, Hinweise auf allgemeine Quellen am Ende des Buches.

Im Text beziehen sich die Paragrafenangaben, soweit nicht anders angegeben, immer auf die Pflegeversicherung (SGB XI), alle anderen Gesetzesnormen sind dann benannt.

Beratung hilft allen!

In der Praxis wissen viele Pflegebedürftige und ihre Pflegepersonen nicht, welche konkreten Leistungen es gibt und wie man diese nutzen kann. Auch bei den Pflegefachkräften und Pflegekräften gibt es Wissenslücken, ebenso bei vielen Beratungskräften. Diese resultieren u. a. aus den vielen Veränderungen, die die Pflegeversicherung im Laufe der Zeit schon erlebt hat. Wer wissensmäßig auf der Höhe sein will, muss viel lesen und vieles sammeln.

Aus diesem Grund will das Beratungshandbuch praxisnah das notwendige Wissen so darstellen und vermitteln, dass es unmittelbar für die Beratung genutzt werden kann.

Warum ist es wichtig, die Grundsätze der Pflegeversicherung weiterhin zu erklären?

Die Pflegeversicherung, ihre Geschichte und ihr Anspruch sind den meisten Pflegebedürftigen, ihren Angehörigen und den sonstigen Bürgern nicht bekannt bzw. ihre Inhalte sind falsch oder lückenhaft vermittelt worden. Die falsche Kenntnis führt dazu, dass die Anbieter mit Erwartungen und Ansprüchen konfrontiert werden, die sie nicht einlösen können. Alle Diskussionsbeiträge nach dem Motto, dass die Pflege so teuer ist, dass die Pflegekräfte keine Zeit haben, dass das Geld nicht reicht, dass das Pflegeheim so teuer ist ... zeigen dies deutlich.

Darum kann man nur einen Rat geben, der sich seit der ersten Auflage 2010 unverändert liest: Fangen Sie immer von vorne an und erklären Sie als Erstes (noch mal) die Pflegeversicherung. Das gilt bei der Schulung und Fortbildung der eigenen Mitarbeiter, vor allem aber bei jedem Neukundengespräch oder bei jeder Beratung. Nur so können Missverständnisse vermieden und sachgerechte Pflegeverträge geschlossen werden.

Ein wichtiger Aspekt sei betont: Es geht nicht darum, dem Pflegebedürftigen alle möglichen Leistungen zu verkaufen. Viel wichtiger ist es, ihn über die vorhandenen Leistungen und seine Ansprüche aufzuklären. Im Regelfall wird dies zu einer besseren Nutzung der vorhandenen Leistungen führen und damit auch zu einer verstärkten Nachfrage nach Pflegedienstleistungen. Wer ergebnisoffen und umfassend berät, wird mittel- und langfristig erfolgreicher arbeiten als der Pflegedienst, der sich allein auf das „Verkaufen" konzentriert.

Zu diesem Buch und seinen Inhalten und Erläuterungen haben auch die vielen Seminarteilnehmerinnen und -teilnehmer beigetragen, denen ich in den letzten 28 Jahren die Pflegeversicherung ein Stück näherbringen durfte.

Januar 2022
Andreas Heiber

Hinweise

In das Buch ist der Wissensstand bis Januar 2022 eingeflossen. Geplante Änderungen der neuen Regierungskoalition sind, soweit sie im Koalitionsvertrag konkret benannt wurden, informationsweise aufgenommen. Zu beachten ist, dass insbesondere bei der Definition der Sachleistungen (Leistungskataloge), aber auch bei Regelungen im stationären Bereich der Föderalismus herrscht: jedes Bundesland hat eigenständige Regelungen und damit z.B. auch eigene Leistungskataloge für Sachleistungen, teilweise sogar mehrere verschiedene in einem Bundesland. Das sollte man auch immer mit bedenken, wenn man ‚länderübergreifend' beraten muss, weil z.B. die Angehörigen in einem anderen Bundesland wohnen als die pflegebedürftigen Eltern.

Aktualisierungen, die sich während der ‚Gültigkeit' des Beratungshandbuches 2022/2023 ergeben, finden Sie im Internetangebot des Vincentz Network hier:

Folgendes Material zum Beratungshandbuch steht als Download für Sie im Internet bereit.

Kostenfreie Materialien unter:

https://www.haeusliche-pflege.net/download_buch/download

kostenpflichtige Materialien im Shop unter:

https://www.haeusliche-pflege.net/

Kapitel	Inhalt/Beschreibung
	Kombileistungsrechner (kostenpflichtig)
2	Daten zur Entwicklung Pflegeversicherung (kostenfrei)
2	Kostenübernahmeerklärung (kostenfrei)
11	Kombileistungen (kostenfrei)
20	Tagespflege (kostenfrei)
20	Tagespflegerechner (kostenpflichtig)
22	Leistungsübersicht 2021/22 und Kombileistungstabellen (kostenfrei)

Immer noch: „Neue Namen“

Mit der Einführung des neuen Pflegebedürftigkeitsbegriffs 2017 hat der Gesetzgeber auch eine ganze Reihe von neuen Begrifflichkeiten eingeführt, die bisherige Bezeichnungen ersetzen. Um die Übersicht und das Verständnis zu erleichtern, sind die wesentlichen sprachlichen Änderungen hier zusammengefasst.

Auch vier Jahre nach der Änderung sind einige der alten Bezeichnungen immer noch präsent. Inzwischen sollten jedoch alle Broschüren, Internetseiten etc. auf die neuen Begrifflichkeiten angepasst sein. Dabei gibt es einige ‚alte‘ Namen weiterhin in anderen Rechtsgrundlagen: die „Grundpflege“ ist im SGB V, § 37 weiterhin so benannt, ebenso die „hauswirtschaftliche Versorgung“.

Begriffliche Änderungen		
	2016	**ab 2017**
§ 14	Täglich wiederkehrende Verrichtungen	Kriterien
§ 14	Grundpflege	Selbstversorgung
§ 15	Pflegestufen	Pflegegrade
§ 36	Grundpflege	Körperbezogene Pflegemaßnahmen
§ 124 => § 36	Häusliche Betreuung	pflegerische Betreuungsmaßnahmen
§ 36	Hauswirtschaftliche Versorgung	Hilfen bei der Haushaltsführung
§ 45b	Zusätzliche Betreuungs- und Entlastungsleistungen	Entlastungsbetrag
§ 45c => §45a	Niedrigschwellige Betreuungsangebote	Betreuungsangebote
§ 45c => §45a	Niedrigschwellige Entlastungsangebote	Angebote zur Entlastung im Alltag
§ 45c => §45a	Pflegebegleiter	Angebote zur Entlastung der Pflegeperson
§ 45c => §45a	Serviceangebote für haushaltsnahe Dienstleistungen	Angebote zur Entlastung im Alltag

Noch ein Ratschlag für die Praxis: Im Alltag werden Missverständnisse produziert, wenn man nur die ‚richtigen‘ Formulierungen des Gesetzestextes benutzt: So wird ein Bundesbürger das Wort „Selbstversorgung“ eben nicht mit Körperpflege und Hilfe bei der Nahrungsaufnahme gleichsetzen, sondern eher mit Gemüsegarten und Biobauernhof!

Daher wäre hier das ‚alte‘ Wort Grundpflege viel sinnvoller, auch wenn es im Detail nicht ganz richtig ist.

Lexikon der Abkürzungen und wichtigen Grundbegriffe

BMG = Bundesministerium für Gesundheit
BSG = Bundessozialgericht mit Sitz in Kassel

KOSTENERSTATTUNG
Vom Pflegebedürftigen/Versicherten direkt zu bezahlende Leistung, die die Pflegeversicherung den Versicherten erstattet.

MD (FRÜHER MDK)
Medizinischer Dienst: Prüf- und Gutachterorganisation der gesetzlichen Kranken- und Pflegeversicherung (eigenständige Körperschaft des öffentlichen Rechts); bei der Knappschaft hat die Aufgabe der Sozialmedizinische Dienst der Knappschaft; bei privat Versicherten ist damit die Firma MEDICPROOF GmbH beauftragt.

PFLEGEFACHKRAFT ODER PFLEGEKRAFT
Pflegedienstmitarbeiter, die beruflich bzw. erwerbsmäßig pflegen.

PFLEGEPERSON
Angehörige, Nachbarn oder sonstige ehrenamtliche, die nicht erwerbsmäßig pflegen

SACHLEISTUNG
Von der Pflegekasse direkt finanzierte Dienstleistung für den Versicherten.

SGB I = Sozialgesetzbuch
SGB II = Erstes Buch: Allgemeiner Teil
SGB III = Drittes Buch: Arbeitsförderung
SGB V = Fünftes Buch: Gesetzliche Krankenversicherung
SGB VI = Sechstes Buch: Gesetzliche Rentenversicherung
SGB VII = Siebtes Buch: Gesetzliche Unfallversicherung
SGB IX = Neuntes Buch: Rehabilitation und Teilhabe behinderter Menschen
SGB X = Zehntes Buch: Sozialverwaltungsverfahren und Sozialdatenschutz
SGB XI = Elftes Buch: Soziale Pflegeversicherung
SGB XII = Zwölftes Buch: Sozialhilfe

SPV
Soziale Pflegeversicherung: Gesetzliche Pflegeversicherung, daneben gibt es die private Pflegeversicherung

2 Pflegeversicherung

Kurzdarstellung

Die Pflegeversicherung wurde 1995 als Pflichtversicherung eingeführt, um das Risiko der Pflegebedürftigkeit sozial abzusichern. Im Sinne eines Zuschusses unterstützt die Pflegeversicherung Pflegebedürftige mit Leistungen zu Hause und im Pflegeheim. Eine vollständige Kostenübernahme war nie geplant und wird nicht erreicht, das gilt auch nach der Reform des Einstufungsbegriffs im Jahre 2017.

Die Einstufung basiert von 1995 bis 2016 auf der Zeit, die eine nicht ausgebildete Pflegeperson für die notwendige Unterstützung bei den täglich wiederkehrenden Verrichtungen benötigt. Ab 2017 beruht die Einstufung auf einem System, das den Grad der Selbstständigkeit des Pflegebedürftigen in vier Stufen bemisst und danach eine Einteilung in Pflegegrade vornimmt.

Wesentliche Punkte

Geschichte der Pflegeversicherung

Der Einführung der Pflegeversicherung ging eine über zwanzigjährige Diskussion voraus. Erste ‚Vorläufer' (Leistungen speziell bei Pflegebedürftigkeit) wurden mit dem Gesundheits-Reformgesetz vom 20.12.1988 eingeführt: Über die damaligen §§ 55 bis 57 SGB V gab es folgende ambulante Leistungen für Schwerpflegebedürftige (ungefähr der heutigen Pflegestufe 2 entsprechend):

- Pflegesachleistungen bis zu 25 Einsätze bis zu einer Stunde, maximal 383 € (750,– DM) im Monat,
- bei Verhinderung der Pflegeperson Pflegesachleistungen für maximal 4 Wochen im Jahr insgesamt bis zu 920 € (1.800,– DM) (geleistete Pflegesachleistungen werden mit angerechnet),
- Pflegegeld von 205 € (400,– DM).

Die Leistungen traten aber erst am 01.01.1991 in Kraft.

Das Pflegeversicherungsgesetz selbst wurde am 26. Mai 1994 beschlossen, inzwischen aber vielfach geändert:

- Die Pflegeversicherung begann ab 01.01.1995 mit einem Beitragssatz von 1 %, da ab 01.04.1995 nur die ambulanten Leistungen abgerufen werden konnten.
- Zum 01.07.1996 begann mit der zweiten Stufe auch die stationäre Pflege, der Beitragssatz wurde dann auf 1,7 % angehoben.

Inzwischen hat das Pflegeversicherungsgesetz schon viele Änderungen erlebt. Die wichtigsten, die insbesondere die Leistungen betreffen:

2002:	das Pflege-Qualitätssicherungsgesetz (PQsG) und das Pflegeleistungs-Ergänzungsgesetz (PflEG): Einführung der zusätzlichen Betreuungsleistungen nach § 45a/b.
2004:	Bezieher einer gesetzlichen Rente tragen den kompletten Beitragssatz allein.
2005:	wurde mit dem Kinderberücksichtigungsgesetz der Beitragssatz für kinderlose Versicherte auf 1,95 % angehoben.
2008:	erfolgte das Pflege-Weiterentwicklungsgesetz (erstmalige Anhebung der Leistungen, Schulnoten, Pflegeberater und Pflegestützpunkte); der Beitragssatz wird auf 1,95 %, für Kinderlose auf 2,2 % angehoben.
2012:	Durch das Pflege-Neuausrichtungsgesetz (PNG) werden erhöhte Leistungen für Versicherte mit erheblich eingeschränkter Alltagskompetenz und die neue Leistung „Häusliche Betreuung" eingeführt; die Grundpflege ist nun immer als Pauschale sowie als Zeitleistung anzubieten, der Beitragssatz wird um 0,1 % auf 2,05, für Kinderlose auf 2,3 % angehoben.
2015:	Durch das Pflege-Stärkungsgesetz I (PSG I) werden neben Leistungserhöhungen auch Betreuungsleistungen für alle Versicherten sowie die Bildung eines Pflegevorsorgefonds eingeführt. Die Tagespflege steht nun als eigenständige Leistung zur Verfügung. Einige Regelungen (Zeitabrechnung) des PNG werden rückgängig gemacht. Die Beiträge steigen um 0,3 Prozentpunkte.
2017:	Durch das Pflege-Stärkungsgesetz II (PSG II) wird ein völlig neuer Einstufungsbegriff sowie das dazugehörige Neue Begutachtungs-Assessment (NBA) eingeführt. Alle Leistungen werden überarbeitet, als neue Leistungsgruppe wird der Pflegegrad 1 eingeführt. Im vollstationären Bereich wird ein einrichtungseinheitlicher Eigenanteil definiert.
2017:	Durch das zeitgleich zum PSG II in Kraft getretene Pflege-Stärkungsgesetz III (PSG III) werden einige Leistungsinhalte weiter konkretisiert und die Einbindung der Kommunen in die Beratung vorbereitet.
2019:	Durch das Pflegepersonal-Stärkungsgesetz (PpSG) werden Regelungen zur Refinanzierung von Gehältern in der Krankenversicherung auch der Regelung im SGB XI angepasst. Die Qualitätssicherung der Beratungsbesuche nach § 37.3 wird gesetzlich stärker geregelt.
2019:	Durch das Terminservice- und Versorgungsgesetz (TSVG) mit Wirkung vom 01.04.2019 werden Betreuungsdienste als neue Sachleistungsdienstleister zugelassen.

2020:	Durch das Gesundheitsversorgungs- und Pflegeverbesserungsgesetz (GPVG) werden insbesondere Beratungsverpflichtungen der Pflegekassen konkretisiert und Fristen zur Bewilligung von Pflegehilfsmitteln eingeführt
2021:	Durch das Digitale Versorgung und Pflege-Modernisierungs-Gesetz (DVPMG) werden digitale Beratungs- und Schulungsangebote sowie digitale Pflegeanwendungen eingeführt
2021:	Durch das Gesundheitsversorgungsweiterentwicklungsgesetz (GVWG) werden weitere Reformschritte der Pflegeversicherung eingeführt, wie die Pflicht zur tarifangeglichenen Bezahlung, höhere Sachleistungs- und Kurzzeitpflegeleistungen, Entlastung des vollstationären Eigenanteils sowie verbesserte Personalausstattungen in Heimen und einiges mehr.

Aktuelle Zahlen und Fakten zur Pflegeversicherung

Aktuelle Zahlen und Daten finden sich in zwei wichtigen Quellen:

- Die amtlichen Pflegestatistiken werden seit 1999 alle zwei Jahre zum Stichtag 15.12. erhoben. Es werden alle Pflegeeinrichtungen von den Statistischen Landesämtern angeschrieben mit der Aufforderung, bestimmte Daten zum Stichtag zu erheben und weiterzugeben. Nach der Erhebung dauert es in der Regel noch mindestens ein Jahr, bevor die Zahlen veröffentlicht werden. Zu beachten ist, dass hier allein die Daten der Pflegeversicherung abgefragt werden. Anzahl und Leistungen der Behandlungspflege werden nicht berücksichtigt. Die letzte veröffentlichte Statistik stammt aus 2019. Die aktuellen Statistiken findet man auf der Internetseite des Statistischen Bundesamtes (www.destatis.de).
- Das zuständige Bundesministerium für Gesundheit veröffentlicht aufgrund der Zahlen der gesetzlichen Pflegekassen SPV jährlich aktuelle Zahlen zur Anzahl der Pflegebedürftigen, den bezogenen Leistungen sowie den Kosten. Sie findet man unter www.bmg.bund.de
  Allerdings sind hier die Versicherten und Leistungen der privaten Pflegeversicherung nicht enthalten, daher weichen diese Daten manchmal von der Pflegestatistik ab.

Einige aktuelle Zahlen und Aussagen zur Pflegeversicherung:

Entwicklung der Pflegebedürftigkeit

Spannend für die Zukunft ist die Frage, wie sich die Pflegebedürftigkeit bzw. die Inanspruchnahme der ambulanten und stationären Leistungen entwickeln wird. Betrachtet man die Daten der letzten Jahre auf der Basis der Bundespflegestatistiken, ergibt sich seit ca. 2005 eine Trendwende beim Bezug von stationären Leistungen.

Bundes-Pflegestatistiken 1999-2019: Anzahl der Pflegebedürftigen					
	Ambulant	in %	Stationär	in %	Gesamt
1999	1.442.880	71,57%	573.211	28,43%	2.016.091
2001	1.435.415	70,37%	604.365	29,63%	2.039.780
2003	1.436.646	69,17%	640.289	30,83%	2.076.935
2005	1.451.968	68,21%	676.582	31,79%	2.128.550
2007	1.537.518	68,43%	709.311	31,57%	2.246.829
2009	1.620.762	69,32%	717.490	30,68%	2.338.252
2011	1.758.321	70,29%	743.120	29,71%	2.501.441
2013	1.861.775	70,89%	764.431	29,11%	2.626.206
2015	2.076.877	72,61%	783.416	27,39%	2.860.293
2017	2.594.862	76,00%	818.289	23,97%	3.414.378
2019	3.309.288	80,17%	818.317	19,83%	4.127.605

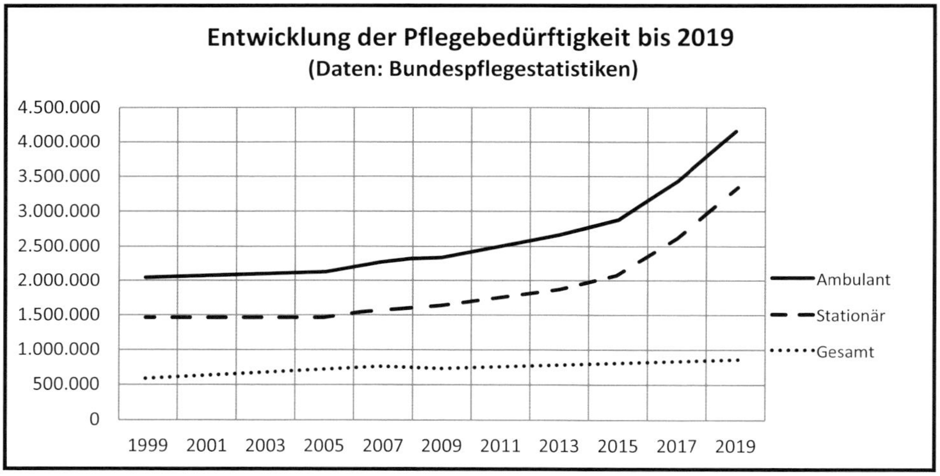

SysPra.de/Daten: Bundestatistik 2017

Blick auf die Bundesländer

Pflegebedürftige nach Art der Versorgung zum Jahresende 2019					
Land	vollstationär in Heimen	darunter	zu Hause	davon versorgt	
		vollstationär e Dauerpflege		allein durch Angehörige	zusammen mit/durch ambulante
Baden-Württemberg	19,9%	19,2%	80,1%	55,3%	19,6%
Bayern	23,4%	22,9%	76,6%	47,3%	23,9%
Berlin	18,3%	18,2%	81,7%	51,4%	24,3%
Brandenburg	16,1%	15,8%	83,9%	50,8%	28,3%
Bremen	17,9%	17,2%	82,1%	49,8%	25,7%
Hamburg	21,0%	20,3%	79,0%	44,7%	29,0%
Hessen	18,4%	17,8%	81,6%	55,1%	21,9%
Mecklenburg-Vorpommern	18,7%	18,6%	81,3%	46,1%	30,0%
Niedersachsen	21,2%	20,5%	78,8%	51,3%	22,9%
Nordrhein-Westfalen	17,5%	17,0%	82,5%	54,0%	23,4%
Rheinland-Pfalz	18,6%	17,9%	81,4%	53,7%	22,1%
Saarland	21,4%	20,6%	78,6%	53,3%	19,6%
Sachsen	20,5%	20,1%	79,5%	46,5%	28,5%
Sachsen-Anhalt	22,4%	21,9%	77,6%	42,9%	19,0%
Schleswig-Holstein	26,9%	26,2%	73,1%	43,2%	24,3%
Thüringen	18,7%	18,4%	81,3%	51,7%	25,4%
Deutschland	**19,8%**	**19,3%**	**80,2%**	**51,3%**	**23,8%**

Bis 2005 ist der prozentuale Anteil der stationären Versorgung immer gestiegen (in den Anfangsjahren hat der erhöhte Anstieg auch mit Starteffekten der Pflegeversicherung zu tun). Seit 2007 geht der stationäre Anteil leicht zurück, im Verhältnis 2015 zu 2005 um immerhin 4,40 %. In 2017 sieht man erste Auswirkungen der Pflegereform 2017, der im Jahr 2019 noch viel sichtbarer wird: Nun ist der stationäre Anteil nochmals deutlich prozentual zurückgegangen, was aber insbesondere an der Ausweitung des Pflegebedürftigkeitsbegriffs und der Einführung des Pflegegrades 1 liegen dürfte. Allerdings könnte auch die Einführung des Einrichtungseinheitlichen Eigenanteils eine Rolle spielen (siehe Kap. 22 Pflegeheim) (siehe Tabelle Seite 16). Wie sich diese Entwicklung verändert durch die zusätzliche ‚Spitzenfinanzierung' im Pflegeheim (siehe Seite 255), wird man erst später sehen, denn insbesondere die Statistik 2021 wird durch die Pandemieereignisse etwas verzerrt sein.

Interessant in diesem Zusammenhang sind allerdings auch die völlig unterschiedlichen Versorgungsstrukturen in den Bundesländern, für die es auf den ersten Blick wenig rationale Erklärungsmuster gibt: Warum in Schleswig-Holstein die meisten Pflegebedürftigen, in Brandenburg aber die wenigsten Pflegebedürftigen im Heim versorgt werden, ist nicht einfach zu erklären.

Ein Erklärungsmuster dürfte allerdings sein, dass aufgrund der sehr unterschiedlichen strukturellen und historischen Entwicklung sich die Pflegelandschaft in den Ländern völlig unterschiedlich gestaltet hat. Daher sind bundesweite Durchschnittswerte oftmals nicht geeignet, die tatsächliche Situation in den Bundesländern zu beurteilen, zumal nach der Föderalismusreform 2006 die Heimgesetzgebung auf Landesebene diese ‚Vielfalt' eher noch verstärken wird.

Pflegegradverteilung in der Entwicklung

In der Darstellung

In der Vergleichsübersicht finden sich die Daten der Pflegestatistik 2019 mit Stichtag 15.12.2019, die vom BMG erstellte Statistik der Pflegebedürftigen zum Stichtag 31.12.2020 sowie die Antragsstatistik der stattgegebenen Anträge 2020 der SPV. Da es drei unterschiedliche Zahlenquellen gibt, sind die Zahlen insbesondere bei der Anzahl der Pflegebedürftigen teilweise nicht vergleichbar. Vergleichbar ist aber die prozentuale Zusammensetzung der Pflegegrade, die hier insbesondere betrachtet werden soll.

Zu den Auswertungen im Einzelnen:

BUNDESPFLEGESTATISTIK 2019: Die Anzahl an Pflegebedürftigen, die in Pflegegrad 1 ausgewiesen werden, wird in dieser Darstellung um 160.000 Pflegebedürftige erhöht, die lt. Erläuterung der Bundespflegestatistik in den reinen Zahlen nicht erfasst sind, was auch der Form der Erfassung der Bundespflegestatistik geschuldet ist. In dieser werden zum Stichtag 15. Dezember nur alle von Pflegeeinrichtungen versorgten Pflegebedürftigen erfasst. Pflegebedürftige mit Pflegegrad 1, die zu diesem Zeitpunkt keine Leistungen abrufen, fehlen daher in dieser Statistik.

BMG 2020: Das Bundesministerium für Gesundheit hat diese Zahlen zum Stichtag 31.12.2020 jeweils getrennt für die Soziale und Private Pflegeversicherung veröffentlicht, die von den jeweiligen Pflegeversicherungen gemeldet wurden. Diese beiden Datenteile wurden hier zusammen dargestellt.

ANTRAGSSTATISTIK 2020: Auch die Antragsstatistik stammt vom BMG. Sie gibt die in 2020 eingestuften Pflegebedürftigen mit ihren Pflegegraden wieder, allerdings nur für die SPV.

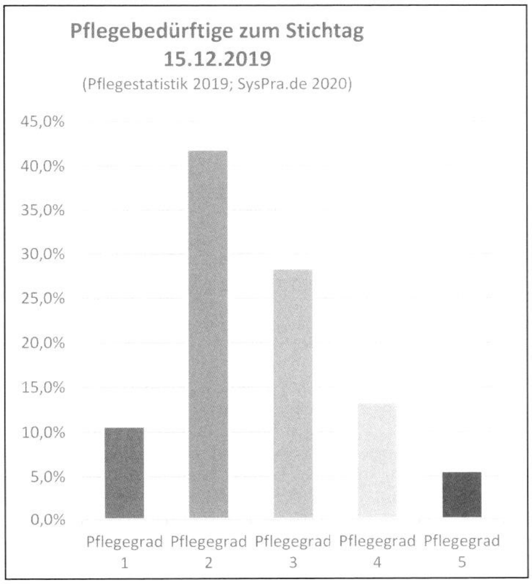

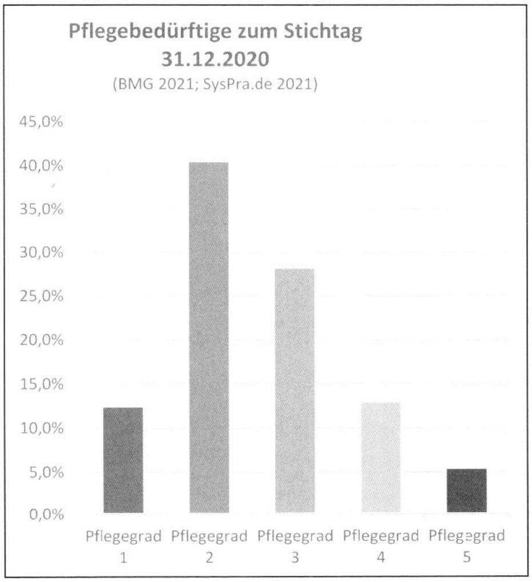

Bundespflegestatistik 2019		
Alle Pflegebedürftige Stichtag 15.12.2019 + 160.000 Pflegegrad 1 nicht erfaßt		
Daten: Bundespflegestatistik 2019; © SysPra 2020		
Pflegegrad 1	458.117	**10,7%**
Pflegegrad 2	1.796.006	**41,9%**
Pflegegrad 3	1.215.758	**28,4%**
Pflegegrad 4	573.145	**13,4%**
Pflegegrad 5	241.643	**5,6%**
Gesamt	**4.284.669**	

BMG Pflegebedürftige zum 31.12.2020		
Pflegebedürftige aus Sozialer und Privater Pflegeversicherung am Jahresende		
Daten BMG 2021, © SysPra 2021		
Pflegegrad 1	541.353	**12,5%**
Pflegegrad 2	1.754.968	**40,6%**
Pflegegrad 3	1.224.074	**28,3%**
Pflegegrad 4	564.731	**13,1%**
Pflegegrad 5	237.646	**5,5%**
Gesamt	**4.322.772**	

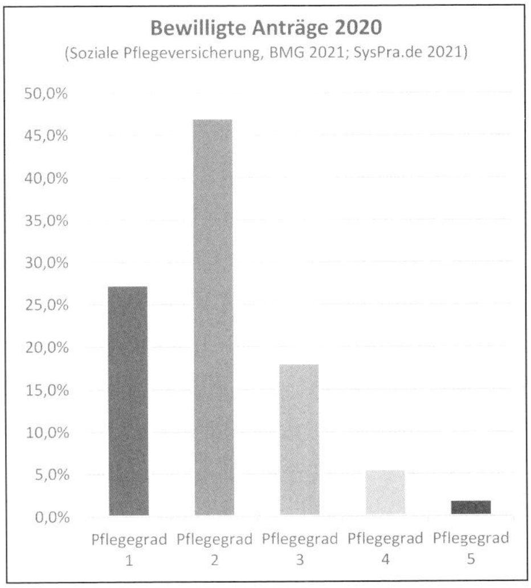

Antragsstatistik 2020		
Soziale Pflegeversicherung		
Daten BMG 2021, © SysPra 2021		
Pflegegrad 1	273.876	**27,4%**
Pflegegrad 2	471.029	**47,1%**
Pflegegrad 3	181.078	**18,1%**
Pflegegrad 4	55.797	**5,6%**
Pflegegrad 5	19.293	**1,9%**
Gesamt	**1.001.073**	

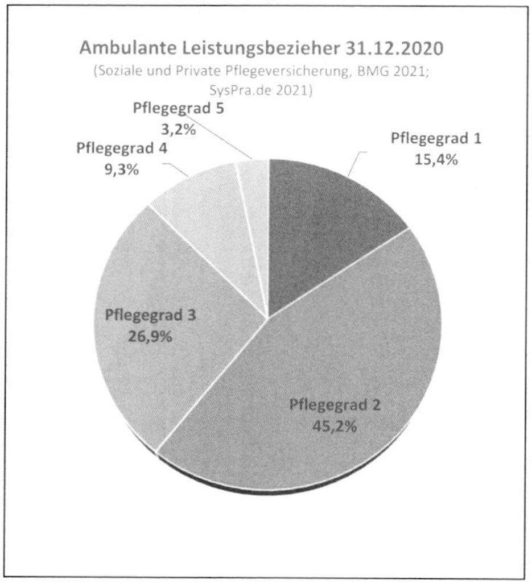

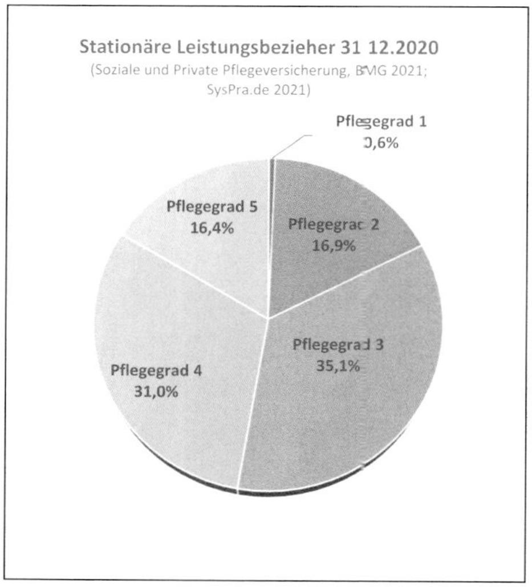

Ambulante Leistungsbezieher Soziale und private Pflegeversicherung zusammen, Stichtag 31.12.2020		
Daten BMG 2021, © SysPra 2021		
Pflegegrad 1	537.347	15%
Pflegegrad 2	1.571.292	45%
Pflegegrad 3	936.298	27%
Pflegegrad 4	322.671	9%
Pflegegrad 5	110.927	3%
Gesamt	**3.478.535**	

Stationäre Leistungsbezieher Soziale und private Pflegeversicherung zusammen, Stichtag 31.12.2020		
Daten BMG 2021, © SysPra 2021		
Pflegegrad 1	4.006	1%
Pflegegrad 2	119.101	17%
Pflegegrad 3	247.052	35%
Pflegegrad 4	217.932	31%
Pflegegrad 5	115.243	16%
Gesamt	**703.334**	

Mit der Einführung des neuen Pflegebedürftigkeitsbegriff wurde eine Überleitungsregelung geschaffen, die die vor 2016 eingestuften Pflegebedürftigen großzügig in die neuen Pflegegrade übergeleitet hat. Nach den Zahlen des BMG sind ambulant ca. 65 %, stationär sogar 80 % der Pflegebedürftigen am Jahresende 2017 übergeleitete Pflegebedürftige. In 2019 ist (wie in allen drei Auswertungen) der Pflegegrad 2 der dominierende Pflegegrad, aber insbesondere die hohen Pflegegrade sind in 2019 noch stärker. In 2019 liegt der Anteil Pflegegrad 5 noch bei 5,5 %, in der Antragsstatistik 2020 nur noch bei 1,9 %.

Im Jahr 2018 sind lt. Zahlen des BMG ambulant nur noch 43 % der Pflegebedürftigen übergeleitete Pflegebedürftige, stationär nur noch 63 %. In 2020 bleiben davon ambulant noch 24% übergeleitete Pflegebedürftige übrig, stationär immerhin noch 42%.

Die Auswirkungen/Verzerrung durch die Überleitung sind weiterhin in den hohen Pflegegraden sichtbar, die schrittweise abnehmen.

In 2020, Einstufungsstatistik ist der Anteil des Pflegegrades 1 (auch aufgrund der anderen Datenquelle: Daten der Pflegekassen, nicht Erfassung über Pflegedienste) deutlich realistischer.

Zukünftig dürfte sich die Verteilung der Pflegebedürftigen immer weiter in Richtung der Antragsstatistik bewegen. Finanziell kann dies trotz gestiegener Anzahl der Pflegebedürftigen dauerhaft sogar zu einer finanziellen Entlastung führen, denn ein Pflegebedürftiger mit ambulanten Sachleistungen kostet im Pflegegrad 5 2022 (2.095 €) ungefähr so viel wie 3 Pflegebedürftige mit Pflegegrad 2 (3 x 724 € = 2.172 €) oder sogar 17 Pflegebedürftige mit Pflegegrad 1 (17 x 125 = 2.125 €).

Pflegegradverteilung ambulant und stationär 2020

Beim Vergleich der Verteilung nach ambulanten und stationären Pflegebedürftigen (Basis Soziale Pflegeversicherung Ende 2020) werden auf den ersten Blick die strukturellen Unterschiede noch sichtbarer: Während ambulant die niedrigen Stufen 1 und 2 dominieren, sind stationär nur noch 18 % so niedrig eingestuft, dafür ist aktuell der Anteil mit Pflegegrad 5 mit 16 % noch sehr hoch, was vor allem den Überleitungsregelungen geschuldet sein dürfte. Dauerhaft wird insbesondere der Anteil von Pflegegrad 5 noch deutlich abnehmen, was dann wiederum Auswirkungen auf den Einrichtungseinheitlichen Eigenanteil haben wird (siehe Kap. Vollstationäre Leistungen).

Verteilung der Ausgaben

Die Ausgaben der Pflegeversicherung sind in den letzten Jahren deutlich gestiegen, von 31 Mio. Euro in 2016 auf über 49 Mio. Euro in 2020. Pandemiebedingt hat die Pflegeversicherung kaum Mehrkosten, da im Kern die Kosten in fast allen Bereichen gleich geblieben sind durch die Regelungen des Schutzschirms der Pflegeversicherung, der Einnahmeausfälle durch nicht belegte Plätze ausgeglichen hat. Theoretisch dürften nur einzelne ambulante Positionen wie Verhinderungspflege reduzierter sein, was sich aber wegen der gleichzeitig steigenden Zahl der Pflegebedürftigen nicht wirklich nachverfolgen lässt.

Weiterhin sind auch die Überleitungseffekte mit zu berücksichtigen, die zu deutlich gestiegenen Kosten geführt haben. Interessant ist hier die Ausgabenentwicklung beim Pflegegeld (mehr dazu im Kap. Pflegegeld)

Vergleicht man die Ausgaben für die ambulante und stationäre Versorgung, stellt man fest, dass in 2020 noch ca. 35 % aller Ausgaben für die stationäre Versorgung ausgegeben wird, allerdings waren es 2016 noch 42 %, 2012 noch über 49 %.

Soziale Pflegeversicherung: Leistungsausgaben 2020	in Milliarden
Geldleistung	12,89
Pflegesachleistung	5,30
Pflegeurlaub	1,63
Tages-/Nachtpflege	0,74
Zusätzliche Betreuungsleistungen	2,03
Kurzzeitpflege	0,61
Soziale Sicherung	2,72
Pflegemittel	1,38
Vollstationäre Pflege	12,98
Vollstationäre Pflege in Behindertenheimen	0,42
Stationäre Vergütungszuschläge	1,46
Vergütungszuschläge für zus. Personal	0,14
Pflegeberatung	0,13
Sonstige Leistungsausgaben	3,16
Hälfte der Kosten des MDK	0,53
Verwaltungsaufgaben	1,41
Zuführung zum Pflegevorsorgefonds	1,53
Sonstige Ausgaben	0,01
Leistungsausgaben gesamt	**49,07**

Quelle: BMG 2021

Soziale Pflegeversicherung 2020: Kosten nach Versorgungsart

	Ambulant	Stationär	Gesamt
Leistungsausgaben	27.300.000.000 €	14.860.000.000 €	**42.160.000.000 €**
	64,75%	35,25%	
Anzahl Pflegebedürftiger	3.309.288	818.317	**4.127.605**
	80,17%	19,83%	
Kosten pro Jahr pro Kopf	8.250 €	18.159 €	10.214 €
pro Monat	**687 €**	**1.513 €**	**851 €**
Kosten Ambulant zu Stationär	45,43%		

Quelle: SysPra.de, nach Daten BMG 2021

Die Pflegeversicherung zahlt im rechnerischen Monatsdurchschnitt für ambulante Pflegebedürftige 687 €, während eine stationäre Versorgung im Schnitt 1.513 € kostet. Die nun wieder größere Spreizung ist vermutlich zwei Faktoren geschuldet: der Einführung des Pflegegrades 1 (mehr Pflegebedürftige mit wenig Leistungen) sowie den Überleitungsfolgen mit noch sehr hohen Pflegegraden stationär (siehe Seite 19/20).

80 % aller Pflegebedürftigen werden ambulant versorgt, allerdings stehen ihnen nur 64 % der Leistungsausgaben zur Verfügung.

Finanzierung und Beitragssatzstabilität

Einer der Hauptdiskussionspunkte vor Einführung der Pflegeversicherung war die Frage der Finanzierung und der Belastung der Arbeitgeber. Die Pflegeversicherung ist als Umlageversicherung (wie auch die Rentenversicherung) konzipiert: Aus den laufenden Beitragseinnahmen werden die Ausgaben bestritten, die Einnahmen wurden anfangs hälftig von Arbeitnehmern und Arbeitgebern getragen. Gleichzeitig bestand von Beginn an eine Versicherungspflicht (sei es in der gesetzlichen oder in einer von den Leistungen her identischen privaten Pflegeversicherung).

Für die Kompensation der Arbeitgeber wurde zunächst ein gesetzlicher Feiertag gestrichen, der Buß- und Bettag (nur in Sachsen ist der Feiertag nicht aufgehoben worden, hier zahlen allerdings auch die Arbeitnehmer den vollen Beitrag zur Pflegeversicherung allein); (siehe auch § 58 SGB XI).

Beitragssatzentwicklung der gesetzlichen Pflegeversicherung					
	Arbeitnehmer Arbeitgeber (bis auf Sachsen)			Rentner	
	Beitragssatz mit Kindern	davon Arbeitnehmer	davon kinderlose Arbeitnehmer	vor Jahrgang 1940 oder/und mit Kindern	jünger als 1940 ohne Kinder
1995	1,00%	0,50%	0,50%	0,50%	0,50%
Jul 96	1,70%	0,85%	0,85%	0,85%	0,85%
2004	1,70%	0,85%	0,85%	1,70%	1,70%
2005	1,70%	0,85%	1,10%	1,70%	1,95%
Jul 08	1,95%	0,98%	1,23%	1,95%	2,20%
Jan 13	2,05%	1,03%	1,28%	2,05%	2,30%
Jan 15	2,35%	1,18%	1,43%	2,35%	2,60%
Jan 17	2,55%	1,28%	1,53%	2,55%	2,80%
Jan 19	3,05%	1,53%	1,78%	3,05%	3,30%
Jan 22	3,05%	1,53%	1,88%	3,05%	3,40%

Die erste Änderung 1996 resultierte aus dem späteren Beginn der stationären Leistungen.

Die Beiträge wurden 2004 systematisch verändert, allerdings nur für die Rentner, die nun den vollen Beitrag zahlen mussten.

2005 wurde der Beitrag für Kinderlose um einen Zuschlag von 0,25 % erhöht. Davon ausgenommen sind Rentner, die vor dem 01.01.1940 geboren wurden, Erwachsene bis 23 Jahre sowie Empfänger von Arbeitslosengeld II, sowie Wehr- und Zivildienstleistende. Durch das PNG und die damit verbesserten ambulanten Leistungen wurde der Beitragssatz 2013 um 0,1 % angehoben.

Mit dem PSG I wird der Beitragssatz insbesondere für den neu geschaffenen Pflegefonds um 0,3 Prozentpunkte, mit dem PSG II um weitere 0,2 Prozentpunkte ab 2017 angehoben, insbesondere um die Umstellung und die oftmals höheren Leistungen zu finanzieren.

Mit dem PpSG wurde der Beitragssatz zum 01.01.2019 um 0,5 Prozentpunkte auf nun 3,05 € erhöht.

Mit dem GVWG wird am 2022 der Beitragssatz allein für die Gruppe der kinderlosen Arbeitnehmer und Rentner (jünger als Jahrgang 1940) um 0,1 Prozentpunkte angehoben.

Das ‚Bauprinzip' der Pflegeversicherung sieht von Beginn an vor, dass die Leistungen auch gekürzt werden können, wenn die Einnahmen die Ausgaben nicht mehr decken. Der Beitragssatz muss nicht angehoben werden (anders als in der Krankenversicherung), wenn die Mittel nicht mehr ausreichen, es könnten (zumindest theoretisch) auch die Leistungen gekürzt werden; auch daher ist der Anspruch auf Sachleistungen nicht absolut, sondern immer „bis zu xxx Euro" formuliert.

Die Leistungshöhe und ihre Finanzierung wurden 1995 festgesetzt. Mit der Umstellung auf den Euro wurden die Leistungsbeiträge nur umgestellt und auf volle Eurobeträge aufgerundet.

Erst 2008 gab es die erste tatsächliche Leistungserhöhung für die Ambulanten Leistungen sowie der Pflegestufe 3 Stationär (alle anderen Leistungen Stationär haben sich nicht erhöht). Auch durch das Pflege-Neuausrichtungsgesetz 2013 werden die Leistungen nur für eine Teilgruppe in der ambulanten Pflege erhöht, also nur für ca. 25 % der ambulant betreuten Pflegebedürftigen mit erheblich eingeschränkter Alltagskompetenz. Die 2008 eingeführte automatische Dynamisierung nach § 30 (verbunden mit der Preisentwicklung) hat dazu geführt, dass die Leistungen mit dem PSG I um durchschnittlich 4 % erhöht worden sind. Mit dem PSG II und der Umstellung auf Pflegegrade ergeben sich durch die höheren Leistungsbeträge Steigerungen, die allerdings nicht alle Leistungen betreffen. So werden einige Leistungen wie Verhinderungspflege, Kurzzeitpflege oder Pflegehilfsmittel nicht erhöht.

Leistungen Ambulant und Stationär 1995 und 2022				
Pro Monat (auch umgerechnet): Zusammenstellung: © SysPra.de 2021				
Sachleistung § 36	**Pflegestufe 1**	**Pflegestufe 2**	**Pflegestufe 3**	**Härtefall**
ab 1995	384 €	921 €	1.432 €	1.918 €
	Pflegegrad 2	Pflegegrad 3	Pflegegrad 4	Pflegegrad 5
ab 2022	724 €	1.363 €	1.693 €	2.095 €
weitere ambulante Leistungen für Dienstleister				
Verhinderungspflege ab 1995	119 €	119 €	119 €	119 €
mit Anteil Kurzzeitpflege	202 €	202 €	202 €	202 €
Entlastungsbetrag ab 1995	0 €	0 €	0 €	0 €
ab 2017	125 €	125 €	125 €	125 €
Vollstationäre Pflege § 43	**Pflegestufe 1**	**Pflegestufe 2**	**Pflegestufe 3**	**Härtefall**
ab 1996	1.023 €	1.279 €	1.432 €	1.668 €
	Pflegegrad 2	**Pflegegrad 3**	**Pflegegrad 4**	**Pflegegrad 5**
ab 2017	770 €	1.262 €	1.775 €	2.005 €
	Reduzierung des einrichtungseinheitlichen Eigenanteils			
ab 2022	1. Jahr	2. Jahr	3. Jahr	ab 4. Jahr
Reduzierung um	5%	25%	45%	70%

Ab 2022 werden ambulant nur die Sachleistungen nach § 36 um 5% erhöht, das Pflegegeld und die Verhinderungspflege jedoch nicht. Stationär wird nur die Kurzzeitpflege um 10 % erhöht, die Tagespflege nicht. Für die vollstationäre Pflege wird zusätzlich eine nach Aufenthaltsdauer steigende anteilige Finanzierung der pflegebedingten Kosten eingeführt.

Ambulant vor Stationär

Ein weiterer wesentlicher Punkt, der Grundsatz „Ambulant vor Stationär" steht zwar im Gesetzestext (§ 3 Vorrang der häuslichen Pflege), ist aber vor allem bei der finanziellen Ausgestaltung der Leistungen bis 2016 nicht berücksichtigt: In den Pflegestufen 1 und 2 erhalten die ambulant versorgten Pflegebedürftigen deutlich weniger Sachleistungen als im Pflegeheim. So gibt es ambulant 1995 nur 384 €, stationär aber 1.023 €. Wären die stationären Leistungen genau so niedrig wie die ambulanten Leistungen, hätte es jedoch kaum die beabsichtigte Entlastung und Lösung von der Sozialhilfe gegeben.

Ab 2017 wird durch die neue leistungsrechtliche Ausgestaltung eine fast gleiche Finanzierung der Sachleistungen ambulant und stationär geschaffen. Allerdings erfolgt diese Angleichung erst nach über zwanzig Jahren und dürfte dauerhaft Probleme für die stationären Angebote bringen, die lange Zeit anders finanziert wurden (siehe Tabelle oben). Durch die neue prozentuale Bezuschussung der Pflegekosten wird die stationäre Versorgung wieder besser finanziert als die ambulante, insbesondere bei längeren Heimaufenthalten.

Befreiung von und Entlastung der Sozialhilfe

Vor Einführung der Pflegeversicherung gab es praktisch keine oder kaum Unterstützungsleistungen bei Pflegebedürftigkeit. Wer nicht über ein familiäres Netzwerk versorgt werden konnte und in ein Pflegeheim gehen musste, war fast zwangsläufig auf Sozialhilfe angewiesen. Denn selbst in günstigen Pflegeheimen lagen die monatlichen Kosten immer deutlich über der Durchschnittsrente der Versicherten. Diese Sozialhilfeabhängigkeit sollte durch die Einführung der Pflegeversicherung, zumindest in sehr hohem Maße, reduziert werden.

Im Verhältnis zur Situation vor Einführung der Pflegeversicherung gibt es eine deutliche Entlastung, vor allem in der stationären Pflege.

Dazu zwei Beispiele:

Ambulant

Herr Müller ist seit Kurzem in den Pflegegrad 2 eingestuft. Er benötigt Sachleistungen im Umfang von 800,– €, die Pflegeversicherung übernimmt davon 724,– €, nur 76,– € sind als Eigenanteil zu bezahlen. Vor Einführung der Pflegeversicherung hätte Herr Müller die kompletten 800,– € übernehmen müssen.

Stationär

Herr Maier, Pflegegrad 3, ist in Bielefeld in ein Pflegeheim gezogen. Der Heimplatz kostet im Jahr 2021 inklusive aller Kosten (Pflege, Unterkunft und Verpflegung sowie Investitionskosten) 3.811,93 € im Monat. Die Pflegekasse bezuschusst 1.262,– €, der einrichtungseinheitliche Eigenanteil sowie die Hotel- und Investitionskosten betragen 2.549,80. Vor Einführung der Pflegeversicherung hätte Herr Maier die kompletten 3.811,93 € tragen müssen.

Ab 2022 zahlt Herr Maier durch die reduzierten Pflegekosten tatsächlich nur noch 2.496,88€, in 2023 dann nur noch 2.285,22 €, in 2024 dann nur noch 2.073,56 € und in 2025 sogar nur noch 1.808.98 €, soweit er solange im Pflegeheim lebt (ausführlich Seite 255).

Aus beiden Beispielen wird deutlich, dass die Pflegeversicherung die Kosten nicht komplett übernehmen wollte, sondern dass die Pflegeversicherung lediglich ergänzend oder entlastend tätig werden kann.

§ 4 Absatz 2: *„Bei häuslicher und teilstationärer Pflege ERGÄNZEN die Leistungen der Pflegeversicherung die familiäre, nachbarschaftliche oder sonstige ehrenamtliche Pflege und Betreuung. Bei teil- und vollstationärer Pflege werden die Pflegebedürftigen von Aufwendungen*

ENTLASTET, die für ihre Versorgung nach Art und Schwere der Pflegebedürftigkeit erforderlich sind (pflegebedingte Aufwendungen), die Aufwendungen für Unterkunft und Verpflegung tragen die Pflegebedürftigen selbst." (Hervorhebung vom Autor).

Die nur teilweise geleistete Finanzierung der notwendigen Leistungen wird verkürzt als „Teilkaskoprinzip" bezeichnet.

Auch mit der grundlegenden Reform 2017 ändert sich nichts am Prinzip, selbst wenn jetzt alle Kriterien einschließlich des Betreuungsbedarfs und der Behandlungspflege in die Einstufung einfließen.

Aber mit dem GVWG werden die vollstationär versorgten Pflegebedürftigen wieder deutlich (in Abhängigkeit von der Aufenthaltsdauer im Heim, aber unabhängig vom Pflegegrad) mehr Leistungen bekommen, als sie oftmals ambulant erhalten würden.

Aus der Einstufung kann nicht auf den benötigten Leistungleistungsumfang geschlossen werden

Die Einstufung sowie insbesondere noch in 2016 die Zeitermittlung für die einzelnen Verrichtungen mithilfe der Zeitkorridore (Bestandteil der Begutachtungsanleitung) haben nur mittelbar etwas mit den zu erhaltenden Leistungen zu tun. Die Zeitkorridore dienten lediglich der Ermittlung der Pflegestufe. Die von der Pflegeversicherung im Sinne eines Zuschusses gewährten Leistungen sollten und können nicht die notwendigen Leistungen, die Voraussetzung für die Einstufung sind, finanzieren.

Ab 2017 wird bei der Einstufung nicht mehr auf den Zeitaufwand der Unterstützung abgestellt, sondern nur noch der Grad der Selbstständigkeit bzw. das Vorhandensein von Fähigkeiten beurteilt. Damit werden im Gutachten auch keinerlei Zeitangaben mehr zu finden sein.

Jedes Einstufungssystem (auch das neue ab 2017) hat vor allem die Aufgabe, aus der großen Anzahl der möglichen Nutzer eine so große oder kleine Menge herauszufiltern, dass mit den Beitragseinnahmen auch eine konkrete Entlastung erreicht wird. Je mehr Menschen als pflegebedürftig eingestuft werden, desto geringer fällt die Leistung des Einzelnen aus, wenn der Beitragssatz weiterhin stabil bleiben muss.

Aber auch mit dem neuen Einstufungssystem bleibt das Prinzip des Zuschusses erhalten: Der festgestellte Bedarf an Unterstützungsleistungen ist immer deutlich größer als die finanzielle Unterstützung insbesondere für die ambulante Pflege.

Leistungsgerechte Vergütung

Die Vergütung der ambulanten und stationären Leistungen beruht auf einem Vertragsgeflecht aus vier Verträgen:

- VERSORGUNGSVERTRAG nach § 72 (Zulassung zur Versorgung),
- RAHMENVERTRAG nach § 75 auf Landesebene (organisatorische Regelungen),
- QUALITÄTSMASSSTÄBE UND EXPERTENSTANDARDS nach § 113 ff,
- VERGÜTUNGSVEREINBARUNG ambulant nach § 89, stationär nach § 84.

Die Vergütungsvereinbarung setzt auf den anderen Vertragswerken auf bzw. bezieht ihre Inhalte mit ein. Die Vergütung muss für einen Pflegedienst (oder ein Pflegeheim) „leistungsgerecht sein. Die Vergütung muss einem Pflegedienst bei wirtschaftlicher Betriebsführung ermöglichen, seine Aufwendungen zu finanzieren und seinen Versorgungsauftrag zu erfüllen unter Berücksichtigung einer angemessenen Vergütung ihres Unternehmerrisikos" (§ 89 bzw. § 84). Mit der Neuregelung der Vergütungen nach § 82c ab 01.09.2022 werden entweder tarifliche vereinbarte Vergütungen oder andere Vergütungen mit einer Mindesthöhe auf der Basis örtlicher Tarifverträge und begrenzt durch das regionale Entgeltniveau refinanziert. Damit sind in jedem Fall die tatsächlichen Pflegepersonalkosten refinanzierbar.

Unabhängig davon, wie die Preise für eine Pflegeeinrichtung tatsächlich zustande gekommen sind (z. B. Aushandlung auf Landesebene und Unterschriftsverfahren, Empfehlungen des Verbandes etc.), ist die Vereinbarung für jede Pflegeeinrichtung gesondert abzuschließen. Sie gilt damit individuell und speziell für die Einrichtung, die sie unterschrieben hat.

Die Preise für die einzelnen Pauschalleistungen in der ambulanten Pflege sind Durchschnittspreise, die für alle im Jahr abgerechneten Leistungen gelten. Das heißt auch, dass die Preise im Einzelfall (also für die einzelne Pflege) nicht die Kosten decken müssen oder können.

Damit verbietet sich

- eine erlösorientierte Einsatzplanung, soweit sich die Erlöswerte auf einen Einsatz, einen Pflegekunden oder eine Tour beziehen. Denn wie in der Grafik deutlich wird, ergibt sich der Erlös nicht aus einer Mindestzeit, sondern aus dem Durchschnitt aller erbrachten Leistungen (Grafik siehe Seite 29),
- eine öffentlich aufgestellte Behauptung, die aktuellen Vergütungen seien nicht ausreichend. Denn wer nicht mehr die Gewähr für eine leistungsfähige und wirtschaftliche pflegerische Versorgung bieten kann, muss seine Zulassung (Versorgungsvertrag) verlieren. Pflegediensten, die öffentlich behaupten, die Vergütung reiche nicht aus, aber nicht gleichzeitig die Vergütungsvereinbarung kündigen, müsste deshalb der Versorgungsvertrag entzogen werden.

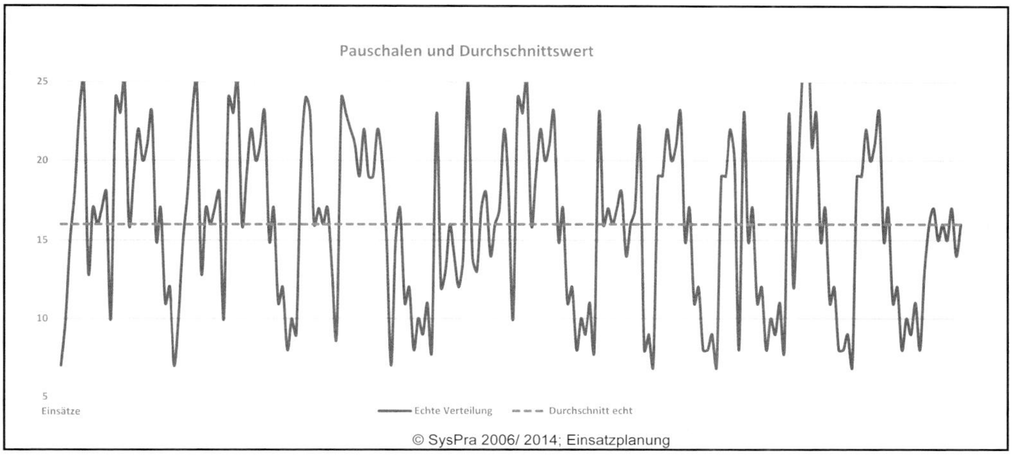

Zeitvergütung ist nicht die bessere Alternative

Anders sieht es bei der Zeitvergütung aus, die in manchen Bundesländern mit dem PNG eingeführt wurde und weiterhin parallel möglich ist: Der Stundensatz ist leistungsgerecht, weil ansonsten die Vergütungsvereinbarung nicht vom Pflegedienst unterschrieben worden wäre (siehe Seite 28)! Ist dies jedoch nicht der Fall, kann der Pflegedienst dies nicht mehr kompensieren: denn schnelleres Arbeiten führt zu weniger Erträgen. Es gibt bei der Zeitabrechnung keinen Ausgleich zwischen den Einsätzen.

Aber, auch das muss klar sein: Die Zeitvergütung ist nicht unbedingt die bessere Alternative zu den Leistungskomplexen in der Körperpflege (Betreuungsleistungen und Hilfen bei der Haushaltsführung sollten dagegen nur nach Zeit definiert werden). Denn ein wesentliches Auswahlkriterium des Pflegebedürftigen bzw. seiner (erbenden) Pflegepersonen ist immer der Preis bzw. was insgesamt noch übrigbleibt. Daher wird im Vertragsgespräch nicht die Pflegefachkraft entscheiden, wie viel Zeit im Rahmen der Zeitabrechnung anzusetzen wäre, sondern im Zweifelsfall die Angehörigen, die noch Pflegegeld erhalten wollen. Bei Leistungskomplexen, die ja Festpreise haben, entscheidet tatsächlich die Pflegekraft oder der Pflegedienst, wie lange man bleibt, bei der Zeitabrechnung ist das aber anders.

Preisunterschiede trotz gleicher Leistungen?

Das Prinzip der leistungsgerechten Vergütung, das wie oben beschrieben sich jeweils auf die einzelne Pflegeeinrichtung bezieht, sorgt dafür, dass die Preise der Einrichtungen unterschiedlich hoch sind. Während in der stationären Pflege dies auch durch die unterschiedliche räumliche Ausstattung begründet scheint (jedes Heim sieht anders aus), ist eine Begründung für unterschiedliche Preise bei ambulanten Pflegediensten schwieriger. Dazu kommt, dass die Situation je nach Bundesland unterschiedlich ist. In einigen Bundesländern gibt es entgegen der Intention des Gesetzes zurzeit noch (letzte) Einheitspreise für fast alle Dienste (inzwischen (Mitte 2021) nur noch in einigen Bereichen in Baden-Württemberg, in anderen gibt es Preisgruppen (für Wohlfahrtseinrichtungen, Private etc.) oder komplett differenzierte Preise pro Region und Einrichtung (z. B. Nordrhein-Westfalen, Mecklenburg-Vorpommern).

Die Gründe für unterschiedliche Preise können vielfältig sein: unterschiedliche Personalstruktur, Tarifverträge, Organisationskosten, Wegekosten, Historie. Durch die gesetzliche Garantie der Refinanzierung definierter Personalkosten (z. B. über Tarifverträge etc.) verbunden mit den neuen Regelungen des GVWG werden sich die Preise wieder mehr angleichen, zumindest auf Landesebene.

Da die Pflegekassen die Vergütungsvereinbarungen immer als Sachwalter der Versicherten abschließen, kann man auch gegenüber den Pflegekunden argumentieren, dass die Einrichtung nur genau die Vergütung bekommt, die für sie unbedingt notwendig (= leistungsgerecht) ist. Diese Prüfung findet in der Vergütungsverhandlung durch die Pflegekassen statt bzw. hat formal stattgefunden. Und wie bei sehr vielen anderen Gütern und Dienstleistungen gibt es auch in der Pflege für identische Leistungen unterschiedliche Preise.

Höhere Stundensätze als der Wettbewerber?

Durch die in einigen Bundesländern zusätzlich auszuweisenden Stundensätze werden unter Umständen die Preisunterschiede der Pflegedienste noch transparenter: Der eine Pflegedienst wird nur 43 € die Stunde verlangen, der andere 52 €. Der Hauptgrund für die Preisunterschiede liegt einzig und allein in der Vergütung des Personals, meist bedingt durch unterschiedliche Tarifverträge: Da die (formale) Qualität immer gleich sein muss, stellt sich für den Kunden die Frage, warum er für die gleiche Leistung mehr Geld zahlen muss? Andererseits ist die Pflege absolut abhängig von guten Mitarbeitern, die auch fair bezahlt werden. Wer seine Mitarbeiter besser bezahlt als sein Wettbewerber, hat erfahrungsgemäß weniger Probleme, neue Mitarbeiter zu gewinnen. Pflegedienste sollten offensiver damit Werbung machen, dass sie ihre Mitarbeiter fair nach Tarif (oder vergleichbaren Regelungen) bezahlen und nicht versuchen, die Kosten zu drücken. Denn wenn dauerhaft die Pflege immer schlechter bezahlt wird, werden gute Mitarbeiter in andere Bereiche oder Branchen abwandern. Da gute Pflege aber auch gute Mitarbeiter benötigt, müssen und sollten diese entsprechend sachgerecht bezahlt werden. Und das Bundessozialgericht stellt in seinen aktuellen Urteilen eindeutig fest, dass tarifgerechte Bezahlung wirtschaftlich ist und deshalb von den Pflegekassen refinanziert werden muss. Das hat der Gesetzgeber auch durch seine Änderung im § 84/89 mit dem PSG III und die Übernahme dieser Regelungen in die Krankenversicherung nochmals verdeutlicht.

Beitragszahlungen und Leistungsausgaben

Oft werden Pflegekräfte mit der Aussage konfrontiert, dass der Pflegebedürftige doch sein Leben lang gearbeitet und immer eingezahlt hätte und jetzt so wenig Pflegeleistungen bekommen würde.

Fakt ist:

- Die Pflegeversicherung existiert erst seit 1995, auch Beiträge werden erst ab dieser Zeit eingezogen/bezahlt.
- Ein Rentner, der zum 01.01.2022 eingestuft wird, hat bis Ende 2021 (26 Jahre) folgende Beiträge bezahlt:
  - Beispiel 1: Die Rente lag immer über der Beitragsbemessungsgrenze (in 1995 im Westen bei 2.991,00 DM, in 2021 bei 4.837,50 €), es wurde immer der Höchstbetrag bezahlt. Dann wurden bis Ende 2021 an Beiträgen insgesamt 23.994,16 € bezahlt.
  - Beispiel 2: Ein Rentner ohne Kinder mit einer gleichbleibenden Rente von 1.500,– € (= Beitragsbemessungsbetrag) hat seit Beginn der Pflegeversicherung bis Ende 2021 insgesamt: 9.171,00 € bezahlt.

- Ein Jahr Bezug von Pflegegeldleistung ab 2022 (ohne Hilfsmittel, Verhinderungspflege) bedeutet:
  - Pflegegrad 2: 3.792,– €,
  - Pflegegrad 3: 6.540,– €
  - Pflegegrad 4: 8.736,– €
  - Pflegegrad 5: 10.812,– €

- Ein Jahr Bezug von Pflegesachleistung (ohne Pflegehilfsmittel, Verhinderungspflege etc.) bedeutet:
  - Pflegegrad 2: 8.688,- €
  - Pflegegrad 3: 16.356,- €
  - Pflegegrad 4: 20.316,- €
  - Pflegegrad 5: 25.140,- €

Dazu kommen weitere ambulante Leistungen bei allen Pflegegraden 1.500 € Entlastungsleistungen nach § 45b und Verhinderungspflege § 39 in Höhe von 1.612 €, zusammen also 3.112 €.

Dazu könnten noch Leistungen der Kurzzeitpflege in Höhe von 1.774 € genutzt werden sowie Pflegeverbrauchsmittel von 480 €.

Zusätzlich kann noch die Tagespflege besucht werden, dazu gäbe es weitere Zuschüsse:

- Pflegegrad 2: 8.268,- €
- Pflegegrad 3: 15.576,- €
- Pflegegrad 4: 19.344,- €
- Pflegegrad 5: 23.940,- €

Ein Pflegebedürftiger mit Pflegegrad 3, der ambulante Sachleistungen sowie die Tagespflege und die Kostenerstattungsleistungen einschließlich Pflegeverbrauchsmaterial in Anspruch nimmt, erhält so pro Jahr Leistungen im Umfang von 35.524 € von seiner Pflegekasse erstattet. In den 26 Jahren der Versicherung und der Beitragszahlung hat dieser Versicherte im Maximalfall (voller Beitragssatz ohne Kinder für die gesamte Zeit): 23.994,16 € bezahlt.

Ein Jahr Bezug von vollstationärer Pflege bedeutet:

- Pflegegrad 2: 9.240,– €
- Pflegegrad 3: 15.144,– €
- Pflegegrad 4: 21.300,– €
- Pflegegrad 5: 24.060,– €
- Plus prozentualer Reduzierungen der Eigenanteile

Leistungsbezug: Kosten pro Jahr ab 2022				
	Pflegegrad 2	Pflegegrad 3	Pflegegrad 4	Pflegegrad 5
Ambulante Leistungen				
Pflegegeld	**3.792 €**	**6.540 €**	**8.736 €**	**10.812 €**
Sachleistung	**8.688 €**	**16.356 €**	**20.316 €**	**25.140 €**
	weitere ambulante Leistungen (ohne Kurzzeitpflege)			
Verhinderung/Entlastungsbetrag	3.112 €	3.112 €	3.112 €	3.112 €
Pflegeverbrauchsmittel	480 €	480 €	480 €	480 €
Tagespflege	8.268 €	16.356 €	20.316 €	25.140 €
Gesamt maximal bei Sachl.	**20.548 €**	**36.304 €**	**44.224 €**	**53.872 €**
Vollstationär	**9.240 €**	**15.144 €**	**21.300 €**	**24.060 €**
	sowie steigende Reduzierung Eigenanteil pro Jahr			

Die Pflegeversicherung ist wie die Rentenversicherung als Umlageversicherung strukturiert: Heutige Leistungsbezieher bekommen Leistungen, die im Wesentlichen von der nachfolgenden Generation bezahlt werden. Das ist gut so und aus meiner Sicht alternativlos, aber kein Grund zu glauben, die Pflegeversicherung wäre unfair, weil sie nicht alle Leistungen übernehmen kann, die benötigt werden.

Gerade dieser Punkt muss allen verdeutlichen, dass die heutige Generation der Pflegebedürftigen nicht das eingezahlt hat, was sie an Leistungen bezieht!

Wer persönlich für höhere Leistungen ist, muss auch bereit sein, entsprechend mehr Beiträge zu bezahlen. Dies gilt auch für heutige Pflegebedürftige.

Hintergrund

Vor Einführung der Pflegeversicherung gab es so gut wie keine Leistungen bei Pflegebedürftigkeit. Gleichzeitig entwickelt sich die Lebenserwartung weiter sehr positiv. Durch die höhere Lebenserwartung und die Veränderung der gesamten Lebensbedingungen können tradierte Versorgungskonzepte wie die Versorgung von Pflegebedürftigen durch die eigene Familie nicht mehr dauerhaft funktionieren. Die Einführung der Pflegeversicherung hat den Anstoß zu einer Entwicklung der Pflegeinfrastruktur gegeben, die die heutige Versorgung ermöglicht. So gibt es inzwischen über 15.000 ambulante Pflegedienste (BMG 2020), vor Einführung gab es nicht einmal halb so viele. Problematisch bei der Einführung bis heute ist die unklare Kommunikation bezüglich der Leistungsmöglichkeiten der Pflegeversicherung. Es herrschte und gibt auch weiterhin die Erwartung in der Bevölkerung (bei den Pflegebedürftigen und ihren Angehörigen, aber auch bei den Mitarbeitern des Pflegedienstes), dass die Pflegeversicherung die Versorgung komplett finanziert. In der Praxis bleibt es dann den Leistungserbringern überlassen, diese falschen Erwartungen zu korrigieren. Andererseits werden auch einige Leistungen der Pflegeversicherung nur in sehr geringem Umfang genutzt, obwohl sie wesentlich zu Entlastung beitragen könnten (z. B. Verhinderungspflege oder auch Entlastungsbetrag nach § 45 b).

Die aufgrund der Kostenentwicklung in den Pflegeheimen angetriebene Diskussion um den Umbau der Pflegeversicherung macht es nicht einfacher, obwohl auch hier eine größere Differenzierung hilfreich wäre (siehe Seite 255 f.f.).

Hinweise zur Beratung

Die richtigen Worte nutzen!

Allein die Frage, wie man die Pflegeversicherung mit Worten beschreibt, sagt viel über das Verständnis und das Verstehen der Leistungsmöglichkeiten aus. Dazu ein BEISPIEL:

- Herr Müller benötigt für 800,– € Leistungen, erhält von der Pflegekasse nach Pflegegrad 2 insgesamt 724,– € Sachleistungen.
  - Variante 1: „Herr Müller, Sie brauchen ja für 800,– € Leistungen, bekommen aber nur 724,– €. Da müssen Sie noch 76,– € zuzahlen!"
  - Variante 2: Herr Müller, Sie brauchen ja für 800,– € Leistungen.
    Sie bekommen aber von der Pflegekasse einen Zuschuss von 724,– €, da bleibt als Eigenanteil für Sie nur noch 76,– € übrig.

Das Beispiel kann man auch verkürzt betiteln mit der Frage: „Ist das Glas halb voll oder halb leer?" Oft hat man den Eindruck, dass die Pflegebedürftigen und ihre Angehörigen nicht sehen und nicht vermittelt bekommen, was sie erhalten, sondern nur ärgerlich darüber sind, was sie nicht erhalten. Für sie ist das Glas also immer halb leer. Daher ist die erste Wortwahl wichtig.

Sich und die Kollegen vor einem ‚schlechten Gewissen' bewahren!

Mitleid und Empathie sind wichtige menschliche Reaktionen. Manchmal führen sie in der Pflege dazu, sich ausnutzen zu lassen. Das Klagen darüber, wie – vor allem wirtschaftlich – schlecht es einem Pflegebedürftigen und seinen Angehörigen geht, dient meist dazu, Pflegekräften ein schlechtes Gewissen zu machen, um weitere und dann meist heimliche und kostenfreie Leistungen zu bekommen. Dass die wirtschaftliche Situation objektiv so schlecht ist, darf in den meisten Fällen (noch) bezweifelt werden. Zumal die Erfahrung lehrt, dass die Menschen, die am meisten klagen (können), meist selbst nicht unbedingt in wirtschaftlicher Not sind. Alte Menschen in wirtschaftlicher Not klagen meist nicht, sie erhalten deshalb oft nicht die Leistungen, die sie bräuchten (oft auch nicht vom Pflegedienst, der sie als sehr nette und zurückhaltende Menschen kennt, die nie etwas fordern). Menschen, die laut klagen und viel fordern, bekommen oftmals mehr, als sie objektiv benötigen. Umso wichtiger ist es, den Mitarbeitern folgende Punkte immer wieder in Schulungen und Gesprächen nahezubringen:

- Die »Stillen« sind oft die wirklich Bedürftigen.
- Die Aussage: „Arm, alt und gebrechlich" stimmt heute für die große Mehrheit nicht: Altersarmut ist zurzeit relativ selten anzutreffen, das wird sich erst später ändern.
- Die Pflegeversicherung ist ein sehr großer Fortschritt, aber als Teilkaskoversicherung aufgebaut.

Die heutigen Leistungsbezieher leben von den Einzahlungen der jüngeren, sie selbst haben dazu recht wenig beigetragen.

Die tatsächliche durchschnittliche Einkommenssituation der Menschen ab 65 in Deutschland hat die Studie „Alterssicherung in Deutschland", im Auftrag des Bundesministeriums für Arbeit und Soziales von TNS Infratest Sozialforschung zuletzt 2016 ermittelt (siehe Tabelle nächste Seite).

Lernen, das Geld für sich auszugeben

Die heutige Generation der Pflegebedürftigen ist im Wesentlichen durch den 2. Weltkrieg, oftmals auch noch durch Flucht und Vertreibung geprägt (ca. 1/5 aller Deutschen hat durch den Krieg die Heimat verloren und musste tatsächlich von vorne anfangen). Diese Erlebnisse führen auch dazu, dass diese Generation es nicht gelernt hat, für sich und ihre eigene Versorgung Geld auszugeben. Sie hat eher für eine bessere Zukunft ihrer Kinder und Angehörigen gespart, als an sich selbst zu denken. Dazu kommt, dass gerade diese Generation sehr stark geprägt ist von einem Staatsbild, in dem der Staat sich um seine Bürger kümmert (das galt sowohl in der alten Bundesrepublik als auch in der DDR). Die heute so propagierte Verantwortung für sich selbst hat diese Generation kaum gelernt.

Die Pflegeversicherung hat diesen Wertewechsel erstmals in einem Sozialsystem eingeführt. Statt wie bisher eine Vollversorgung einzuführen, wurde erstmals ein Sozialversicherungszweig aufgebaut, der nur noch einen Zuschuss zu den notwendigen Kosten übernimmt. Diesen Systemwechsel hat die Politik weder klar beschrieben noch deutlich allen Bürgern erklärt, ebenso wenig wie dies die Pflegekassen getan haben.

Das Pflegegeld ist für die Pflege da!

Mit der Einführung des neuen Pflegebedürftigkeitsbegriffs 2017 gab es eine relativ komfortable Überleitungsregelung. Dadurch haben insbesondere ambulante Pflegebedürftige deutlich mehr Leistungen bekommen als bisher. Diese Leistungsausweitung ist aber wohl ausschließlich in das Pflegegeld geflossen (siehe Grafik Seite 37).

Das Pflegegeld ist in 2017 um über 3 Milo Euro gestiegen, in den weiteren Jahren weiter jeweils um ca. 1 Mio Euro auf aktuell 12,89 Mio Euro. Das entspricht ca. 28 % der Leistungsausgaben der Pflegeversicherung. Das Pflegegeld ist allein für die Sicherstellung der Pflege da, nicht jedoch für andere Zwecke wie Aufstockung der Rente oder Unterstützung anderer. Daher sollten Pflegedienste auch kritisch Diskussionen führen, wenn Pflegebedürftige einerseits die Sachleistungen nicht ausnutzen, weil sie noch Pflegegeld beziehen wollen, aber andererseits vom Pflegedienst kostenfreie Leistungen verlangen („Eh-da-Leistungen" oder „Heimliche Leistungen").

Alterssicherungsleistungen und zusätzliche Einkommen nach verschiedenen Merkmalen

Merkmal			Alters-sicherungs-leistungen	Zusätzliche Einkommen	Alters-sicherungs-leistungen	Zusätzliche Einkommen	Brutto-einkommen	Netto-einkommen
			Anteil der Bezieher/innen in %		Betrag je Bezieher/in in EURO			
EHEPAARE UND ALLEINSTEHENDE	Ehepaare	gesamt	98	59	2.711	1.463	3.507	2.907
		Mieter	97	51	2.335	1.155	2.352	2.425
		Eigentümer	98	64	2.936	1.611	3.395	3.192
		GRV-Rentner	100	57	2.660	1.257	3.380	2.836
	Alleinstehende	gesamt	97	44	1.716	680	1.971	1.667
		Männer	96	49	1.831	910	2.208	1.816
		Frauen	98	42	1.670	571	1.876	1.607
		Mieter	96	41	1.574	534	1.733	1.488
		Eigentümer	99	50	1.944	862	2.344	1.943
		GRV-Rentner	100	42	1.674	579	1.918	1.640
PERSONEN	Männer und Frauen	gesamt	96	46	1.604	677	1.867	1.573
		Verheiratet	95	48	1.523	675	1.792	1.505
		Verwitwet	99	39	1.835	582	2.042	1.739
		Geschieden/Getrennt	94	54	1.451	890	1.849	1.534
		Ledig	95	54	1.547	655	1.820	1.526
	Männer	gesamt	97	50	1.946	825	2.297	1.910
		Verheiratet	97	51	1.988	794	2.330	1.945
		Verwitwet	99	43	2.153	682	2.420	2.012
		Geschieden/Getrennt	94	54	1.578	1.173	2.117	1.710
		Ledig	94	54	1.540	826	1.900	1.573
		65 - u. 70 J. alt	90	59	1.811	1.201	2.346	1.890
		70 - u. 75 J. alt	99	51	1.878	780	2.262	1.885
		75 - u. 80 J. alt	99	48	2.012	664	2.317	1.950
		80 - u. 85 J. alt	99	41	2.027	487	2.209	1.884
		85 J. u. älter	99	46	2.176	372	2.328	1.978
	Frauen	gesamt	95	43	1.333	543	1.527	1.305
		Verheiratet	92	45	934	513	1.126	955
		Verwitwet	99	38	1.758	554	1.951	1.674
		Geschieden/Getrennt	95	53	1.351	658	1.633	1.393
		Ledig	95	54	1.553	491	1.744	1.482
		65 - u. 70 J. alt	88	51	1.243	727	1.507	1.250
		70 - u. 75 J. alt	97	43	1.194	536	1.411	1.210
		75 - u. 80 J. alt	97	40	1.292	548	1.494	1.283
		80 - u. 85 J. alt	97	37	1.431	391	1.557	1.349
		85 J. u. älter	99	43	1.583	336	1.716	1.488
		Kein Kind	95	48	1.703	505	1.885	1.584
		1 Kind	95	43	1.397	562	1.596	1.362
		2 Kinder	96	44	1.246	529	1.444	1.235
		3 Kinder	95	41	1.264	602	1.475	1.263
		4 oder mehr Kinder	95	38	1.246	415	1.356	1.184
	Letzte berufliche Stellung	Arbeiter/Angstellte	97	43	1.549	542	1.741	1.492
		Beamte	97	53	3.242	699	3.510	2.755
		Selbständige	92	72	1.111	1.309	1.980	1.591
	GRV-Rentner	gesamt	100	44	1.524	549	1.766	1.509
		Männer	100	48	1.828	650	2.140	1.811
		Frauen	100	41	1.297	462	1.487	1.283
	Migrations-hintergrund	ohne	97	46	1.667	677	1.941	1.631
		mit	89	48	1.130	671	1.352	1.169

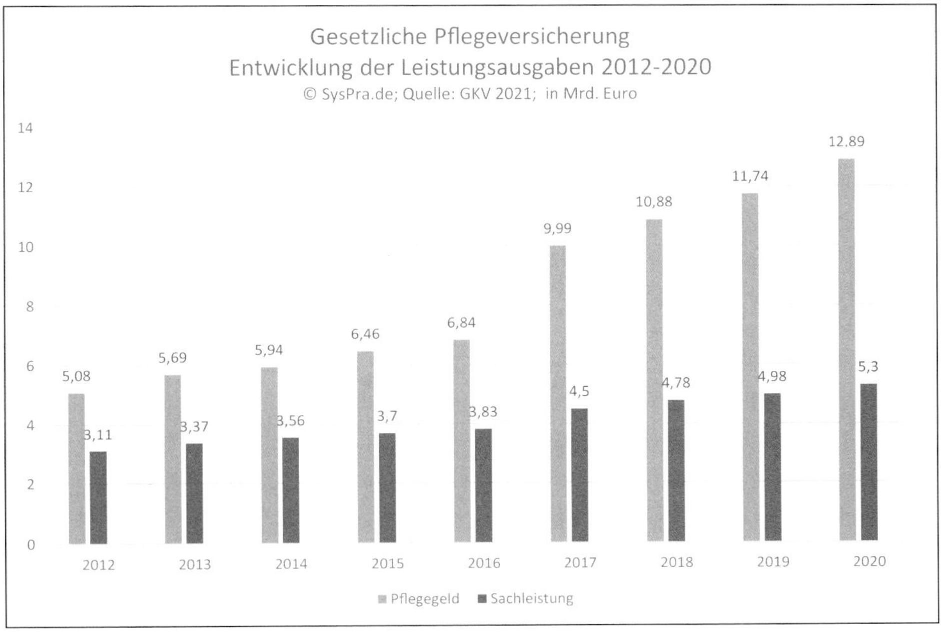

Eigenanteile durch steuerliche Berücksichtigung reduzieren

Der für die Pflege (einschließlich Betreuung und Hilfen bei der Haushaltsführung) privat bezahlte Eigenanteil kann um 20 % reduziert werden, weil er zu einer Steuerentlastung führen könnte. Die Förderung haushaltsnaher Dienstleistungen nach § 35a des Einkommenssteuergesetzes wurde seinerzeit eingeführt, um Schwarzarbeit insbesondere im Handwerk und bei Dienstleistungen zu bekämpfen: Steuerpflichtige bekommen bei von ihnen finanzierten haushaltsnahen Dienstleistungen 20 % des Rechnungsbetrages von ihrer Steuerschuld abgezogen. Zu den haushaltsnahen Dienstleistungen zählen alle Leistungen im Rahmen der Pflege, also auch die Eigenanteile sowie die weiteren privat finanzierten Dienstleistungen zur Pflege von Pflegebedürftigen: Rechnungsbeträge bis zu 20.000 € werden berücksichtigt, damit kann die eigene Steuerzahlung um bis zu maximal 4.000 € pro Jahr reduziert werden.

Dazu ein Beispiel: Der Pflegebedürftige vereinbart einen monatlichen Eigenanteil von 100 €, pro Jahr 1.200 €. Im Rahmen der Steuererklärung können dann 240 € von der Steuerschuld abgezogen werden: Damit sinkt der Eigenanteil faktisch. Eine Steuerreduzierung hat jedoch nur dann Auswirkungen, wenn der Pflegebedürftige selbst (noch) Einkommenssteuern bezahlt. Das ist jedoch zurzeit bei vielen Rentnern (noch) nicht der Fall. Allerdings können auch nahe Angehörige wie die eigenen Kinder diese Steuererstattung in Anspruch nehmen. Voraussetzung ist, dass sie dann die Rechnung über den Eigenteil bekommen und von ihrem Konto bezahlen. Deshalb sollte im Vertragsgespräch immer gefragt werden, wer der Rechnungsempfänger sein soll. Es empfiehlt sich der Hinweis, dass sich die betroffenen Angehörigen hier mit ihrem Steuerberater absprechen.

Hilfe zur Pflege (SGB XII) in Anspruch nehmen! (kurzer Exkurs)

Die Aufgabe der Sozialhilfe ist es, allen Bürgerinnen und Bürgern ein menschenwürdiges Leben zu ermöglichen. Die Sozialhilfeleistungen sind immer nachrangig, eigenes Einkommen und auch Vermögen ist vorrangig einzusetzen. Aber bei den Leistungen der Hilfe zur Pflege gelten höhere Einkommensgrenzen als bei den Grundsicherungsleistungen/Hilfen zum Lebensunterhalt. Nach § 85 Abs. 1 SGB XII gelten als Einkommensgrenzen, bis zu denen das eigene Einkommen eingesetzt wird, der Grundbetrag in Höhe des Zweifachen der Regelbedarfsstufe + angemessene Kosten für Unterkunft (Miete).

Beispiel: 2021 liegt die Regelbedarfsstufe bei 446 €. Die Pflegebedürftige hat eine Rente von 1.000 € und zahlt eine Miete von 400 €. Sie benötigt Pflegeleistungen mit einem Eigenanteil von 250 €. Die vereinfachte Rechnung würde lauten: 2 x 446 € + Miete = 1.292 €. Bei einem Einkommen unterhalb dieser Grenze (im Beispiel ja nur 1.000 €) würde die Pflegebedürftige den Eigenanteil als Hilfe zur Pflege vom Sozialamt finanziert bekommen. Aber sie hätte kein Anrecht auf Grundsicherung, weil hier nur der einfache Satz der Regelbedarfsstufe + Miete zählt.

Zwar muss sie mögliches Vermögen (bis auf Schonvermögen) einsetzen, aber die eigenen Kinder sind nicht mehr unterhaltsverpflichtet (Stichwort: Angehörigenentlastungsgesetz 2020), wenn sie nicht mehr als 100.000 € anrechnungsfähiges Einkommen haben (was grundsätzlich gar nicht mehr geprüft wird).

Diese Kurzdarstellung soll nur verdeutlichen, dass viele Pflegebedürftige auch Unterstützung durch die Sozialhilfe bekommen könnten, ohne ‚echte' Sozialhilfefälle zu sein. Aber sie müssen dazu einen Antrag beim Sozialhilfeträger stellen. Und die Unterhaltsverpflichtung der Kinder ist faktisch abgeschafft.

Ausführlich dazu: „Hilfe zur Pflege nach dem SGB XII", siehe Literatur.

Hinweise zur internen Umsetzung

Alle Mitarbeiter regelmäßig über die Grundlagen der Pflegeversicherung und ihre Entstehungsgeschichte schulen! Dabei sollten die Mitarbeiter drei Grafiken und deren Inhalte kennen:

1. Leistungssteigerungen von 1995 bis 2022 (Grafik Seite 25)
2. Einzahlungen und Leistungen (Seite 36)
3. Entwicklung Pflegegeld bis 2020 (Grafik Seite 37)

Auch bei vielen Pflegemitarbeitern gibt es Lücken in Bezug auf die Geschichte, Systematik und Struktur der Pflegeversicherung. Daher sollte dies regelmäßig geschult und besprochen werden. Diese Themen gehören in die Einarbeitungsstandards neuer Mitarbeiter.

Quellen

§ 1 Soziale Pflegeversicherung

(1) Zur sozialen Absicherung des Risikos der Pflegebedürftigkeit wird als neuer eigenständiger Zweig der Sozialversicherung eine soziale Pflegeversicherung geschaffen.

(2) In den Schutz der sozialen Pflegeversicherung sind kraft Gesetzes alle einbezogen, die in der gesetzlichen Krankenversicherung versichert sind. Wer gegen Krankheit bei einem privaten Krankenversicherungsunternehmen versichert ist, muss eine private Pflegeversicherung abschließen.

(3) Träger der sozialen Pflegeversicherung sind die Pflegekassen; ihre Aufgaben werden von den Krankenkassen (§ 4 des Fünften Buches) wahrgenommen.

(4) Die Pflegeversicherung hat die Aufgabe, Pflegebedürftigen Hilfe zu leisten, die wegen der Schwere der Pflegebedürftigkeit auf solidarische Unterstützung angewiesen sind.

(5) In der Pflegeversicherung sollen geschlechtsspezifische Unterschiede bezüglich der Pflegebedürftigkeit von Männern und Frauen und ihrer Bedarfe an Leistungen berücksichtigt und den Bedürfnissen nach einer kultursensiblen Pflege nach Möglichkeit Rechnung getragen werden.

(6) Die Ausgaben der Pflegeversicherung werden durch Beiträge der Mitglieder und der Arbeitgeber finanziert. Die Beiträge richten sich nach den beitragspflichtigen Einnahmen der Mitglieder. Für versicherte Familienangehörige und eingetragene Lebenspartner (Lebenspartner) werden Beiträge nicht erhoben.

(7) Ein Lebenspartner einer eingetragenen Lebenspartnerschaft gilt im Sinne dieses Buches als Familienangehöriger des anderen Lebenspartners, sofern nicht ausdrücklich etwas anderes bestimmt ist.

§ 2 Selbstbestimmung

(1) Die Leistungen der Pflegeversicherung sollen den Pflegebedürftigen helfen, trotz ihres Hilfebedarfs ein möglichst selbständiges und selbstbestimmtes Leben zu führen, das der Würde des Menschen entspricht. Die Hilfen sind darauf auszurichten, die körperlichen, geistigen und

seelischen Kräfte der Pflegebedürftigen, auch in Form aktivierender Pflege, wiederzugewinnen oder zu erhalten.

(2) Die Pflegebedürftigen können zwischen Einrichtungen und Diensten verschiedener Träger wählen. Ihren Wünschen zur Gestaltung der Hilfe soll, soweit sie angemessen sind, im Rahmen des Leistungsrechts entsprochen werden. Wünsche der Pflegebedürftigen nach gleichgeschlechtlicher Pflege haben nach Möglichkeit Berücksichtigung zu finden.

(3) Auf die religiösen Bedürfnisse der Pflegebedürftigen ist Rücksicht zu nehmen. Auf ihren Wunsch hin sollen sie stationäre Leistungen in einer Einrichtung erhalten, in der sie durch Geistliche ihres Bekenntnisses betreut werden können.

(4) Die Pflegebedürftigen sind auf die Rechte nach den Absätzen 2 und 3 hinzuweisen.

§ 3 Vorrang der häuslichen Pflege

Die Pflegeversicherung soll mit ihren Leistungen vorrangig die häusliche Pflege und die Pflegebereitschaft der Angehörigen und Nachbarn unterstützen, damit die Pflegebedürftigen möglichst lange in ihrer häuslichen Umgebung bleiben können. Leistungen der teilstationären Pflege und der Kurzzeitpflege gehen den Leistungen der vollstationären Pflege vor.

§ 4 Art und Umfang der Leistungen

(1) Die Leistungen der Pflegeversicherung sind Dienst-, Sach- und Geldleistungen für den Bedarf an körperbezogenen Pflegemaßnahmen, pflegerischen Betreuungsmaßnahmen und Hilfen bei der Haushaltsführung sowie Kostenerstattung, soweit es dieses Buch vorsieht. Art und Umfang der Leistungen richten sich nach der Schwere der Pflegebedürftigkeit und danach, ob häusliche, teilstationäre oder vollstationäre Pflege in Anspruch genommen wird.

(2) Bei häuslicher und teilstationärer Pflege ergänzen die Leistungen der Pflegeversicherung die familiäre, nachbarschaftliche oder sonstige ehrenamtliche Pflege und Betreuung. Bei teil- und vollstationärer Pflege werden die Pflegebedürftigen von Aufwendungen entlastet, die für ihre Versorgung nach Art und Schwere der Pflegebedürftigkeit erforderlich sind (pflegebedingte Aufwendungen), die Aufwendungen für Unterkunft und Verpflegung tragen die Pflegebedürftigen selbst.

(3) Pflegekassen, Pflegeeinrichtungen und Pflegebedürftige haben darauf hinzuwirken, dass die Leistungen wirksam und wirtschaftlich erbracht und nur im notwendigen Umfang in Anspruch genommen werden.

Einkommensteuergesetz (EStG)

§ 35a Steuerermäßigung bei Aufwendungen für haushaltsnahe Beschäftigungsverhältnisse, haushaltsnahe Dienstleistungen und Handwerkerleistungen

(1) Für haushaltsnahe Beschäftigungsverhältnisse, bei denen es sich um eine geringfügige Beschäftigung im Sinne des § 8a des Vierten Buches Sozialgesetzbuch handelt, ermäßigt sich die tarifliche Einkommensteuer, vermindert um die sonstigen Steuerermäßigungen, auf Antrag um 20 Prozent, höchstens 510 Euro, der Aufwendungen des Steuerpflichtigen.
(2) Für andere als in Absatz 1 aufgeführte haushaltsnahe Beschäftigungsverhältnisse oder für die Inanspruchnahme von haushaltsnahen Dienstleistungen, die nicht Dienstleistungen nach Absatz 3 sind, ermäßigt sich die tarifliche Einkommensteuer, vermindert um die sonstigen Steuerermäßigungen, auf Antrag um 20 Prozent, höchstens 4 000 Euro, der Aufwendungen des Steuerpflichtigen. Die Steuerermäßigung kann auch in Anspruch genommen werden für die Inanspruchnahme von Pflege- und Betreuungsleistungen sowie für Aufwendungen, die einem Steuerpflichtigen wegen der Unterbringung in einem Heim oder zur dauernden Pflege erwachsen, soweit darin Kosten für Dienstleistungen enthalten sind, die mit denen einer Hilfe im Haushalt vergleichbar sind.

(3) Für die Inanspruchnahme von Handwerkerleistungen für Renovierungs-, Erhaltungs- und Modernisierungsmaßnahmen ermäßigt sich die tarifliche Einkommensteuer, vermindert um die sonstigen Steuerermäßigungen, auf Antrag um 20 Prozent der Aufwendungen des Steuerpflichtigen, höchstens jedoch um 1 200 Euro. Dies gilt nicht für öffentlich geförderte Maßnahmen, für die zinsverbilligte Darlehen oder steuerfreie Zuschüsse in Anspruch genommen werden.

(4) Die Steuerermäßigung nach den Absätzen 1 bis 3 kann nur in Anspruch genommen werden, wenn das Beschäftigungsverhältnis, die Dienstleistung oder die Handwerkerleistung in einem in der Europäischen Union oder dem Europäischen Wirtschaftsraum liegenden Haushalt des Steuerpflichtigen oder – bei Pflege- und Betreuungsleistungen – der gepflegten oder betreuten Person ausgeübt oder erbracht wird. In den Fällen des Absatzes 2 Satz 2 zweiter Halbsatz ist Voraussetzung, dass das Heim oder der Ort der dauernden Pflege in der Europäischen Union oder dem Europäischen Wirtschaftsraum liegt.

(5) Die Steuerermäßigungen nach den Absätzen 1 bis 3 können nur in Anspruch genommen werden, soweit die Aufwendungen nicht Betriebsausgaben oder Werbungskosten darstellen und soweit sie nicht als Sonderausgaben oder außergewöhnliche Belastungen berücksichtigt worden sind; für Aufwendungen, die dem Grunde nach unter § 10 Absatz 1 Nummer 5 fallen, ist eine Inanspruchnahme ebenfalls ausgeschlossen. Der Abzug von der tariflichen Einkommensteuer nach den Absätzen 2 und 3 gilt nur für Arbeitskosten. Voraussetzung für die Inanspruchnahme der Steuerermäßigung für haushaltsnahe Dienstleistungen nach Absatz 2 oder für Handwerkerleistungen nach Absatz 3 ist, dass der Steuerpflichtige für die Aufwendungen eine Rechnung erhalten hat und die Zahlung auf das Konto des Erbringers der Leistung erfolgt ist. Leben zwei Alleinstehende in einem Haushalt zusammen, können sie die Höchstbeträge nach den Absätzen 1 bis 3 insgesamt jeweils nur einmal in Anspruch nehmen.

3 Die Beratungsleistungen der Pflegeversicherung

Kurzdarstellung

Die Beratungsleistungen der Pflegeversicherung gliedern sich in drei Leistungen:

- die umfassende Pflegeberatung durch die Pflegekassen (§§ 7, 7a, 7b), Seite 49
- die vertiefende Schulung nach § 45, Seite 63
- die Kurzberatungen nach § 37.3, Seite 129

Die unterschiedlichen Aufgaben finden sich ausführlich beschrieben auch in den Empfehlungen nach § 37 Abs. 5 SGB XI zur Qualitätssicherung der Beratungsbesuche.

Wesentliche Punkte

Beratungspflicht aller Sozialleistungsträger

Im SGB I ist geregelt, dass alle Sozialleistungsträger zur Aufklärung, Beratung und Auskunft verpflichtet sind.

§ 13: Aufklärung: Verpflichtung aller Sozialleistungsträger, die Bürger über die Rechte und Pflichten aus den Sozialgesetzbüchern aufzuklären

§ 14: Beratung: Anspruch des Bürgers gegenüber den jeweiligen Leistungsträgern der entsprechenden Sozialleistungen auf Beratung über seine Rechte und Pflichten

§ 15: Auskunft: Verpflichtung hier der zuständigen Kranken- und Pflegeversicherungen, über alle sozialen Angelegenheiten nach dem Gesetzbuch Auskünfte zu erteilen sowie evtl. andere Stellen zu benennen

Die weitergehenden Regelungen im SGB XI konkretisieren dann die allgemeinen Beratungspflichten, die die Pflegekassen schon aus dem SGB I haben.

Abgrenzung der Leistungsarten

Grundlage für die Abgrenzung der Leistungen zueinander ist das Grundlagenpapier des Zentrums für Qualität in der Pflege (ZQP 2016), dessen zusammenfassende Grafik auch in die Empfehlungen nach § 37.5 aufgenommen worden ist.
Abgrenzung der Beratungsleistungen im Vergleich

	§ 37.3 Abs. 3 **Beratungsbesuche**	§ 45 **Schulungen**	§ 7a **Pflegeberatung**
Information	Weitergabe von Informationen Wissensvermittlung	Weitergabe von Informationen Wissensvermittlung	Weitergabe von Informationen Wissensvermittlung
Schulung/Anleitung	Vermittlung von pflegebezogenen Fertigkeiten und Fähigkeiten durch Initiierung eines zielgerichteten Lernprozesses	Vermittlung von pflegebezogenen Fertigkeiten und Fähigkeiten durch Initiierung eines zielgerichteten Lernprozesses (im Rahmen des Beratungsprozesses)	Vermittlung von pflegebezogenen Fertigkeiten und Fähigkeiten durch Initiierung eines zielgerichteten Lernprozesses (im Rahmen eines Beratungs- bzw. Case-Managementprozesses)
Beratung	Experten- und/oder Prozessberatung in der Häuslichkeit • Erfassung der Ist-Situation (Themenbereiche) • Problemanalyse • Durchführung einer Kurzintervention (lösungsorientiert) • Bei Bedarf Weitervermittlung	Prozessberatung • Umfassende Problemanalyse • Gemeinsame Erarbeitung einer Zielsetzung • Interventionsdurchführung (Wissensvermittlung, Schulung/Anleitung, Gesprächstechniken etc.) • Reflexion, Evaluation und Abschluss der Beratung	Prozessberatung • Umfassende Problemanalyse • Gemeinsame Erarbeitung einer Zielsetzung und einer Versorgungsplanung • Interventionsdurchführung, -steuerung und -überwachung • Reflexion, Evaluation und Abschluss der Beratung
Case Management	-	Ggf. Vermittlung eines Case Managements	Beratung plus Versorgungsplanung plus Fallsteuerung plus Fallevaluation
Beraterrollen	• Informationsquelle • Experte • Wissensvermittler	• Informationsquelle • Experte • Wissensvermittler • Zuhörer • Prozessbegleiter • Helfer zur Problemlösung • Impulsgeber • Lotse	• Informationsquelle • Experte • Wissensvermittler • Zuhörer • Prozessbegleiter • Helfer zur Problemlösung • Impulsgeber • Lotse • Anwalt • Manager • Koordinierer

Methoden	Lern- und Beratungsmethoden	Lern- und Beratungsmethoden	Lern- und Beratungsmethoden plus Versorgungsplan plus Koordinierungsinstrumente
Orientierung	Orientierung am Ratsuchenden und an zentralen Themenbereichen	Orientierung am Ratsuchenden	Orientierung am Ratsuchenden und am Versorgungssystem
Inhalte	• Einschätzung der Pflegesituation • Bearbeitung von Wissensdefiziten • Initiierung von Lernprozessen	• Bearbeitung von Wissensdefiziten • Initiierung von Lernprozessen (Kompetenzförderung) • Unterstützung von Entscheidungs- und Problemlösungsprozessen • Beratung bei komplexen Problemstellungen • Begleitung	• Bearbeitung von Wissensdefiziten • Initiierung von Lernprozessen (Kompetenzförderung) • Unterstützung von Entscheidungs- und Problemlösungsprozessen • Beratung bei komplexen Problemstellungen • Begleitung • Organisation, Planung und Steuerung von Hilfen

Qualitätsrahmen ZPQ Grundlagenpapier **Qualitätsrahmen für Beratung in der Pflege** des Zentrums für Qualität in der Pflege (ZQP 2016), das im Rahmen eines zweijährigen Arbeitsprozesses federführend durch A. Büscher, Osnabrück, C. Oetting-Roß, Münster und D. Sulmann, ZQP 2016

Am Stichpunkt Inhalte wird die Hierarchie der Leistungen zueinander am deutlichsten sichtbar:

Im Rahmen der Beratungsbesuche nach § 37.3 sind nur folgende Inhalte vorgesehen:

- Einschätzung der Pflegesituation, Bearbeitung von Wissensdefiziten, Initiierung von Lernprozessen

Im Rahmen der Schulungen nach § 45 geht es schon sehr viel konkreter weiter

- Bearbeiten von Wissensdefiziten, Initiierung von Lernprozessen (Kompetenzförderung), Unterstützung von Entscheidungs- und Problemlösungsprozessen, Beratung bei komplexen Problemstellungen, Begleitung

Am weitestgehenden sind die Aufgaben und Inhalte im Rahmen der Pflegeberatung nach § 7a:

- Bearbeiten von Wissensdefiziten, Initiierung von Lernprozessen (Kompetenzförderung), Unterstützung von Entscheidungs- und Problemlösungsprozessen, Beratung bei komplexen Problemstellungen, Begleitung sowie Organisation, Planung und Steuerung von Hilfen

Während die Beratungsbesuche nach § 37.3 nur Lernprozesse initiieren sollen, werden sie im Rahmen der Schulung nach § 45 konkret behandelt, vertieft und ‚geschult', während sie im Rahmen der Pflegeberatung nach § 7a zusätzlich neben der Begleitung auch organisiert, geplant und gesteuert werden.

Theorie und Praxis

In der Praxis ist den meisten Pflegebedürftigen nicht klar, dass sie ein Recht auf Beratung haben und primär die Pflegekassen die Verpflichtung haben, diese umfassend anzubieten. Oftmals erfolgt sogar der Verweis auf die Pflegedienste als zuständige Beratungsinstanz, was der Gesetzeslage widerspricht. Auch können die kommunalen Pflegestützpunkte (soweit sie je nach Bundesland vorhanden sind) nur dann die weitreichenden Aufgaben der Pflegeberatung nach § 7a/b übernehmen, wenn sie dafür nicht nur personell ausgestattet sind, sondern auch von den jeweiligen Pflegekassen beauftragt und dafür entsprechend finanziert sind. Haben sie keine Legitimation, nach § 7a die Pflegeberatung durchzuführen oder Beratungsgutscheine nach § 7b anzunehmen, kann die Pflegekasse auch nicht auf sie als zuständige Stelle verweisen.

Pflegedienste sind zur Pflege und Versorgung der Pflegebedürftigen verpflichtet, die ihre Leistungen in Anspruch nehmen (§ 11, Abs. 1), aber nicht zur Beratung von Bürgern oder Interessenten, die noch keine Kunden sind. Die Beratungs- und Steuerungsaufgaben haben ausdrücklich die Pflegekassen, wie der Gesetzgeber es in § 12, Abs. 2 formuliert hat. Gerade der Pflegeberatung nach § 7a weist der Gesetzgeber diese Steuerungsaufgabe zu: „Sie stellen insbesondere über die Pflegeberatung nach § 7a sicher, dass im Einzelfall häusliche Pflegehilfe, Behandlungspflege, ärztliche Behandlung, spezialisierte Palliativversorgung, Leistungen zur Prävention, zur medizinischen Rehabilitation und zur Teilhabe nahtlos und störungsfrei ineinandergreifen."(§ 12, Abs. 2, Satz 2).

Hintergrund

Seit Einführung der Pflegeversicherung hat der Gesetzgeber erkannt, dass in dieser besonderen Versorgungssituation Beratung von Beginn an wichtig und notwendig ist. Daher hat er über die normalen Beratungsverpflichtungen aus dem SGB I heraus die besondere Beratung nach § 7 ff eingeführt und seitdem stetig konkretisiert und ausgebaut. Insbesondere durch die Einführung der Pflegeberatung nach § 7a wird deutlich, wie ernst der Gesetzgeber die Beratung nimmt und umgesetzt haben will.

Hinweise zur Beratung

Pflegedienste sollten in der Praxis nicht nur auf die verschiedenen Beratungsangebote hinweisen, sondern selbst auch genau die Grenzen der jeweiligen und insbesondere der von ihnen erbrachten Leistungen beachten. So muss im Rahmen des Beratungsbesuch nach § 37.3 nicht noch eine ausführliche Schulung oder Unterrichtung erfolgen, dazu gibt es die ergänzende/anschließende Leistung der Schulung in der Häuslichkeit. Allgemeine Anfragen nach Beratung können genauso an die Pflegekassen verwiesen werden wie die Nachfrage nach Unterstützung in besonders schwierigen Konstellationen.

Quellen

SGB I

§ 13 Aufklärung

Die Leistungsträger, ihre Verbände und die sonstigen in diesem Gesetzbuch genannten öffentlich-rechtlichen Vereinigungen sind verpflichtet, im Rahmen ihrer Zuständigkeit die Bevölkerung über die Rechte und Pflichten nach diesem Gesetzbuch aufzuklären.

§ 14 Beratung

Jeder hat Anspruch auf Beratung über seine Rechte und Pflichten nach diesem Gesetzbuch. Zuständig für die Beratung sind die Leistungsträger, denen gegenüber die Rechte geltend zu machen oder die Pflichten zu erfüllen sind.

§ 15 Auskunft

(1) Die nach Landesrecht zuständigen Stellen, die Träger der gesetzlichen Krankenversicherung und der sozialen Pflegeversicherung sind verpflichtet, über alle sozialen Angelegenheiten nach diesem Gesetzbuch Auskünfte zu erteilen.
(2) Die Auskunftspflicht erstreckt sich auf die Benennung der für die Sozialleistungen zuständigen Leistungsträger sowie auf alle Sach- und Rechtsfragen, die für die Auskunftsuchenden von Bedeutung sein können und zu deren Beantwortung die Auskunftsstelle imstande ist.

(3) Die Auskunftsstellen sind verpflichtet, untereinander und mit den anderen Leistungsträgern mit dem Ziel zusammenzuarbeiten, eine möglichst umfassende Auskunftserteilung durch eine Stelle sicherzustellen.

(4) Die Träger der gesetzlichen Rentenversicherung sollen über Möglichkeiten zum Aufbau einer staatlich geförderten zusätzlichen Altersvorsorge produkt- und anbieterneutral Auskünfte erteilen.

SGB XI

§ 11 Rechte und Pflichten der Pflegeeinrichtungen

(1) Die Pflegeeinrichtungen pflegen, versorgen und betreuen die Pflegebedürftigen, die ihre Leistungen in Anspruch nehmen, entsprechend dem allgemein anerkannten Stand medizinisch-pflegerischer Erkenntnisse. Inhalt und Organisation der Leistungen haben eine humane und aktivierende Pflege unter Achtung der Menschenwürde zu gewährleisten.

§ 12 Aufgaben der Pflegekassen

(1) Die Pflegekassen sind für die Sicherstellung der pflegerischen Versorgung ihrer Versicherten verantwortlich. Sie arbeiten dabei mit allen an der pflegerischen, gesundheitlichen und sozialen Versorgung Beteiligten eng zusammen und wirken, insbesondere durch Pflegestützpunkte nach § 7c, auf eine Vernetzung der regionalen und kommunalen Versorgungsstrukturen hin, um eine Verbesserung der wohnortnahen Versorgung pflege- und betreuungsbedürftiger Menschen zu ermöglichen. Die Pflegekassen sollen zur Durchführung der ihnen gesetzlich übertragenen Aufgaben örtliche und regionale Arbeitsgemeinschaften bilden. § 94 Abs. 2 bis 4 des Zehnten Buches gilt entsprechend.

(2) Die Pflegekassen wirken mit den Trägern der ambulanten und der stationären gesundheitlichen und sozialen Versorgung partnerschaftlich zusammen, um die für den Pflegebedürftigen zur Verfügung stehenden Hilfen zu koordinieren. Sie stellen insbesondere über die Pflegeberatung nach § 7a sicher, dass im Einzelfall häusliche Pflegehilfe, Behandlungspflege, ärztliche Behandlung, spezialisierte Palliativversorgung, Leistungen zur Prävention, zur medizinischen Rehabilitation und zur Teilhabe nahtlos und störungsfrei ineinandergreifen. Die Pflegekassen nutzen darüber hinaus das Instrument der integrierten Versorgung nach § 92b und wirken zur Sicherstellung der haus-, fach- und zahnärztlichen Versorgung der Pflegebedürftigen darauf hin, dass die stationären Pflegeeinrichtungen Kooperationen mit niedergelassenen Ärzten eingehen oder § 119b des Fünften Buches anwenden.

Qualitätsrahmen für Beratung in der Pflege

Qualitätsrahmen ZPQ Grundlagenpapier Qualitätsrahmen für Beratung in der Pflege des Zentrums für Qualität in der Pflege (ZQP 2016), erarbeitet im Rahmen eines zweijährigen Arbeitsprozesses federführend durch A. Büscher, Osnabrück, C. Oetting-Roß, Münster und D. Sulmann, ZQP 2016.

4 Die Pflegeberatung durch die Pflegekassen (§ 7 a, b)

Kurzdarstellung

Die Pflegekassen sollen (im ersten Schritt) die Versicherten aufklären und über alle Angebote breit informieren (Auskunft), insbesondere auch über das Recht, das Einstufungsgutachten und die gesonderten Präventions- und Rehabilitationsempfehlungen zu bekommen. Mit Einwilligung der Versicherten haben behandelnde Ärzte, Krankenhäuser, Rehabilitationseinrichtungen sowie andere Sozialleistungsträger die Pflegekasse unverzüglich zu informieren, wenn sich der Eintritt einer Pflegebedürftigkeit abzeichnet oder Pflegebedürftigkeit vorliegt.

Mithilfe der Preisvergleichslisten, die nicht nur Pflegeangebote umfassen, sollen die Versicherten bei der Ausübung ihres Wahlrechts unterstützt werden.

Die Beratungspflicht der Pflegekassen umfasst eine neutrale und versicherten-orientierte Beratung, ist jedoch für den Versicherten immer eine freiwillige Leistung. Die Pflegeberatung soll einen individuellen Versorgungsplan übergreifend einschließlich anderer Leistungen (z. B. Behandlungspflege) erstellen und die Umsetzung überwachen. Die Beratung erfolgt auf Wunsch des Pflegebedürftigen auch nur gegenüber seinen Pflegepersonen und ist auf Wunsch auch in der Häuslichen Umgebung oder der Einrichtung (wie Tagespflege oder Kurzzeitpflege oder Pflegeheim) durchzuführen.

Bei jedem Antrag auf Leistungen (außer nach §§ 38a, 39, 40, 45a) ist dem Versicherten innerhalb von zwei Wochen unter Nennung einer Kontaktperson oder einer Beratungsstelle eine Beratung anzubieten.

Wesentliche Punkte

Frühzeitige Antragsstellung

Alle an der Versorgung des Versicherten Beteiligten wie Ärzte oder Krankenhäuser haben mit Zustimmung des Versicherten frühzeitig die Pflegekasse über eine mögliche Pflegebedürftigkeit zu informieren. Damit soll sicher gestellt werden, dass die notwendigen Anträge frühzeitig gestellt werden. Wird dies von den benannten Institutionen unterlassen, so ist dies ein Beratungsfehler, der nach aktueller Rechtsprechung des BSG den Pflegekassen zuzurechnen ist (Az: B 3 P 5/19 R vom 17.06.2021). Das heißt: beraten beispielsweise Krankenhäuser ihre Patienten nicht frühzeitig über eine mögliche Pflegebedürftigkeit und stellen mit Zustimmung des Versicherten entsprechende Anträge, so ist die möglicherweise spätere Antragsstellung entsprechend zu korrigieren, weil es sich um einen Beratungsfehler handelt, den die Pflegekasse zu verantworten hat.

Beratungspflicht der Pflegekassen über das Leistungsangebot

Als Sozialleistungsträger sind die Pflegekassen schon durch das SGB I zur umfassenden Aufklärung und Beratung sowie zur Auskunft verpflichtet (§§ 13 bis 15 SGB I). Darüber hinaus enthält das Pflegeversicherungsgesetz mit § 7 eine zusätzliche und damit erweiterte Beratungsverpflichtung. Über § 7 Abs. 3 (früher § 72 Abs. 5 alte Fassung) ist seit 1996 geregelt, dass die Pflegekassen verpflichtet sind, den Versicherten und Pflegebedürftigen Preisvergleichslisten zur Verfügung zu stellen. Erst durch die Umsetzung im Internet (auch im Zuge der Veröffentlichung der sogenannten Schulnoten) gibt es frei zugängliche Preisvergleichslisten. Weiterhin hat der Pflegebedürftige das Recht, Preislisten in geeigneter Form, also bei Bedarf auch ausgedruckt, zu erhalten.

Beratung durch Pflegeberater

Mit der Pflegereform 2008 ist der Beratungsanspruch nochmals erweitert worden: Über § 7a wurde die Pflegeberatung durch Pflegeberater der Pflegekassen ab 2009 festgeschrieben. Durch das PSG II 2016 und die weitere Gesetzgebung bis zum aktuellen GVWG wird dieser Anspruch noch weiter konkretisiert, indem die Kassen verpflichtet sind, den Anspruchsberechtigten vor der erstmaligen Beratung unverzüglich einen zuständigen Pflegeberater oder eine Beratungsstelle zu benennen.

Zukünftig können auch Kommunen diese Beratung übernehmen, soweit sie die formalen Voraussetzungen erfüllen und über die Beratungsgutscheine Leistungen erbringen.

Voraussetzung ist aber, dass die Pflegekassen nicht selbst die Beratung anbieten und deshalb einen Beratungsgutschein ausstellen, der dann von den Kommunen ‚eingelöst' werden kann.

Aufgabe der Pflegeberatung ist es insbesondere,

1. den Hilfebedarf unter Berücksichtigung der Ergebnisse der Begutachtung durch den Medizinischen Dienst der Krankenversicherung sowie, wenn die nach Satz 1 anspruchsberechtigte Person zustimmt, die Ergebnisse der Beratung in der eigenen Häuslichkeit nach § 37 Absatz 3 systematisch zu erfassen und zu analysieren,
2. einen individuellen Versorgungsplan mit den im Einzelfall erforderlichen Sozialleistungen und gesundheitsfördernden, präventiven, kurativen, rehabilitativen oder sonstigen medizinischen sowie pflegerischen und sozialen Hilfen zu erstellen,

3. auf die für die Durchführung des Versorgungsplans erforderlichen Maßnahmen einschließlich deren Genehmigung durch den jeweiligen Leistungsträger hinzuwirken,
4. die Durchführung des Versorgungsplans zu überwachen und erforderlichenfalls einer veränderten Bedarfslage anzupassen,
5. bei besonders komplexen Fallgestaltungen den Hilfeprozess auszuwerten und zu dokumentieren sowie
6. über Leistungen zur Entlastung der Pflegepersonen zu informieren (§ 7a, Abs. 1).

Der Versicherte hat auch das Recht auf Überlassung des erstellten Versorgungsplans, darauf muss er nun ausdrücklich nach § 7b hingewiesen werden.

Die Beratung ist also sehr umfassend und über die Leistungsgrenzen der Pflegeversicherung hinaus angelegt.

Die Pflegebedürftigen haben das Recht auf diese umfassende Beratung, sind jedoch nicht verpflichtet, die Beratung anzufordern oder einen Berater in die Wohnung zu lassen, beispielsweise wenn dieser sich eigeninitiativ angekündigt hat.

Die Pflegeberater sollen in wohnortnahen Stützpunkten, den sogenannten „Pflegestützpunkten", angesiedelt sein und hier in Koordination und Zusammenarbeit mit allen an der Versorgung Beteiligten ein Netzwerk aufbauen und aktiv betreiben. Da die Zuständigkeit für den Aufbau der Pflegestützpunkte an die Bundesländer delegiert wurde, gibt es je nach Bundesland, bisheriger Struktur und politischem Willen sehr unterschiedliche Strukturen und Entwicklungen.

Bei jedem Antrag Beratungsanspruch innerhalb von 14 Tagen

Die mit dem PNG eingeführte schnelle Beratungsverpflichtung wird durch das PSG II und aktuell durch das GVWG nochmals ausgeweitet: Nun sind die Pflegekassen verpflichtet, jeden Antragssteller, der erstmalig oder erneut Leistungen der Pflegeversicherung beantragt, entweder selbst (durch eigene Mitarbeiter) eine Beratung innerhalb von 14 Tagen nach Eingang des Antrags anzubieten oder ihm einen Beratungsgutschein zu übersenden für andere Beratungsstellen, die diese Beratung in den ersten 14 Tagen durchführen (können). Die Beratungspflicht ist nun auf quasi alle Leistungen der Pflegeversicherung ausgeweitet, bei Leistungen der Verhinderungspflege (§ 39), der Pflegeverbrauchsmittel (§ 40 Abs. 2) sowie der Entlastungsleitung (§§ 45a/b) muss dieses Beratungsangebot nur bei der erstmaligen Beantragung erfolgen.

Aber unabhängig von der schnellen Beratung (innerhalb von 14 Tagen) hat jeder Pflegebedürftige jederzeit das Recht auf auch weitere Beratungen.

Digital durchgeführte Beratungen ersetzen keinen Hausbesuch

Neu eingeführt ist die Möglichkeit, die Pflegeberatung auch mittels digitaler Angebote zu ergänzen und durchzuführen. Dabei ersetzt das digitale Angebot aber nicht die Verpflichtung zu einer Beratung in der Häuslichkeit, wenn dies der Pflegebedürftige wünscht. Die digitale Beratung dient ausdrücklich nur der Ergänzung, nicht als Ersatz!

Hintergrund

Schon seit 2008 versucht der Gesetzgeber die Beratung der Versicherten durch definierte Rechtsansprüche zu verbessern. Auch aktuelle Studien (z. B. AOK-Pflegereport 2016) zeigen immer wieder, dass insbesondere die pflegenden Angehörigen die Unterstützungsangebote zu wenig nutzen, oft auch, weil die Details zu wenig bekannt sind. Seit 2009 wurde deshalb der Rechtsanspruch auf die Beratung durch Pflegeberater im Gesetz verankert, allerdings mit der Ansiedlung dieser Beratung bei den Pflegekassen. Auch der damalig geförderte Aufbau von Pflegestützpunkten ist in den Bundesländern völlig unterschiedlich verlaufen.

Trotzdem verstärkt der Gesetzgeber seitdem mit jeder Gesetzesänderung bis hin zum aktuellen GVWG die Ansprüche an Pflegeberatung und konkretisiert die Aufgaben der Pflegekassen.

Hinweise zur Beratung

Beratung ist freiwillig

Pflegeberater der Pflegekassen erfüllen eine wichtige Aufgabe. Je besser die Versicherten beraten werden, umso besser wird ihre Versorgung sein. Allerdings ist die Beratung in jedem Fall freiwillig. Versicherte haben das Recht, nicht verlangte Beratungsangebote der Pflegekasse zurückzuweisen, ohne eine negative Konsequenz fürchten zu müssen: Wenn sich beispielsweise ein Pflegeberater schriftlich zum Beratungsbesuch anmeldet, ohne dass der Versicherte ihn dazu eingeladen hat, kann er den Besuch jederzeit ohne Angabe von Gründen oder Nachteile absagen. Anders sieht es aus, wenn wegen einer Einstufungsbegutachtung der MD oder ein beauftragter Prüfer sich anmeldet. Diese Termine sind verbindlich, falls man solche Besuche verweigert, kann sich das negativ auf den Pflegegrad bzw. die weitere Bewilligung auswirken.

Versorgungsplan aushändigen lassen

Im Rahmen der Pflegeberatung müssen die Pflegeberater einen Versorgungsplan erstellen, die Inhalte wurden oben schon benannt. Pflegebedürftige sollten und dürfen sich diesen Versorgungsplan aushändigen lassen, darauf muss der Pflegeberater nun nochmals ausdrücklich hinweisen. Dann kann auch der Pflegedienst die darin enthaltenden Erkenntnisse für die weitere Planung verwenden.

Objektive Beratung ist Pflicht der Pflegeberater!

In der Vergangenheit gab es einige Kranken- und Pflegekassen, deren Pflegeberater sich selbstständig bei Pflegebedürftigen, vor allem mit Behandlungspflegen, anmeldeten, um diese zu ‚beraten'. Oftmals mit dem Ergebnis, dass Behandlungspflegen dann von den Angehörigen übernommen werden sollten, obwohl es hierzu keine rechtliche Grundlage gab. Diese Art der Versorgungssteuerung ist nicht gesetzlicher Auftrag der Pflegeberater, zumal diese verpflichtet sind, auch für die Kranken- oder Pflegekasse wirtschaftlich nachteilige Umstände zu berücksichtigen.

§ 20 Untersuchungsgrundsatz

„(2) Die Behörde hat alle für den Einzelfall bedeutsamen, auch die für die Beteiligten günstigen Umstände zu berücksichtigen."

Das heißt im Beispiel, dass die Versicherten auf ihre Rechte hingewiesen werden müssen. Wenn trotzdem die Angehörigen freiwillig Leistungen übernehmen, die normalerweise in die Leistungspflicht der Krankenkasse fallen, ist das ihre freiwillige Entscheidung.

Hinweise zur internen Umsetzung

Pflegeberater der Pflegekasse kennen und nutzen

Die Verpflichtung zur Pflegeberatung durch Pflegeberater der Pflegekasse kann auch eine Chance bieten, vor allem bei Pflegebedürftigen, bei denen die Versorgungssituation schwierig ist und die Beratung des Dienstes nicht angenommen wird. Evtl. kann der Pflegeberater der Pflegekasse hier mehr erreichen.

Die Pflegebedürftigen sollten in jedem Fall das verpflichtende Angebot zur Übersendung des erstellten Versorgungsplans nutzen. Oftmals, so ist zumindest die Rückmeldung aus der Praxis, erfolgt zwar ein Hausbesuch durch einen Berater, aber der erstellte Versorgungsplan wird dann nicht ausgehändigt oder übersandt. Dabei ließen sich hier auch für den Pflegedienst wichtige Erkenntnisse für die weitere Versorgung ablesen.

In jedem Fall sollten die Pflegebedürftigen auf ihr Recht auf Beratung, aber auch auf die Freiwilligkeit der Beratung und ihr eigenes Hausrecht (sie entscheiden, wer ihre Wohnung betritt), aufmerksam gemacht werden. Eine Verweigerung der Beratung hat keine negativen Auswirkungen, anders als beispielsweise die Weigerung, den MD zur Begutachtung der Einstufung in die Wohnung zu lassen.

Die Entwicklung der lokalen Pflegestützpunkte beobachten

Je nach Bundesland und Strukturen sind die Pflegestützpunkte inzwischen unterschiedlich entwickelt und etabliert. Sind im eigenen Einzugsgebiet Pflegestützpunkte vorhanden, sollten der Kontakt gesucht und die Formen der möglichen Zusammenarbeit geklärt werden. Aus Sicht der Pflegedienste kann jede Form der Aufklärung über die Möglichkeiten der Versorgung bei Pflege nur positiv sein.

Durch das PSG III sollen die Kommunen mehr an der Beratung beteiligt werden. Allerdings muss dies einerseits durch entsprechende landesgesetzliche Regelungen ausgeführt werden und die Kommunen müssen andererseits die Anforderungen an Pflegeberater erfüllen können. Auch im Jahre 2021 ist die Lage weiterhin unübersichtlich und je nach Bundesland wurden die rechtlichen Möglichkeiten des PSG III unterschiedlich umgesetzt. Aber nur in dem Fall, in dem die Pflegekasse einen Beratungsgutschein ausgibt, kann auch eine kommunale Beratungsstelle diese Beratungsleistung nach SGB XI übernehmen. Nur sieht das Gesetz nicht vor, dass die Pflegekassen dies alternativ tun müssen: Bieten sie eigene Beratung an, hat der Versicherte kein Wahlrecht.

Solange die oftmals kommunalen Beratungsstellen oder Pflegestützpunkte nicht zur Pflegeberatung nach § 7a zugelassen (und entsprechend ausgestattet und finanziert) sind, kann auch die jeweilige Pflegekasse nicht auf diese verweisen, um nicht selbst aktiv werden zu müssen. Gern verweisen die Pflegekassen bei Fragen auch auf die Pflegedienste, die diese Fragen beantworten müssten. Formal sind jedoch ausschließlich die Pflegekassen zur ausführlichen und konkreten Beratung verpflichtet!

Pflegedienste oder Mitarbeiter von Pflegediensten werden nicht von den Pflegekassen als externe Pflegeberater anerkannt und zugelassen, schon deshalb, weil es dafür keine gesetzliche Grundlage gibt.

Pflegedatenbanken überprüfen

Die Preisvergleichslisten der Pflegekassen basieren alle auf den Internetdatenbanken, die inzwischen veröffentlicht sind. Die Pflegedienste sollten regelmäßig, spätestens bei Änderungen (z. B. durch Preiserhöhungen, Qualitätsprüfungen etc.) prüfen, ob die Angaben zu ihrer Einrichtung in den jeweiligen Datenbanken noch richtig sind. Auch sollte geprüft werden, ob, soweit möglich, immer der Hinweis auf die eigene Internetseite als Link (soweit vorhanden) zu finden ist.

Mit der aktuellen Gesetzesänderung sind auch letzte formale Hindernisse abgeschafft worden, sodass die Zuständigkeiten der Landesverbände der Pflegekassen zur Datenpflege (einmal im Quartal) und zur Weiterentwicklung geregelt sind. Es werden nun auch weitere Angebote wie nach § 45b, neue Wohn- und Betreuungsangebote etc. mit in diese Datenbanken aufgenommen.

Die momentan vorhandenen Datenbanken sind:
- www.aok-pflegedienstnavigator.de (Angebot der AOK)
- www.pflegelotse.de (Angebot der Ersatzkassen VdEK)
- www.bkk-pflegefinder.de (Angebot der Betriebskrankenkassen, Bund)
- www.der-pflegekompass.de (Angebot der Bundesknappschaft)

Die Qualität der Datenbanken ist teilweise unterschiedlich, daher sollte regelmäßig überprüft werden, ob die eigenen Angaben jeweils auch aktuell und richtig sind.

Das gilt auch, wenn zur Zeit und dauerhaft die Auftragslage der Pflegedienste sich so entwickeln wird, das man eine zusätzliche Werbung kaum noch nötig haben wird.

Quellen

§ 7 Aufklärung, Auskunft

(1) Die Pflegekassen haben die Eigenverantwortung der Versicherten durch Aufklärung und Auskunft über eine gesunde, der Pflegebedürftigkeit vorbeugende Lebensführung zu unterstützen und auf die Teilnahme an gesundheitsfördernden Maßnahmen hinzuwirken.

(2) Die Pflegekassen haben die Versicherten und ihre Angehörigen und Lebenspartner in den mit der Pflegebedürftigkeit zusammenhängenden Fragen, insbesondere über die Leistungen der Pflegekassen sowie über die Leistungen und Hilfen anderer Träger, in für sie verständlicher Weise zu informieren und darüber aufzuklären, dass ein Anspruch besteht auf die Übermittlung
1. des Gutachtens des Medizinischen Dienstes der Krankenversicherung oder eines anderen von der Pflegekasse beauftragten Gutachters sowie
2. der gesonderten Präventions- und Rehabilitationsempfehlung gemäß § 18a Absatz 1.
Mit Einwilligung des Versicherten haben der behandelnde Arzt, das Krankenhaus, die Rehabilitations- und Vorsorgeeinrichtungen sowie die Sozialleistungsträger unverzüglich die zuständige Pflegekasse zu benachrichtigen, wenn sich der Eintritt von Pflegebedürftigkeit abzeichnet

oder wenn Pflegebedürftigkeit festgestellt wird. Für die Aufklärung und Auskunft erforderliche personenbezogene Daten dürfen nur mit Einwilligung des Versicherten erhoben, verarbeitet und genutzt werden. Die zuständige Pflegekasse informiert die Versicherten unverzüglich nach Eingang eines Antrags auf Leistungen nach diesem Buch insbesondere über ihren Anspruch auf die unentgeltliche Pflegeberatung nach § 7a, den nächstgelegenen Pflegestützpunkt nach § 7c sowie die Leistungs- und Preisvergleichsliste nach Absatz 3. Ebenso gibt die zuständige Pflegekasse Auskunft über die in ihren Verträgen zur integrierten Versorgung nach § 92b Absatz 2 getroffenen Festlegungen, insbesondere zu Art, Inhalt und Umfang der zu erbringenden Leistungen und der für die Versicherten entstehenden Kosten, und veröffentlicht diese Angaben auf einer eigenen Internetseite.

(3) Zur Unterstützung der pflegebedürftigen Person bei der Ausübung ihres Wahlrechts nach § 2 Absatz 2 sowie zur Förderung des Wettbewerbs und der Überschaubarkeit des vorhandenen Angebots hat die zuständige Pflegekasse der antragstellenden Person auf Anforderung eine Vergleichsliste über die Leistungen und Vergütungen der zugelassenen Pflegeeinrichtungen sowie der Angebote für niedrigschwellige Betreuung und Entlastung nach § 45c, in deren Einzugsbereich die pflegerische Versorgung und Betreuung gewährleistet werden soll (Leistungs- und Preisvergleichsliste), unverzüglich und in geeigneter Form zu übermitteln. Die Landesverbände der Pflegekassen erstellen eine Leistungs- und Preisvergleichsliste nach Satz 1, aktualisieren diese einmal im Quartal und veröffentlichen sie auf einer eigenen Internetseite. Die Liste hat zumindest die jeweils geltenden Festlegungen der Vergütungsvereinbarungen nach dem Achten Kapitel sowie die im Rahmen der Vereinbarungen nach Absatz 4 übermittelten Angaben zu Art, Inhalt und Umfang der Angebote sowie zu den Kosten in einer Form zu enthalten, die einen regionalen Vergleich von Angeboten und Kosten und der regionalen Verfügbarkeit ermöglicht. Auf der Internetseite nach Satz 2 sind auch die nach § 115 Absatz 1a veröffentlichten Ergebnisse der Qualitätsprüfungen und die nach § 115 Absatz 1b veröffentlichten Informationen zu berücksichtigen. Die Leistungs- und Preisvergleichsliste ist der Pflegekasse sowie dem Verband der privaten Krankenversicherung e. V. für die Wahrnehmung ihrer Aufgaben nach diesem Buch und zur Veröffentlichung nach Absatz 2 Satz 4 und 5 vom Landesverband der Pflegekassen durch elektronische Datenübertragung zur Verfügung zu stellen. Die Landesverbände der Pflegekassen erarbeiten Nutzungsbedingungen für eine zweckgerechte, nicht gewerbliche Nutzung der Angaben nach Satz 1 durch Dritte; die Übermittlung der Angaben erfolgt gegen Verwaltungskostenersatz, es sei denn, es handelt sich bei den Dritten um öffentlich-rechtliche Stellen.

(4) Im Einvernehmen mit den zuständigen obersten Landesbehörden vereinbaren die Landesverbände der Pflegekassen gemeinsam mit den nach Landesrecht zuständigen Stellen für die Anerkennung der Angebote zur Unterstützung im Alltag nach den Vorschriften dieses Buches das Nähere zur Übermittlung von Angaben im Wege elektronischer Datenübertragung insbe-

sondere zu Art, Inhalt und Umfang der Angebote, Kosten und regionaler Verfügbarkeit dieser Angebote einschließlich der Finanzierung des Verfahrens für die Übermittlung. Träger weiterer Angebote, in denen Leistungen zur medizinischen Vorsorge und Rehabilitation, zur Teilhabe am Arbeitsleben oder Leben in der Gemeinschaft, zur schulischen Ausbildung oder Erziehung kranker oder behinderter Kinder, zur Alltagsunterstützung und zum Wohnen im Vordergrund stehen, können an Vereinbarungen nach Satz 1 beteiligt werden, falls sie insbesondere die Angaben nach Satz 1 im Wege der von den Parteien nach Satz 1 vorgesehenen Form der elektronischen Datenübertragung unentgeltlich bereitstellen. Dazu gehören auch Angebote der Träger von Leistungen der Eingliederungshilfe, soweit diese in der vorgesehenen Form der elektronischen Datenübermittlung kostenfrei bereitgestellt werden. Der Spitzenverband Bund der Pflegekassen gibt Empfehlungen für einen bundesweit einheitlichen technischen Standard zur elektronischen Datenübermittlung ab. Die Empfehlungen bedürfen der Zustimmung der Länder.

§ 7a Pflegeberatung

(1) Personen, die Leistungen nach diesem Buch erhalten, haben Anspruch auf individuelle Beratung und Hilfestellung durch einen Pflegeberater oder eine Pflegeberaterin bei der Auswahl und Inanspruchnahme von bundes- oder landesrechtlich vorgesehenen Sozialleistungen sowie sonstigen Hilfsangeboten, die auf die Unterstützung von Menschen mit Pflege-, Versorgungs- oder Betreuungsbedarf ausgerichtet sind (Pflegeberatung); Anspruchsberechtigten soll durch die Pflegekassen vor der erstmaligen Beratung unverzüglich ein zuständiger Pflegeberater, eine zuständige Pflegeberaterin oder eine sonstige Beratungsstelle benannt werden. Für das Verfahren, die Durchführung und die Inhalte der Pflegeberatung sind die Richtlinien nach § 17 Absatz 1a maßgeblich. Aufgabe der Pflegeberatung ist es insbesondere,

1. den Hilfebedarf unter Berücksichtigung der Ergebnisse der Begutachtung durch den Medizinischen Dienst der Krankenversicherung sowie, wenn die nach Satz 1 anspruchsberechtigte Person zustimmt, die Ergebnisse der Beratung in der eigenen Häuslichkeit nach § 37 Absatz 3 systematisch zu erfassen und zu analysieren,

2. einen individuellen Versorgungsplan mit den im Einzelfall erforderlichen Sozialleistungen und gesundheitsfördernden, präventiven, kurativen, rehabilitativen oder sonstigen medizinischen sowie pflegerischen und sozialen Hilfen zu erstellen,

3. auf die für die Durchführung des Versorgungsplans erforderlichen Maßnahmen einschließlich deren Genehmigung durch den jeweiligen Leistungsträger hinzuwirken,

4. die Durchführung des Versorgungsplans zu überwachen und erforderlichenfalls einer veränderten Bedarfslage anzupassen,

5. bei besonders komplexen Fallgestaltungen den Hilfeprozess auszuwerten und zu dokumentieren sowie

6. über Leistungen zur Entlastung der Pflegepersonen zu informieren.

Der Versorgungsplan wird nach Maßgabe der Richtlinien nach § 17 Absatz 1a erstellt und umgesetzt; er beinhaltet insbesondere Empfehlungen zu den im Einzelfall erforderlichen Maßnahmen nach Satz 3 Nummer 3, Hinweise zu dem dazu vorhandenen örtlichen Leistungsangebot sowie zur Überprüfung und Anpassung der empfohlenen Maßnahmen. Bei Erstellung und Umsetzung des Versorgungsplans ist Einvernehmen mit dem Hilfesuchenden und allen an der Pflege, Versorgung und Betreuung Beteiligten anzustreben. Soweit Leistungen nach sonstigen bundes- oder landesrechtlichen Vorschriften erforderlich sind, sind die zuständigen Leistungsträger frühzeitig mit dem Ziel der Abstimmung einzubeziehen. Eine enge Zusammenarbeit mit anderen Koordinierungsstellen, insbesondere den gemeinsamen Servicestellen nach § 23 des Neunten Buches, ist sicherzustellen. Ihnen obliegende Aufgaben der Pflegeberatung können die Pflegekassen ganz oder teilweise auf Dritte übertragen; § 80 des Zehnten Buches bleibt unberührt. Ein Anspruch auf Pflegeberatung besteht auch dann, wenn ein Antrag auf Leistungen nach diesem Buch gestellt wurde und erkennbar ein Hilfe- und Beratungsbedarf besteht. Es ist sicherzustellen, dass im jeweiligen Pflegestützpunkt nach § 7c Pflegeberatung im Sinne dieser Vorschrift in Anspruch genommen werden kann und die Unabhängigkeit der Beratung gewährleistet ist.

(2) Auf Wunsch einer anspruchsberechtigten Person nach Absatz 1 Satz 1 erfolgt die Pflegeberatung auch gegenüber ihren Angehörigen oder weiteren Personen oder unter deren Einbeziehung. Sie erfolgt auf Wunsch einer anspruchsberechtigten Person nach Absatz 1 Satz 1 in der häuslichen Umgebung oder in der Einrichtung, in der diese Person lebt. Die Pflegeberatung kann auf Wunsch einer anspruchsberechtigten Person nach Absatz 1 Satz 1 durch barrierefreie digitale Angebote der Pflegekassen ergänzt werden und in diesem Rahmen mittels barrierefreier digitaler Anwendungen erfolgen, bei denen im Fall der Verarbeitung personenbezogener Daten die dafür geltenden Vorschriften zum Datenschutz eingehalten und die Anforderungen an die Datensicherheit nach dem Stand der Technik gewährleistet werden. Die Anforderungen an den Datenschutz und die Datensicherheit der eingesetzten digitalen Anwendungen gelten als erfüllt, wenn die Anwendungen die nach § 365 Absatz 1 Satz 1 des Fünften Buches vereinbarten Anforderungen erfüllen. Die Anforderungen an den Datenschutz und die Datensicherheit nach Satz 3 gelten auch bei den digitalen Anwendungen als erfüllt, die der Spitzenverband Bund der Pflegekassen in seiner Richtlinie nach § 17 Absatz 1a zur Durchführung von Beratungen bestimmt hat. Ein Versicherter kann einen Leistungsantrag nach diesem oder dem Fünften Buch auch gegenüber dem Pflegeberater oder der Pflegeberaterin stellen. Der Antrag ist unverzüglich der zuständigen Pflege- oder Krankenkasse zu übermitteln, die den Leistungsbescheid unverzüglich dem Antragsteller und zeitgleich dem Pflegeberater oder der Pflegeberaterin zuleitet.

(3) Die Anzahl von Pflegeberatern und Pflegeberaterinnen ist so zu bemessen, dass die Aufgaben nach Absatz 1 im Interesse der Hilfesuchenden zeitnah und umfassend wahrgenommen

werden können. Die Pflegekassen setzen für die persönliche Beratung und Betreuung durch Pflegeberater und Pflegeberaterinnen entsprechend qualifiziertes Personal ein, insbesondere Pflegefachkräfte, Sozialversicherungsfachangestellte oder Sozialarbeiter mit der jeweils erforderlichen Zusatzqualifikation. Der Spitzenverband Bund der Pflegekassen gibt unter Beteiligung der in § 17 Absatz 1a Satz 2 genannten Parteien bis zum 31. Juli 2018 Empfehlungen zur erforderlichen Anzahl, Qualifikation und Fortbildung von Pflegeberaterinnen und Pflegeberatern ab.

(4) Die Pflegekassen im Land haben Pflegeberater und Pflegeberaterinnen zur Sicherstellung einer wirtschaftlichen Aufgabenwahrnehmung in den Pflegestützpunkten nach Anzahl und örtlicher Zuständigkeit aufeinander abgestimmt bereitzustellen und hierüber einheitlich und gemeinsam Vereinbarungen zu treffen. Die Pflegekassen können diese Aufgabe auf die Landesverbände der Pflegekassen übertragen. Kommt eine Einigung bis zu dem in Satz 1 genannten Zeitpunkt ganz oder teilweise nicht zustande, haben die Landesverbände der Pflegekassen innerhalb eines Monats zu entscheiden; § 81 Abs. 1 Satz 2 gilt entsprechend. Die Pflegekassen und die gesetzlichen Krankenkassen können zur Aufgabenwahrnehmung durch Pflegeberater und Pflegeberaterinnen von der Möglichkeit der Beauftragung nach Maßgabe der §§ 88 bis 92 des Zehnten Buches Gebrauch machen. Die durch die Tätigkeit von Pflegeberatern und Pflegeberaterinnen entstehenden Aufwendungen werden von den Pflegekassen getragen und zur Hälfte auf die Verwaltungskostenpauschale nach § 46 Abs. 3 Satz 1 angerechnet.

(5) Zur Durchführung der Pflegeberatung können die privaten Versicherungsunternehmen, die die private Pflege-Pflichtversicherung durchführen, Pflegeberater und Pflegeberaterinnen der Pflegekassen für die bei ihnen versicherten Personen nutzen. Dies setzt eine vertragliche Vereinbarung mit den Pflegekassen über Art, Inhalt und Umfang der Inanspruchnahme sowie über die Vergütung der hierfür je Fall entstehenden Aufwendungen voraus. Soweit Vereinbarungen mit den Pflegekassen nicht zustande kommen, können die privaten Versicherungsunternehmen, die die private Pflege-Pflichtversicherung durchführen, untereinander Vereinbarungen über eine abgestimmte Bereitstellung von Pflegeberatern und Pflegeberaterinnen treffen.

(6) Pflegeberater und Pflegeberaterinnen sowie sonstige mit der Wahrnehmung von Aufgaben nach Absatz 1 befasste Stellen, insbesondere
1. nach Landesrecht für die wohnortnahe Betreuung im Rahmen der örtlichen Altenhilfe und für die Gewährung der Hilfe zur Pflege nach dem Zwölften Buch zu bestimmende Stellen,
2. Unternehmen der privaten Kranken- und Pflegeversicherung,
3. Pflegeeinrichtungen und Einzelpersonen nach § 77,
4. Mitglieder von Selbsthilfegruppen, ehrenamtliche und sonstige zum bürgerschaftlichen Engagement bereite Personen und Organisationen sowie

5. Agenturen für Arbeit und Träger der Grundsicherung für Arbeitsuchende, dürfen Sozialdaten für Zwecke der Pflegeberatung nur erheben, verarbeiten und nutzen, soweit dies zur Erfüllung der Aufgaben nach diesem Buch erforderlich oder durch Rechtsvorschriften des Sozialgesetzbuches oder Regelungen des Versicherungsvertrags- oder des Versicherungsaufsichtsgesetzes angeordnet oder erlaubt ist.

(7) Die Landesverbände der Pflegekassen vereinbaren gemeinsam und einheitlich mit dem Verband der privaten Krankenversicherung e. V., den nach Landesrecht bestimmten Stellen für die wohnortnahe Betreuung im Rahmen der Altenhilfe und den zuständigen Trägern der Sozialhilfe sowie mit den kommunalen Spitzenverbänden auf Landesebene Rahmenverträge über die Zusammenarbeit in der Beratung. Zu den Verträgen nach Satz 1 sind die Verbände der Träger weiterer nicht gewerblicher Beratungsstellen auf Landesebene anzuhören, die für die Beratung Pflegebedürftiger und ihrer Angehörigen von Bedeutung sind. Die Landesverbände der Pflegekassen vereinbaren gemeinsam und einheitlich mit dem Verband der privaten Krankenversicherung e. V. und dem zuständigen Träger der Sozialhilfe auf dessen Verlangen eine ergänzende Vereinbarung zu den Verträgen nach Satz 1 über die Zusammenarbeit in der örtlichen Beratung im Gebiet des Kreises oder der kreisfreien Stadt für den Bereich der örtlichen Zuständigkeit des Trägers der Sozialhilfe. Für Modellvorhaben nach § 123 kann der Antragsteller nach § 123 Absatz 1 die ergänzende Vereinbarung für den Geltungsbereich des Modellvorhabens verlangen.

(8) Die Pflegekassen können sich zur Wahrnehmung ihrer Beratungsaufgaben nach diesem Buch aus ihren Verwaltungsmitteln an der Finanzierung und arbeitsteiligen Organisation von Beratungsaufgaben anderer Träger beteiligen; die Neutralität und Unabhängigkeit der Beratung sind zu gewährleisten.

(9) Der Spitzenverband Bund der Pflegekassen legt dem Bundesministerium für Gesundheit alle drei Jahre, erstmals zum 30. Juni 2020, einen unter wissenschaftlicher Begleitung zu erstellenden Bericht vor über

1. die Erfahrungen und Weiterentwicklung der Pflegeberatung und Pflegeberatungsstrukturen nach den Absätzen 1 bis 4, 7 und 8, § 7b Absatz 1 und 2 und § 7c und

2. die Durchführung, Ergebnisse und Wirkungen der Beratung in der eigenen Häuslichkeit sowie die Fortentwicklung der Beratungsstrukturen nach § 37 Absatz 3 bis 8.

Er kann hierfür Mittel nach § 8 Absatz 3 einsetzen.

§ 7b Pflicht zum Beratungsangebot und Beratungsgutscheine

(1) Die Pflegekasse hat dem Antragsteller unmittelbar nach Eingang eines erstmaligen Antrags auf Leistungen nach diesem Buch oder des erklärten Bedarfs einer Begutachtung zur Feststellung der Pflegebedürftigkeit oder weiterer Anträge auf Leistungen nach den §§ 36 bis

38a, 40 Absatz 1 und 4, den §§ 40b, 41 bis 43, 44a, 45, 45e, 87a Absatz 2 Satz 1 und § 115 Absatz 4 entweder
1. unter Angabe einer Kontaktperson einen konkreten Beratungstermin anzubieten, der spätestens innerhalb von zwei Wochen nach Antragseingang durchzuführen ist, oder
2. einen Beratungsgutschein auszustellen, in dem Beratungsstellen benannt sind, bei denen er zu Lasten der Pflegekasse innerhalb von zwei Wochen nach Antragseingang eingelöst werden kann; § 7a Absatz 4 Satz 5 ist entsprechend anzuwenden.
Dabei ist ausdrücklich auf die Möglichkeiten des individuellen Versorgungsplans nach § 7a hinzuweisen und über dessen Nutzen aufzuklären. Die Beratung richtet sich nach § 7a. Auf Wunsch des Versicherten hat die Beratung in der häuslichen Umgebung stattzufinden und kann auch nach Ablauf der in Satz 1 genannten Frist durchgeführt werden; über diese Möglichkeiten hat ihn die Pflegekasse aufzuklären. Die Sätze 1 bis 4 finden auch Anwendung bei der erstmaligen Beantragung von Leistungen nach den §§ 39, 40 Absatz 2, § 45a Absatz 4 und § 45b.
(2) Die Pflegekasse hat sicherzustellen, dass die Beratungsstellen die Anforderungen an die Beratung nach § 7a einhalten. Die Pflegekasse schließt hierzu allein oder gemeinsam mit anderen Pflegekassen vertragliche Vereinbarungen mit unabhängigen und neutralen Beratungsstellen, die insbesondere Regelungen treffen für
1. die Anforderungen an die Beratungsleistung und die Beratungspersonen,
2. die Haftung für Schäden, die der Pflegekasse durch fehlerhafte Beratung entstehen, und
3. die Vergütung.
(2a) Sofern kommunale Gebietskörperschaften, von diesen geschlossene Zweckgemeinschaften oder nach Landesrecht zu bestimmende Stellen
1. für die wohnortnahe Betreuung im Rahmen der örtlichen Altenhilfe oder
2. für die Gewährung der Hilfe zur Pflege nach dem Zwölften Buch
Pflegeberatung im Sinne von § 7a erbringen, sind sie Beratungsstellen, bei denen Pflegebedürftige nach Absatz 1 Satz 1 Nummer 2 Beratungsgutscheine einlösen können; sie haben die Empfehlungen nach § 7a Absatz 3 Satz 3 zu berücksichtigen und die Pflegeberatungs-Richtlinien nach § 17 Absatz 1a zu beachten. Absatz 2 Satz 1 findet keine Anwendung. Die Pflegekasse schließt hierzu allein oder gemeinsam mit anderen Pflegekassen mit den in Satz 1 genannten Stellen vertragliche Vereinbarungen über die Vergütung. Für die Erhebung, Verarbeitung und Nutzung der Sozialdaten gilt § 7a Absatz 6 entsprechend.
(3) Stellen nach Absatz 1 Satz 1 Nummer 2 dürfen personenbezogene Daten nur erheben, verarbeiten und nutzen, soweit dies für Zwecke der Beratung nach § 7a erforderlich ist und der Versicherte oder sein gesetzlicher Vertreter eingewilligt hat. Zudem ist der Versicherte oder sein gesetzlicher Vertreter zu Beginn der Beratung darauf hinzuweisen, dass die Einwilligung jederzeit widerrufen werden kann.

(4) Die Absätze 1 bis 3 gelten für private Versicherungsunternehmen, die die private Pflege-Pflichtversicherung durchführen, entsprechend.

5 Schulungsangebote für Pflegepersonen (§ 45)

Kurzdarstellung

Pflegepersonen haben das Recht auf Schulung und Beratung bei ihrer Pflegetätigkeit. Die Pflegekassen müssen hierzu Schulungskurse, individuelle Schulungen vor Ort sowie die Unterstützung bei der Entlassung aus dem Krankenhaus anbieten. Auf Wunsch der Pflegeperson und des Pflegebedürftigen hat die Schulung in der eigenen Häuslichkeit stattzufinden. Die Pflegekassen können Schulungen auch in digitaler Form anbieten, diese ersetzen aber nicht die Pflicht zur Durchführung von Schulungen vor Ort.

Diese Angebote sind für die Pflegepersonen und den Pflegebedürftigen kostenfrei. Sie werden von Pflegekassen und Pflegeeinrichtungen angeboten.

Wesentliche Punkte

Jeder kann teilnehmen

Der Kreis derjenigen, die Schulungsangebote in Anspruch nehmen können, ist bewusst sehr weit gefasst. Es sollen nicht nur aktive Pflegepersonen geschult werden, sondern auch mögliche Interessenten, die erst einmal die Pflege kennen lernen wollen. Dies gilt vor allem für die allgemeinen und speziellen Schulungskurse, nicht jedoch für die Angebote der Überleitung sowie der Schulung vor Ort.

Aber Personen, die die Pflege und/oder Betreuung für Geld übernehmen, sind keine (ehrenamtlich tätigen) Pflegepersonen und daher nicht leistungsberechtigt. Das gilt insbesondere für sogenannte „24-Stunden-Kräfte“ im Haushalt, die oftmals aus Osteuropa kommen. Diese können nicht im Rahmen dieser Leistung geschult werden.

Die Schulungsangebote sind alle kostenfrei und nicht beschränkt

Die Schulungsangebote, genauso wie die Überleitung oder die Schulung vor Ort, sind für die Pflegeperson, die Interessierten bzw. die Pflegebedürftigen kostenfrei. Das gilt unabhängig von der zuständigen Pflegekasse. Als Pflegeperson kann man an jedem Kurs teilnehmen, auch wenn dieser von einer anderen Pflegekasse veranstaltet wird.

Die Anzahl der Schulungen, insbesondere bei der Schulung vor Ort, ist vom Gesetz her nicht beschränkt: So könnte zunächst die Tochter zu Hause geschult werden beim Umgang mit ihrem noch teilmobilen Vater, ein halbes Jahr später dann im Umgang mit dem nicht mehr mobilen Vater und noch später kann die Schulung der Nachbarin stattfinden, etc. Soweit sich die Versorgungssituation verändert, kann ein neuer Schulungsbedarf entstehen. Das kann auch der Fall sein, wenn andere Pflegepersonen dazukommen.

Veranstalter und Ausrichter

Die Pflegekassen können die Kurse selbst oder durch beauftragte Einrichtungen durchführen lassen. Um die einheitliche Durchführung zu gewährleisten, schließen die Pflegekassen Rahmenverträge mit den durchführenden Einrichtungen bzw. ihren Verbänden ab. In den Rahmenverträgen sind die Qualifikation der Referenten, die Themen sowie die organisatorischen Voraussetzungen und die Vergütung festgelegt. Einrichtungen können Schulungskurse nur gegenüber einer Pflegekasse abrechnen, wenn sie einer solchen Vereinbarung beigetreten sind und die Voraussetzungen erfüllen. Gleiches gilt auch für die Erbringung von Leistungen zur Überleitung oder zur häuslichen Schulung.

Allgemeine und spezielle Schulungskurse

Bei Schulungskursen kann man zwei Arten unterscheiden: Grundschulungen (Basispflegekurse) und Kurse zu speziellen Themen (Spezialpflegekurse).

Die Grundschulungen decken inhaltlich alle Themen rund um die Pflege ab. Spezialthemen können beispielsweise Pflege bei Demenz, Kinderkrankenpflege oder Pflege bei speziellen Diagnosen sein. Inhaltlich ist abzugrenzen, bei welchen Themenfeldern ein Basispflegekurs Voraussetzung für den Besuch eines Spezialpflegekurses sein sollte. Die Schulungskurse gliedern sich meist in Einheiten von ca. 6 bis 12 Terminen von jeweils ca. 1,5 bis 2 Stunden.

Durch die Gesetzesänderung 2016 sind die Pflegekassen verpflichtet, solche Kurse immer anzubieten.

Digitale Pflegekurse

Neu eingeführt wurde die Möglichkeit, Schulungskurse auch in digitaler Form anzubieten, sei es als eine Reihe von Schulungsvideos oder möglicherweise auch interaktiv in Form einer Onlineschulung. Aber ausdrücklich sollen diese Angebote das Schulungsangebot vor Ort (seien es Kurse oder die individuelle Schulung in der Häuslichkeit) nicht ersetzen.

Individuelle Schulung vor Ort

Die individuelle Schulung vor Ort soll der Pflegeperson helfen, mit der konkreten Pflegesituation besser umzugehen. Während im Schulungskurs der Platz um das Pflegebett immer frei ist, sieht es in vielen Wohnungen ganz anders aus. Die Vorteile der häuslichen Schulung liegen darin, genau auf die besondere Situation eingehen zu können. Der Schulungsumfang ist individuell festzulegen bzw. mit den Pflegekassen zu verhandeln. In manchen Situationen reichen ein bis zwei Termine von ca. 1 bis 2 Stunden aus. In anderen Situationen dürfte es zielführender sein, die Ausführung von bestimmten Grundpflegen in kleinen Zeitabschnitten zu üben und dies über mehrere Tage. Beispielsweise übernimmt die Tochter die abendliche Grundpflege, die Pflegefachkraft ist die ersten 6 Tage dabei, leitet sie an und zeigt ihr hilfreiche Handgriffe.

Durch die Gesetzesänderung ab 2016 muss die Pflegekasse eine Schulung vor Ort organisieren, wenn die Pflegeperson und der Pflegebedürftige es wünschen (bisher war dies nicht verpflichtend festgeschrieben). Dabei muss in jedem Fall auch der Pflegebedürftige zustimmen, weil ohne seine Einwilligung die Schulung nicht in seiner Wohnung stattfinden kann (daher der Verweis auf § 114a im Gesetzestext, in dem geregelt ist, wie die Einwilligung des Versicherten zu dokumentieren ist).

Überleitung aus dem Krankenhaus

Eine besondere Art der individuellen Schulung ist die für die Überleitung aus dem Krankenhaus in die häusliche Umgebung. Der Grund für einen Krankenhausaufenthalt ist meist der Beginn der Pflegebedürftigkeit (z. B. nach einem Schlaganfall) oder eine gesundheitliche Verschlechterung und damit eine Veränderung der Pflegesituation. Dann muss die Versorgung zu Hause überhaupt oder neu organisiert werden. Die Überleitungspflege beginnt in der Regel mit einem ersten Gespräch und Kennenlernen im Krankenhaus. Die Pflegefachkraft erfasst die Situation und berät bei der vielleicht notwendigen Ausstattung der Wohnung mit Pflegehilfsmitteln (z. B. Pflegebett) sowie bei der Planung der Versorgung. Die weiteren Besuche finden dann zu Hause statt. Meist können hier (je nach Rahmenvertrag) drei Termine abgerechnet werden.

Hintergrund

Pflegepersonen sind die wesentliche Stütze der ambulanten Pflege. Je besser sie ausgebildet und unterstützt werden, umso länger können sie die Versorgung beim Pflegebedürftigen zu Hause (mit) sicherstellen. Dabei spielt es keine Rolle, ob die Pflegepersonen die Pflege übernommen haben oder sich nur dafür interessieren. Alle, die Interesse haben, sollen unentgeltlich an Schulungskursen teilnehmen können. Obwohl es das Angebot schon seit Beginn der Pflegeversicherung gibt, ist die Anzahl derjenigen, die daran teilnimmt, noch recht gering. Dies liegt auch daran, dass mit zunehmender Pflegeintensität die Außenkontakte abnehmen und sich das Leben immer mehr um den Pflegebedürftigen und ‚sein' Wohlergehen dreht.

Da die Pflegepersonen zum Großteil aus der unmittelbaren Umgebung kommen (Ehe- und Lebenspartner, Töchter und Schwiegertöchter), ist deren Entlastung umso wichtiger.

Mit der noch stärkeren Verpflichtung, Kurse und auf Wunsch die Schulung vor Ort anzubieten, hat der Gesetzgeber mit dem PSG II darauf reagiert. Auch digitale Angebote können hier Wissenslücken schließen.

Hinweise zur Beratung

Die komplette Palette der Schulungsangebote anbieten

Jeder Pflegedienst sollte alle Möglichkeiten, die über die Schulung nach § 45 angeboten werden können, anbieten. Das heißt nicht, dass man selbst immer Pflegekurse veranstalten muss, es reicht hier auch der Hinweis auf Kooperationspartner. Die Möglichkeiten der Überleitung sollten in jedem Fall genutzt werden.

Schulung kann entlasten

Vor allem die Schulung vor Ort kann die tägliche Pflegearbeit enorm entlasten. Die vielen Fragen, die sich in der Praxis der Versorgung ergeben, kann man kaum in der täglichen Pflege alle beantworten. Um hier die Kollegen zu entlasten, könnte eine zusätzliche individuelle Schulung vor Ort allen nutzen: den Angehörigen, für die man endlich Zeit hat, sowie den Pflegekräften, die dann mit besser ausgebildeten Pflegepersonen zusammenarbeiten können und weniger durch Fragen „gestört" werden.

Schulung bei Beratungsbesuchen (§ 37.3) anbieten

Gerade die Pflegekunden, die die Versorgung bisher allein übernehmen, sollten gezielt für die Möglichkeiten der Schulungen sensibilisiert werden. Denn diese Gruppe arbeitet weitgehend allein ohne die Mithilfe von professionellen Kräften.

Im Rahmen der Beratungsbesuche sollte auch auf die Abgrenzung geachtet werden: In den Beratungsbesuchen geht es nur (bis zu) um eine Initiierung von Lernprozessen, der ausführliche Lernprozess selbst (Schulung) ist dann in der weiteren Leistung nach § 45 durchzuführen.

Hinweise zur internen Umsetzung

Rahmenvertrag über Verband beitreten

Prüfen Sie, ob Ihr Spitzenverband mit Pflegekassen einen Rahmenvertrag abgeschlossen hat und unter welchen Bedingungen Sie dem beitreten können. Meist ist Voraussetzung für die Durchführung von solchen Schulungen, dass die Referenten eine entsprechende Qualifikation nachweisen können, beispielsweise als Pflegeberater.

Eigene Fachkräfte qualifizieren

Nicht jede Fachkraft ist dafür geeignet, Fachwissen anderen Menschen weiterzugeben. Wer lehren will, sollte daran Spaß haben und fachlich qualifiziert sein. Vor Auswahl der „Lehrkräfte" sollte geprüft werden, welche Voraussetzungen bzw. welche Inhalte oder welchen Abschluss der jeweilige Rahmenvertrag voraussetzt.

Kunden und Mitarbeiter regelmäßig informieren

Wichtig ist, Pflegepersonen, Pflegebedürftige und Mitarbeiter regelmäßig über das Schulungsangebot (vor allem auch die Möglichkeit der individuellen Schulung zu Hause) zu informieren. Die Mitarbeiter sollten erkennen, dass eine Schulung sie im Alltag sehr entlasten kann. Eine gute Planung, sowohl zeitlich als auch organisatorisch, unterstützt diesen Aspekt. Es sollte gleichzeitig zu Angeboten einer zeitweisen Betreuung (Verhinderungspflege oder Betreuungsleistung, in der Gruppe oder zu Hause) informiert werden. Vorstellbar wäre z. B. die Betreuung des Pflegebedürftigen in einem anderen Raum für die Dauer des Kurses.

Schulung nach § 45 vor Schulung über Sachleistung nach § 36

Über die Sachleistungen § 36 hat der Gesetzgeber Leistungen zur pflegefachlichen Anleitung von Pflegebedürftigen und Pflegepersonen vorgesehen. Hier wird aber ausdrücklich nicht von der Schulung gesprochen, wobei die sprachliche Abgrenzung nicht wirklich gelungen ist. In vielen Leistungskatalogen ist diese ergänzende Leistung 2021 auch (noch) nicht umgesetzt worden. Diese Anleitungsleistungen sollten (soweit sie in den Leistungskatalogen umgesetzt sind) aber erst dann genutzt werden, wenn insbesondere eine Schulung im häuslichen Bereich nach § 45 durchgeführt wurde.

Denn die Schulung nach § 45 belastet nicht das Budget der Sachleistungen und reduziert das Pflegegeld, sondern steht extra zur Verfügung.

Schulungen sind vorher zu beantragen

Die Schulungen sind vor Beginn zu beantragen, das gilt insbesondere auch für die Schulungen in der Häuslichkeit. Je nach Kasse und Gepflogenheiten reicht manchmal ein Anruf; ansonsten ein schriftlicher Antrag des Versicherten.

Unabhängig davon hat der Versicherte das Recht auf diese Leistung, auch wenn die Pflegekasse bisher keine Schulungen (insbesondere in der Häuslichkeit) durchgeführt hat, weil keine Anfragen erfolgten. Der Versicherte und seine Pflegepersonen haben das Recht auf die Leistung, die Pflegekasse muss diese organisieren bzw. jemand mit der Durchführung beauftragen. Der Hinweis, man hätte vor Ort keinen Pflegeberater, ist natürlich keine sachgerechte Begründung für eine Ablehnung.

Digitale Angebote werden alle Kassen selbst anbieten

Pflegedienste sollten nicht davon ausgehen, dass auch sie Schulungen digital anbieten könnten/sollten. Hier werden die Pflegekassen sicherlich selbst aktiv tätig werden, weil sie hier mit wenig Aufwand zentrale Angebote erstellen und mit eigenem Design veröffentlichen können.

Quellen

§ 45 Pflegekurse für Angehörige und ehrenamtliche Pflegepersonen

(1) Die Pflegekassen haben für Angehörige und sonstige an einer ehrenamtlichen Pflegetätigkeit interessierte Personen unentgeltlich Schulungskurse durchzuführen, um soziales Engagement im Bereich der Pflege zu fördern und zu stärken, Pflege und Betreuung zu erleichtern und zu verbessern sowie pflegebedingte körperliche und seelische Belastungen zu mindern. Die Kurse sollen Fertigkeiten für eine eigenständige Durchführung der Pflege vermitteln. Auf Wunsch der Pflegeperson und der pflegebedürftigen Person findet die Schulung auch in der häuslichen Umgebung des Pflegebedürftigen statt. § 114a Absatz 3a gilt entsprechend. Die Pflegekassen sollen auch digitale Pflegekurse anbieten; die Pflicht der Pflegekassen zur Durchführung von Schulungskursen nach Satz 1 vor Ort bleibt unberührt.

(2) Die Pflegekasse kann die Kurse entweder selbst oder gemeinsam mit anderen Pflegekassen durchführen oder geeignete andere Einrichtungen mit der Durchführung beauftragen

(3) Über die einheitliche Durchführung sowie über die inhaltliche Ausgestaltung der Kurse können die Landesverbände der Pflegekassen Rahmenvereinbarungen mit den Trägern der Einrichtungen schließen, die die Pflegekurse durchführen.

6 Soziale Sicherung der Pflegepersonen (§ 44)

Kurzdarstellung

Alle Leistungen der Sozialen Sicherung einschließlich der Unfallversicherung sind nur für die Pflegepersonen vorgesehen, die mindestens 10 Stunden, verteilt auf mindestens 2 Tage die Woche einen Pflegebedürftigen ab Pflegegrad 2 pflegen (dazu gehört die Pflege, Betreuung und Hauswirtschaft). Diese Pflegepersonen sind dann in der gesetzlichen Unfallversicherung versichert und können darüber hinaus zusätzlich Leistungen zur Rentenversicherung beziehen und evtl. im Rahmen der Arbeitsförderung Maßnahmen zur Wiedereingliederung ins Berufsleben in Anspruch nehmen.

Wesentliche Punkte

Wer ist eine Pflegeperson?

Pflegepersonen sind nach § 19 Personen, die nicht erwerbsmäßig einen Pflegebedürftigen im Sinne § 14 in seiner häuslichen Umgebung versorgen.

Nicht erwerbsmäßig bedeutet, dass sie die Pflege nicht zur Erzielung eines Einkommens übernommen haben. Das ist auch dann erfüllt, wenn sie das Pflegegeld vom versorgten Pflegebedürftigen bekommen, da Pflegegeld nicht als ‚Arbeitseinkommen' zählt. Allerdings wäre jedes weitere Pflegegeld (von einem zweiten Pflegebedürftigen, beispielsweise dem Nachbarn) ein Indiz dafür, dass die Pflege insgesamt erwerbsmäßig ausgeübt wird und damit nicht mehr ehrenamtlich. Das gilt auch bei sonst höherer Abrechnung, beispielsweise über die Leistung der Verhinderungspflege (siehe § 39, Seite 161).

Zur „Pflege" gehören nun Körperpflege, Betreuung und Hauswirtschaft

Ab 2017 gehören entsprechend dem neuen Pflegebedürftigkeitsbegriff nach § 14 die körperbezogenen Pflegemaßnahmen sowie die pflegerischen Betreuungsmaßnahmen dazu, ausdrücklich auch die Hilfen bei der Haushaltsführung gemäß § 18 Abs. 5 Nr. 3.

Selbst wenn also ein Nachbar nur einkaufen geht oder nur einmal die Woche für zwei Stunden die Betreuung übernimmt, wäre er in diesem Sinne eine Pflegeperson (und könnte beispielsweise im Rahmen der Verhinderungspflege vertreten werden).

Drei Varianten von Pflegepersonen:

- Pflegepersonen, die einen Pflegebedürftigen mit Pflegegrad 1 versorgen: hier sind keine weiteren Leistungen zur sozialen Sicherung oder Vertretung möglich
- Pflegepersonen, die weniger als 10 Stunden pro Woche oder nicht an mindestens 2 Tagen (und 10 Std.) pro Woche bei einem Pflegebedürftigen mit mindestens Pflegegrad 2 die Pflege übernehmen: ohne weitere Sozialleistungsansprüche, aber beispielsweise vertretbar im Rahmen der Verhinderungspflege
- Pflegepersonen, die mehr als 10 Stunden pro Woche an mindestens 2 Tagen die Pflege eines Pflegebedürftigen mit mindestens Pflegegrad 2 übernehmen: weitergehende Sozialleistungsansprüche nach § 44 sowie auch Vertretungsmöglichkeiten über die Verhinderungspflege

Pflegepersonen, die einen Pflegebedürftigen mit Pflegegrad 1 versorgen, sind zwar (formal) Pflegepersonen, aber es können keinerlei Leistungen aktiviert werden: denn im Pflegegrad 1 gibt es weder einen Pflegegeldbezug noch den Anspruch auf Verhinderungspflege (siehe Pflegegrad 1 Seite 149).

Pflegepersonen können (jederzeit nach-) gemeldet werden

Im Regelfall werden die aktuellen Pflegepersonen bei den Einstufungen oder Höherstufungen im Gutachten erfasst. Sollte eine Pflegeperson neu (also nach der Einstufung/Höherstufung) dazukommen, kann sie jederzeit bei der Pflegekasse nachgemeldet werden. Diese Nachmeldung hat keinerlei Auswirkungen auf andere Bereiche (z. B. andere Sozialleistungen), sondern dient nur dem einfacheren Nachweis bei Leistungsansprüchen nach § 44 bzw. insbesondere bei der Nutzung der Verhinderungspflege.

Gesetzliche Unfallversicherung

Die gesetzliche Unfallversicherung sichert Arbeitsunfälle (Unfälle, die unmittelbar mit der Versorgungstätigkeit zusammenhängen), Wegeunfälle (Unfälle auf dem Weg zum oder vom Pflegebedürftigen) sowie Berufskrankheiten (z. B. Infektionskrankheiten oder Hauterkrankungen, ausgelöst durch die Versorgung des Pflegebedürftigen) ab. Wichtig ist in jedem Fall, dass die Pflegeperson bei der Versorgung des Unfalls beim Arzt oder im Krankenhaus angibt, dass sie „bei der Versorgung eines Pflegebedürftigen verunfallt" ist. Normalerweise sind die Pflegepersonen der Pflegekasse bekannt, da sie bei der Einstufung bzw. einer Folgeeinstufung mit erfasst werden.

Sind Pflegepersonen jedoch erwerbstätig (pflegen gegen Geld), sind sie nicht mehr kostenfrei über die Gesetzliche Unfallversicherung abgesichert. Die erwerbstätige Pflegeperson (oder richtigerweise besser als Pflegekraft zu bezeichnen) muss sich kostenpflichtig selbst versichern, beispielsweise über die Minijobzentrale oder die zuständige Berufsgenossenschaft.

Bis 2016 waren alle Pflegepersonen unfallversichert, auch wenn sie nicht die Mindeststundenanzahl gepflegt haben. Alle Pflegepersonen, die schon 2016 als solche gemeldet waren, sind aufgrund der Übergangsregelung nach § 141, Abs. 7 weiterhin versichert.

Voraussetzung für einen Versicherungsschutz in der Gesetzlichen Unfallversicherung ab 2017 ist, dass ein Pflegebedürftiger im Sinne von § 14 mit mindestens Pflegegrad 2 an mindestens 10 Stunden pro Woche, verteilt auf 2 Tage versorgt wird.

Die Unfallversicherung gilt nur, solange der Pflegebedürftige zu Hause versorgt wird. Damit sind weitere Betreuungsleistungen durch Pflegepersonen in einem Pflegeheim nicht versichert.

Rentenversicherung

Versicherter Personenkreis

Für Leistungen zur Rentenversicherung gelten weitere einschränkende Kriterien:

Pflegepersonen müssen nicht erwerbsmäßig,

- mindestens 10 STUNDEN PRO WOCHE an regelmäßig mindestens 2 TAGEN PRO WOCHE eine oder mehrere pflegebedürftige Personen ab Pflegegrad 2 pflegen,
- selbst jedoch nicht mehr als 30 STUNDEN IN DER WOCHE erwerbstätig sein.

Diese einschränkenden Grenzen haben zum Ziel, einerseits nur die Pflegepersonen mit weiteren Leistungen auszustatten, die auch in erheblichem Umfang in die Versorgung integriert sind, aber andererseits nur die abzusichern, die nicht von sich aus schon selbst ‚genug' eigene Ansprüche in der Rentenversicherung erwerben.

Für Betroffene erscheint das weniger gerecht, es dient wohl in erster Linie der Begrenzung der hieraus zu tragenden Kosten für die Pflegekasse.

Folgende Besonderheiten gelten für weitere Gruppen:

- Pflegepersonen, die im Berufsleben als Selbstständige nicht der Rentenversicherungspflicht unterliegen, sind als Pflegepersonen rentenversicherungspflichtig und können daher Rentenleistungen erwerben.
- Für Pflegepersonen, die über eine berufsständische Versorgungseinrichtung versichert sind, werden die Beiträge entsprechend dort eingezahlt.

- PFLEGEPERSONEN IM RENTENALTER können ihre eigene Rente nicht mehr aufstocken, wenn sie selbst Altersrente zu 100 % beziehen. Bei einer Teilrente sowie in Altersteilzeit ist dies jedoch möglich.

Durch die Änderungen im Rentenrecht können ab 2017 auch dann Rentner ihre vorhandenen Rentenansprüche verbessern, wenn sie ihre Vollrente auf eine Teilrente umstellen. Dazu reicht es, auf 1 % der Rentenansprüche zu verzichten. Dann wäre es möglich, durch die Pflege des Angehörigen die eigenen Rentenansprüche zu verbessern. Der Antrag zur Reduzierung der Rente kann formlos bei der zuständigen Deutschen Rentenversicherung gestellt werden.

Addition der Pflegezeit bei Versorgung von mehreren Pflegebedürftigen
Bei der Feststellung der Mindest-Pflegezeit (10 Std. pro Woche) kann auch die Zeit der Pflege von mehreren Pflegebedürftigen berücksichtigt werden: wenn beispielsweise von der Tochter als Pflegeperson die Mutter für 6 Stunden und der ebenfalls pflegebedürftige Vater für 5 Stunden die Woche versorgt werden, sind die 10 Stunden pro Woche ebenfalls erreicht.

Feststellung der Ansprüche
Rentenansprüche entstehen nur, wenn die Pflegetätigkeit für mehr als 2 Monate im Jahr ausgeübt wird. Bei einer Unterbrechung von maximal 6 Wochen im Jahr wegen Erholungsurlaubs werden die Rentenversicherungsansprüche weitergezahlt. Auch für die ersten vier Wochen eines Krankenhausaufenthaltes oder einer stationären Rehabilitation des Pflegebedürftigen werden die Rentenbeiträge weitergezahlt. Unterbricht die Pflegeperson die Versorgung jedoch wegen eigener Krankheit, wird auch die Versicherungspflicht unterbrochen. Gleiches gilt bei einem Aufenthalt des Pflegebedürftigen in der Kurzzeitpflege oder beim tageweisen Bezug von Verhinderungspflegeleistungen.

Aufgrund des neuen Pflegebedürftigkeitsbegriffs auf der Basis der Feststellung der Einschränkungen der Selbstständigkeit und der Fähigkeiten enthält das neue Einstufungsgutachten keinerlei Zeitangaben mehr, die auch für die Beurteilung der Rentenleistungen verwendet werden könnten. Lt. § 44 Abs. 1 haben der MD oder andere beauftragte Gutachter daher den Zeitaufwand und die Tagesanzahl der Pflege zusätzlich festzustellen. Wird die Pflege von mehreren Pflegepersonen erbracht (sogenannte Mehrfachpflege), werden bei der Aufteilung auf die einzelnen Pflegepersonen zunächst deren Angaben zugrunde gelegt. Sollten diese nicht plausibel sein, soll eine Aufteilung zu gleichen Teilen erfolgen. Die Pflegekassen sind auf Nachfrage verpflichtet, den Pflegepersonen ihre Aufteilung bzw. ihre Entscheidung mitzuteilen.

Zu erwartende Leistungen der Rentenversicherung

Die Höhe der zu erwerbenden Rentenansprüche richtet sich sowohl nach dem Pflegegrad als auch nach der Art der bezogenen Leistungen.

Da mit dem neuen Einstufungsbegriff ab 2017 keine ‚Zeiten' mehr erfasst werden, wird die Bemessungsgrundlage für die Rentenversicherung neu definiert: Die Rentenleistungen sind nun vom Bezug der Leistungsart abhängig, dabei bildet

- der reine Pflegegeldbezug die Ausgangsprozentzahl der Beitragsbemessung,
- bei Kombinationsleistungen erfolgt eine Reduzierung um 15 %,
- bei Sachleistung erfolgt eine weitere Reduzierung um 15 %.

Gesetzliche Rentenversicherung für Pflegepersonen Bemessung ab Anfang 2017				
Maßstab	**Pflegegrad 2**	**Pflegegrad 3**	**Pflegegrad 4**	**Pflegegrad 5**
nur Pflegegeld	27,00%	43,00%	70,00%	100,00%
Kombileistung	22,95%	36,55%	59,50%	85,00%
Sachleistung	18,90%	30,10%	49,00%	70,00%

Die Begründung ist, dass bei reinem Pflegegeldbezug nach Meinung des Gesetzgebers die Pflegepersonen die meiste Pflege übernehmen müssen, bei weiterer Mitarbeit der Pflegedienste dann nur entsprechend weniger.

Die Prozentzahl bezieht sich auf ein fiktives Arbeitseinkommen, der sogenannten „Bezugsgröße": Diese ist ein jährlich neu festgelegter Wert der Rentenversicherung, der sich an der Höhe der durchschnittlichen Arbeitnehmerverdienste des vorletzten Jahres orientiert. Für das Jahr 2021 lag die Bezugsgröße West bei 3.290 €, Ost bei 3.115 €. (Hinweis für die ostdeutschen Länder: Die Bezugsgröße 2021 ist zwar niedriger, es wird bei der Rentenberechnung dann ein Erhöhungsfaktor von 1,0560 dazu gerechnet). Von dieser Ausgangsbasis (100 %) wird der entsprechende Prozentsatz genommen: beispielsweise bei Pflegegrad 2 Kombileistung liegt der Prozentsatz bei 22,95 %, bezogen auf die Bezugsgröße würde dann ein fiktives Arbeitseinkommen durch die Pflege von 755,06 (West) € zugrunde gelegt, von dem dann der Beitrag für die Rentenversicherung durch die Pflegekasse abgeführt wird. Aus diesen Beitragszahlen ergibt sich pro Jahr Pflege eine Rentenleistung pro Monat (Basis 2021, West) in Höhe von 7,46 €.

Die Tabelle gibt eine Übersicht über die jeweiligen Bezugsgrößen und die daraus resultierenden Rentenzahlungen für das Jahr 2021 (Quelle: Deutsche Rentenversicherung).

Beitragszahlung der Pflegekassen an gesetzliche Rentenversicherung sowie voraussichtliche Rente pro Monat (Stand 2021)						
Pflegegrad	Leistungsart	Bemessungsgrundlage			voraus. Rente	
		Prozentsatz der Bezugsgröße	West	Ost *	West	Ost
2	Pflegegeld	27,00%	888,30 €	841,05 €	8,77 €	8,59 €
	Kombileistung	22,95%	755,06 €	714,89 €	7,46 €	7,30 €
	Sachleistung	18,90%	621,81 €	588,74 €	6,14 €	6,01 €
3	Pflegegeld	43,00%	1.414,70 €	1.339,45 €	13,97 €	13,68 €
	Kombileistung	36,55%	1.202,50 €	1.138,53 €	11,88 €	11,62 €
	Sachleistung	30,10%	990,29 €	937,62 €	9,78 €	9,57 €
4	Pflegegeld	70,00%	2.303,00 €	2.180,50 €	22,75 €	22,26 €
	Kombileistung	59,50%	1.957,55 €	1.853,43 €	19,33 €	18,92 €
	Sachleistung	49,00%	1.612,10 €	1.526,35 €	15,92 €	15,58 €
5	Pflegegeld	100,00%	3.290,00 €	3.115,00 €	32,49 €	31,80 €
	Kombileistung	85,00%	2.796,50 €	2.647,75 €	27,62 €	27,03 €
	Sachleistung	70,00%	2.303,00 €	2.180,50 €	22,75 €	22,26 €
* Die Bemessungsgrundlage Ost wird anschließend um den Faktor 1,0560 erhöht						

Anmeldung

Die entsprechende Anmeldung bei der Rentenversicherung erfolgt durch die Pflegekassen. Die mögliche Versicherungspflicht und damit der Leistungsanspruch entstehen ab der Antragsstellung, soweit der Pflegebedürftige später entsprechend eingestuft wird und die Pflegeperson die Pflege übernommen hat. Die Pflegekasse fragt bei der Antragsstellung des Pflegebedürftigen ab, ob es mögliche Pflegepersonen mit Rentenansprüchen gibt und entsprechende Anträge gestellt werden sollen. Sie informiert die Pflegeperson schriftlich über die entsprechende Anmeldung bei der zuständigen Rentenversicherung.

Leistungen der Arbeitsförderung nach SGB III

Zielgruppe

Maßnahmen zur beruflichen Wiedereingliederung sind für Pflegepersonen gedacht, die ihre bisherige Berufstätigkeit (oder Arbeitslosigkeit oder Berufsausbildung) für die Pflege von Angehörigen komplett aufgegeben haben. Zu ihrer beruflichen Wiedereingliederung können Leistungen der Arbeitsagentur in Anspruch genommen werden.

Arbeitslosengeld

Pflegepersonen (die mindestens an 10 Stunden an zwei Tagen pro Woche pflegen) sind dann gesetzlich in der Arbeitslosenversicherung versichert, wenn sie unmittelbar vor der Pflege versicherungspflichtig waren oder Anspruch auf laufende Entgeltersatzleistungen hatten. Faktisch sind dann die Personen über die Pflegeversicherung arbeitslosenversichert, die wegen der Pflege komplett aus dem Beruf aussteigen und sich daher bis 2016 nur freiwillig weiterversichern konnten.

Berufliche Wiedereingliederung
Berufsrückkehrer sind Personen, die ihre Erwerbstätigkeit oder Arbeitslosigkeit oder eine betriebliche Berufsausbildung wegen der Betreuung pflegebedürftiger Angehöriger unterbrochen haben (für mindestens ein Jahr) und in einer angemessenen Zeit danach (in der Regel bis zu einem Jahr) in die Erwerbstätigkeit zurückkehren wollen.

Sie haben das Recht auf Leistungen der sogenannten Aktiven Arbeitsförderung. Das sind insbesondere Beratung und Vermittlung sowie die Förderung der beruflichen Weiterbildung durch Übernahme der Weiterbildungskosten. Wer beispielsweise seine bisherige Tätigkeit als Sachbearbeiterin zugunsten der Pflege aufgegeben hat, könnte zur beruflichen Wiedereingliederung zunächst eine Weiterbildung machen, um fachlich auf dem neusten Stand zu sein (siehe auch Informationen der Arbeitsagentur).

Informationen: Ausführliche Informationen erhält man über die zuständige örtliche Arbeitsagentur. Weitergehende Informationen über Broschüren siehe Quellenteil.

Hintergrund

„Pflegepersonen bilden das Rückgrat der Versorgung der Pflegebedürftigen." Andererseits war und ist es eine Realität, dass Angehörige und vor allem die Frauen (Ehefrauen, Töchter, Mütter) die Pflege übernehmen. Diese Frauen waren vor Einführung der Pflegeversicherung, auch bei intensiver und langjähriger Pflegearbeit, sozial nicht abgesichert. Durch die Pflegeversicherung sollte zumindest für den Personenkreis eine ergänzende Absicherung ermöglicht werden, der aufgrund der Pflegetätigkeit keine Zeit mehr für eine weitere Berufstätigkeit hat. Ob die 1995 definierte Festlegung, dass keine Rentenansprüche durch die Pflege erworben werden könnten (müssten), wenn die Pflegeperson mehr als 30 Std. erwerbstätig, heute noch sachgerecht ist, darf bezweifelt werden. Denn die Rentenhöhe ist seit 1995 stetig gesunken!

Ab 2017 allerdings verschlechtert der Gesetzgeber zumindest den Zugang zur Gesetzlichen Unfallversicherung erheblich. Denn ab 2017 sind deutlich weniger Pflegepersonen unfallversichert. Eine Begründung, warum diese Verschlechterung erfolgt, liefert der Gesetzgeber nicht. Es waren mutmaßlich finanzielle Gründe.

Hinweise zur Beratung

Pflegepersonen sind zu nichts verpflichtet!

Mit der Meldung als Pflegeperson bei der Pflegekasse sind nur dann Leistungen oder Verpflichtungen verbunden, wenn diese Meldung an bestimmte Leistungen gekoppelt sind: Man kann nur Leistungen der Rentenversicherung (also Beiträge) erwarten, wenn man auch tatsächlich die Versorgung in dem Mindestumfang (10 Std. an 2 Tagen pro Woche) übernimmt.

Ansonsten sind mit der Meldung bei der Pflegekasse als Pflegeperson keinerlei Pflichten verbunden: Die Pflegekasse und vor allem auch die Krankenkasse kann aus der Meldung als Pflegeperson nicht die Übernahme von Leistungen ableiten! Wenn beispielsweise die zwei Nachbarinnen als Pflegepersonen bei der Pflegekasse gemeldet sind, kann die Pflegekasse nicht verlangen, dass sie sich gegenseitig vertreten müssen (und deshalb die Verhinderungspflege verweigern). Und insbesondere die Krankenversicherung kann nicht den „Status" Pflegeperson zum Anlass nehmen, die Übernahme von Leistungen der Häuslichen Krankenpflege zu verlangen. Zwar ist in § 37.3 SGB V normiert, dass Leistungen der Häuslichen Krankenpflege nur dann von der Krankenkasse zu übernehmen sind, wenn keine im Haushalt lebende Person diese Leistungen übernehmen kann. Aber allein die Tatsache, dass jemand als Pflegeperson gemeldet wurde, heißt weder, dass diese Person im Haushalt lebt noch dass sie die Leistungen übernehmen kann. Die Nachbarin wohnt, wie die Bezeichnung ja treffend anzeigt, eben nicht im Haushalt des Pflegebedürftigen. Dass sie wegen der Pflege ständig da ist, bedeutet jedoch nicht, dass sie die Behandlungspflege übernehmen muss!

Auf diesen Punkt sollten die Pflegedienste regelmäßig hinweisen!

Unfallversicherung

Der Versicherungsschutz in der Unfallversicherung ist faktisch nur noch mit einer Meldung bei der Pflegeversicherung sowie deren Überprüfung des Mindestumfangs möglich, da nicht mehr automatisch jede Pflegeperson unfallversichert ist. Es gibt also zukünftig Pflegepersonen, die unfallversichert sind, und andere, die nicht versichert sind: Für diese bleibt nur der Leistungsumfang der gesetzlichen Krankenversicherung und evtl. anderer Kostenträger. Allerdings kann die Meldung auch nachgeholt werden.

Rentenversicherung

Die Feststellung, wie viel Zeit die Pflegepersonen für die Versorgung der Angehörigen aufbringen, hat in der Regel der Einstufungsgutachter zu treffen. Er ermittelt im Einzelfall den Aufwand der Pflegeperson. Teilen sich mehrere Pflegepersonen die Versorgung, so l gemäß § 44, Abs. 1 zunächst den Angaben der Pflegepersonen geglaubt werden. Gibt es widersprüchliche Angaben, so wird die Versorgung zu gleichen Teilen angenommen. Die Festlegung zum Pflegeaufwand erfolgt durch die zuständigen Pflegekassen. Daher sollten die Pflegepersonen schon im Vorfeld absprechen, welche Angaben sie machen. Zu beachten ist, dass nun auch die Betreuung sowie die Hilfen bei der Haushaltsführung als ‚Zeiten' zu berücksichtigen sind, daher die Grenze von 10 Stunden einfacher zu erreichen ist. Wichtig ist nur das weitere Kriterium, dass diese Zeit an mindestens zwei Tagen in der Woche erbracht wird.

Verbesserte Rentenansprüche bei Kombinationsleistung

Die Art des Leistungsbezuges hat wesentliche Auswirkungen auf die Rentenbeiträge durch die Pflegekasse. Da bei Sachleistungen der niedrigste Betrag zu zahlen ist, wäre in jedem Fall die Umstellung auf eine Kombinationsleistung (§ 38) angeraten. Da lt. Gesetz der Prozentsatz der Kombinationsleistung vom Versicherten für die Dauer von mindestens 6 Monaten festgelegt werden kann und jeder Prozentsatz zulässig ist, könnte der Versicherte auch folgende Variante wählen: Im Beispiel wird eine Pflegeperson mit Pflegegrad 3 versorgt. Bisher wurden Sachleistungen in Höhe von 1.363 € komplett ausgeschöpft und ein Eigenanteil von 55 € gezahlt. Die Rentenbeiträge werden in Höhe von 30,10 % der Beitragsbemessungsgrenze bezahlt, daraus würde sich pro Jahr Pflege eine monatliche Rente von 9,78 € ableiten (Beispiel Westdeutschland).

Wird jedoch auf Kombinationsleistung umgestellt (beispielsweise 99 %), so sieht die Rechnung anders aus: Die Sachleistungen werden dann zu 1.350 € ausgeschöpft, ein Pflegegeld von 5,20 € wird ausgezahlt. Der Eigenanteil erhöht sich auf 68 €, abzüglich Pflegegeld auf 62,80 € pro Monat. Die monatlichen Rentenbeiträge werden nun in Höhe von 36,55 % der Bezugsgröße von der Pflegekasse abgeführt, es entsteht pro Jahr Pflege ein Rentenanspruch von 11,88 € pro Monat. Da die Rentenzahlungen für die Pflegeperson jedoch langfristig erfolgen, wäre eine solche Variante in jedem Fall zu empfehlen, wenn es sich um Pflegepersonen handelt, die noch nicht im Rentenalter sind.

Auch Rentner können eigene Rentenansprüche verbessern

Für Rentner nach Erreichen der Altersgrenze war es bisher nicht mehr möglich, durch die Pflege des Angehörigen selbst weitere Rentenansprüche zu erwerben. Durch die in 2017 erfolgte Neuregelung im Rentenrecht bei der Frage, was eine Altersvollrente ist, gibt es hier jedoch neue Möglichkeiten: Nach § 42 SGB VI muss eine Teilrente zwar mindestens 10 % umfassen, allerdings ist die Obergrenze nicht festgelegt: Auch ein Rentenbezug von 99 % der Vollrente wäre eine Teilrente und damit wäre ein weiterer Erwerb von Rentenleistungen möglich. Hier sollten sich die Pflegepersonen entsprechend beraten lassen, beispielsweise durch die Rentenberater der Deutschen Rentenversicherung.

Konkret kann sich dies folgendermaßen auswirken (mit Werten von 2021)

Ausgangslage: der Pflegebedürftige mit Pflegegrad 4 bezieht vom Pflegedienst Sachleistungen in Höhe von 1.800 €. Seine Ehefrau (Rentnerin, 75 Jahre) erhält zur Zeit eine (Voll-) Rente von 700 €. In dieser Ausgangslage kann die Ehefrau ihre eigenen Rentenansprüche nicht verbessern.

Verzichtet sie auf 1 % ihrer Vollrente (= 7 €), so erhält sie zukünftig nur eine Teilrente (von 693 €), kann jedoch ihre eigene Rente nach einem Jahr Pflege um 15,92 € pro Monat erhöhen.

Noch günstiger sieht es aus, wenn Sie die Pflegeleistungen auf Kombinationsleistung umstellen. Würde der Pflegebedürftige beispielsweise nur Sachleistungen in Höhe von 1.680 € (statt 1.693 €) in Anspruch nehmen, bleibt sogar ein geringes Pflegegeld in Höhe von 5,59 € übrig. Der Eigenanteil steigt dann von bisher 107 € auf 114,41 € (7,41 € mehr pro Monat). Allerdings erhöhen sich dann nach einem Jahr die Rentenansprüche um 3,41 € auf 19,33 €. Und zwar dauerhaft.

Pflegt die Ehefrau in diesem Beispiel ihren Mann 5 Jahre und geht danach wieder auf Vollrente, dann würden ihre bisherigen Rentenansprüche von 700 € nach 5 Jahren Pflege auf ca. 796,65 € gestiegen sein!

Leistungen zur Arbeitsförderung (SGB III)

Wer wegen der Pflege eines Angehörigen aus der Berufsarbeit komplett aussteigt, verliert seine bisher erworbenen Ansprüche nicht, da die Pflegeversicherung nun die weitere Versicherung im Sinne des SGB III übernimmt. Das war bis 2016 nicht der Fall. Bei Stundenreduzierung (Teilzeit etc.) ist die Arbeitslosenversicherung weiterhin durch die Arbeit gegeben.

Nur trifft diese Regelung allein auf die Gruppe zu, die durch die Erwerbsarbeit versichert war. Wer beispielsweise Hausfrau/-mann, Sozialhilfeempfänger oder von der Versicherungspflicht befreit ist (z. B. wegen selbstständiger Tätigkeit), hat durch diese Änderung keinerlei Vorteil.

Hinweise zur internen Umsetzung

Auf die Pflegepersonen achten!

Viele Pflegepersonen, die noch nicht im Rentenalter sind oder schon Rente beziehen, könnten Leistungen der sozialen Sicherung beziehen, wenn sie dies wüssten und evtl. bei der Pflegegestaltung berücksichtigten (siehe z. B. Zeitaufteilung wegen Ansprüchen in der Rentenversicherung Seite 72 oder Kombileistungen statt Sachleistungen Seite 77). Daher sollten Pflegekräfte und andere Beratungsmitarbeiter auf Pflegepersonen achten, die beispielsweise ihren Beruf für die Pflege aufgeben und diese besonders beraten bzw. auf Beratungsangebote und Informationsmaterial hinweisen.

Quellen

SGB XI (Pflegeversicherung)

§ 19 Begriff der Pflegepersonen

Pflegepersonen im Sinne dieses Buches sind Personen, die nicht erwerbsmäßig einen Pflegebedürftigen im Sinne des § 14 in seiner häuslichen Umgebung pflegen. Leistungen zur sozialen Sicherung nach § 44 erhält eine Pflegeperson nur dann, wenn sie eine oder mehrere pflegebedürftige Personen wenigstens zehn Stunden wöchentlich, verteilt auf regelmäßig mindestens zwei Tage in der Woche, pflegt.

§ 44 Leistungen zur sozialen Sicherung der Pflegepersonen

(1) Zur Verbesserung der sozialen Sicherung der Pflegepersonen im Sinne des § 19, die einen Pflegebedürftigen mit mindestens Pflegegrad 2 pflegen, entrichten die Pflegekassen und die privaten Versicherungsunternehmen, bei denen eine private Pflege-Pflichtversicherung durchgeführt wird, sowie die sonstigen in § 170 Absatz 1 Nummer 6 des Sechsten Buches genannten Stellen Beiträge nach Maßgabe des § 166 Absatz 2 des Sechsten Buches an den zuständigen Träger der gesetzlichen Rentenversicherung, wenn die Pflegeperson regelmäßig nicht mehr als 30 Stunden wöchentlich erwerbstätig ist. Der Medizinische Dienst der Krankenversicherung oder ein anderer von der Pflegekasse beauftragter unabhängiger Gutachter ermittelt im Einzelfall, ob die Pflegeperson eine oder mehrere pflegebedürftige Personen wenigstens zehn Stunden wöchentlich, verteilt auf regelmäßig mindestens zwei Tage in der Woche, pflegt. Wird die Pflege eines Pflegebedürftigen von mehreren Pflegepersonen erbracht (Mehrfachpflege), wird zudem der Umfang der jeweiligen Pflegetätigkeit je Pflegeperson im Verhältnis zum Umfang der von den Pflegepersonen zu leistenden Pflegetätigkeit insgesamt (Gesamtpflegeaufwand) ermittelt. Dabei werden die Angaben der beteiligten Pflegepersonen zugrunde gelegt. Werden keine oder keine übereinstimmenden Angaben gemacht, erfolgt eine Aufteilung zu gleichen Teilen. Die Feststellungen zu den Pflegezeiten und zum Pflegeaufwand der Pflegeperson sowie bei Mehrfachpflege zum Einzel- und Gesamtpflegeaufwand trifft die für die Pflegeleistungen nach diesem Buch zuständige Stelle. Diese Feststellungen sind der Pflegeperson auf Wunsch zu übermitteln.

(2) Für Pflegepersonen, die wegen einer Pflichtmitgliedschaft in einer berufsständischen Versorgungseinrichtung auch in ihrer Pflegetätigkeit von der Versicherungspflicht in der gesetzlichen Rentenversicherung befreit sind oder befreit wären, wenn sie in der gesetzlichen Rentenversi-

cherung versicherungspflichtig wären und einen Befreiungsantrag gestellt hätten, werden die nach Absatz 1 zu entrichtenden Beiträge auf Antrag an die berufsständische Versorgungseinrichtung gezahlt.

(2a) Während der pflegerischen Tätigkeit sind Pflegepersonen im Sinne des § 19, die einen Pflegebedürftigen mit mindestens Pflegegrad 2 pflegen, nach Maßgabe des § 2 Absatz 1 Nummer 17 des Siebten Buches in den Versicherungsschutz der gesetzlichen Unfallversicherung einbezogen.

(2b) Während der pflegerischen Tätigkeit sind Pflegepersonen im Sinne des § 19, die einen Pflegebedürftigen mit mindestens Pflegegrad 2 pflegen, nach Maßgabe des § 26 Absatz 2b des Dritten Buches nach dem Recht der Arbeitsförderung versichert. Die Pflegekassen und die privaten Versicherungsunternehmen, bei denen eine private Pflege-Pflichtversicherung durchgeführt wird, sowie die sonstigen in § 347 Nummer 10 Buchstabe c des Dritten Buches genannten Stellen entrichten für die Pflegepersonen Beiträge an die Bundesagentur für Arbeit. Näheres zu den Beiträgen und zum Verfahren regeln die §§ 345, 347 und 349 des Dritten Buches.

(3) Die Pflegekasse und das private Versicherungsunternehmen haben die in der Renten und Unfallversicherung zu versichernde Pflegeperson den zuständigen Renten- und Unfallversicherungsträgern zu melden. Die Meldung für die Pflegeperson enthält:

1. ihre Versicherungsnummer, soweit bekannt,

2. ihren Familien- und Vornamen,

3. ihr Geburtsdatum,

4. ihre Staatsangehörigkeit,

5. ihre Anschrift,

6. Beginn und Ende der Pflegetätigkeit,

7. den Pflegegrad des Pflegebedürftigen und

8. die nach § 166 Absatz 2 des Sechsten Buches maßgeblichen beitragspflichtigen Einnahmen.

Der Spitzenverband Bund der Pflegekassen sowie der Verband der privaten Krankenversicherung e. V. können mit der Deutschen Rentenversicherung Bund und mit den Trägern der Unfallversicherung Näheres über das Meldeverfahren vereinbaren.

(4) Der Inhalt der Meldung nach Absatz 3 Satz 2 Nr. 1 bis 6 und 8 ist der Pflegeperson, der Inhalt der Meldung nach Absatz 3 Satz 2 Nr. 7 dem Pflegebedürftigen schriftlich mitzuteilen.

(5) Die Pflegekasse und das private Versicherungsunternehmen haben in den Fällen, in denen eine nicht erwerbsmäßig tätige Pflegeperson einen Pflegebedürftigen mit mindestens Pflegegrad 2 pflegt, der Anspruch auf Beihilfeleistungen oder Leistungen der Heilfürsorge hat, und für die die Beiträge an die gesetzliche Rentenversicherung nach § 170 Absatz 1 Nummer 6

Buchstabe c des Sechsten Buches oder an die Bundesagentur für Arbeit nach § 347 Nummer 10 Buchstabe c des Dritten Buches anteilig getragen werden, im Antragsverfahren auf Leistungen der Pflegeversicherung von dem Pflegebedürftigen die zuständige Festsetzungsstelle für die Beihilfe oder den Dienstherrn unter Hinweis auf die beabsichtigte Weiterleitung der in Satz 2 genannten Angaben an diese Stelle zu erfragen. Der angegebenen Festsetzungsstelle für die Beihilfe oder dem Dienstherrn sind bei Feststellung der Beitragspflicht sowie bei Änderungen in den Verhältnissen des Pflegebedürftigen oder der Pflegeperson, insbesondere bei einer Änderung des Pflegegrades, einer Unterbrechung der Pflegetätigkeit oder einem Wechsel der Pflegeperson, die in Absatz 3 Satz 2 genannten Angaben mitzuteilen. Absatz 4 findet auf Satz 2 entsprechende Anwendung. Für die Mitteilungen nach Satz 2 haben die Pflegekassen und privaten Versicherungsunternehmen spätestens zum 1. Januar 2020 ein elektronisches Verfahren vorzusehen, bei dem die Mitteilungen an die Beihilfefestsetzungsstellen oder die Dienstherren automatisch erfolgen. Die Pflegekassen und privaten Versicherungsunternehmen haben technisch sicherzustellen, dass die Meldungen nach Absatz 3 an die Träger der gesetzlichen Rentenversicherung erst erfolgen, wenn die erforderliche Mitteilung an die Beihilfefestsetzungsstelle oder den Dienstherrn erfolgt ist. Für Beiträge, die von den Beihilfestellen und Dienstherren nicht bis zum Ablauf des Fälligkeitstages gezahlt worden sind, weil die Pflegekassen und privaten Versicherungsunternehmen die Mitteilungen nach Satz 2 nicht, nicht unverzüglich, nicht vollständig oder fehlerhaft durchgeführt haben, ist von den Pflegekassen und privaten Versicherungsunternehmen ein Säumniszuschlag entsprechend § 24 Absatz 1 Satz 1 des Vierten Buches zu zahlen; dies gilt nicht, wenn im Einzelfall kein Verschulden der Pflegekassen und privaten Versicherungsunternehmen vorliegt.

(6) Für Pflegepersonen, bei denen die Mindeststundenzahl von zehn Stunden wöchentlicher Pflege, verteilt auf regelmäßig mindestens zwei Tage in der Woche, nur durch die Pflege mehrerer Pflegebedürftiger erreicht wird, haben der Spitzenverband Bund der Pflegekassen, der Verband der privaten Krankenversicherung e. V., die Deutsche Rentenversicherung Bund und die Bundesagentur für Arbeit das Verfahren und die Mitteilungspflichten zwischen den an einer Addition von Pflegezeiten und Pflegeaufwänden beteiligten Pflegekassen und Versicherungsunternehmen durch Vereinbarung zu regeln. Die Pflegekassen und Versicherungsunternehmen dürfen die in Absatz 3 Satz 2 Nummer 1 bis 3 und 6 und, soweit dies für eine sichere Identifikation der Pflegeperson erforderlich ist, die in den Nummern 4 und 5 genannten Daten sowie die Angabe des zeitlichen Umfangs der Pflegetätigkeit der Pflegeperson an andere Pflegekassen und Versicherungsunternehmen, die an einer Addition von Pflegezeiten und Pflegeaufwänden beteiligt sind, zur Überprüfung der Voraussetzungen der Rentenversicherungspflicht oder der Versicherungspflicht nach dem Dritten Buch der Pflegeperson übermitteln und ihnen übermittelte Daten verarbeiten und nutzen.

§ 141 Besitzstandsschutz und Übergangsrecht zur sozialen Sicherung von Pflegepersonen

(7) Für Personen, die am 31. Dezember 2016 wegen nicht erwerbsmäßiger Pflege in der gesetzlichen Unfallversicherung versicherungspflichtig waren, besteht die Versicherungspflicht für die Dauer dieser Pflegetätigkeit fort. Satz 1 gilt, soweit und solange sich aus dem ab dem 1. Januar 2017 geltenden Recht keine günstigeren Ansprüche ergeben. Satz 1 ist ab dem Zeitpunkt nicht mehr anwendbar, zu dem nach dem ab dem 1. Januar 2017 geltenden Recht festgestellt wird, dass bei der versorgten Person keine Pflegebedürftigkeit im Sinne der §§ 14 und 15 in der ab dem 1. Januar 2017 geltenden Fassung vorliegt.

Gesetzliche Unfallversicherung, SGB VII

§ 2 Versicherung kraft Gesetzes

(1) Kraft Gesetzes sind versichert ...
Pflegepersonen im Sinne des § 19 Satz 1 und 2 des Elften Buches bei der Pflege eines Pflegebedürftigen mit mindestens Pflegegrad 2 im Sinne der §§ 14 und 15 Absatz 3 des Elften Buches; die versicherte Tätigkeit umfasst pflegerische Maßnahmen in den in § 14 Absatz 2 des Elften Buches genannten Bereichen sowie Hilfen bei der Haushaltsführung nach § 18 Absatz 5a Satz 3 Nummer 2 des Elften Buches.

Gesetzestext SGB VI Gesetzliche Rentenversicherung

§ 42 Vollrente und Teilrente

(1) Versicherte können eine Rente wegen Alters in voller Höhe (Vollrente) oder als Teilrente in Anspruch nehmen.
(2) Eine unabhängig vom Hinzuverdienst gewählte Teilrente beträgt mindestens 10 Prozent der Vollrente. Sie kann höchstens in der Höhe in Anspruch genommen werden, die sich nach Anwendung von § 34 Absatz 3 ergibt.

(3) Versicherte, die wegen der beabsichtigten Inanspruchnahme einer Teilrente ihre Arbeitsleistung einschränken wollen, können von ihrem Arbeitgeber verlangen, dass er mit ihnen die Möglichkeiten einer solchen Einschränkung erörtert. Macht der Versicherte hierzu für seinen Arbeitsbereich Vorschläge, hat der Arbeitgeber zu diesen Vorschlägen Stellung zu nehmen.

Beitragspflichtige Einnahmen sonstiger Versicherter: § 166 Abs. 2

(2) Beitragspflichtige Einnahmen sind bei nicht erwerbsmäßig tätigen Pflegepersonen bei Pflege einer
1. pflegebedürftigen Person des Pflegegrades 5 nach § 15 Absatz 3 Satz 4 Nummer 5 des Elften Buches

a. 100 vom Hundert der Bezugsgröße, wenn die pflegebedürftige Person ausschließlich Pflegegeld nach § 37 des Elften Buches bezieht,
b. 85 vom Hundert der Bezugsgröße, wenn die pflegebedürftige Person Kombinationsleistungen nach § 38 des Elften Buches bezieht,
c. 70 vom Hundert der Bezugsgröße, wenn die pflegebedürftige Person ausschließlich Pflegesachleistungen nach § 36 des Elften Buches bezieht,
2. pflegebedürftigen Person des Pflegegrades 4 nach § 15 Absatz 3 Satz 4 Nummer 4 des Elften Buches
d. 70 vom Hundert der Bezugsgröße, wenn die pflegebedürftige Person ausschließlich Pflegegeld nach § 37 des Elften Buches bezieht,
e. 59,5 vom Hundert der Bezugsgröße, wenn die pflegebedürftige Person Kombinationsleistungen nach § 38 des Elften Buches bezieht,
f. 49 vom Hundert der Bezugsgröße, wenn die pflegebedürftige Person ausschließlich Pflegesachleistungen nach § 36 des Elften Buches bezieht,
3. pflegebedürftigen Person des Pflegegrades 3 nach § 15 Absatz 3 Satz 4 Nummer 3 des Elften Buches
g. 43 vom Hundert der Bezugsgröße, wenn die pflegebedürftige Person ausschließlich Pflegegeld nach § 37 des Elften Buches bezieht,
h. 36,55 vom Hundert der Bezugsgröße, wenn die pflegebedürftige Person Kombinationsleistungen nach § 38 des Elften Buches bezieht,
i. 30,1 vom Hundert der Bezugsgröße, wenn die pflegebedürftige Person ausschließlich Pflegesachleistungen nach § 36 des Elften Buches bezieht,
4. pflegebedürftigen Person des Pflegegrades 2 nach § 15 Absatz 3 4 Nummer 2 des Elften Buches
j. 27 vom Hundert der Bezugsgröße, wenn die pflegebedürftige Person ausschließlich Pflegegeld nach § 37 des Elften Buches bezieht,
k. 22,95 vom Hundert der Bezugsgröße, wenn die pflegebedürftige Person Kombinationsleistungen nach § 38 des Elften Buches bezieht,
l. 18,9 vom Hundert der Bezugsgröße, wenn die pflegebedürftige Person ausschließlich Pflegesachleistungen nach § 36 des Elften Buches bezieht.
Üben mehrere nicht erwerbsmäßig tätige Pflegepersonen die Pflege gemeinsam aus (Mehrfachpflege), sind die beitragspflichtigen Einnahmen nach Satz 1 entsprechend dem nach § 44 Absatz 1 Satz 3 des Elften Buches festgestellten prozentualen Umfang der jeweiligen Pflegetätigkeit im Verhältnis zum Gesamtpflegeaufwand je pflegebedürftiger Person aufzuteilen. Werden mehrere Pflegebedürftige gepflegt, ergeben sich die beitragspflichtigen Einnahmen jeweils nach den Sätzen 1 und 2.

Gesetzestext SGB VI Gesetzliche Rentenversicherung,

Gesetzestext SGB III Arbeitsförderung: § 26, Abs. 2b

(2b) Versicherungspflichtig sind Personen in der Zeit, in der sie als Pflegeperson einen Pflegebedürftigen mit mindestens Pflegegrad 2 im Sinne des Elften Buches, der Leistungen aus der Pflegeversicherung nach dem Elften Buch oder Hilfe zur Pflege nach dem Zwölften Buch oder gleichartige Leistungen nach anderen Vorschriften bezieht, nicht erwerbsmäßig wenigstens zehn Stunden wöchentlich, verteilt auf regelmäßig mindestens zwei Tage in der Woche, in seiner häuslichen Umgebung pflegen, wenn sie unmittelbar vor Beginn der Pflegetätigkeit versicherungspflichtig waren oder Anspruch auf eine laufende Entgeltersatzleistung nach diesem Buch hatten. Versicherungspflicht besteht auch, wenn die Voraussetzungen durch die Pflege mehrerer Pflegebedürftiger erfüllt werden.

§ 37 Häusliche Krankenpflege

(3) Der Anspruch auf häusliche Krankenpflege besteht nur, soweit eine im Haushalt lebende Person den Kranken in dem erforderlichen Umfang nicht pflegen und versorgen kann.

Infomaterial:

Deutsche Gesetzliche Unfallversicherung:
https://www.dguv.de/de/versicherung/versicherte_personen/andere-gruende/pflegepersonen/index.jsp

www.deutsche-rentenversicherung.de

im Bereich Familie & Kinder; Angehörige pflegen

http://www.arbeitsagentur.de

7 Leistungen des Pflegezeitgesetzes

Kurzdarstellung

Das 2008 eingeführte „Gesetz über die Pflegezeit – Pflegezeitgesetz" kennt zwei verschiedene Leistungen:

Beschäftigte können sich im Rahmen der „KURZZEITIGEN ARBEITSVERHINDERUNG" von bis zu 10 Tagen von der Arbeit freistellen lassen, um beispielsweise die Versorgung der Pflegebedürftigen zu organisieren. Ist tarifrechtlich keine Lohnfortzahlung vereinbart, kann ein Pflegeunterstützungsgeld nach § 44a SGB XI über die Pflegeversicherung bezogen werden.

Im Rahmen der „PFLEGEZEIT" von bis zu 6 Monaten (gilt nur in Betrieben mit mehr als 15 Beschäftigten) können Arbeitnehmer selbst die Versorgung übernehmen und sich deshalb vollständig freistellen lassen. Die Ankündigungsfrist beträgt 10 Arbeitstage. Eine Lohnfortzahlung gibt es in diesem Fall nicht.

In beiden Fällen gilt ab der Ankündigung ein erweiterter Kündigungsschutz.

Wesentliche Punkte

Voraussetzung ist die Pflegebedürftigkeit

Voraussetzung und im Einzelfall dem Arbeitgeber nachzuweisen ist die Pflegebedürftigkeit des nahen Angehörigen. Bei akut eingesetzter Pflegebedürftigkeit kann auch ein Nachweis nach § 18 Abs. 3 ausreichen, in dem mindestens die Pflegebedürftigkeit nach § 14 und 15 festgestellt wird (Schnelleinstufung).

Das Recht auf kurzzeitige Arbeitsverhinderung bis zu 10 Arbeitstage

Gesetzestext: „§ 2 Beschäftigte haben das Recht, bis zu zehn Arbeitstage der Arbeit fernzubleiben, wenn dies erforderlich ist, um für einen pflegebedürftigen nahen Angehörigen in einer akut aufgetretenen Pflegesituation eine bedarfsgerechte Pflege zu organisieren oder eine pflegerische Versorgung in dieser Zeit sicherzustellen."

Unabhängig von der Betriebsgröße besteht immer das Recht auf kurzfristige Arbeitsverhinderung. Sie ist dem Arbeitgeber unverzüglich mitzuteilen, ebenso deren voraussichtliche Dauer. Eine Ankündigungszeit, um die kurzzeitige Arbeitsverhinderung zu nehmen, ist nicht vorgesehen, sie muss lediglich unverzüglich erfolgen. Praktisch kann dies bedeuten, dass man nachmittags den Arbeitgeber informiert, dass man ab dem nächsten Tag eine kurzzeitige Arbeitsverhinderung nehmen will/muss.

Der Arbeitgeber kann eine ärztliche Bescheinigung über die Pflegebedürftigkeit des nahen Angehörigen sowie über die Notwendigkeit der Versorgung durch den Beschäftigten verlangen. In der Regel bescheinigt der Hausarzt die Pflegebedürftigkeit bzw., wenn der Pflegebedürftige noch nicht eingestuft ist, die voraussichtliche Pflegebedürftigkeit. Dies gilt selbst dann, wenn der Gutachter später zu einer anderen Einschätzung kommt. Gleichzeitig soll der Arzt auch die Notwendigkeit der Versorgung durch den Angehörigen bescheinigen.

Aus Sicht des Gesetzgebers sind Auslöser für die kurzzeitige Arbeitsverhinderung Akutereignisse, beispielsweise eine Verschlechterung der Gesundheit oder überhaupt der erstmalige Eintritt der Pflegebedürftigkeit, beispielsweise ausgelöst durch einen Schlaganfall. Es können aber genauso gut auch Ausfälle einer anderen Pflegeperson sein, die so kompensiert werden sollen. Die ärztliche Bescheinigung ist immer dann vorzulegen, wenn der Arbeitgeber dies verlangt oder dies im Arbeits- oder Tarifvertrag geregelt ist, also nicht automatisch. Sie ist aber auch nicht vor Beginn der kurzfristigen Arbeitsverhinderung vorzulegen, das heißt, sie kann auch während der Arbeitsverhinderung nachgereicht werden.

Nur 10 Tage ‚pro Pflegebedürftigem'

Die Leistung der kurzfristigen Arbeitsverhinderung ist im Kern nur gedacht für die spontane und kurzfristige Übernahme der Versorgung oder um Zeit für die Organisation einer Versorgung zu haben. Die maximale Dauer von 10 Tagen bezieht sich daher auf den Pflegebedürftigen, unabhängig davon, wie viele Pflegepersonen vorhanden sind oder wer die kurzfristige Arbeitsverhinderung nimmt. Die Maximalgrenze ist insgesamt immer nur 10 Tage!

Pflegeunterstützungsgeld nach § 44a bei kurzzeitiger Arbeitsverhinderung

Soweit nicht in Tarifverträgen eine Vergütung für die Zeit der kurzfristigen Arbeitsverhinderung vereinbart ist, kann die Pflegekasse (analog der Regelung zum Krankengeld bei Erkrankung des Kindes nach § 45 SGB V sowie nach gleicher Berechnung) ein Pflegeunterstützungsgeld finanzieren. Der Antrag ist unverzüglich bei der zuständigen Pflegekasse zu stellen.

Sonderfall Pandemie 2020 bis 2022: Pandemiebedingt wurde der Leistungsanspruch auf Kurzfristige Arbeitsverhinderung sowie die Finanzierung über das Pflegeunterstützungsgeld nach § 44a ausgeweitet (bis März 2022 auf zusätzlich 20 Tage). Diese Sonderregelung ist allerdings zeitlich begrenzt, deren Dauer und Verlängerung zum Druckzeitpunkt des Buches unklar. In den Quellen sind die entsprechenden befristet gültigen Paragrafen (4a sowie 9) mit aufgenommen worden, weil unklar ist, ob diese weiter verlängert werden bzw. sie indirekt Auswirkungen auf die vorhandenen Ansprüche haben. So können die 20 Tage zusätzliche kurzfristige Arbeitsverhinderung/Pflegeunterstützungsgeld dauerhaft nicht auf den ansonsten auf 10 Tage beschränkten Anspruch angerechnet werden.

Die Pflegezeit von bis zu 6 Monaten

In der Pflegezeit übernimmt der Beschäftigte die Versorgung des Pflegebedürftigen zu Hause. Voraussetzung ist, dass eine Pflegebedürftigkeit vorliegt und der Pflegebedürftige zu Hause versorgt wird. Auch wenn ein naher Angehöriger todkrank ist und der Verlauf weit fortgeschritten ist und deshalb eine begrenzte Lebensdauer zu erwarten ist, kann Pflegezeit beantragt werden (§ 3, Abs. 6). Hier muss dann (zunächst) keine Pflegebedürftigkeit vorliegen, aber ein entsprechendes ärztliches Zeugnis den Zustand nachweisen. Ein weiterer Anspruch auf Pflegezeit besteht, wenn ein minderjähriger pflegebedürftiger naher Angehörige in häuslicher oder außerhäuslicher Umgebung betreut werden soll.

Die Pflegezeit kann mit einer Ankündigungszeit von 10 Arbeitstagen in Anspruch genommen werden. Es muss dem Arbeitgeber mitgeteilt werden, ab wann und für welchen Zeitraum die Pflegezeit genommen werden soll. Die Pflegezeit kann auch in Teilzeit genommen werden (man reduziert beispielsweise seine volle Stelle für 6 Monate auf eine halbe Stelle). Bei der teilweisen Freistellung muss mit dem Arbeitgeber eine schriftliche Vereinbarung über die Verringerung und die Verteilung der Arbeitszeit getroffen werden. Wünschen auf Teilzeit hat der Arbeitgeber zu entsprechen, es sei denn, dringende betriebliche Gründe stünden diesen Wünschen entgegen.

Die Pflegezeit endet am geplanten Termin, spätestens nach 6 Monaten. Die Pflegezeit kann aus wichtigem Grund verlängert werden, wenn anfangs ein kürzerer Zeitraum geplant war, nicht jedoch über 6 Monate hinaus. Die Pflegezeit endet vorzeitig, wenn die Pflegeperson nicht mehr zu Hause gepflegt wird (beispielsweise in ein Pflegeheim umzieht oder verstirbt) oder wenn die Pflege nicht mehr zumutbar ist (auch finanzielle Gründe – fehlendes Gehalt – können dazu führen, dass die Pflege nicht mehr zumutbar ist). Der Grund der veränderten Umstände ist dem Arbeitgeber unverzüglich mitzuteilen, die Pflegezeit endet dann vier Wochen nach der Mitteilung.

Die Möglichkeit der Pflegezeit gibt es nur in Betrieben mit mindestens 16 Beschäftigten (Anzahl der Köpfe). In kleineren Betrieben gibt es kein Recht auf Pflegezeit. Hier könnte nur mit dem Einverständnis des Arbeitgebers „normaler" Sonderurlaub genommen werden.

Wer ist Beschäftigter im Sinne des Gesetzes?

Das Pflegezeitgesetz gilt für Arbeitnehmer (hierzu zählen auch geringfügig Beschäftigte), Beschäftige in einer Berufsausbildung (z. B. Auszubildende), Personen, die wegen ihrer wirtschaftlichen Unselbstständigkeit als arbeitnehmerähnliche Personen anzusehen sind; zu diesen gehören auch die in Heimarbeit Beschäftigten und die ihnen Gleichgestellten.

Für Beamte gibt es vergleichbare Regelungen im Beamtenrecht des Bundes und der Länder.

Nahe Angehörige

Der Gesetzgeber hat für das Pflegezeitgesetz nahe Angehörige folgendermaßen definiert:

- Eltern, Großeltern, Schwiegereltern, Stiefeltern,
- Ehegatten, Lebenspartner, Partner einer eheähnlichen oder lebenspartnerschaftsähnlichen Gemeinschaft, Geschwister, Ehegatten der Geschwister und Geschwister der Ehegatten, Lebenspartner der Geschwister und Geschwister der Lebenspartner,
- Kinder, Adoptiv- oder Pflegekinder; die Kinder, Adoptiv- oder Pflegekinder des Ehegatten oder Lebenspartners, Schwiegerkinder und Enkelkinder.

Nachbarn gehören nicht zu den nahen Angehörigen.

Kündigungsschutz

Mit Ankündigung der kurzzeitigen Arbeitsverhinderung bzw. der Pflegezeit genießt der Beschäftigte bis zu deren Ablauf einen umfassenden Kündigungsschutz, allerdings höchstens 12 Wochen vor dem angekündigten Beginn bis zum Ende der jeweiligen Freistellung. Er wird also in jedem Fall nach Beendigung der Pflegezeit wieder im alten Anstellungsverhältnis arbeiten können.

Soziale Absicherung während der Pflegezeit

Um die soziale Absicherung während der Pflegezeit muss sich der Beschäftigte selbst kümmern, sie erfolgt nicht automatisch, weil sein bisheriges Beschäftigungsverhältnis nur ruht:

- RENTENVERSICHERUNG: Hier können Beiträge über die Pflegeversicherung gezahlt werden, wenn der Beschäftigte die Zeitgrenzen der Pflegeperson erfüllt (siehe Seite 71).
- KRANKEN- UND PFLEGEVERSICHERUNG: Verheiratete sind in der Regel dann über die Familienversicherung der gesetzlichen Krankenversicherung versichert, wenn sie kein eigenes Einkommen haben.
  Bei Nicht-Verheirateten, Alleinstehenden sowie privat Versicherten werden die Beiträge in Höhe der Mindestbeiträge auf Antrag nach § 44a von der Pflegekasse übernommen.
- UNFALLVERSICHERUNG: Versicherungsschutz ist für die Pflegeperson gegeben bei einer Mindestpflegezeit von 10 Stunden an mindestens zwei Tagen die Woche (siehe Seite 70).

- ARBEITSLOSENVERSICHERUNG: Pflegepersonen sind dann während der Pflegezeit nach § 26 Abs. 2b SGB III versichert, wenn sie einen Pflegebedürftigen mit mindestens Pflegegrad 2 pflegen und vorher versicherungspflichtig waren bzw. entsprechende Leistungsansprüche nach SGB III hatten, siehe Seite 74.
- Es kann zur Sicherung des Lebensunterhalts ein ZINSLOSES DARLEHN im Rahmen des Familienpflegezeitgesetzes beantragt werden. Die zuständige Stelle ist das Bundesamt für Familie und zivilgesellschaftliche Aufgaben (BAFzA). Es wird monatlich (wie das Gehalt) ausgezahlt, ist allerdings nach Ende der Pflegezeit (aber auch der Familienpflegezeit) wieder zurückzuzahlen.

Hintergrund

Bis 2008 hatten Arbeitnehmer nur die Möglichkeit, über Urlaub oder Sonderurlaub freie Tage zu erhalten, um die Versorgung von Angehörigen zu regeln oder sicherzustellen. Das hat das Pflegezeitgesetz verändert. Nach der Ankündigung der Pflegezeit bis zur Beendigung ist der Berufstätige fast nicht kündbar, er kann also immer auf seinen Arbeitsplatz zurückkehren. Eine Lohnfortzahlung während der Pflegezeit ist nicht vorgesehen. Wer Pflegezeit nimmt, muss die Finanzierung dieser Zeit selbst organisieren bzw. es sich leisten können. Die Begrenzung auf 6 Monate Pflegezeit oder 10 Tage kurzzeitige Arbeitsverhinderung dürfte eher aus politischen und ökonomischen Gründen so festgelegt worden sein.

Hinweise zur Beratung

Pflegezeit auch bei Pflegegrad 1

Die Voraussetzung für die Nutzung der Leistungen nach dem Pflegezeitgesetz ist eine Pflegebedürftigkeit im Sinne der §§ 14 und 15 SGB XI in der jeweils gültigen Fassung, mindestens in Pflegegrad 1: Zwar ist die Nutzung schon bei Pflegegrad 1 möglich, da hier die Pflegebedürftigkeit beginnt, in der Praxis ist sie aber eher unwahrscheinlich.

Pflegezeit muss man sich leisten können

Im Rahmen der Pflegezeit erfolgt in keinem Fall eine Lohnfortzahlung, daher sollten die Beschäftigten vor Nutzung der Pflegezeit informiert werden, welche finanzielle Situation sie dann erwartet. Als ‚Einkommen' steht nur das Pflegegeld zur Verfügung, wenn dies nicht durch Kombinationsleistungen oder Sachleistungen genutzt wird. Beiträge zur sozialen Sicherung können von der Pflegekasse auf Antrag übernommen werden (siehe oben).

Mögliche Darlehen über das Familienzeitgesetz sind und bleiben zinslose Darlehen, die nach Ablauf der Pflegezeit oder der Familienpflegezeit zurückgezahlt werden müssen. Das Darlehen und damit die Leistungen der Pflegezeit und Familienpflegezeit zusammen umfassen maximal einen Zeitraum von 24 Monaten. Daher ist ein solches Darlehen nur dann eine sinnvolle Finanzierungsmöglichkeit, wenn einerseits die Versorgung absehbar nicht länger als 24 Monate dauert und andererseits die Pflegeperson danach über die volle Erwerbstätigkeit in der Lage ist, ein solches Darlehen zurückzuzahlen.

Ein Beispiel (2021)

Die Pflegesituation bei ihrem Vater hat sich nach einem Krankenhausaufenthalt deutlich verschlechtert, er ist nun in Pflegegrad 3 eingestuft. Die verheiratete Tochter beschließt, die Pflegezeit für 6 Monate zu nutzen. Die finanzielle Situation sowie die daraus resultierende Arbeit stellen sich ungefähr folgendermaßen dar:

- Der Pflegegrad 3 bedeutet nach dem neuen Einstufungssystem eine Mindestpunktzahl von 47,5 von insgesamt 100 Punkten. Anders als im alten Einstufungssystem lässt sich hier eine notwendige Versorgungszeit nicht ableiten, sie dürfte aber analog dem alten System bei Pflegestufe 2 deutlich über drei Stunden pro Tag liegen.
- Als Pflegegeld stehen im Jahre 2021 545,– € pro Monat zur Verfügung.
- Da die Tochter Kombinationsleistungen gewählt hat, leistet hierfür die Pflegekasse Beitragszahlungen zur Rentenversicherung in Höhe von 184,19 €.
- Kranken- und Pflegeversicherungsbeiträge fallen nicht an, da sie während der Pflegezeit durch die Familienversicherung über den Ehemann mitversichert ist. Im Rahmen einer freiwilligen Versicherung würden die Pflichtbeiträge in Höhe von ca. 199,– € von der Pflegekasse übernommen.
- Beiträge zur Arbeitslosenversicherung übernimmt die Pflegekasse.

Rechnet man alle Leistungen zusammen, kommt die Tochter brutto auf eine „Lohnsumme" von ca. 928,19 €. Als Nettobetrag bleiben nur 545,– € übrig.

Bei angenommenen 3 Stunden pro Tag an Pflege, Betreuung und hauswirtschaftlicher Versorgung würde das einem fiktiven Stundenlohn von ca. 10,17 € brutto bzw. 5,98 € netto entsprechen, bei vermutlich realistischeren 5 Stunden pro Tag Versorgungsaufwand wäre dies nur noch 6,11 € brutto bzw. 3,58 € netto.

Diese Zahlen zeigen, dass allein aus den gesetzlichen Leistungen keine echte Vergütung erfolgt. Es bleibt auch trotz Pflegezeit für berufstätige Pflegepersonen eine finanzielle Frage.

Kurzfristige Arbeitsverhinderung oder Pflegezeit kann mit Verhinderungspflege ‚kombiniert' werden

Im Rahmen der Pflegezeit nach §§ 2 und 3 Pflegezeitgesetz kann dann der Verdienstausfall im Rahmen der Verhinderungspflege erstattet werden, wenn dafür ansonsten keine Lohnfortzahlung lt. Arbeitsvertrag (siehe auch Verhinderungspflege, Seite 161 f.) besteht.

Pflegezeit immer erst für kurze Zeit nehmen!

Pflegepersonen, die sofort eine längere Pflegezeit nutzen wollen, sollten ausführlich beraten werden. Denn gerade wenn die Versorgung aus einer akuten Krise heraus spontan übernommen werden muss (z. B. Pflegebedürftigkeit nach Schlaganfall), ahnen die Pflegepersonen oft nicht, was tatsächlich auf sie zukommt und wie sie das praktisch bewältigen werden. Wer längere Zeit im Berufsleben steht, für den wird die dauerhafte Versorgung eines Pflegebedürftigen (ohne weitere ‚Abwechslung') eine schwierige Zeit. Zu empfehlen ist, dass die Pflegepersonen die Pflegezeit zunächst für einen kürzeren Zeitraum als 6 Monate nehmen, beispielsweise für 1 bis 2 Monate. Denn in dieser Zeit lernt man nicht nur die Situation und Versorgung kennen, sondern lernt auch, ob man als Pflegeperson geeignet ist. Danach kann, wenn sich die Situation nicht verändert hat, die Pflegezeit immer noch verlängert werden.

Alternativ wäre auch die Pflegezeit als Teilzeit zu empfehlen, also dass man für einen Zeitraum von maximal 6 Monaten nur Teilzeit arbeitet. Dann bliebe ein Teil des Gehalts erhalten, man hätte mehr Zeit für die Versorgung, würde aber gleichzeitig nicht komplett aus der Arbeit aussteigen.

Die persönliche Einstellung, dass man die eigenen Eltern pflegen soll und will, ist lobenswert und gut. Die praktische Wirklichkeit kann allerdings dann ganz anders sein. Deshalb könnte man die Pflegezeit als „Probezeit" verstehen, in der man selbst ausprobieren kann, ob man mit der Versorgung zurechtkommt.

Was kommt nach der Pflegezeit? Familienpflegezeit?

Die Pflegezeit von maximal 6 Monaten reicht in den allermeisten Fällen nicht aus; Pflegebedürftigkeit dauert je nach Alter des Pflegebedürftigen, aber auch nach den medizinischen Ursachen der Pflegebedürftigkeit, unterschiedlich lange. In den meisten Fällen besteht die Pflegebedürftigkeit deutlich länger als 6 Monate. Daher sollte frühzeitig darüber gesprochen werden, wie die Versorgung nach der Pflegezeit aussehen soll.

Hinweis: Als weitere Möglichkeit steht die Familienpflegezeit nach dem Familienpflegezeitgesetz zur Verfügung, die hier nicht weiter beschrieben wird. Diese Leistung ist im Kern eine Teilzeitleistung, die (einschließlich der 6 Monate Pflegezeit) auf maximal 24 Monate begrenzt ist. Die durch die Teilzeit ‚verursachten' Lohneinbußen können im Rahmen eines Darlehens überbrückt werden, allerdings ist das Darlehen nach Ablauf der Familienpflegezeit wieder zu tilgen. Weitere Informationen über: https://www.wege-zur-pflege.de/familienpflegezeit.html

Hinweise zur internen Umsetzung

Auch der Pflegedienst ist Arbeitgeber!

Auch für die Mitarbeiter des Pflegedienstes gilt das Pflegezeitgesetz. Zwar kann man davon ausgehen, dass Pflegekräfte besser informiert sind. Aber auch bei der Beratung der eigenen Mitarbeiter sollte man gleich professionell und gründlich beraten wie bei anderen Pflegepersonen.

Quellen

Gesetz über die Pflegezeit, (Pflegezeitgesetz – PflegeZG)

§ 1 Ziel des Gesetzes

Ziel des Gesetzes ist, Beschäftigten die Möglichkeit zu eröffnen, pflegebedürftige nahe Angehörige in häuslicher Umgebung zu pflegen und damit die Vereinbarkeit von Beruf und familiärer Pflege zu verbessern.

§ 2 Kurzzeitige Arbeitsverhinderung

(1) Beschäftigte haben das Recht, bis zu zehn Arbeitstage der Arbeit fernzubleiben, wenn dies erforderlich ist, um für einen pflegebedürftigen nahen Angehörigen in einer akut aufgetretenen Pflegesituation eine bedarfsgerechte Pflege zu organisieren oder eine pflegerische Versorgung in dieser Zeit sicherzustellen.
(2) Beschäftigte sind verpflichtet, dem Arbeitgeber ihre Verhinderung an der Arbeitsleistung und deren voraussichtliche Dauer unverzüglich mitzuteilen. Dem Arbeitgeber ist auf Verlangen eine ärztliche Bescheinigung über die Pflegebedürftigkeit des nahen Angehörigen und die Erforderlichkeit der in Absatz 1 genannten Maßnahmen vorzulegen.

(3) Der Arbeitgeber ist zur Fortzahlung der Vergütung nur verpflichtet, soweit sich eine solche Verpflichtung aus anderen gesetzlichen Vorschriften oder auf Grund einer Vereinbarung ergibt. Ein Anspruch der Beschäftigten auf Zahlung von Pflegeunterstützungsgeld richtet sich nach § 44a Absatz 3 des Elften Buches Sozialgesetzbuch.

§ 3 Pflegezeit und sonstige Freistellungen

(1) Beschäftigte sind von der Arbeitsleistung vollständig oder teilweise freizustellen, wenn sie einen pflegebedürftigen nahen Angehörigen in häuslicher Umgebung pflegen (Pflegezeit). Der Anspruch nach Satz 1 besteht nicht gegenüber Arbeitgebern mit in der Regel 15 oder weniger Beschäftigten.

(2) Die Beschäftigten haben die Pflegebedürftigkeit des nahen Angehörigen durch Vorlage einer Bescheinigung der Pflegekasse oder des Medizinischen Dienstes der Krankenversicherung nachzuweisen. Bei in der privaten Pflege-Pflichtversicherung versicherten Pflegebedürftigen ist ein entsprechender Nachweis zu erbringen.

(3) Wer Pflegezeit beanspruchen will, muss dies dem Arbeitgeber spätestens zehn Arbeitstage vor Beginn schriftlich ankündigen und gleichzeitig erklären, für welchen Zeitraum und in welchem Umfang die Freistellung von der Arbeitsleistung in Anspruch genommen werden soll. Wenn nur teilweise Freistellung in Anspruch genommen wird, ist auch die gewünschte Verteilung der Arbeitszeit anzugeben. Enthält die Ankündigung keine eindeutige Festlegung, ob die oder der Beschäftigte Pflegezeit oder Familienpflegezeit nach § 2 des Familienpflegezeitgesetzes in Anspruch nehmen will, und liegen die Voraussetzungen beider Freistellungsansprüche vor, gilt die Erklärung als Ankündigung von Pflegezeit. Beansprucht die oder der Beschäftigte nach der Pflegezeit Familienpflegezeit oder eine Freistellung nach § 2 Absatz 5 des Familienpflegezeitgesetzes zur Pflege oder Betreuung desselben pflegebedürftigen Angehörigen, muss sich die Familienpflegezeit oder die Freistellung nach § 2 Absatz 5 des Familienpflegezeitgesetzes unmittelbar an die Pflegezeit anschließen. In diesem Fall soll die oder der Beschäftigte möglichst frühzeitig erklären, ob sie oder er Familienpflegezeit oder eine Freistellung nach § 2 Absatz 5 des Familienpflegezeitgesetzes in Anspruch nehmen wird; abweichend von § 2a Absatz 1 Satz 1 des Familienpflegezeitgesetzes muss die Ankündigung spätestens drei Monate vor Beginn der Familienpflegezeit erfolgen. Wird Pflegezeit nach einer Familienpflegezeit oder einer Freistellung nach § 2 Absatz 5 des Familienpflegezeitgesetzes in Anspruch genommen, ist die Pflegezeit in unmittelbarem Anschluss an die Familienpflegezeit oder die Freistellung nach § 2 Absatz 5 des Familienpflegezeitgesetzes zu beanspruchen und abweichend von Satz 1 dem Arbeitgeber spätestens acht Wochen vor Beginn der Pflegezeit schriftlich anzukündigen.

(4) Wenn nur teilweise Freistellung in Anspruch genommen wird, haben Arbeitgeber und Beschäftigte über die Verringerung und die Verteilung der Arbeitszeit eine schriftliche Vereinbarung zu treffen. Hierbei hat der Arbeitgeber den Wünschen der Beschäftigten zu entsprechen, es sei denn, dass dringende betriebliche Gründe entgegenstehen.

(5) Beschäftigte sind von der Arbeitsleistung vollständig oder teilweise freizustellen, wenn sie einen minderjährigen pflegebedürftigen nahen Angehörigen in häuslicher oder außerhäuslicher Umgebung betreuen. Die Inanspruchnahme dieser Freistellung ist jederzeit im Wechsel mit der

Freistellung nach Absatz 1 im Rahmen der Gesamtdauer nach § 4 Absatz 1 Satz 4 möglich. Absatz 1 Satz 2 und die Absätze 2 bis 4 gelten entsprechend. Beschäftigte können diesen Anspruch wahlweise statt des Anspruchs auf Pflegezeit nach Absatz 1 geltend machen.

(6) Beschäftigte sind zur Begleitung eines nahen Angehörigen von der Arbeitsleistung vollständig oder teilweise freizustellen, wenn dieser an einer Erkrankung leidet, die progredient verläuft und bereits ein weit fortgeschrittenes Stadium erreicht hat, bei der eine Heilung ausgeschlossen und eine palliativmedizinische Behandlung notwendig ist und die lediglich eine begrenzte Lebenserwartung von Wochen oder wenigen Monaten erwarten lässt. Beschäftigte haben diese gegenüber dem Arbeitgeber durch ein ärztliches Zeugnis nachzuweisen. Absatz 1 Satz 2, Absatz 3 Satz 1 und 2 und Absatz 4 gelten entsprechend. § 45 des Fünften Buches Sozialgesetzbuch bleibt unberührt.

(7) Ein Anspruch auf Förderung richtet sich nach den §§ 3, 4, 5 Absatz 1 Satz 1 und Absatz 2 sowie den §§ 6 bis 10 des Familienpflegezeitgesetzes.

§ 4 Dauer der Inanspruchnahme

(1) Die Pflegezeit nach § 3 beträgt für jeden pflegebedürftigen nahen Angehörigen längstens sechs Monate (Höchstdauer). Für einen kürzeren Zeitraum in Anspruch genommene Pflegezeit kann bis zur Höchstdauer verlängert werden, wenn der Arbeitgeber zustimmt. Eine Verlängerung bis zur Höchstdauer kann verlangt werden, wenn ein vorgesehener Wechsel in der Person des Pflegenden aus einem wichtigen Grund nicht erfolgen kann. Pflegezeit und Familienpflegezeit nach § 2 des Familienpflegezeitgesetzes dürfen gemeinsam die Gesamtdauer von 24 Monaten je pflegebedürftigem nahen Angehörigen nicht überschreiten. Die Pflegezeit wird auf Berufsbildungszeiten nicht angerechnet.

(2) Ist der nahe Angehörige nicht mehr pflegebedürftig oder die häusliche Pflege des nahen Angehörigen unmöglich oder unzumutbar, endet die Pflegezeit vier Wochen nach Eintritt der veränderten Umstände. Der Arbeitgeber ist über die veränderten Umstände unverzüglich zu unterrichten. Im Übrigen kann die Pflegezeit nur vorzeitig beendet werden, wenn der Arbeitgeber zustimmt.

(3) Für die Betreuung nach § 3 Absatz 5 gelten die Absätze 1 und 2 entsprechend. Für die Freistellung nach § 3 Absatz 6 gilt eine Höchstdauer von drei Monaten je nahem Angehörigen. Für die Freistellung nach § 3 Absatz 6 gelten Absatz 1 Satz 2, 3 und 5 sowie Absatz 2 entsprechend; bei zusätzlicher Inanspruchnahme von Pflegezeit oder einer Freistellung nach § 3 Absatz 5 oder Familienpflegezeit oder einer Freistellung nach § 2 Absatz 5 des Familienpflegezeitgesetzes dürfen die Freistellungen insgesamt 24 Monate je nahem Angehörigen nicht überschreiten.

(4) Der Arbeitgeber kann den Erholungsurlaub, der der oder dem Beschäftigten für das Urlaubsjahr zusteht, für jeden vollen Kalendermonat der vollständigen Freistellung von der Arbeitsleistung um ein Zwölftel kürzen.

§ 4a Erneute Pflegezeit nach Inanspruchnahme einer Freistellung auf Grundlage der Sonderregelungen aus Anlass der COVID-19-Pandemie

(1) Abweichend von § 4 Absatz 1 Satz 2 und 3 können Beschäftigte einmalig nach einer beendeten Pflegezeit zur Pflege oder Betreuung desselben pflegebedürftigen Angehörigen Pflegezeit erneut, jedoch insgesamt nur bis zur Höchstdauer nach § 4 Absatz 1 Satz 1 in Anspruch nehmen, wenn die Gesamtdauer nach § 4 Absatz 1 Satz 4 nicht überschritten wird und die Inanspruchnahme der beendeten Pflegezeit auf der Grundlage der Sonderregelungen aus Anlass der COVID-19-Pandemie erfolgte.
(2) Abweichend von § 3 Absatz 3 Satz 4 muss sich die Familienpflegezeit oder eine Freistellung nach § 2 Absatz 5 des Familienpflegezeitgesetzes nicht unmittelbar an die Pflegezeit anschließen, wenn die Pflegezeit auf Grund der Sonderregelungen aus Anlass der COVID-19-Pandemie in Anspruch genommen wurde und die Gesamtdauer nach § 4 Absatz 1 Satz 4 nicht überschritten wird.

(3) Abweichend von § 3 Absatz 3 Satz 6 muss sich die Pflegezeit nicht unmittelbar an die Familienpflegezeit oder an die Freistellung nach § 2 Absatz 5 des Familienpflegezeitgesetzes anschließen, wenn die Familienpflegezeit oder Freistellung auf Grund der Sonderregelungen aus Anlass der COVID-19-Pandemie erfolgte und die Gesamtdauer nach § 4 Absatz 1 Satz 4 nicht überschritten wird.

§ 5 Kündigungsschutz

(1) Der Arbeitgeber darf das Beschäftigungsverhältnis von der Ankündigung, höchstens jedoch zwölf Wochen vor dem angekündigten Beginn, bis zur Beendigung der kurzzeitigen Arbeitsverhinderung nach § 2 oder der Freistellung nach § 3 nicht kündigen.
(2) In besonderen Fällen kann eine Kündigung von der für den Arbeitsschutz zuständigen obersten Landesbehörde oder der von ihr bestimmten Stelle ausnahmsweise für zulässig erklärt werden. Die Bundesregierung kann hierzu mit Zustimmung des Bundesrates allgemeine Verwaltungsvorschriften erlassen.

§ 6 Befristete Verträge

(1) Wenn zur Vertretung einer Beschäftigten oder eines Beschäftigten für die Dauer der kurzzeitigen Arbeitsverhinderung nach § 2 oder der Freistellung nach § 3 eine Arbeitnehmerin oder ein Arbeitnehmer eingestellt wird, liegt hierin ein sachlicher Grund für die Befristung des

Arbeitsverhältnisses. Über die Dauer der Vertretung nach Satz 1 hinaus ist die Befristung für notwendige Zeiten einer Einarbeitung zulässig.

(2) Die Dauer der Befristung des Arbeitsvertrages muss kalendermäßig bestimmt oder bestimmbar sein oder den in Absatz 1 genannten Zwecken zu entnehmen sein.

(3) Der Arbeitgeber kann den befristeten Arbeitsvertrag unter Einhaltung einer Frist von zwei Wochen kündigen, wenn die Freistellung nach § 4 Abs. 2 Satz 1 vorzeitig endet. Das Kündigungsschutzgesetz ist in diesen Fällen nicht anzuwenden. Satz 1 gilt nicht, soweit seine Anwendung vertraglich ausgeschlossen ist.

(4) Wird im Rahmen arbeitsrechtlicher Gesetze oder Verordnungen auf die Zahl der beschäftigten Arbeitnehmerinnen und Arbeitnehmer abgestellt, sind bei der Ermittlung dieser Zahl Arbeitnehmerinnen und Arbeitnehmer, die nach § 2 kurzzeitig an der Arbeitsleistung verhindert oder nach § 3 freigestellt sind, nicht mitzuzählen, solange für sie auf Grund von Absatz 1 eine Vertreterin oder ein Vertreter eingestellt ist. Dies gilt nicht, wenn die Vertreterin oder der Vertreter nicht mitzuzählen ist. Die Sätze 1 und 2 gelten entsprechend, wenn im Rahmen arbeitsrechtlicher Gesetze oder Verordnungen auf die Zahl der Arbeitsplätze abgestellt wird.

§ 7 Begriffsbestimmungen

(1) Beschäftigte im Sinne dieses Gesetzes sind

1. Arbeitnehmerinnen und Arbeitnehmer,

2. die zu ihrer Berufsbildung Beschäftigten,

3. Personen, die wegen ihrer wirtschaftlichen Unselbständigkeit als arbeitnehmerähnliche Personen anzusehen sind; zu diesen gehören auch die in Heimarbeit Beschäftigten und die ihnen Gleichgestellten.

(2) Arbeitgeber im Sinne dieses Gesetzes sind natürliche und juristische Personen sowie rechtsfähige Personengesellschaften, die Personen nach Absatz 1 beschäftigen. Für die arbeitnehmerähnlichen Personen, insbesondere für die in Heimarbeit Beschäftigten und die ihnen Gleichgestellten, tritt an die Stelle des Arbeitgebers der Auftraggeber oder Zwischenmeister.

(3) Nahe Angehörige im Sinne dieses Gesetzes sind

1. Großeltern, Eltern, Schwiegereltern, Stiefeltern,

2. Ehegatten, Lebenspartner, Partner einer eheähnlichen oder lebenspartnerschaftsähnlichen Gemeinschaft, Geschwister, Ehegatten der Geschwister und Geschwister der Ehegatten, Lebenspartner der Geschwister und Geschwister der Lebenspartner,

3. Kinder, Adoptiv- oder Pflegekinder, die Kinder, Adoptiv- oder Pflegekinder des Ehegatten oder Lebenspartners, Schwiegerkinder und Enkelkinder.

(4) Pflegebedürftig im Sinne dieses Gesetzes sind Personen, die die Voraussetzungen nach den §§ 14 und 15 des Elften Buches Sozialgesetzbuch erfüllen. Pflegebedürftig im Sinne von § 2

sind auch Personen, die die Voraussetzungen nach den §§ 14 und 15 des Elften Buches Sozialgesetzbuch voraussichtlich erfüllen.

§ 8 Unabdingbarkeit

Von den Vorschriften dieses Gesetzes kann nicht zuungunsten der Beschäftigten abgewichen werden.

§ 9 Sonderregelungen aus Anlass der COVID-19-Pandemie

(1) Abweichend von § 2 Absatz 1 haben Beschäftigte das Recht, in dem Zeitraum vom 29. Oktober 2020 bis einschließlich 31. Dezember 2020 bis zu 20 Arbeitstage der Arbeit fernzubleiben, wenn die akute Pflegesituation auf Grund der COVID-19-Pandemie aufgetreten ist. Der Zusammenhang wird vermutet.

(2) § 2 Absatz 3 Satz 2 ist bis zum 31. Dezember 2020 mit der Maßgabe anzuwenden, dass sich der Anspruch auch nach § 150 Absatz 5d Satz 1 und 2 des Elften Buches Sozialgesetzbuch richtet.

(3) Abweichend von § 3 Absatz 3 Satz 1 gilt, dass die Ankündigung in Textform erfolgen muss.

(4) Abweichend von § 3 Absatz 3 Satz 4 muss sich die Familienpflegezeit oder die Freistellung nach § 2 Absatz 5 des Familienpflegezeitgesetzes nicht unmittelbar an die Pflegezeit anschließen, wenn der Arbeitgeber zustimmt, die Gesamtdauer nach § 4 Absatz 1 Satz 4 nicht überschritten wird und die Familienpflegezeit oder die Freistellung nach § 2 Absatz 5 des Familienpflegezeitgesetzes spätestens mit Ablauf des 31. Dezember

2020 endet. Die Ankündigung muss abweichend von § 3 Absatz 3 Satz 5 spätestens zehn Tage vor Beginn der Familienpflegezeit erfolgen.

(5) Abweichend von § 3 Absatz 3 Satz 6 muss sich die Pflegezeit nicht unmittelbar an die Familienpflegezeit oder an die Freistellung nach § 2 Absatz 5 des Familienpflegezeitgesetzes anschließen, wenn der Arbeitgeber zustimmt, die Gesamtdauer nach § 4 Absatz 1 Satz 4 nicht überschritten wird und die Pflegezeit spätestens mit Ablauf des 31. Dezember 2020 endet; die Inanspruchnahme ist dem Arbeitgeber spätestens zehn Tage vor Beginn der Pflegezeit in Textform anzukündigen.

(6) Abweichend von § 3 Absatz 4 Satz 1 gilt, dass die Vereinbarung in Textform zu treffen ist.

(7) Abweichend von § 4 Absatz 1 Satz 2 und 3 können Beschäftigte mit Zustimmung des Arbeitgebers einmalig nach einer beendeten Pflegezeit zur Pflege oder Betreuung desselben pflegebedürftigen Angehörigen Pflegezeit erneut, jedoch insgesamt nur bis zur Höchstdauer nach § 4 Absatz 1 Satz 1 in Anspruch nehmen, wenn die Gesamtdauer nach § 4 Absatz 1 Satz 4 nicht überschritten wird und die Pflegezeit spätestens mit Ablauf des 31. Dezember 2020 endet.

SGB XI

§ 44a Zusätzliche Leistungen bei Pflegezeit und kurzzeitiger Arbeitsverhinderung

(1) Beschäftigte, die nach § 3 des Pflegezeitgesetzes von der Arbeitsleistung vollständig freigestellt wurden oder deren Beschäftigung durch Reduzierung der Arbeitszeit zu einer geringfügigen Beschäftigung im Sinne des § 8 Abs. 1 Nr. 1 des Vierten Buches wird, erhalten auf Antrag Zuschüsse zur Kranken- und Pflegeversicherung. Zuschüsse werden gewährt für eine freiwillige Versicherung in der gesetzlichen Krankenversicherung, eine Pflichtversicherung nach § 5 Abs. 1 Nr. 13 des Fünften Buches oder nach § 2 Abs. 1 Nr. 7 des Zweiten Gesetzes über die Krankenversicherung der Landwirte, eine Versicherung bei einem privaten Krankenversicherungsunternehmen, eine Versicherung bei der Postbeamtenkrankenkasse oder der Krankenversorgung der Bundesbahnbeamten, soweit im Einzelfall keine beitragsfreie Familienversicherung möglich ist, sowie für eine damit in Zusammenhang stehende Pflege-Pflichtversicherung. Die Zuschüsse belaufen sich auf die Höhe der Mindestbeiträge, die von freiwillig in der gesetzlichen Krankenversicherung versicherten Personen zur gesetzlichen Krankenversicherung (§ 240 Abs. 4 Satz 1 des Fünften Buches) und zur sozialen Pflegeversicherung (§ 57 Abs. 4) zu entrichten sind und dürfen die tatsächliche Höhe der Beiträge nicht übersteigen. Für die Berechnung der Mindestbeiträge zur gesetzlichen Krankenversicherung werden bei Mitgliedern der gesetzlichen Krankenversicherung der allgemeine Beitragssatz nach § 241 des Fünften Buches sowie der kassenindividuelle Zusatzbeitragssatz nach § 242 Absatz 1 des Fünften Buches zugrunde gelegt. Bei Mitgliedern der landwirtschaftlichen Krankenversicherung sowie bei Personen, die nicht in der gesetzlichen Krankenversicherung versichert sind, werden der allgemeine Beitragssatz nach § 241 des Fünften Buches sowie der durchschnittliche Zusatzbeitragssatz nach § 242a des Fünften Buches zugrunde gelegt. Beschäftigte haben Änderungen in den Verhältnissen, die sich auf die Zuschussgewährung auswirken können, unverzüglich der Pflegekasse oder dem privaten Versicherungsunternehmen, bei dem der Pflegebedürftige versichert ist, mitzuteilen.

(2) (weggefallen)

(3) Für kurzzeitige Arbeitsverhinderung nach § 2 des Pflegezeitgesetzes hat eine Beschäftigte oder ein Beschäftigter im Sinne des § 7 Absatz 1 des Pflegezeitgesetzes, die oder der für diesen Zeitraum keine Entgeltfortzahlung vom Arbeitgeber und kein Kranken- oder Verletztengeld bei Erkrankung oder Unfall eines Kindes nach § 45 des Fünften Buches oder nach § 45 Absatz 4 des Siebten Buches beanspruchen kann, Anspruch auf einen Ausgleich für entgangenes Arbeitsentgelt (Pflegeunterstützungsgeld) für bis zu insgesamt zehn Arbeitstage. Wenn mehrere Beschäftigte den Anspruch nach § 2 Absatz 1 des Pflegezeitgesetzes für einen pflegebedürftigen nahen Angehörigen geltend machen, ist deren Anspruch auf Pflegeunterstützungsgeld auf insgesamt bis zu zehn Arbeitstage begrenzt. Das Pflegeunterstützungsgeld wird auf Antrag, der unverzüglich zu stellen ist, unter Vorlage der ärztlichen Bescheinigung nach § 2 Absatz 2

Satz 2 des Pflegezeitgesetzes von der Pflegekasse oder dem Versicherungsunternehmen des pflegebedürftigen nahen Angehörigen gewährt. Für die Höhe des Pflegeunterstützungsgeldes gilt § 45 Absatz 2 Satz 3 bis 5 des Fünften Buches entsprechend.

(4) Beschäftigte, die Pflegeunterstützungsgeld nach Absatz 3 beziehen, erhalten für die Dauer des Leistungsbezuges von den in Absatz 3 bezeichneten Organisationen auf Antrag Zuschüsse zur Krankenversicherung. Zuschüsse werden gewährt für eine Versicherung bei einem privaten Krankenversicherungsunternehmen, eine Versicherung bei der Postbeamtenkrankenkasse oder der Krankenversorgung der Bundesbahnbeamten. Die Zuschüsse belaufen sich auf den Betrag, der bei Versicherungspflicht in der gesetzlichen Krankenversicherung als Leistungsträgeranteil nach § 249c des Fünften Buches aufzubringen wäre, und dürfen die tatsächliche Höhe der Beiträge nicht übersteigen. Für die Berechnung nach Satz 3 werden der allgemeine Beitragssatz nach § 241 des Fünften Buches sowie der durchschnittliche ZusatzBeitragssatz nach § 242a Absatz 2 des Fünften Buches zugrunde gelegt. Für Beschäftigte, die Pflegeunterstützungsgeld nach Absatz 3 beziehen und wegen einer Pflichtmitgliedschaft in einer berufsständischen Versorgungseinrichtung von der Versicherungspflicht in der gesetzlichen Rentenversicherung befreit sind, zahlen die in § 170 Absatz 1 Nummer 2 Buchstabe e des Sechsten Buches genannten Stellen auf Antrag Beiträge an die zuständige berufsständische Versorgungseinrichtung in der Höhe, wie sie bei Eintritt von Versicherungspflicht nach § 3 Satz 1 Nummer 3 des Sechsten Buches an die gesetzliche Rentenversicherung zu entrichten wären.

(5) Die Pflegekasse oder das private Pflegeversicherungsunternehmen des pflegebedürftigen nahen Angehörigen stellt dem Leistungsbezieher nach Absatz 3 mit der Leistungsbewilligung eine Bescheinigung über den Zeitraum des Bezugs und die Höhe des gewährten Pflegeunterstützungsgeldes aus. Der Leistungsbezieher hat diese Bescheinigung unverzüglich seinem Arbeitgeber vorzulegen. In den Fällen des § 170 Absatz 1 Nummer 2 Buchstabe e Doppelbuchstabe cc des Sechsten Buches bescheinigt die Pflegekasse oder das private Versicherungsunternehmen die gesamte Höhe der Leistung.

(6) Landwirtschaftlichen Unternehmern im Sinne des § 2 Absatz 1 Nummer 1 und 2 des Zweiten Gesetzes über die Krankenversicherung der Landwirte, die an der Führung des Unternehmens gehindert sind, weil sie für einen pflegebedürftigen nahen Angehörigen in einer akut aufgetretenen Pflegesituation eine bedarfsgerechte Pflege organisieren oder eine pflegerische Versorgung in dieser Zeit sicherstellen müssen, wird anstelle des Pflegeunterstützungsgeldes für bis zu zehn Arbeitstage Betriebshilfe entsprechend § 9 des Zweiten Gesetzes über die Krankenversicherung der Landwirte gewährt. Diese Kosten der Leistungen für die Betriebshilfe werden der landwirtschaftlichen Pflegekasse von der Pflegeversicherung des pflegebedürftigen nahen Angehörigen erstattet; innerhalb der sozialen Pflegeversicherung wird von einer Erstattung abgesehen. Privat pflegeversicherte landwirtschaftliche Unternehmer, die an der Führung des

Unternehmens gehindert sind, weil dies erforderlich ist, um für einen pflegebedürftigen nahen Angehörigen in einer akut aufgetretenen Pflegesituation eine bedarfsgerechte Pflege zu organisieren oder eine pflegerische Versorgung in dieser Zeit sicherzustellen, erhalten von der Pflegekasse des Pflegebedürftigen oder in Höhe des tariflichen Erstattungssatzes von dem privaten Versicherungsunternehmen des Pflegebedürftigen eine Kostenerstattung für bis zu zehn Arbeitstage Betriebshilfe; dabei werden nicht die tatsächlichen Kosten, sondern ein pauschaler Betrag in Höhe von 200 Euro je Tag Betriebshilfe zugrunde gelegt.

(7) Die Pflegekasse und das private Versicherungsunternehmen haben in den Fällen, in denen ein Leistungsbezieher nach Absatz 3 einen pflegebedürftigen nahen Angehörigen pflegt, der Anspruch auf Beihilfeleistungen oder Leistungen der Heilfürsorge hat, und für den Beiträge anteilig getragen werden, im Antragsverfahren auf Pflegeunterstützungsgeld von dem Pflegebedürftigen die zuständige Festsetzungsstelle für die Beihilfe oder den Dienstherrn unter Hinweis auf die beabsichtigte Information dieser Stelle über den beitragspflichtigen Bezug von Pflegeunterstützungsgeld zu erfragen. Der angegebenen Festsetzungsstelle für die Beihilfe oder dem angegebenen Dienstherrn sind bei Feststellung der Beitragspflicht folgende Angaben zum Leistungsbezieher mitzuteilen:

1. *die Versicherungsnummer, soweit bekannt,*
2. *der Familien- und der Vorname,*
3. *das Geburtsdatum,*
4. *die Staatsangehörigkeit,*
5. *die Anschrift,*
6. *der Beginn des Bezugs von Pflegeunterstützungsgeld,*
7. *die Höhe des dem Pflegeunterstützungsgeld zugrunde liegenden ausgefallenen Arbeitsentgelts und*
8. *Name und Anschrift der Krankenkasse oder des privaten Krankenversicherungsunternehmens.*

Mehr zum Pflege- und Familienpflegezeitgesetz beim Bundesministerium für Arbeit und Soziales:

http://www.bmas.de/DE/Themen/Arbeitsrecht/Vereinbarkeit-Familie-Pflege-Beruf/vereinbarkeit-familie-pflege-beruf.html

Hinweis zur COVID-19-Pandemie

Für die Jahre 2020 bis (zunächst) März 2022 werden pandemiebedingte Verlängerungen der Refinanzierung der kurzfristigen Arbeitsverhinderung nach § 44a eingeführt, die hier jedoch nicht abgebildet sind, weil sie (hoffentlich) nur kurzzeitig gelten.

8 Ambulante Leistungen und Dienstleister

Kurzdarstellung

Für die Versorgung im häuslichen Umfeld stehen eine ganze Reihe von verschiedenen Leistungen zur Verfügung, die von verschiedenen Dienstleistern erbracht werden können bzw. dürfen.

Bei den Dienstleistern sind drei wesentliche Gruppen zu unterschieden

- Pflegedienste dürfen alle Leistungen erbringen.
- Betreuungsdienste nach § 71a, die keine körperbezogenen Pflegemaßnahmen erbringen dürfen.
- Zugelassene Dienste/Personen nach Landesrecht, die im Rahmen der Angebote zur Unterstützung im Alltag bestimmte Leistungen erbringen dürfen.

Da nicht alle Dienstleister alle Leistungen erbringen dürfen, ist bei der Beratung insbesondere auf die Unterschiede zwischen Pflegediensten (die natürlich auch Betreuung erbringen) und anderen Betreuungsdiensten hinzuweisen

Wesentliche Punkte

Die ambulanten Leistungen

In der Grafik auf Seite 102 sind alle Leistungen für die Versorgung in der eigenen Häuslichkeit zusammengefasst. Hieraus ist auch erkennbar, welche Leistungen möglich, welche freiwillig und welche verpflichtend sind.

Der Pflegegrad 1 ist vom Namen her nicht von den anderen Pflegegraden zu unterscheiden, von den Leistungsinhalten aber schon! Denn der Gesetzgeber sieht den Pflegegrad 1 nur als ‚Vorstufe' mit noch wenig Pflegebedarf und hat ihn daher mit sehr wenig Leistungen ausgestattet.

Die Dienstleister für die ambulanten Leistungen

In der Grafik auf Seite 103 ist dargestellt, welche Dienstleister welche Leistungen konkret erbringen dürfen. Wichtig ist die Unterscheidung zwischen Pflegediensten und Betreuungsdiensten nach § 71a.

Leistungsansprüche der Pflegebedürftigen		
Sachleistungen § 36	**Pflegegrad 1**	**Pflegegrad 2-5**
Hilfen bei der Mobilität	-	x
Selbstversorgung (Körperpflege)	-	x
Pflegerische Betreuung	-	x
Hilfen bei der Haushaltsführung	-	x
Beratungsbesuche § 37.3		freiwillig
Pflegegeld § 37	-	x
Beratungsbesuche § 37.3	freiwillig	verpflichtend
Kombinationsleistung (§ 38)	-	x
Verhinderungspflege § 39		
mit allen Inhalten der Sachleistung	-	x
Mitnutzung der Kurzzeitpflege bis zu 806 €	-	x
Entlastungsleistung § 45b		
Mobilität, Pflegerische Betreuung, Hilfen bei der Haushaltsführung	x	x
Selbstversorgung (Körperpflege)	x	-
Pflegeberatung nach § 7a/b durch Pflegekassen	x	x
Pflegekurse/Schulungen nach § 45	x	x
Pflegehilfsmittel (§ 40)		
Pflegeverbrauchsmittel (40 €)	x	x
Technische Hilfsmittel	x	x
Digitale Pflegeanwendungen	x	x
Wohnumfeldverbessernde Maßnahmen	x	x
Wohngruppenzuschlag § 38a	x	x
Tagespflege § 41	-	x
Kurzzeitpflege § 42	-	x

Da die Leistungen der Verhinderungspflege nach § 39 Privatleistungen sind, deren konkreter Inhalt nicht genauer geregelt ist (außer: Vertretung der Pflegeperson), könnten in diesem Zusammenhang auch durch Betreuungsdienste oder andere Dienstleister Leistungen der körperbezogenen Pflegemaßnahmen, wie Toilettengänge etc., erfolgen, wenn diese ansonsten von der zu vertretenden Pflegeperson auch durchgeführt worden wären. Im Rahmen der Erbringung/Abrechnung über Sachleistungen gibt es klar abgegrenzte Zuständigkeiten.

Wer darf was im Rahmen der Pflegeversicherung abrechnen?	Pflegedienst	Betreuungsdienst § 71, Abs. 1a	Angebote nach Landesrecht	nicht zugelassene Dienstleister
Gesetzliche Regelungen	Versorgungsvertrag § 72	Versorgungsvertrag § 72	Zulassung nach Landesrecht § 45a	keine
Sachleistungen § 36				
Hilfen bei der Mobilität	x	-	-	-
Selbstversorgung (Körperpflege)	x	-	-	-
Pflegerische Betreuung	x	x	bis 40 %	-
Hilfen bei der Haushaltsführung	x	x	bis 40 %	-
Kostenerstattungsleistungen				
Verhinderungspflege § 39 (mit allen Inhalten der Sachleistung)	x	x	x	x
Entlastungsleistung § 45b (Mobilität, Pflegerische Betreuung, Hilfen bei der Haushaltsführung)	x	x	x	-
Beratungsleistungen				
Beratungsbesuche § 37.3 bei Pflegegeldbeziehern oder bei Sachleistungsbezug	x	-	-	im Einzelfall nach Beauftragung durch PK
Schulungskurse § 45 auch Einzelschulungen zuhause	x	-	-	im Einzelfall nach Beauftragung durch PK

Betreuungsdienste als neue Anbieter

Neben Pflegediensten (§ 71, Abs. 1) dürfen seit 2019 auch neu zugelassene Betreuungsdienste (§ 71, Abs. 1a) Sachleistungen der pflegerischen Betreuungsmaßnahmen und Hilfen bei der Haushaltsführung abrechnen. Sie werden wie Pflegedienste durch Versorgungsvertrag mit den Pflegekassen zugelassen und unterliegen damit auch genauso beispielsweise den jährlichen Qualitätsprüfungen.

Sie dürfen allerdings keinerlei Leistungen der körperbezogenen Pflegemaßnahmen wie Hilfen bei der Mobilität oder Hilfen beim Toilettengang erbringen. Wenn einerseits die Leistungsinhalte in der Pflegerischen Betreuung relativ weit formuliert worden sind (siehe Seite 108) und die Pflegerische Betreuung beispielsweise auch Spaziergänge enthalten soll, stellt sich sofort die Frage der Abgrenzung: Wenn Betreuungsdienste gar keine „Hilfen bei der Mobilität" leisten dürfen, wie können sie dann Pflegebedürftigen beispielsweise die Treppe herunter helfen oder den Rollstuhl schieben? Auch ist nicht nachvollziehbar, wie die Betreuungsdienste zwar jemanden ‚stundenlang' betreuen dürfen, aber für einen in der Zeit nötigen Toilettengang einen richtigen Pflegedienst holen müssen. Erbringt der Betreuungsdienst trotzdem solche Leistungen, kann und dürfte er sie nicht in der Betreuungszeit abrechnen, denn dies wäre eine fehlerhafte Abrechnung und müsste im Rahmen der Qualitätsprüfungen gerügt werden!

Im Beratungsgespräch ist es deshalb wichtig, auf die Unterschiede der verschiedenen Dienste hinzuweisen, auch weil sich Pflegedienste neuerdings auch „Pflege- und Betreuungsdienste" nennen. Die Pflegebedürftigen und ihre Angehörigen sollten also nachfragen und unterscheiden zwischen vollwertigen Pflegediensten, die alles machen (können) und anderen Dienstleistern, die nur eingeschränkt Leistungen übernehmen dürfen.

Quellen

§ 71 Pflegeeinrichtungen

(1) Ambulante Pflegeeinrichtungen (Pflegedienste) im Sinne dieses Buches sind selbständig wirtschaftende Einrichtungen, die unter ständiger Verantwortung einer ausgebildeten Pflegefachkraft Pflegebedürftige in ihrer Wohnung mit Leistungen der häuslichen Pflegehilfe im Sinne des § 36 versorgen.

(1a) Auf ambulante Betreuungseinrichtungen, die für Pflegebedürftige dauerhaft pflegerische Betreuungsmaßnahmen und Hilfen bei der Haushaltsführung erbringen (Betreuungsdienste), sind die Vorschriften dieses Buches, die für Pflegedienste gelten, entsprechend anzuwenden, soweit keine davon abweichende Regelung bestimmt ist.

9 Pflegesachleistungen (§ 36)

Kurzdarstellung

Pflegesachleistungen sind Leistungen der körperbezogenen Pflegemaßnahmen (früher Grundpflege), der pflegerischen Betreuungsmaßnahmen (früher häusliche Betreuung) sowie der Hilfen bei der Haushaltsführung (früher Hauswirtschaft), die von zugelassenen Pflegediensten oder speziell zugelassenen Einzelpersonen erbracht werden. Sie können zu Hause, aber auch an anderen Orten, an denen sich der Pflegebedürftige aufhält, erbracht werden. Die Leistungsbeträge sind je nach Pflegegrad gestaffelt. Pflegesachleistungen können beim gemeinsamen Bezug auch gepoolt werden.

Betreuungsdienste nach § 71a können auch auf das Sachleistungsbudget zurückgreifen, allerdings dürfen sie keine körperbezogenen Pflegemaßnahmen (Hilfen bei der Mobilität, Körperpflege, Toilettengänge) erbringen.

Mit dem Umfang der von der Pflegekasse finanzierte Pflegesachleistungen allein kann die tatsächliche Versorgung des Pflegebedürftigen nicht sichergestellt werden. Mit der Erbringung der Pflegesachleistungen sind automatisch weitere Pflichten des Pflegedienstes zur Qualitätssicherung und Beratung verbunden, die auch im Rahmen der Qualitätsprüfungen überprüft werden.

Leistungsansprüche Sachleistungen					
Sachleistung § 36					
	Pflegegrad 1	Pflegegrad 2	Pflegegrad 3	Pflegegrad 4	Pflegegrad 5
bis 2021	-	689 €	1.298 €	1.612 €	1.995 €
ab 2022	-	**724 €**	**1.363 €**	**1.693 €**	**2.095 €**

Wesentliche Punkte

Leistungen pro Pflegegrad

Die Leistungen werden pro Pflegegrad differenziert. Die Sachleistungen stehen erst ab Pflegegrad 2 zur Vergütung, da Pflegegrad 1 keine Sachleistungsansprüche kennt. Die Leistungsbeträge stehen immer bis zum Höchstbetrag zur Verfügung. Nicht ausgeschöpfte Leistungsbeträge führen zu einem entsprechend umgerechneten Anspruch als Pflegegeld, vorausgesetzt, man hat Kombinationsleistung beantragt (siehe auch Seite 143 f.).

Die Pflegesachleistung ist eine Dienstleistung, die direkt mit der Pflegekasse abgerechnet wird.

Im Gegensatz zur Kostenerstattung (zum Beispiel die Verhinderungspflege § 39 oder die Entlastungsleistungen § 45b) werden als Pflegesachleistungen die Dienstleistungen bezeichnet, die direkt von der Pflegekasse zur Verfügung gestellt werden, die der Pflegebedürftige nicht erst selbst finanziert und später erstattet bekommt. Sachleistungen sind hier also konkrete Dienstleistungen, nicht „Sachen" wie Pflegehilfsmittel. Im Gesetzestext zu § 36 werden sie auch „Häusliche Pflegehilfe" genannt, damit wird auch deutlicher, was gemeint ist (siehe auch Kostenerstattungsleistungen S. 155 f.).

Pflegesachleistungen können nur von zugelassenen Einrichtungen oder durch zugelassene Einzelpersonen nach § 77 erbracht werden

Einrichtungen sind dann zugelassen, wenn sie mit der Pflegekasse einen Versorgungsvertrag nach § 72 SGB XI abgeschlossen haben. Das sind Pflegedienste nach § 71 sowie Betreuungsdienste nach § 71a. Gleiches gilt für Einzelpersonen, die nach § 77 unter bestimmten Voraussetzungen zur Versorgung zugelassen werden können. Die Zulassung von Einzelpersonen ist aber die seltene Ausnahme. Dienstleister ohne Versorgungsvertrag können keine Sachleistungen mit den Pflegekassen abrechnen.

Mit dem Abschluss eines Versorgungsvertrags gelten für die Dienste auch die ergänzenden Regelungen der Qualitätsvereinbarungen nach § 113 sowie die jeweiligen Landesrahmenverträge nach § 75 SGB XI. Dazu kommt die separat zu vereinbarende Vergütungsvereinbarung nach § 89 SGB XI. Durch dieses Vertragsgeflecht ist in jedem Fall die Qualität der Leistungserbringung sichergestellt einschließlich der Qualitätsprüfungen. Ein vergleichbares vertragliches Regelwerk gilt für die Beschäftigung bzw. Zulassung von Einzelpersonen nach § 77 SGB XI.

Lt. § 36, Abs. 4 ist klar geregelt, dass Sachleistungen immer nur von Mitarbeitern mit einem Anstellungsverhältnis erbracht werden dürfen. Kräfte, die im Rahmen der sogenannten Übungsleiterpauschale (nach § 3 Nr. 26 Einkommenssteuergesetz) bei Wohlfahrtseinrichtungen tätig sind, sind nicht angestellt und dürfen daher keine Sachleistungen erbringen. Das sollte auf jeden Fall beachtet werden.

Die Leistung kann auch außerhalb des eigenen Haushaltes erbracht werden

Ausdrücklich ist im Gesetzestext geregelt, dass Pflegesachleistungen auch außerhalb des eigenen Haushalts erbracht und damit abgerechnet werden dürfen, beispielsweise auch dann, wenn sich der Pflegebedürftige bei Verwandten, Nachbarn, im Pflegehotel aufhält oder am Urlaubsort versorgt wird. Sachleistungen können nur dann nicht abgerechnet werden, wenn sich der Pflegebedürftige in einer stationären Einrichtung aufhält, dazu gehören auch die teilstationären Einrichtungen (Tagespflege und Kurzzeitpflege). Gleiches gilt auch in Einrichtungen der Behindertenhilfe oder der Rehabilitation.

Pflegesachleistungen können nur ausnahmsweise im Ausland erbracht werden

Pflegesachleistungen werden im Ausland nicht finanziert. Ausnahmsweise können die Kosten für bis zu 6 Wochen im Jahr übernommen werden, wenn die Pflegekraft, die ansonsten den Pflegebedürftigen versorgt, diese Sachleistungen auch während des Auslandsaufenthaltes (§ 34, Abs.1) erbringt. Gleiches gilt analog auch für die Verhinderungspflege nach § 39.

Pflegesachleistungen ruhen, wenn Leistungen der Krankenversicherung die Grundpflege und/oder Hauswirtschaft sicherstellen

Gemäß § 37.1 SGB V umfasst die Leistung der sogenannten Krankenhausvermeidungs- oder Verkürzungspflege sowohl die notwendige Behandlungspflege als auch Grundpflege und Hauswirtschaft, die neu eingeführte Leistung § 37.1a (Unterstützungspflege) die notwendige Grundpflege und hauswirtschaftliche Versorgung. In einem solchen Fall ruht die Pflegesachleistung, weil sie eine nachrangige Leistung ist. Bei festgestellter Pflegebedürftigkeit ab Grad 2 sind allerdings Leistungen nach § 37.1a nicht möglich.

Der Sachleistungsanspruch gilt pro Monat, nicht pro Tag

Die Sachleistungen sind als Monatsleistung definiert, das heißt, es steht pro Monat immer der volle Betrag zur Verfügung, selbst wenn die Versorgung erst im laufenden Monat beginnt. Das bedeutet praktisch, dass jemand, der sich vom 1. bis zum 16. des Monats im Krankenhaus befand und dann entlassen wird, in den verbleibenden 15 Tagen des Monats den vollen Sachleistungsbetrag zu Hause nutzen kann. Dies gilt auch bei Nutzung der Kurzzeitpflege oder in Kombination mit Leistungen nach § 43a (Versorgung in Behinderteneinrichtungen, siehe Seite 253 f.).

Leistungsinhalte

Die Leistungsinhalte hat der Gesetzgeber an den Einstufungsbegriff angelehnt, indem er auf „pflegerische Maßnahmen in den in § 14 Abs. 2 genannten Bereichen ..." verweist (siehe Quellen). Aber anders als in der alten Systematik (vor 2017) ist damit keine Einengung auf die konkreten Einzelkriterien formuliert. Darüber hinaus sind die pflegerischen Betreuungsmaßnahmen in § 36 eigenständig definiert, ebenso wie die Hilfen bei der Haushaltsführung über § 18, Abs. 5a.

Pflegerische Betreuungsmaßnahmen als gleichberechtigte Sachleistung

Die Leistung der „pflegerische Betreuungsmaßnahme" kann von den Kunden gleichberechtigt neben den anderen Leistungen gewählt werden. So könnte ein Kunde nur Betreuung einkaufen, losgelöst von der Frage, ob tatsächlich die sonstige Körperpflege sichergestellt ist.

Leistungsinhalte der Pflegerischen Betreuung

Die gesetzliche Leistungsdefinition der pflegerischen Betreuung in Absatz 2 ist relativ abstrakt, aber sehr umfassend. Für die Definition im Leistungskatalog wird nur wesentlich sein, dass diese Leistung abzugrenzen ist von konkreten ‚grundpflegerischen' Leistungen wie der Körperpflege.

Pflegerische Betreuungsmaßnahmen umfassen Unterstützungsleistungen zur Bewältigung und Gestaltung des alltäglichen Lebens im häuslichen Umfeld, insbesondere

1. bei der Bewältigung psychosozialer Problemlagen oder von Gefährdungen,
2. bei der Orientierung, bei der Tagesstrukturierung, bei der Kommunikation, bei der Aufrechterhaltung sozialer Kontakte und bei bedürfnisgerechten Beschäftigungen im Alltag sowie
3. durch Maßnahmen zur kognitiven Aktivierung.

In der Gesetzesbegründung nennt der Gesetzgeber hier praktische, aber durchaus widersprüchliche Beispiele:

Unterstützung von Aktivitäten im häuslichen Umfeld, die dem Zweck der Kommunikation und der Aufrechterhaltung sozialer Kontakte dienen:

- Spaziergänge in der näheren Umgebung
- Ermöglichung des Besuchs von Verwandten und Bekannten
- Begleitung zum Friedhof
- Unterstützung bei der Gestaltung des häuslichen Alltags
- Hilfen zur Entwicklung und Aufrechterhaltung einer Tagesstruktur
- Hilfen zur Durchführung bedürfnisgerechter Beschäftigungen
- Hilfen zur Einhaltung eines bedürfnisgerechten Tag-/Nacht-Rhythmus
- Unterstützung bei Hobby und Spiel
- Unterstützungsleistungen bei der Regelung von finanziellen und administrativen Angelegenheiten (Hinweis: Allerdings ist hier keine aktive Beratung gemeint, sondern nur die praktische Ausführung, wobei die Anweisungen vom Pflegebedürftigen kommen).

Der Gesetzgeber geht hier auch von Hilfestellungen aus, bei denen ein aktives Tun nicht im Vordergrund steht, wie Beaufsichtigung und bloße Anwesenheit.

Die pflegerische Betreuung fasst grundsätzlich keine Leistungen der körperbezogenen Pflegemaßnahmen oder hauswirtschaftlichen Tätigkeiten. Während die Abgrenzung zur Hauswirtschaft im Einzelfall fließend sein kann, beispielsweise wenn der Pflegebedürftige gerne (quasi als „Hobby") kocht und man ihn deshalb bei diesem Hobby unterstützt, steht die formal notwendige Abgrenzung zur Grundpflege im Widerspruch zu den in der Gesetzesbegründung aufgezählten Beispielen: Beim Spaziergang gibt es fast immer Leistungen der Mobilität (Aufsuchen/Verlassen der Wohnung, An- und Ausziehen, Treppensteigen, Gehen), selbst reine Betreuungsleistungen sind ohne in der Zwischenzeit notwendige Hilfeleistungen beim Toilettengang oder beim Essen/Trinken kaum vorstellbar. Dieser formale Konflikt kann nur dann gelöst werden, wenn in den Ausführungen der Rahmenverträge nach § 75 auf Landesebene solche Ausnahmen definiert werden.

Pflegerische Betreuung nur im häuslichen Umfeld zu erbringen

Die Pflegerische Betreuung kennt gegenüber anderen Sachleistungen eine konkrete Einschränkung: Sie darf nur „im häuslichen Umfeld" erbracht werden. Das schließt weder Spaziergänge noch begleitete Besuche bei Angehörigen oder von Veranstaltungen aus. Allerdings darf die Leistung nicht außerhalb des häuslichen Umfeldes erbracht werden: So kann die Leistung beispielsweise nicht im Tagestreff des Pflegedienstes abgerechnet werden, während beispielsweise die körperbezogenen Pflegemaßnahmen (z. B. Toilettengang) sehr wohl dort erbracht werden können.

Leistungen und Begriffe „Pflegerische Betreuung" und „Betreuung nach § 45b" sauber auseinanderhalten!

Es gibt in der Pflegeversicherung zwei Betreuungsleistungen, die schnell zu verwechseln sind, deshalb muss man von Beginn an die Begriffe sauber auseinander halten:

- „Pflegerische BETREUUNGSMAßNAHMEN" sind eine Sachleistung, erfordern Pflegeanamnese und Planung; Preisvereinbarung mit den Pflegekassen.
- „Betreuung über den Entlastungsbetrag" nach § 45b: Kostenerstattungsleistung (keine vertragliche Vereinbarung mit den Pflegekassen: weder über die Qualität noch über den Preis), es dürfen keine Hilfen bei der Selbstversorgung (Modul 4, ‚Körperpflege') und Hauswirtschaft erbracht werden. Die Betreuungsleistungen über § 45b können an jedem Ort (nicht nur im häuslichen Umfeld) erbracht werden, also beispielsweise auch im Tagestreff.

Pflegerische Betreuung darf keine „Billigpflege“ sein

Durch den Hilfebegriff der Pflegeversicherung (insbesondere Anleitung, Beaufsichtigung) sind jegliche Unterstützungsleistungen im Rahmen der definierten Grundpflegeverrichtungen als körperbezogene Pflegemaßnahmen zu erbringen. Deshalb muss den Kunden von Beginn an erklärt werden, was alles nicht zur Häuslichen Betreuung gehören kann. Das ist deshalb auch wichtig, weil seit April 2019 eigenständige Betreuungsdienste (nach § 71 Abs. 1a) zugelassen werden dürfen, die allein Leistungen der pflegerischen Betreuung und der Hilfen bei der Haushaltsführung erbringen dürfen (siehe auch Seite 103)

Erweiterung der Hauswirtschaftlichen Leistungen

Die bisher bekannte hauswirtschaftliche Leistung ist (auch in den Vergütungsvereinbarungen) ab 2017 neu definiert als „Hilfen bei der Haushaltsführung“ und in den Vergütungsvereinbarungen zu ergänzen um

- Hilfen bei der Nutzung von Dienstleistungen,
- Umgang mit finanziellen Angelegenheiten sowie
- Umgang mit Behördenangelegenheiten.

Nach der Beschreibung aus der Begutachtungsanleitung wird deutlich, dass es insbesondere beim Punkt „finanzielle Angelegenheiten“ um die Frage der ausreichenden Bargeldversorgung oder des Führens des Girokontos geht, bei der Frage der Behördenangelegenheiten um Fragen rund um den Zeitpunkt und das Stellen von Anträgen oder Beantwortung von Behördenschreiben.

(Verrichtungsbezogene) Krankheitsspezifische Pflegemaßnahmen sind immer Leistungen der Behandlungspflege

Gemeint sind hier Behandlungspflegemaßnahmen, die sowohl zeitlich als auch fachlich unmittelbar mit einer Grundpflege bzw. Körperpflegemaßnahme verbunden sind: Zu nennen ist beispielsweise das Anziehen von Kompressionsstrümpfen mit der Verrichtung/Tätigkeit „Ankleiden“, oder Einmalkatheterisierung in Zusammenhang mit der „Hilfe bei Ausscheidungen“. Über die zeitliche Berücksichtigung bei der Einstufung sowie zur Frage der Genehmigung als Behandlungspflege gab es lange Zeit strittige Fragen, die seit April 2007 (durch die Gesundheitsreform) abschließend geregelt sind. Nun werden die verrichtungsbezogenen krankheitsspezifischen Pflegemaßnahmen zeitlich bei der Einstufung berücksichtigt und sind trotzdem als Behandlungspflegeleistungen von der Krankenkasse zu finanzieren, wenn die entsprechenden Voraussetzungen nach § 37.2 SGB V vorliegen. In den allermeisten Fällen wird es um das An- und Ausziehen von Kompressionsstrümpfen gehen, welches nicht Bestandteil der Grundpflege ist und dann von der Krankenversicherung als Behandlungspflege zu finanzieren ist.

Auch in 2017 sind diese krankheitsspezifischen Pflegemaßnahmen ausdrücklich Bestandteil der Behandlungspflege nach § 37.2 SGB V, soweit sie hier als Leistung vorgesehen sind (siehe § 13, Abs. 2 in der Fassung 2017, Quellen). Das gilt auch, obwohl im Einstufungsbegriff ab 2017 die Bewältigung von und der selbstständige Umgang mit krankheits- und therapiebedingten Anforderungen mit berücksichtigt wird.

Der Pflegekunde ist frei in der Wahl der Leistungen

Der Pflegekunde kann frei entscheiden, welche der möglichen Leistungen er tatsächlich vom Pflegedienst einkauft. Er ist nicht gezwungen, beispielsweise nur Leistungen zur Körperpflege zu nehmen etc. Er könnte auch nur hauswirtschaftliche Leistungen abrufen, weil die Körperpflege seine Angehörigen übernehmen möchten. Oder er könnte nur Betreuungsleistungen abrufen. Der Pflegedienst ist im Rahmen der Anamnese und Pflegeplanung verpflichtet, die notwendigen Tätigkeiten zu benennen und die jeweilige Leistungsaufteilung (was von den notwendigen Tätigkeiten macht der Pflegedienst, was die Pflegepersonen) zu dokumentieren. Das gilt auch für die neuen Betreuungsdienste.

Pauschale oder Zeitabrechnung: der Unterschied in der Definition

Durch das PNG 2012 musste die Leistung der Grundpflege entweder als Pauschale (Leistungskomplex oder Module) oder als Zeitabrechnung angeboten werden. Diese zwangsweise anzubietende Leistungsvariante hat der Gesetzgeber mit dem PSG I bereits 2015 wieder abgeschafft. Weiterhin ist aber das Angebot der Leistungen nach Pauschalen oder nach Zeit möglich und existiert auch in einigen Bundesländern nebeneinander. Bei den Pauschalen (Leistungskomplexe) steht die Leistungsdefinition der konkret vereinbarten Inhalte der Grundpflege fest. Sind die Leistungsinhalte erbracht, muss der Pflegedienst gehen, weil sein Auftrag damit beendet ist. Bei der Zeitabrechnung steht die vereinbarte Zeitdauer im Vordergrund, nicht jedoch die konkreten Tätigkeiten. Ist die Zeit um, muss der Pflegedienst gehen, oder der Auftrag wird entsprechend verlängert. Bei der Grundpflege nach Zeit kann nur der Inhalt der im Gesetzestext festgeschriebenen körperbezogenen Pflegemaßnahmen erbracht werden, keine anderen Leistungen. Der Kunde (und der Pflegedienst) kann im Rahmen der Zeitabrechnung nicht einfach nur die Zeit für ein Gespräch nutzen, denn diese Leistung hat er nicht vereinbart (als pflegerische Betreuungsmaßnahme ist dieses jedoch möglich). Die vorhandenen Zeitleistungskataloge unterscheiden im Regelfall die drei Leistungsarten, was bei der Kombination (Körperpflege am Morgen, Frühstück und Anwesenheit beim Frühstück) zu Abgrenzungsproblemen führt. Diese können nur durch entsprechende Regelungen in den Vergütungsvereinbarungen gelöst werden.

Poolen von Leistungen (gemeinsamer Abruf) ist möglich

Mit der Pflegereform 2008 ist das „Poolen" als neue Variante der Sachleistung eingeführt worden. Unter „Poolen" versteht man die zeitgleiche Leistungserbringung für mehrere Pflegebedürftige gemeinsam. Dazu eignen sich nachvollziehbarerweise nur die Leistungen, die nicht personenbezogene Dienstleistungen sind (wie z. B. die Körperpflege). Dies dürften in der Praxis aus dem Bereich Grundpflege bzw. Selbstversorgung nur die Hilfe bei der Nahrungsaufnahme (hier insbesondere die Hilfeart: Anleitung und Beaufsichtigung) sein; im Bereich der Hauswirtschaft das Essen kochen, das Einkaufen und zumindest teilweise Reinigen der Wohnung und Waschen der Wäsche. Poolen können Pflegebedürftige, die in einer Wohnung (z. B. Ehepaare oder Wohngemeinschaften), in einem Haus (Mehrfamilienhaus) oder evtl. in einer Straße oder in einer Anlage des Betreuen Wohnens wohnen oder die sich zeitweise in einem Tagestreff oder einer ähnlichen ‚Gemeinschaftsbetreuung' aufhalten. Nur durch die räumliche Nähe entstehen überhaupt mögliche Synergieeffekte beim Pflegedienst, die durch das Poolen genutzt werden sollen. Auch aktuell gibt es wenig Vergütungsvereinbarungen, die diese Leistungsvariante berücksichtigen, auch nicht die Möglichkeit, aus den mit dem Poolen verbundenen Ersparnissen Betreuungsleistungen zu vereinbaren, wie es in § 89 Abs. 3 geregelt ist.

Bei Zeitleistungen wie der Pflegerischen Betreuung lässt sich die Leistung einfacher ‚poolen', da nur die einmalige Anwesenheit vor Ort abzurechnen sein wird, auch wenn beispielsweise das Ehepaar gemeinsam betreut wird.

Investitionskosten evtl. zusätzlich berechnen

Das Pflegeversicherungsgesetz finanziert nicht alle mit der Pflegeleistung verbundenen Kosten. Die Kosten in der Ambulanten Pflege für Fahrzeuge, aber auch die Büromiete und Büroausstattung sind sogenannte Investitionskosten, die die Pflegeversicherung nicht refinanziert. Lt. § 82 sind diese Kosten durch die Bundesländer zu tragen. Diese sollen dafür die Ersparnisse in der Sozialhilfe einsetzen, die durch die Pflegeversicherung entlastet worden ist (§ 9). Falls das jeweilige Bundesland die Investitionskosten nicht oder nur teilweise übernimmt (die konkrete Förderung erfolgt oft auch über die Landkreise oder kreisfreien Städte), sind diese Kosten privat in Rechnung zu stellen (dies gilt sowohl ambulant als auch für die stationäre Pflege). Warum es in einigen Bundesländern weiterhin eine Förderung gibt (z. B. in NRW oder Schleswig-Holstein), in anderen aber nicht (z. B. Baden-Württemberg oder Hessen), liegt in der Verantwortung der Landespolitik. Pflegedienste, die nicht gefördert werden, sind gezwungen, diese Kosten weiter zu berechnen, damit sie sich bei Vergütungsverhandlungen nicht vorwerfen lassen müssen, sie hätten diese Kostenblöcke doch aus der Pflegevergütung finanziert.

Pflegefachliche Anleitung des Pflegebedürftigen und der Pflegeperson

Als neuer Bestandteil der Sachleistungen ab 2017 ist die pflegefachliche Anleitung der Pflegebedürftigen und der Pflegepersonen im Gesetz definiert. Hierzu müssen neue Leistungen in die Vergütungsvereinbarungen auf Landesebene aufgenommen werden, denn die hier gemeinte Anleitung der Pflegepersonen ist bisher nicht Bestandteil der Leistungen gewesen. In der Gesetzesbegründung wird ausdrücklich darauf verwiesen, dass vieles von der notwendigen Versorgung von den Pflegepersonen übernommen werden muss und diese dafür entsprechend anzuleiten sind. Daher geht es hier um neu zu definierende Schulungsleistungen mit entsprechenden Zeitbudgets, die nicht in den bisherigen Leistungen enthalten ist. In den meisten Fällen wäre vorrangig auf die Schulungsmöglichkeiten auch vor Ort nach § 45 zu verweisen (Seite 63 f.)

Hintergrund

Alle ambulanten Leistungen und damit auch die Pflegesachleistungen dienen nur der Ergänzung der sonstigen Versorgungssituation ***(siehe § 4, Absatz 2: „Bei häuslicher und teilstationärer Pflege ergänzen die Leistungen der Pflegeversicherung die familiäre, nachbarschaftliche oder sonstige ehrenamtliche Pflege und Betreuung")***. Das ändert sich auch nicht mit der Einführung des neuen Einstufungsbegriffs ab 2017. Damit kann definitionsgemäß die jeweils verfügbare Leistung nicht ausreichen, die Versorgung sicherzustellen, die lt. Einstufung mindestens erforderlich ist. Die Pflegesachleistungen sind als fester (Leistungs-) Zuschuss zu sehen, der die sonstige Versorgung ergänzt und stärkt.

Die Leistungsbeträge wurden 12 Jahre nach der Einführung erstmalig durch die Pflegereform zum 1.7.2008 in drei Schritten (2010, 2012, 2015) angepasst. Ab 2020 sollte lt. Gesetz eine weitere Dynamisierung erfolgen (siehe § 30), die pandemiebedingt erst ab 2022 gilt.

Weil der Gesetzgeber zwar 2012 noch keinen neuen Pflegebedürftigkeitsbegriff einführen wollte, gleichzeitig aber einen Handlungsbedarf sah, um die vor allem demenziell erkrankten Pflegebedürftigen besser zu unterstützen, hat er die Leistung „Häusliche Betreuung" mit dem PNG in das Gesetz aufgenommen, die jedoch nur möglich war, wenn (zuvor) die Grundpflege und Hauswirtschaft sichergestellt war. Die zu diesem Zeitpunkt eingeführte (und 2017 abgeschaffte) strikte, aber praxisfremde Trennung von Grundpflege und Hauswirtschaft hat ihre historischen Wurzeln im Gesetzgebungsverfahren. Denn anfangs war von eigenständigen Betreuungsdiensten die Rede, die sozusagen unterhalb der Pflegedienste (sowohl fachlich/formal als auch inhaltlich) angesiedelt waren. Aus der sicherlich nicht unberechtigten Furcht heraus, hier könnte eine Struktur von Billigpflegediensten entstehen, haben die Verbände der Leistungserbringer, aber auch der Kostenträger diesen Entwurf kritisiert und so zu einer Änderung beigetragen. Geblieben ist die Leistungsdefinition mit ihren doch eher weltfremden Abgrenzungen sowie der Modellversuch zur Erprobung separater Betreuungsdienste nach § 125 SGB XI. Nach Abschluss des Modellversuchs hat der Gesetzgeber doch zum 01.04.2019 eigenständige Betreuungsdienste ins Gesetz aufgenommen (siehe auch Seite 101).

Hinweise zur Beratung

Leistungsbudget im Rahmen von § 36 kann nicht allein die Versorgung sichern

Die Sachleistungen können nicht ausreichen, die notwendige Pflege sicherzustellen. Je nach Bundesland können vielleicht 40 bis 60 Prozent der mindestens notwendigen pflegerischen Versorgung (Körperpflege, Ernährung, Mobilität, Hauswirtschaft, Betreuung) sichergestellt werden. Ohne weitere privat (bzw. bei Bedürftigkeit über die Sozialhilfe SGB XII) zu finanzierende Sachleistungen oder/und die Mitarbeit von Pflegepersonen lässt sich die ambulante Pflege nicht sicherstellen. Nur weil die Sachleistungen zur Versorgung nicht mehr ausreichen, ist dies noch lange kein Grund, einen Höherstufungsantrag zu stellen. Dieser ist nur angezeigt, wenn sich die Versorgungssituation gegenüber der Einstufungsbegutachtung wesentlich geändert hat.

Da der neue Einstufungsbegriff aber nicht die Häufigkeit eines Hilfsbedarfs berücksichtigt, kann selbst eine erhöhte Häufigkeit der Hilfe bei bestimmten Kriterien keinerlei Veränderungen im Pflegegrad bewirken: Ein einfaches Beispiel: der Hilfebedarf bei 4.10: „Benutzen einer Toilette oder eines Toilettenstuhls": ob der Unterstützungsbedarf nur bei einem Toilettengang oder bei 10 Toilettengängen am Tag notwendig ist, spielt für die Frage der Bewertung/Grad der Selbständigkeit keine Rolle: damit verändern sich auch nicht die Punktzahlen und damit der Pflegegrad, wenn mehr Toilettengänge notwendig werden.

Unterschiedliche Leistungskataloge der Pauschalleistungen (Leistungskomplexe/Module) in jedem Bundesland

Die Leistungskataloge und Vergütungssysteme für die Pauschalen unterscheiden sich von Bundesland zu Bundesland, die Preise je nach Bundesland auch nach Pflegediensten. In fast allen Bundesländern werden die körperbezogenen Pflegemaßnahmen auf der Basis von Leistungskomplexen oder Modulen als Pauschalleistung definiert, in einigen Bundesländern gibt es zusätzlich auch Leistungen der bisherigen Grundpflege nach Zeit. Das sollte man wissen, um Nachfragen beispielsweise von Angehörigen aus anderen Bundesländern besser verstehen zu können. Hier muss man immer darauf hinweisen, welcher besondere Leistungskatalog und welche Preise für den eigenen Dienst gelten, unabhängig davon, was anderswo gilt.

Zeitabrechnung richtig erklären

Wählen Kunden die Zeitabrechnung (soweit es im Bundesland eine solche vereinbarte Leistung gibt; das ist zurzeit in Bremen, Hamburg, Niedersachsen und Bayern sowie bei einzelnen Pflegediensten in Brandenburg und Berlin der Fall), so muss man sie genauer erläutern, insbesondere im Unterschied zu Pauschalen. Die nachfolgenden Erläuterungen gelten im Kern für jede Art von Zeitabrechnung, also auch bei Betreuungsleistungen oder der Hauswirtschaft.

- Es wird bei der Zeitabrechnung eine Zeit vereinbart: Ist die Zeit abgelaufen, hat der Pflegedienstmitarbeiter zu gehen, es sei denn, der Kunden ‚verlängert' den Auftrag.
- Es wird eine Leistungsgruppe wie „Körperbezogene Pflegemaßnahmen" vereinbart, der Inhalt kann auch weiter konkretisiert werden (z. B. morgens aus dem Bett helfen, ins Bad begleiten, waschen, anziehen). Aber formal kann der Kunde nicht auf die Durchführung dieser Leistungen bestehen, da er eine bestimmte Zeit eingekauft hat, nicht diese Leistungen. Wenn die Zeit um ist, muss geklärt werden, ob der Pflegedienst länger bleiben und mehr abrechnen darf oder ob er gehen soll.
- Das „Ergebnis der Zeit" (also was in der Zeit zu schaffen ist) steht nicht fest, anders bei Leistungskomplexen: beispielsweise nach der Kleinen Morgentoilette ist der Pflegebedürftige angezogen.
- Es können in der gekauften Zeit nur Leistung(en) der vereinbarten Art (z. B. Grundpflege) erbracht werden, nicht jedoch etwas anderes: nur reden ‚geht' nicht!

Problematische vertragliche Regelungen bei der Zeitabrechnung

Problematisch für die Praxis können einige Regelungen sein, die mit der Zeitabrechnung vereinbart wurden:

- Dokumentation als Bestandteil der Pflegezeit: Dann muss zur vom Kunden gewünschten Zeitdauer noch eine oder zwei Minuten zusätzlich vereinbart werden, die für die tägliche Dokumentation notwendig sind (es geht hier vom Umfang her um die Durchführungsdokumentation, nicht die Überarbeitung/Evaluation).
- Mindestdauer lt. Vergütungsvereinbarungen (wie in Niedersachsen 2013 vereinbart): Es ist nach dem Vertragstext schwieriger, kürzere Zeiten abzurechnen, auch wenn diese sinnvoll sind (z. B. abends nur beim Transfer helfen). Formal hat der Gesetzgeber jedoch festgelegt, dass nur die tatsächliche Anwesenheitszeit abgerechnet werden darf. Wenn der Mitarbeiter nach 12 Minuten geht, dürfen auch nur 12 Minuten abgerechnet werden (siehe Erläuterung zu § 89 im Gesetzentwurf, Drucksache 17/9369). So wird auch in Niedersachsen damit umgegangen. In der Praxis kann man tatsächlich kürzere Einsätze mit geringerer Zeit abrechnen.

Wie erklärt man Leistungskomplexe (keine Zeitleistung) und wie ‚verkauft' man Leistungen?

Die Zusammensetzung des eigenen Leistungskatalogs (der je nach Bundesland im Detail anders aussieht) zu erklären, ist eine wesentliche Aufgabe in der Selbstdarstellung und Beratung. Denn die Leistungskomplexe oder Module sind oftmals weder selbsterklärend noch inhaltlich ausreichend beschrieben (Stichwort: „Teilwäsche").

Die Leistungskataloge lassen sich meist in drei Schritten gut erklären:

- Der Leistungsinhalt ist im Gesetz auf die Bereiche nach § 14 festgelegt: die Kriterien, bei denen die Beeinträchtigungen der Selbstständigkeit oder die Beeinträchtigungen der Fähigkeiten beurteilt werden. Dazu kommt als Leistungsinhalt die Haushaltsführung, die in § 18 Abs. 5a Nr. 2 definiert und in der Einstufungsbegutachtung ebenfalls erfasst ist.
- Die einzelnen Leistungen sind in Pakete zusammengefasst, die Leistungskomplexe oder Module heißen. Sie sind Pauschalen für einen bestimmten Leistungsinhalt. Um einen Leistungskomplex abzurechnen, müssen nicht unbedingt alle Bestandteile der Leistung erbracht werden, sondern im Regelfall der Kern der Leistung. Beispiel: Kleine Morgentoilette mit den Unterpunkten – dazu gehört das Ankleiden, die Teilwäsche, die Mund- und Zahnpflege. Der Pflegekunde möchte heute nicht, dass die Zähne geputzt werden. Trotzdem kann die Leistung „Kleine Morgentoilette" abgerechnet werden.

- Eine definierte Zeit (Mindestzeit oder Maximalzeit) ist vertraglich nicht festgelegt (Ausnahmen gibt es aber bei hauswirtschaftlichen Leistungen in einigen Verträgen sowie oftmals bei der Pflegerischen Betreuung) und würde auch dem Prinzip der Pauschalleistung widersprechen (siehe auch Grafik Durchschnittswert Seite 29). Jede erlösorientierte Betrachtung oder Steuerung pro Einsatz verbietet sich, weil sie gegen den Versorgungsvertrag und die Qualitätsvereinbarung verstößt. Der Kunde hat andererseits auch kein Recht auf eine bestimmte Leistungszeit, sondern allein auf die zu erbringende Leistung. Das ist die sozialere Lösung, weil der Pflegekunde unabhängig vom Krankheitsbild immer die gleiche inhaltliche Leistung erhält, unabhängig von der Dauer. Würde man alternativ nach Zeit abrechnen, würde mit dem Fortschreiten der Pflegebedürftigkeit auch die Versorgung deutlich teurer. Durch das Festpreissystem (nichts anderes sind Leistungskomplexe) wird dies vermieden.

Wann darf der Pflegedienst eine Leistung (Pauschale) abrechnen oder: Was ist Hilfe?

Ein Pflegebedürftiger steht immer dann auf, wenn die Pflegekraft im Zimmer stehen bleibt und ihn ermutigt, aufzustehen. Manchmal hilft sie auch, meist schafft es der Pflegebedürftige aber alleine. Darf der Pflegedienst die Leistung abrechnen, obwohl er nicht konkret hilft? Ja, denn der Hilfebegriff der Pflegeversicherung umfasst ausdrücklich die „Anleitung" und „Beaufsichtigung". Das ändert sich auch 2017 mit der neuen Definition der Einstufung nicht! Um festzustellen, ob in diesem Beispiel tatsächlich die Hilfe benötigt wird, könnte die Pflegekraft nach dem Begrüßen gleich wieder das Zimmer verlassen. Steht der Pflegebedürftige ohne weitere Ermunterung oder Unterstützung alleine auf, benötigt er keine Hilfe. Dann ist zukünftig nur abzusprechen, dass er selbst etwas früher aufsteht oder der Pflegedienst später kommt, wenn er aufgestanden ist. Steht er aber nur deshalb auf, weil die Pflegekraft im Zimmer bleibt, ihn ermuntert etc., ist die Leistung abzurechnen. Der Pflegedienstmitarbeiter muss gar nicht alles selbst machen, im Gegenteil: Anleitung und Beaufsichtigung sind im Sinne der aktivierenden Pflege sehr wichtige und oftmals unterschätzte Hilfearten. Problematisch ist es allerdings manchmal, den Pflegekunden und insbesondere den Angehörigen klarzumachen, dass sie trotzdem etwas bezahlen müssen.

„Sie haben sich selbst gewaschen, wobei die Pflegekraft nur assistiert hat, und sollen für das ‚Selberwaschen' auch noch bezahlen?" Stellt man die umgekehrte Frage: Hätte sich der Pflegekunde ohne die Anwesenheit und Assistenz der Pflegekraft selbst gewaschen, wird deutlich, dass tatsächlich eine sehr konkrete Leistung erbracht worden ist.

Die Definition der verschiedenen Leistungen erfolgt auf Landesebene durch Vereinbarungen zwischen den Landesverbänden der Pflegekassen und Leistungsanbietern. Deshalb gibt es auch in jedem Bundesland andere Leistungsdefinitionen (siehe auch Heiber: „Leistungskataloge und Vergütungen SGB XI"; Literaturliste). Der einzelne Dienst wendet den Katalog an, ohne dass er ihn selbst mit ausgehandelt hat. Er ist aber verpflichtet, ihn anzuwenden, selbst wenn die Pflegedienstmitarbeiter den Katalog oder die Zusammenstellung einzelner Leistungen nicht gut findet.

Kostenvoranschlag aufgrund des Bedarfs erstellen!

Ein erstes Angebot bzw. der erste Kostenvoranschlag sollte immer aus der fachlichen Notwendigkeit heraus erstellt werden, nicht aufgrund finanzieller Vorgaben oder Einschränkungen. Wollen Kunden weniger (Leistungen) bezahlen als aus pflegefachlicher Sicht notwendig, sollen sie selbst Leistungsstreichungen vornehmen. Folgende Schritte sind zu empfehlen:

1. Die Pflegefachkraft klärt mit dem Pflegebedürftigen und seinen Pflegepersonen zunächst, welche Hilfen im Tagesablauf notwendig sind, unabhängig von konkreten Leistungskomplexen oder der Frage, wer die Hilfe bisher und zukünftig leistet. Dazu lässt sie sich den Tagesablauf erzählen und ergänzt durch konkretes Nachfragen. Dieser Schritt entspricht im Übrigen dem ersten Schritt in der Strukturierten Informationssammlung der vereinfachten Pflegedokumentation.
2. Sie klärt, welche der Aufgaben des Tagesablaufs von den Pflegepersonen übernommen werden. Sie erstellt aufgrund der dem Pflegedienst zugeordneten Leistungen ein Angebot/einen Kostenvoranschlag, unabhängig davon, wie hoch die Kosten sein werden.
3. Sind dem Kunden die Kosten zu hoch, müssen der Pflegebedürftige und seine Pflegepersonen entscheiden, welche Leistungen sie aus dem Angebot herausstreichen, und sie dann selbst übernehmen.

Durch ein solches Vorgehen wird vermieden, dass die Pflegefachkraft allein aufgrund finanzieller Vorgaben ein Angebot erstellt, das nicht den notwendigen Arbeitsumfang erfasst. Später würden dann die Pflegeperson und der Pflegebedürftige sagen, sie wären davon ausgegangen, dass so alles Notwendige bezahlt sei und die Pflegekräfte zu „heimlichen" Leistungen drängen (siehe auch „Vertragsgespräche erfolgreich führen" von A. Heiber, Literaturliste).

Leistungsgrenzen zur Pflegerischen Betreuung klar benennen

In den Flyern und im Vertragsgespräch muss deutlich gemacht werden, was die Leistung Pflegerische Betreuung alles nicht enthält oder umfasst. Dabei ist es wichtig, auf den Hilfebegriff der Pflegeversicherung einzugehen und zu erläutern, dass die Pflegerische Betreuung immer da aufhören muss, wo eine körperbezogene Pflegeleistung erbracht wird, und selbst wenn es sich beispielswiese um die reine Beaufsichtigung beim Ins-Bett-Gehen handelt.

Schulung/Anleitung als Sachleistung?

Wenn im Leistungskatalog des Bundeslandes entsprechende Leistungen definiert sind, kann eine Anleitung der Angehörigen vor Ort auch als Sachleistung abgerechnet werden. Allerdings gibt es die Alternativleistung nach § 45 (Seite 63), die direkt von der Pflegekasse finanziert wird und damit nicht das persönliche Sachleistungsbudget (oder das entsprechende Pflegegeld) kürzt. Daher sollte in erster Linie eine Schulung nach § 45 angeboten werden, soweit der Pflegedienst hierfür die Berechtigung hat (Rahmenverträge mit Pflegekassen etc.). Allerdings ist davon auszugehen, dass für die Schulung nach § 36 und § 45 identische formale Vorgaben in den Rahmenverträgen definiert werden.

Im Unterschied zur Schulung nach § 45 ist die Schulung als Sachleistung nicht separat zu beantragen, sondern kann (einfach) abgerechnet werden.

Hinweise zur internen Umsetzung

Leistungsinhalte: Umsetzung in Verträgen

Ab 2017 ist zwar der Einstufungsbegriff in § 14 und damit die Leistungsdefinitionen im Kern verändert, insbesondere sind die pflegerischen Betreuungsmaßnahmen nun Bestandteil der Sachleistungen. Auch wenn die Einstufungssystematik verändert und die Kriterien vielfältiger geworden sind (64 statt bisher 21), bleiben die Leistungsinhalte und die Definitionen davon weitgehend unberührt. Das heißt praktisch, Leistungskataloge müssen nur dann ergänzt oder überarbeitet werden, wenn beispielsweise bisher die Betreuungsleistungen gefehlt haben. Die Umbenennung der Grundpflege in körperbezogene Pflegemaßnahmen hat zwar zur Folge, dass insbesondere die Rahmenvertragsinhalte redaktionell und teilweise auch inhaltlich anzupassen sind, auf die konkreten Leistungen oder Leistungskomplexe muss dies jedoch keine Auswirkungen haben.

Pflegerische Betreuungsleistungen stärken

Die pflegerischen Betreuungsleistungen als Sachleistungen müssen sich inhaltlich nicht von den Betreuungsleistungen (nicht gemeint sind Entlastungsleistungen) im Rahmen der Kostenerstattung nach § 45b unterscheiden. Nur steht dem Kunden nun eine weitere Finanzierungsquelle zur Verfügung. Oftmals wollen Kunden eher ‚reden als baden', das ist nun einfacher möglich. Allerdings darf der Pflegedienst nicht ohne Weiteres nur Betreuung erbringen; denn ist die Versorgungssituation und damit die Gesundheit des Pflegebedürftigen gefährdet, weil er beispielsweise gar nicht mehr gewaschen wird, dann muss der

Pflegedienst aktiv beraten und auf die möglichen gesundheitlichen Folgen hinweisen und dies auch insbesondere schriftlich dokumentieren. Im Extremfall ist der Pflegedienst sogar verpflichtet, die Pflegekasse einzuschalten („Bei jeder wesentlichen Änderung des Zustandes des Pflegebedürftigen hat der Pflegedienst dies der zuständigen Pflegekasse unverzüglich mitzuteilen": § 120 Abs. 1, Satz 2). Das dürfte auch dann der Fall sein, wenn die Häusliche Pflege so nicht mehr sichergestellt ist.

Leistungsabgrenzung der Betreuung sauber darstellen

Die Betreuung als Sachleistung kann weder Leistungen der Körperpflege noch der Hauswirtschaft ersetzen oder kompensieren. Also sind in der Praxis auch die Leistungsgrenzen zu beachten, insbesondere dann, wenn jeder der Leistungsbereiche eigene unterschiedlich hohe Vergütungen hat: Da die Körperpflege im Stundensatz höher ist als die Betreuung, könnten Kunden (und Pflegepersonen) versucht sein, im Rahmen der Betreuung auch Grundpflegeleistungen zu verlangen: „Abends braucht Vater doch nur Betreuung, wenn er ins Bett geht. Wenn Sie ihn kurz beim Toilettengang, beim Umkleiden und beim Transfer ‚betreuen', dann reicht das doch!" Da auch jede Form von Anleitung oder Beaufsichtigung nach altem und neuem Recht ‚Pflege' ist, ist die im Beispiel beschriebene Leistung Körperpflege und keine pflegerische Betreuungsmaßnahme.

Würde in der Vergütungsvereinbarung für die Körperpflegeleistungen nach Zeit auch die Erbringung von Betreuungsleistungen eingeschlossen, wäre das kein Problem. Gibt es aber zwei oder drei verschiedene Preise (je nach Leistungsart Körperpflege (Grundpflege), Betreuung (Pflegerische Betreuungsmaßnahmen) oder Hilfen bei der Haushaltsführung), dann müssen nicht nur die Leistungen abgegrenzt sein, sondern theoretisch sogar verschiedene Mitarbeiter eingesetzt werden. Denn die Preise spiegeln ein unterschiedliches Anforderungs- und damit Personalprofil wider. Das Preismodell würde zur Funktionspflege führen. Idealer wäre es, wenn Leistungen der Betreuung oder auch Hauswirtschaftlichen Versorgung zwei Preise hätten: einen Preis in gleicher Höhe der Grundpflege (körperbezogenen Pflegemaßnahmen) sowie einen Preis für Betreuung. Der Kunde entscheidet dann, ob er zwei verschiedene Mitarbeiter für die beiden Leistungsbereiche haben möchte (preislich günstiger) oder nur einen (preislich teurer).

Alternativen zur Pflegerischen Betreuung

Die Pflegeversicherung kennt für die Betreuung noch zwei weitere Leistungen, die nicht an die engen Leistungsgrenzen der Pflegerischen Betreuung gebunden sind, weil sie auf der Basis der Kostenerstattung erbracht werden und inhaltlich offener formuliert sind:

- BETREUUNG NACH § 45b (siehe auch Seite 155 Kostenerstattungsleistungen)
- VERHINDERUNGSPFLEGE NACH § 39: Auch hier ist die reine Betreuung neben körperbezogenen Pflegemaßnahmen und Hilfen bei der Haushaltsführung möglich, allerdings nur, wenn auch die anderen Voraussetzungen der Verhinderungspflege vorliegen (insbesondere zeitweise Verhinderung der Pflegeperson).

Erweiterung der hauswirtschaftlichen Leistungen: Grenzen prüfen

Zu den neuen Leistungen gehören lt. Beschreibung in der Begutachtungsrichtlinie (siehe auch Auszug in Quelle) folgende Inhalte:

- Nutzung von Dienstleistungen: Hier geht es insbesondere um die Koordination von Terminen, wie Friseur, Fußpflege, Wartungsdienste, wie Fensterreinigung etc.
- Umgang mit finanziellen Angelegenheiten: Führen eines Girokontos, Überweisungen, Bargeldbestände im Haushalt etc.
- Regelung von Behördenangelegenheiten: Entscheidung, wann Anträge zu stellen sind, Beantwortung von Schriftwechsel etc.

Die erweiterte Definition geht inhaltlich über den Bereich hinaus, was bisher durch hauswirtschaftliche oder andere Pflegekräfte erbracht wurde (z.B. bei Geldverwaltung, Anträge stellen, Behördenschreiben verstehen etc.). Da es hier auch haftungsrechtliche Fragestellungen geben wird, muss über die Leistungsdefinition eine klare Abgrenzung erreicht werden, und andererseits eine dafür notwendige Berufsgruppe (wie Sozialarbeiter etc.) finanzierbar sein. Denn eine ‚normale' Hauswirtschaftsmitarbeiterin dürfte überfordert sein mit dem ‚Übersetzen' eines Behördenschreibens. Fraglich und entsprechend genau zu beschreiben ist auch, wie weit hier die Leistung der Pflegeversicherung gehen soll und wo die Grenze (auch haftungsrechtlich) liegen wird. Ohne klare Definitionen (im Rahmenvertrag nach § 75 sowie in der Vergütungsvereinbarung) sollten und können Pflegedienste diese Erweiterung nicht erbringen. Insbesondere wenn es um Geldangelegenheiten geht, müssen auch klare interne Standards dafür sorgen, dass kein Missbrauch möglich ist.

Regelmäßige Schulung aller Mitarbeiter

Die verschiedenen Leistungskataloge in den Bundesländern sind sehr unterschiedlich und in der Definition der Leistungen nicht immer eindeutig oder praxistauglich. Trotzdem ist der Pflegedienst vertraglich verpflichtet, sich daran zu halten. Das setzt voraus, dass alle Mitarbeiter ein identisches Verständnis der Leistungen haben. So kann man nur empfehlen, regelmäßig im Detail die Leistungen und deren Abgrenzung zueinander in Schulungen zu behandeln und schriftlich zu fixieren.

In vielen Katalogen werden folgende Teilleistungen benannt, ohne sie konkreter inhaltlich zu definieren:

- Teilwäsche: Gemeint sein kann hier nur das Waschen eines Teilbereichs des Körpers, nicht jedoch das Waschen von mehreren Teilbereichen

  (Singular!). Der aktuelle niedersächsische Katalog beschreibt die Leistung folgendermaßen: „Waschen und die anschließende Hautpflege von Teilbereichen des Körpers, z. B. Gesicht, Oberkörper oder Genitalbereich/Gesäß." Das Waschen von Gesicht, Rücken und Genitalbereich, wie es als morgendliche Leistung sehr oft vorkommt, ist damit keine Teilwaschung mehr, sondern ist der nächstgrößeren Leistung zuzuordnen.
- Toilettengang/Inkontinenzversorgung: Diese Leistung ist immer dann abzurechnen, wenn der Pflegekunde rund um den Toilettengang eine Hilfestellung benötigt (unabhängig vom Transfer zur Toilette und zurück), sei es beim An- oder Auskleiden oder bei jeder Form der Inkontinenzversorgung. Dabei spielt es keine Rolle, wie groß oder wie genutzt die Vorlage oder Windelhose ist.

Selbsterklärende Leistungs- und Preisliste erstellen und nutzen

Da die Leistungskomplexe der Pflegeversicherung weder von der Kurzbezeichnung („Kleine Morgentoilette") noch von der inhaltlichen Aufzählung („1. An- und Auskleiden, 2. Teilwäsche, 3. Mund- und Zahnpflege") selbsterklärend sind, sollte man die Leistungs- und Preislisten um konkrete Beispiele oder Erläuterungen ergänzen. Wer diese Möglichkeiten nicht nutzt, wird ständig Nachfragen und Missverständnisse klären müssen.

Dazu ein Beispiel zur Kleinen Morgentoilette

Tabelle 9.1:

LK 3	Kleine Morgentoilette	An- und Auskleiden Waschen eines Teil-bereichs des Körpers Mund- und Zahnpflege	Herrn Meyer wird im Badezimmer das Gesicht und der Oberkörper gewaschen, die Zähne putzt er unter Anleitung selbst, danach wird ihm beim Anziehen geholfen	17,50 €

- In der ersten Spalte ist die Nummer der Leistung genannt, die auch später auf der Rechnung auftaucht.
- In der zweiten Spalte steht die Kurzbezeichnung.

- In der dritten Spalte sind die Leistungsbestandteile aufgeführt, allerdings nicht als Aufzählung, sonst kommt schnell der Hinweis, Punkt 2 wäre noch nicht erfüllt. Das Wort „Teilwaschen" ist entsprechend umschrieben.
- In der vierten Spalte wird mit einem konkreten Beispiel verdeutlicht, wie die Leistung aussehen kann.
- In der fünften Spalte ist der Preis in Euro genannt. Die für die Vergütungsverhandlungen wichtigen Punktmengen bzw. der Punktwert sind für die Kunden nicht wichtig, sondern verwirren ihn eher. Hier ist allein der Endpreis genannt, auch einschließlich evtl. notwendiger Zusatzkosten wie Altenpflegeumlage.
- Weiter berechnete Investitionskosten sollten separat erklärt und dargestellt werden, weil sie allein privat zu finanzieren sind.

Systemunterschied zur Zeitabrechnung darstellen

In die Preisliste gehören auch die Leistungen nach Zeit sowie eine beispielhafte Beschreibung, was die Zeitabrechnung bedeutet: dass hier die Zeit im Vordergrund steht, nicht das Ergebnis!

- Zeitabrechnung: Die Zeit wird erbracht, nicht eine konkrete Leistung.
- Leistungskomplex: Die Leistung wird erbracht, nicht eine konkrete Zeit.

Es ist auch zu erklären, wie bei Zeitüberschreitungen vorzugehen ist: Der Auftrag muss verlängert werden, die Mitarbeiter werden deshalb fragen, ob sie länger bleiben sollen und das (zumindest) im Pflegebericht dokumentieren (und evtl. gegenzeichnen lassen). Bei kritischen Kunden kann es auch hilfreich sein, ein Formular wie die „Kostenübernahmeerklärung" zu nutzen.

Pflege und Betreuung in einem Einsatz

Werden Leistungen der körperbezogenen Pflegemaßnahmen (als Leistungskomplex) und Betreuung (nach Zeit) in einem Einsatz erbracht, stellt sich immer die Frage der sauberen Abgrenzung (und zwar unabhängig davon, ob die Betreuung als Sachleistung oder als Kostenerstattungsleistung nach § 45b abgerechnet wird). Denn nur weil die Pauschalleistung Körperpflege bei diesem Kunden länger dauert als im Durchschnitt, darf die Leistung nicht einfach mit Betreuung ‚verlängert' werden. Andererseits gibt es durchaus Situationen, in denen die Leistungen klar getrennt nacheinander erbracht werden: Erst erhält der Kunde eine Große Pflege (Duschen) und dann wird eine halbe Stunde lang die Morgenzeitung vorgelesen, während er frühstückt. Oder der Kunde möchte/braucht am Morgen erst ein ruhiges Gespräch, bis er ganz wach ist und dann aufsteht zur Morgentoilette. Wichtig ist eine saubere

Abgrenzung und Dokumentation/Planung der Leistung: Werden Pauschalleistungen (z. B. hier Große Morgentoilette) sowie Zeitleistungen (hier Betreuung) durch einen Mitarbeiter im gleichen Einsatz erbracht, sollte man planerisch und in der Dokumentation zwei Einsätze daraus machen: Der erste Einsatz endet nach der Pauschalleistung und dauert je nach Tagesform und Situation unterschiedlich lang. Danach schließt sich im zweiten Einsatz direkt die beispielsweise halbstündige Betreuung an. Für die Betreuung nach Zeit wird die Beginnzeit und Endezeit der Betreuungsleistung dokumentiert. Rein technisch gesprochen wären dies zwei Einsätze, die zeitlich nahtlos hintereinander sind und daher nur eine Wegepauschale/Fahrtkosten zugeordnet bekommen. Genauso haben es beispielsweise die Vertragsparteien in NRW im Leistungskatalog festgelegt.

Keine Leistungen wegen mangelnder Finanzierung ablehnen

Eine Leistungsübernahme darf nicht abgelehnt werden, weil diese Leistung beim Kunden zu lange dauert und die Vergütung dafür (anscheinend) nicht ausreicht, zumal die Begründung meist auch inhaltlich falsch ist. Die erlösorientierte Betrachtung der einzelnen Leistung bei einem Kunden führt in der Regel zu falschen betriebswirtschaftlichen Schlussfolgerungen, denn die Preise sind Durchschnittspreise und beziehen sich auf den Jahresdurchschnitt dieser Leistung bei allen Pflegekunden und nicht auf den Zeitaufwand bei einem einzelnen Kunden (siehe Grafik Durchschnittswert Seite 29). Und sollte im Jahresdurchschnitt eine Leistung nicht leistungsgerecht vergütet sein, muss der Pflegedienst Vergütungsverhandlungen führen (nach § 89 bzw. § 72).

Auch darf nicht abgelehnt werden, dass der Kunde aus finanziellen Gründen das Abrechnungssystem (von Pauschalen auf Zeit oder umgekehrt, soweit im Bundesland alternativ vorhanden) wechselt. Das wäre ebenfalls ein Verstoß gegen den Versorgungsvertrag, der zum Verlust der Zulassung führen kann.

Auf die Ausnutzung der Sachleistung achten

Regelmäßig sollte geprüft werden, ob die Sachleistung auch ausgeschöpft wird. Wird also bei Pflegegrad 2 wirklich 724,– € abgerechnet oder doch nur 710,– €? Solche Endbeträge führen evtl. zu einer sehr geringen Pflegegeldüberweisung, sind aber vermutlich vom Pflegedienst nicht gewollt. Daher sollten systematisch und regelmäßig alle die Kunden bzw. Pflegeverträge überprüft werden, bei denen die Sachleistungen zu 90 % oder höher (je nach Pflegegrad) abgerechnet werden. Allerdings ist dabei zu berücksichtigen, dass die 100 %ige Ausschöpfung der Sachleistung Auswirkungen auf den Rentenbeitrag haben kann (siehe Seite 77).

Andererseits sind Pflegeverträge, bei denen der Kunde nur 50 % der Sachleistungen nutzt, nicht weiter zu hinterfragen: Denn hier hat der Kunde zum Zeitpunkt des Vertrages offensichtlich bewusst nur bestimmte Leistungen ausgewählt (z. B. Baden), während die anderen notwendigen Leistungen weiterhin von seinen Pflegepersonen erbracht werden. Auf die Dauer wird sich auch das erfahrungsgemäß ändern, aber dies kann abgewartet werden.

Quellen

§ 13 Verhältnis der Leistungen der Pflegeversicherung zu anderen Sozialleistungen

(2) Die Leistungen nach dem Fünften Buch einschließlich der Leistungen der häuslichen Krankenpflege nach § 37 des Fünften Buches bleiben unberührt. Dies gilt auch für krankheitsspezifische Pflegemaßnahmen, soweit diese im Rahmen der häuslichen Krankenpflege nach § 37 des Fünften Buches zu leisten sind.

§ 14 Begriff der Pflegebedürftigkeit

(2) Maßgeblich für das Vorliegen von gesundheitlich bedingten Beeinträchtigungen der Selbständigkeit oder der Fähigkeiten sind die in den folgenden sechs Bereichen genannten pflegefachlich begründeten Kriterien:
1. Mobilität: Positionswechsel im Bett, Halten einer stabilen Sitzposition, Umsetzen, Fortbewegen innerhalb des Wohnbereichs, Treppensteigen;
2. kognitive und kommunikative Fähigkeiten: Erkennen von Personen aus dem näheren Umfeld, örtliche Orientierung, zeitliche Orientierung, Erinnern an wesentliche Ereignisse oder Beobachtungen, Steuern von mehrschrittigen Alltagshandlungen, Treffen von Entscheidungen im Alltagsleben, Verstehen von Sachverhalten und Informationen, Erkennen von Risiken und Gefahren, Mitteilen von elementaren Bedürfnissen, Verstehen von Aufforderungen, Beteiligen an einem Gespräch;
3. Verhaltensweisen und psychische Problemlagen: motorisch geprägte Verhaltensauffälligkeiten, nächtliche Unruhe, selbstschädigendes und autoaggressives Verhalten, Beschädigen von Gegenständen, physisch aggressives Verhalten gegenüber anderen Personen, verbale Aggression, andere pflegerelevante vokale Auffälligkeiten, Abwehr pflegerischer und anderer unterstützender Maßnahmen, Wahnvorstellungen, Ängste, Antriebslosigkeit bei depressiver Stimmungslage, sozial inadäquate Verhaltensweisen, sonstige pflegerelevante inadäquate Handlungen;
4. Selbstversorgung: Waschen des vorderen Oberkörpers, Körperpflege im Bereich des Kopfes, Waschen des Intimbereichs, Duschen und Baden einschließlich Waschen der Haare, An- und Auskleiden des Oberkörpers, An- und Auskleiden des Unterkörpers, mundgerechtes Zubereiten der Nahrung und Eingießen von Getränken, Essen, Trinken, Benutzen einer Toilette oder eines Toilettenstuhls, Bewältigen der Folgen einer Harninkontinenz und Umgang mit Dauerkatheter und Urostoma, Bewältigen der Folgen einer Stuhlinkontinenz und Umgang mit Stoma, Ernäh-

rung parenteral oder über Sonde, Bestehen gravierender Probleme bei der Nahrungsaufnahme bei Kindern bis zu 18 Monaten, die einen außergewöhnlich pflegeintensiven Hilfebedarf auslösen;
5. Bewältigung von und selbständiger Umgang mit krankheits- oder therapiebedingten Anforderungen und Belastungen:
a) in Bezug auf Medikation, Injektionen, Versorgung intravenöser Zugänge, Absaugen und Sauerstoffgabe, Einreibungen sowie Kälte- und Wärmeanwendungen, Messung und Deutung von Körperzuständen, körpernahe Hilfsmittel, b) in Bezug auf Verbandswechsel und Wundversorgung, Versorgung mit Stoma, regelmäßige Einmalkatheterisierung und Nutzung von Abführmethoden, Therapiemaßnahmen in häuslicher Umgebung,
c) in Bezug auf zeit- und technikintensive Maßnahmen in häuslicher Umgebung, Arztbesuche, Besuche anderer medizinischer oder therapeutischer Einrichtungen, zeitlich ausgedehnte Besuche medizinischer oder therapeutischer Einrichtungen, Besuch von Einrichtungen zur Frühförderung bei Kindern sowie
d) in Bezug auf das Einhalten einer Diät oder anderer krankheits- oder therapiebedingter Verhaltensvorschriften;
6. Gestaltung des Alltagslebens und sozialer Kontakte: Gestaltung des Tagesablaufs und Anpassung an Veränderungen, Ruhen und Schlafen, Sichbeschäftigen, Vornehmen von in die Zukunft gerichteten Planungen, Interaktion mit Personen im direkten Kontakt, Kontaktpflege zu Personen außerhalb des direkten Umfelds.

§ 18 Verfahren zur Feststellung der Pflegebedürftigkeit

(5a) Bei der Begutachtung sind darüber hinaus die Beeinträchtigungen der Selbständigkeit oder der Fähigkeiten in den Bereichen außerhäusliche Aktivitäten und Haushaltsführung festzustellen. Mit diesen Informationen sollen eine umfassende Beratung und das Erstellen eines individuellen Versorgungsplans nach § 7a, das Versorgungsmanagement nach § 11 Absatz 4 des Fünften Buches und eine individuelle Pflegeplanung sowie eine sachgerechte Erbringung von Hilfen bei der Haushaltsführung ermöglicht werden. Hierbei ist im Einzelnen auf die nachfolgenden Kriterien abzustellen:
1. außerhäusliche Aktivitäten: Verlassen des Bereichs der Wohnung oder der Einrichtung, Fortbewegen außerhalb der Wohnung oder der Einrichtung, Nutzung öffentlicher Verkehrsmittel im Nahverkehr, Mitfahren in einem Kraftfahrzeug, Teilnahme an kulturellen, religiösen oder sportlichen Veranstaltungen, Besuch von Schule, Kindergarten, Arbeitsplatz, einer Werkstatt für behinderte Menschen oder Besuch einer Einrichtung der Tages- oder Nachtpflege oder eines Tagesbetreuungsangebotes, Teilnahme an sonstigen Aktivitäten mit anderen Menschen;
2. Haushaltsführung: Einkaufen für den täglichen Bedarf, Zubereitung einfacher Mahlzeiten, einfache Aufräum- und Reinigungsarbeiten, aufwändige Aufräum- und Reinigungsarbeiten

einschließlich Wäschepflege, Nutzung von Dienstleistungen, Umgang mit finanziellen Angelegenheiten, Umgang mit Behördenangelegenheiten.

Der Spitzenverband Bund der Pflegekassen wird ermächtigt, in den Richtlinien nach § 17 Absatz 1 die in Satz 3 genannten Kriterien pflegefachlich unter Berücksichtigung der Ziele nach Satz 2 zu konkretisieren.

Konkretisierung in den Begutachtungs-Richtlinien (Auszug)

Kriterium F 6.2.5 Nutzung von Dienstleistungen

- Pflegerische oder haushaltsnahe Dienstleistungen organisieren und steuern, darunter fallen z. B. Pflegedienst, Haushaltshilfen, Essen auf Rädern, Wäscherei, Handwerker, Friseur oder Fußpflege.

Kriterium F 6.2.6 Umgang mit finanziellen Angelegenheiten

- Alltägliche finanzielle Angelegenheiten erledigen: Darunter fallen z. B. Führen eines Girokontos, Überweisungen vornehmen oder entscheiden, ob genügend Bargeld im Hause ist, eine Rechnung bezahlt werden muss, und ggf. die dazu notwendigen Schritte einzuleiten oder durchzuführen.

Kriterium F 6.2.7 Umgang mit Behördenangelegenheiten

- Umgang mit staatlichen und kommunalen Behörden sowie Sozialversicherungsträgern: Darunter fallen z. B. die Entscheidung, ob ein Antrag gestellt oder ein Behördenbrief beantwortet werden muss, und ggf. die dazu notwendigen Schritte einzuleiten oder durchzuführen.

§ 36 Pflegesachleistung

(1) Pflegebedürftige der Pflegegrade 2 bis 5 haben bei häuslicher Pflege Anspruch auf körperbezogene Pflegemaßnahmen und pflegerische Betreuungsmaßnahmen sowie auf Hilfen bei der Haushaltsführung als Sachleistung (häusliche Pflegehilfe). Der Anspruch umfasst pflegerische Maßnahmen in den in § 14 Absatz 2 genannten Bereichen Mobilität, kognitive und kommunikative Fähigkeiten, Verhaltensweisen und psychische Problemlagen, Selbstversorgung, Bewältigung von und selbständiger Umgang mit krankheits- oder therapiebedingten Anforderungen und Belastungen sowie Gestaltung des Alltagslebens und sozialer Kontakte.

(2) Häusliche Pflegehilfe wird erbracht, um Beeinträchtigungen der Selbständigkeit oder der Fähigkeiten des Pflegebedürftigen so weit wie möglich durch pflegerische Maßnahmen zu beseitigen oder zu mindern und eine Verschlimmerung der Pflegebedürftigkeit zu verhindern. Be-

standteil der häuslichen Pflegehilfe ist auch die pflegefachliche Anleitung von Pflegebedürftigen und Pflegepersonen. Pflegerische Betreuungsmaßnahmen umfassen Unterstützungsleistungen zur Bewältigung und Gestaltung des alltäglichen Lebens im häuslichen Umfeld, insbesondere
1. bei der Bewältigung psychosozialer Problemlagen oder von Gefährdungen,
2. bei der Orientierung, bei der Tagesstrukturierung, bei der Kommunikation, bei der Aufrechterhaltung sozialer Kontakte und bei bedürfnisgerechten Beschäftigungen im Alltag sowie
3. durch Maßnahmen zur kognitiven Aktivierung.

(3) Der Anspruch auf häusliche Pflegehilfe umfasst je Kalendermonat
1. für Pflegebedürftige des Pflegegrades 2 Leistungen bis zu einem Gesamtwert von 724 Euro,
2. für Pflegebedürftige des Pflegegrades 3 Leistungen bis zu einem Gesamtwert von 1363 Euro,
3. für Pflegebedürftige des Pflegegrades 4 Leistungen bis zu einem Gesamtwert von 1 693 Euro,
4. 4. für Pflegebedürftige des Pflegegrades 5 Leistungen bis zu einem Gesamtwert von 2 095 Euro.

(4) Häusliche Pflegehilfe ist auch zulässig, wenn Pflegebedürftige nicht in ihrem eigenen Haushalt gepflegt werden; sie ist nicht zulässig, wenn Pflegebedürftige in einer stationären Pflegeeinrichtung oder in einer Einrichtung im Sinne des § 71 Absatz 4 gepflegt werden. Häusliche Pflegehilfe wird durch geeignete Pflegekräfte erbracht, die entweder von der Pflegekasse oder bei ambulanten Pflegeeinrichtungen, mit denen die Pflegekasse einen Versorgungsvertrag abgeschlossen hat, angestellt sind. Auch durch Einzelpersonen, mit denen die Pflegekasse einen Vertrag nach § 77Absatz 1 abgeschlossen hat, kann häusliche Pflegehilfe als Sachleistung erbracht werden. Mehrere Pflegebedürftige können häusliche Pflegehilfe gemeinsam in Anspruch nehmen.

§ 34 Ruhen der Leistungsansprüche

(1) Der Anspruch auf Leistungen ruht:
1. solange sich der Versicherte im Ausland aufhält. Bei vorübergehendem Auslandsaufenthalt von bis zu sechs Wochen im Kalenderjahr ist das Pflegegeld nach § 37 oder anteiliges Pflegegeld nach § 38 weiter zu gewähren. Für die Pflegesachleistung gilt dies nur, soweit die Pflegekraft, die ansonsten die Pflegesachleistung erbringt, den Pflegebedürftigen während des Auslandsaufenthaltes begleitet, ...

Formular „Kostenübernahmeerklärung“:

zu finden unter www.SysPra.de

10 Pflegegeld (§ 37)

Kurzdarstellung

Pflegebedürftige können statt Pflegesachleistungen auch Pflegegeld als Leistung beziehen. Mit dem Pflegegeld entsteht die Verpflichtung, die notwendigen körperbezogenen Pflegemaßnahmen, pflegerische Betreuungsmaßnahmen und Hilfe bei der Haushaltsführung selber sicherzustellen. Obligatorische, regelmäßige Beratungseinsätze durch Pflegedienste oder andere zugelassene Stellen sollen der Beratung und Qualitätssicherung dienen. Ab 2016 ist die Weiterzahlung von Pflegegeld wieder an die Zeiträume der Verhinderungspflege und Kurzzeitpflege angepasst. Ab 2017 ist mit dem Pflegegeld auch die notwendige pflegerische Betreuung sicherzustellen.

Das Pflegegeld ist in der Höhe 2022 nicht dynamisiert worden (anders als die Pflegesachleistung). Allerdings hat die neue Regierungskoalition eine Dynamisierung in 2022 in ihren Vertrag aufgenommen.

Die Grundlagen und Abläufe für die Beratungsbesuche sind in einer Empfehlung verbindlich geregelt.

Leistungsansprüche Geldleistungen **Pflegegeld § 37**					
	Pflegegrad 1	Pflegegrad 2	Pflegegrad 3	Pflegegrad 4	Pflegegrad 5
	-	**316 €**	**545 €**	**728 €**	**901 €**

Wesentliche Punkte

Sicherstellung der Versorgung im Rahmen des Pflegegrades

Mit dem Bezug von Pflegegeld verpflichtet sich der Pflegebedürftige, die für seinen Pflegegrad und seine Situation notwendige Versorgung mit körperbezogenen Pflegemaßnahmen, pflegerischen Betreuungsmaßnahmen sowie Hilfen bei der Haushaltsführung selber sicherzustellen. Nicht die Pflegepersonen sind verpflichtet, sondern der Pflegebedürftige selbst. Durch den damit verbundenen Sicherstellungsauftrag können auch ergänzende Leistungen durch die Sozialhilfe nicht in Anspruch genommen werden, weil diese Versorgung innerhalb des Pflegegrades durch das Pflegegeld sicherzustellen ist. Da der Pflegebedürftige seine Versorgung auch mit von ihm angestellten Pflegekräften oder anders organisieren kann, ist es keine Voraussetzung für den Bezug von Pflegegeld, dass Pflegepersonen vorhanden sein müssen. Es müsste dann nur glaubhaft gemacht werden, dass die Pflege anderweitig sicher gestellt ist. Im Rahmen der Einstufung muss dies auch der Gutachter beurteilen und feststellen (siehe Punkt 5.3 des Formulargutachtens zur Einstufung).

Das Pflegegeld ist für die Pflegepersonen gedacht

Der Pflegebedürftige bekommt das Pflegegeld überwiesen und kann darüber frei verfügen mit der oben genannten Einschränkung (Verpflichtung). Findet er also Pflegepersonen, die ihn versorgen, ohne dass er das Pflegegeld weitergibt, entspricht dies auch der gesetzlichen Regelung. Allerdings kann keiner gezwungen werden, jemanden ohne irgendeine Entschädigung zu versorgen. Das Pflegegeld ist dafür gedacht, die Angehörigen und anderen Pflegepersonen zu entschädigen bzw. ihnen ein ‚Dankeschön' zukommen zu lassen.

Oftmals wird das Pflegegeld auf Wunsch des Pflegebedürftigen direkt auf das Konto einer Pflegeperson (meist eines Angehörigen) überwiesen. Dies ist möglich, weil der Pflegebedürftige beim Antrag auf Pflegegeld selbst eine geeignete Kontoverbindung angeben kann. Ob dies in jedem Fall sinnvoll ist, sollte überlegt werden. Wenn der Pflegebedürftige sich nicht mehr von der Angehörigen pflegen lassen will, müsste er zusätzlich auch die Überweisung des Pflegegeldes ändern.

Der direkte Vergleich Pflegegeld und Sachleistung hinkt

Oftmals stellen Pflegepersonen die Frage, warum sie für die gleiche Arbeit erheblich weniger ‚Geld' bekommen als der Pflegedienst. Der grundsätzliche Unterschied liegt darin, dass das Pflegegeld nur eine Anerkennung darstellt, aber keinen Lohn. Der Pflegedienst muss mit der Vergütung u. a.

- Mitarbeiter bezahlen, einschließlich aller Sozialabgaben,
- dafür sorgen, dass bei Ausfall eine Vertretungskraft da ist,
- die Qualität sichern (u. a. Pflegeplanung, systematisch arbeiten, Pflegevisiten, regelmäßige Schulungen),
- notwendige Versicherungen wie Berufshaftpflicht und Unfall/Berufsgenossenschaft abschließen.

Pflegepersonen sind vor allem moralisch verpflichtet, bestimmte Leistungen zu erbringen, Pflegedienste sind vertraglich verpflichtet.

Zum Pflegegeld muss man fairerweise auch noch die anderen sozialen Leistungen für die Pflegeperson dazurechnen: Das sind der Schutz der gesetzlichen Unfallversicherung und je nach Zeitaufwand auch Beiträge zur Rentenversicherung (siehe auch Pflegezeitgesetz, Hintergrund, Seite 89).

Das Pflegegeld wird tageweise berechnet und gezahlt

Anders als die Pflegesachleistung wird das Pflegegeld tageweise berechnet und ausgezahlt. Es wird monatlich im Voraus gezahlt. Während eines Krankenhausaufenthaltes oder während einer medizinischen Rehabilitationsmaßnahme wird das Pflegegeld für die ersten vier Wochen weitergezahlt. Im Sterbemonat wird das Pflegegeld für den gesamten Monat bezahlt.

Weiterzahlung von 50 % während der Verhinderungspflege oder Kurzzeitpflege

Seit 2013 wird das Pflegegeld während der tageweisen Verhinderungspflege oder während eines Kurzzeitpflegeaufenthaltes weitergezahlt. Dabei wird wie bisher der jeweils erste und letzte Tag voll bezahlt, danach zu 50 %.

Ab 2016 wird für die Verhinderungspflege längstens für 6 Wochen, für die Kurzzeitpflege längstens für 8 Wochen weitergezahlt.

Das Pflegegeld kann auch im EU-Ausland und der Schweiz bezogen werden

In § 34 ist geregelt, dass das Pflegegeld bis zu 6 Wochen im Jahr auch im Ausland bezogen werden kann. Im europäischen Ausland einschließlich der Schweiz kann das Pflegegeld als Geldleistung dauerhaft bezogen werden. Detaillierte Regelungen sind in Anlage 5 zum Rundschreiben der Spitzenverbände zu finden (Quellen, Seite 267).

Pflegegeld wird nicht als Einkommen berücksichtigt

Mit dem Pflegegeld soll die Motivation der Pflegepersonen zur ehrenamtlichen Pflege gestärkt werden. Auch aus diesem Grund wird das Pflegegeld als Einkommen bei anderen Sozialleistungen nicht berücksichtigt werden. Dies ist in § 13 SGB XI ausdrücklich geregelt. Das Pflegegeld ist auch kein zu versteuerndes Einkommen (§ 3 Abs. 36 Einkommenssteuergesetz).

Verpflichtung zu Beratungsbesuchen

Der Bezug von Pflegegeld verpflichtet den Pflegebedürftigen, bei Pflegegrad 2 und 3 zweimal jährlich, bei Pflegegrad 4 und 5 viermal jährlich Beratungsbesuche abzurufen. Bei Pflegegrad 1 besteht keine Verpflichtung zum Abruf, hier kann ein Beratungseinsatz freiwillig zweimal jährlich genutzt werden (siehe § 28a Pflegegrad 1, Seite 149).

Die Beratungsbesuche dienen der Beratung, aber auch zur Qualitätssicherung. Wer diese Beratungsbesuche nicht regelmäßig nachweist, dem kann das Pflegegeld (um 50 %) gekürzt oder im Wiederholungsfall verweigert werden.

Freiwillige Beratungsbesuche auch bei Sachleistungskunden möglich

Ab 2017 besteht für die Pflegebedürftigen und Pflegedienste die Möglichkeit, auch bei Sachleistungs- bzw. Kombinationsleistungskunden 2 Beratungsbesuche nach § 37.3 pro Jahr (unabhängig vom Pflegegrad) durchzuführen und abzurechnen. Hintergrund ist zunächst einmal die Ausweitung der Einstufung auch auf nichtsomatische Bereiche und damit einen unter Umständen erhöhten Bedarf an Beratung. Darüber hinaus sollen insbesondere die Pflegepersonen verstärkt beraten und so gestärkt werden.

Beratungsbesuche müssen in der Häuslichkeit des Pflegebedürftigen stattfinden!

Die Beratungsbesuche dienen der Sicherstellung der häuslichen Versorgung, daher können sie auch nur dort durchgeführt werden, wo jemand dauerhaft versorgt wird. Das kann unter Umständen auch der Haushalt der Pflegeperson sein, wo sich der Pflegebedürftige immer aufhält. Beratungsbesuche im Büro des Pflegedienstes oder in der Tagespflege sind nicht zulässig!

Ausnahmsweise konnten in der besonderen Zeit der Pandemie Beratungsgespräche auch digital/telefonisch durchgeführt werden. Aber diese Sonderregelungen sind alle nur zeitlich befristete Ausnahmen (gewesen).

Nachweis der Beratungsbesuche über ein ausführliches Formular

Zum Nachweis des Beratungsbesuches wird von den Spitzenverbänden der Pflegekassen ein Formular vorgegeben, das als Nachweis dient. Es wird im Rahmen des Beratungsbesuches ausgefüllt. In der Fassung, die seit 2019 gültig ist, hat das Formular 3 Seiten, die auch insbesondere den Datenschutz und die Weitergabe von Daten regeln.

Durch seine Unterschrift erklärt sich der Pflegekunde mit der Weitergabe der Daten und Inhalte an die Pflegekasse einverstanden. Ohne diese Erklärung darf der Pflegedienst das Formular nur mit der Feststellung weitergeben, dass ein Besuch durchgeführt wurde, aber die weitergehenden Feststellungen dürfen nicht an die zuständige Pflegekasse übersandt werden. Auf dem Formular ist ausdrücklich vermerkt, dass eine Weitergabe ohne weitere Feststellungen des Pflegedienstes für den Versicherten keine Nachteile mit sich bringt.

Der Pflegebedürftige kann über diesen Weg den Besuch nachweisen, ohne dass weitergehende Informationen an die Pflegekassen gelangen.

Informationspflicht des Pflegedienstes

Seit 2017 hat der Gesetzgeber jedoch für Pflegedienste einen formalen Meldeweg im Gesetz verankert: Wenn der Pflegebedürftige die Einwilligung zur Weitergabe des gesamten

Formulars (mit konkreten Hinweisen zur Versorgungssituation) verweigert, jedoch nach Einschätzung der Beratungsperson (z. B. des Pflegedienstes) eine weitergehende Beratung nach § 7a notwendig ist, so darf und muss das die Beratungsstelle (z. B. Pflegedienst) an die Pflegekasse melden, die dann entsprechend handeln muss. Zwar kann der Pflegebedürftige das Angebot auf eine Pflegeberatung nach § 7a ablehnen, dann jedoch kann die Pflegekasse im Rahmen einer Folgebegutachtung mit der Klärung der Versorgungssituation beauftragen. Wird der Besuch des MD-/Einstufungsgutachters verweigert, kann die Pflegekasse die Leistungen dauerhaft kürzen.

Im Notfall immer handeln

In der Empfehlung zur Qualitätssicherung der Beratungsbesuche sind auch konkrete Hinweise enthalten, wie mit Fällen nicht sichergestellter Pflege umzugehen ist. Unabhängig vom Recht des Pflegebedürftigen, der Übersendung von Informationen an die Pflegekasse zu widersprechen, kann die Beratungskraft bei aus ihrer Sicht akuten Gefahrensituationen immer einen Notdienst hinzuziehen (wie Feuerwehr, Krankenwagen, Polizei). Wie diese dann die Situation einschätzen und handeln, bleibt ihnen selbst überlassen, die aber dann auch die Verantwortung für die Situation übernehmen.

Beratungskompetenz auch in Hinblick auf die Verordnung von Hilfsmitteln nutzen!

Im Beratungsgespräch soll auch auf die Notwendigkeit einer sachgerechten Hilfsmittelausstattung eingegangen werden, auf dem Beratungsformular ist dafür ein eigenes Feld vorgesehen. Da Pflegefachkräfte gemäß § 40 (siehe Seiten 194, 207) in der Lage sind, die Angemessenheit einer Hilfsmittelversorgung zu beurteilen, sollte man diese Möglichkeit und Aufgabe auch wahrnehmen (siehe § 40 Seite 193).

Wer kann die Beratungseinsätze durchführen?

Bisher waren allein zugelassene Pflegedienste berechtigt, Beratungsbesuche nach § 37.3 SGB XI zu erbringen und abzurechnen. In Ausnahmefällen, wenn keine zugelassene Pflegeeinrichtung vor Ort ist (beispielsweise im Ausland), konnte die Pflegekasse auch andere Pflegekräfte, die jedoch nicht bei ihr angestellt sein durften, beauftragen.

Durch die Pflegereform 2008 sind weitere Gruppen prinzipiell berechtigt, diese Beratungsbesuche durchzuführen:

- zugelassene Pflegedienste,
- beauftragte, jedoch nicht angestellte Pflegefachkräfte (dürften vor allem in der Auslandsbegutachtung beauftragt werden, aber auch, wenn der Pflegebedürftige ein

seltenes Krankheitsbild hat bzw. bei der Beratung von besonderen Gruppen wie pflegebedürftigen Kindern),
- anerkannte Beratungsstellen (mit pflegefachlicher Kompetenz und nachgewiesener Qualitätssicherung),
- Pflegeberater nach § 7a,
- Pflegeberater von kommunalen Gebietskörperschaften.

Die Zulassung der Beratungsstellen oder der anderen Berater obliegt den Landesverbänden der Pflegekassen, die hierfür auch entsprechende Regelungen erstellen.

Die neu zugelassenen Beratungsdienste nach § 71, Abs. 1a dürfen keine Beratungsbesuche nach § 37.3 anbieten oder durchführen.

Folgen nicht sichergestellter Pflege für den Pflegegeldbezug

- Die Pflegekasse kann Unterstützung über einen Pflegeberater anbieten.
- Der Gutachter hat insbesondere (immer) festzustellen, ob häusliche Pflege allein mit Pflegegeld sichergestellt ist.
- Die Pflegekasse kann auf Pflegesachleistungen umstellen, d. h. der Kunde bekommt kein Pflegegeld mehr, sondern nur noch Pflegesachleistungen finanziert.
- Die Pflegekasse kann aufgrund der gutachterlichen Empfehlungen feststellen, dass Häusliche Pflege nicht sichergestellt ist, und nur noch stationäre Pflege bezahlen. Das heißt nicht, dass der Pflegekunde in ein Pflegeheim gehen muss. Er bekommt nur keine ambulanten Leistungen mehr durch die Pflegeversicherung finanziert. Sicherlich wird in solchen Situationen auch der örtliche Sozialdienst (oder vergleichbare Institutionen) eingeschaltet, weil evtl. eine Gefahr für die körperliche Unversehrtheit des Pflegebedürftigen nicht auszuschließen ist.

Hintergrund

Die Versorgung der Pflegebedürftigen zu Hause ist ohne die familiäre und ehrenamtliche Mitarbeit der vielen Pflegepersonen nicht denkbar. Mit der Einführung der Pflegeversicherung sollten vor allem diese Pflegepersonen gestärkt und zumindest teilweise finanziell für ihre Arbeit belohnt werden. Dabei stellt das Pflegegeld keine Entlohnung dar, sondern ist allein als „Dankeschön" zu verstehen. Vor Einführung der Pflegeversicherung gab es für diesen Personenkreis nur teilweise eine deutlich geringere Entschädigung (über den § 55 SGB V alter Fassung ab der vergleichbaren Pflegestufe 2: 205 € (400,– DM), siehe auch Kap. Pflegeversicherung, Seite 13).

Mit dem PNG ab 2013 wurden die Beträge für Versicherte mit erheblich eingeschränkter Alltagskompetenz erhöht, um deren erhöhtem Versorgungsbedarf (übergangsweise) gerecht zu werden.

Ab 2017 gibt es aufgrund des umfassenden Einstufungsbegriffs diese Differenzierung in den Leistungsbeträgen nicht mehr.

Hinweise zur Beratung

Pflegedienste können die bessere Beratung bieten

Pflegedienste haben im Verhältnis zu den anderen möglichen Dienstleistern, die Beratungsbesuche übernehmen können, einen wesentlichen Vorteil: Sie können darstellen, dass sie die tägliche Praxis haben. Anders als besondere Beratungsstellen oder Pflegeberater der Pflegekassen übernehmen die Pflegefachkräfte nicht nur ausschließlich Beratungsaufgaben, sondern sind oft auch selbst in der Pflege aktiv. Diese Praxisnähe spricht ebenso für den Pflegedienst wie die Tatsache, dass weitergehende Leistungen dann vom gleichen Anbieter durchgeführt werden können, den man schon kennengelernt hat.

Inhaltliche Schwerpunkte setzen

Wenn sich die Gesamtsituation im Pflegehaushalt nicht verändert hat, bietet es sich an, bei den regelmäßigen Besuchen neben der Situationsaufnahme und der Klärung anstehender Fragen besondere inhaltliche Schwerpunkte zu setzen und diese jedes Halbjahr zu ändern. Dies könnten pflegebegleitende Themen sein, besondere Hinweise auf mögliche Leistungen wie Verhinderungspflege oder Schulungen, aber auch Hinweise auf kulturelle oder sonstige Angebote in der Stadt.

Pflegebedürftige und Pflegeperson sollten das Gefühl haben, dass sich der Besuch gelohnt hat.

Beraten statt verkaufen

Bei dieser Gelegenheit kann aufgezeigt werden, was der Pflegedienst zu bieten hat. Wer dies mit dem Ansatz tut, unbedingt etwas verkaufen zu wollen, wird sich dauerhaft unbeliebt machen. Viel sinnvoller ist ein Beratungsansatz, der offen berät und auch Alternativen aufzeigt. Ein Beispiel: Der Pflegedienst bietet auch Essen auf Rädern an. Dann sollte man nicht nur das eigene Essen loben, sondern auch auf die Systemzwänge (es kommt zu einer bestimmten Zeit, die Auswahl ist eingeschränkt) und auch auf andere Anbieter hinweisen. Es kann sein, dass das eigene Essen dem Pflegekunden nicht schmeckt, aber das Essen der Konkurrenz.

Dann ist es immer noch besser, dass er von dort aus beliefert wird. Die Alternative wäre ein unzufriedener Kunde, dessen Stimmung sich auch auf die Pflege übertragen könnte. Eventuell würde er sogar mit dem Gedanken spielen, in ein Pflegeheim umzuziehen. Je offener und neutraler jemand berät, desto seriöser wirkt seine Beratung und damit der Dienst. Und umso mehr wird er tatsächlich ‚verkaufen'! Eine Verkäuferin in einem Bekleidungsgeschäft, die jedes Kleidungsstück, das man anprobiert, toll findet, gewinnt weniger Vertrauen als eine Kollegin, die offen und ehrlich sagt, wenn etwas weder passt noch gut aussieht.

Immer Informationsmaterial mitnehmen

Menschen sind begrenzt aufnahmefähig. Oftmals gehen Informationen verloren, die die Pflegefachkräfte während eines Beratungsgespräches mündlich geben. Daher ist es hilfreich, zu verschiedenen Themen schriftliche Materialien herauszugeben. Das können Flyer oder Broschüren öffentlicher Stellen, aber auch eigene Infoblätter (die der Pflegedienst oder auch der Verband erstellt) sein. Eine Kundenzeitschrift (eigene oder zugekaufte, Newsletter etc.) könnte die Kundenbindung ebenfalls unterstützen.

Hinweise zur internen Umsetzung

Neue Finanzierung

Ab 2019 gibt es keine gesetzlich gedeckelte Vergütung mehr für die Beratungseinsätze. Sie werden nun wie alle anderen Sachleistungen im Rahmen der Vergütungsverhandlungen nach § 89 vereinbart und sind (2021) überall zum Teil sogar deutlich höher als bisher. Die mit den Pflegediensten vereinbarten Vergütungen gelten auch analog für andere Beratungsstellen. Aufgrund der nun meist leistungsgerechten Vergütung können die Beratungsbesuche als eigenständiger Bereich im Pflegedienst gesehen werden, der sich wirtschaftlich rechnet und dauerhaft Kundenkontakte ermöglicht. Zwar werden Pflegedienste immer weniger Zeit für Kundenakquise investieren müssen (Stichworte: Personalmangel, Zunahme der Pflegebedürftigen), aber da die Leistungen nun kostendeckend erbracht werden können, könnten hierfür auch Mitarbeitergruppen aktiviert werden, die ansonsten beispielsweise aus Altersgründen weniger (in der Tourenpflege) arbeiten können/wollen.

Terminverwaltung für die Kunden anbieten

Es sollte für einen Pflegedienst selbstverständlich sein, Beratungskunden anzubieten, sie an den nächsten notwendigen Beratungstermin zu erinnern. Das hat den Vorteil, dass der Pflegedienst selbst die Termine besser planen kann. So kann man Anfragespitzen vermeiden und Beratungsmitarbeiter kontinuierlich auslasten.

Für die Terminverwaltung reicht schon ein Tischkalender, falls die Termine nicht direkt über die Pflegesoftware verwaltet werden können, was dauerhaft Standard werden müsste.

Qualifizierte Mitarbeiter einsetzen und praxistauglich dokumentieren

Formal, so ist es im Gesetz und in der Empfehlung formuliert, muss es keine Pflegefachkraft sein, sondern eine geeignete Pflegekraft mit spezifischem Wissen zu den Krankheits- und Behinderungsbildern. Daneben sollte sie über besondere Beratungskompetenz verfügen. Gerade wenn es um pflegefachliche Fragen geht, wird der Einsatz einer Fachkraft notwendig sein. In anderen Fällen, z. B. bei jungen Pflegebedürftigen, könnten andere Fragestellungen im Vordergrund stehen, die andere Berufsgruppe wie Sozialarbeiter etc. besser klären können. Allerdings ist in vielen Vergütungsvereinbarungen die Durchführung durch eine Fachkraft vereinbart.

Nicht jede Pflegefachkraft, die gut in der praktischen Pflege ist, ist eine gute Beraterin. Dazu gehören Fähigkeiten wie Gesprächsführung, Anleitung, ein breites Wissen in pflegefachlichen und leistungsrechtlichen Fragen und eine gewisse Lebenserfahrung. Aus diesem Grunde sollten die Beratungsbesuche nicht ‚gleichmäßig' unter den Fachkräften verteilt und dann durchgeführt werden, wenn in der Tour mal ‚Luft' ist. Einen qualifizierten Beraterstamm auszubilden (beispielsweise über Pflegeberaterkurse etc.), der für die Beratungsbesuche zuständig ist, ist ratsam. Auch sollten sich einzelne Mitarbeiter auf bestimmte Themen, Diagnosen oder Kundengruppen (z. B. Kinder, junge Behinderte) spezialisieren.

Im Gesetzestext wird eine personelle Kontinuität gefordert. Weil die meisten Besuche nur im Abstand von einem halben Jahr stattfinden, erscheint die personelle Kontinuität weniger wichtig als eine sachgerechte und praxisnahe Dokumentation. Durch diese können auch andere Pflegefachkräfte die Beratung nahtlos fortführen, ohne ‚von vorne anfangen zu müssen'.

Quellen

Gesetzestext

(1) Pflegebedürftige der Pflegegrade 2 bis 5 können anstelle der häuslichen Pflegehilfe ein Pflegegeld beantragen. Der Anspruch setzt voraus, dass der Pflegebedürftige mit dem Pflegegeld dessen Umfang entsprechend die erforderlichen körperbezogenen Pflegemaßnahmen und pflegerischen Betreuungsmaßnahmen sowie Hilfen bei der Haushaltsführung in geeigneter Weise selbst sicherstellt. Das Pflegegeld beträgt je Kalendermonat

1. 316 Euro für Pflegebedürftige des Pflegegrades 2,

2. 545 Euro für Pflegebedürftige des Pflegegrades 3,

3. 728 Euro für Pflegebedürftige des Pflegegrades 4,

4. 901 Euro für Pflegebedürftige des Pflegegrades 5.

(2) Besteht der Anspruch nach Absatz 1 nicht für den vollen Kalendermonat, ist der Geldbetrag entsprechend zu kürzen; dabei ist der Kalendermonat mit 30 Tagen anzusetzen. Die Hälfte des bisher bezogenen Pflegegeldes wird während einer Kurzzeitpflege nach § 42 für bis zu acht Wochen und während einer Verhinderungspflege nach § 39 für bis zu sechs Wochen je Kalenderjahr fortgewährt. Das Pflegegeld wird bis zum Ende des Kalendermonats geleistet, in dem der Pflegebedürftige gestorben ist. § 118 Abs. 3 und 4 des Sechsten Buches gilt entsprechend, wenn für die Zeit nach dem Monat, in dem der Pflegebedürftige verstorben ist, Pflegegeld überwiesen wurde.

(3) Pflegebedürftige, die Pflegegeld nach Absatz 1 beziehen, haben

1. bei Pflegegrad 2 und 3 halbjährlich einmal,

2. bei Pflegegrad 4 und 5 vierteljährlich einmal

eine Beratung in der eigenen Häuslichkeit durch einen zugelassenen Pflegedienst, durch eine von den Landesverbänden der Pflegekassen nach Absatz 7 anerkannte Beratungsstelle mit nachgewiesener pflegefachlicher Kompetenz oder, sofern dies durch einen zugelassenen Pflegedienst vor Ort oder eine von den Landesverbänden der Pflegekassen anerkannte Beratungsstelle mit nachgewiesener pflegefachlicher Kompetenz nicht gewährleistet werden kann, durch eine von der Pflegekasse beauftragte, jedoch von ihr nicht beschäftigte Pflegefachkraft abzurufen. Die Beratung dient der Sicherung der Qualität der häuslichen Pflege und der regelmäßigen Hilfestellung und praktischen pflegefachlichen Unterstützung der häuslich Pflegenden. Die Pflegebedürftigen und die häuslich Pflegenden sind bei der Beratung auch auf die Auskunfts-, Beratungs- und Unterstützungsangebote des für sie zuständigen Pflegestützpunktes sowie auf die Pflegeberatung nach § 7a hinzuweisen. Die Vergütung für die Beratung ist von der zuständigen Pflegekasse, bei privat Pflegeversicherten von dem zuständigen privaten Versicherungsunternehmen zu tragen, im Fall der Beihilfeberechtigung anteilig von den Beihilfefestsetzungsstellen. Die Höhe der Vergütung für die Beratung durch einen zugelassenen Pflegedienst oder durch eine von der Pflegekasse beauftragte Pflegefachkraft vereinbaren die Pflegekassen oder deren Arbeitsgemeinschaften in entsprechender Anwendung des § 89 Absatz 1 und 3 mit dem Träger des zugelassenen Pflegedienstes oder mit der von der Pflegekasse beauftragten Pflegefachkraft unter Berücksichtigung der Empfehlungen nach Absatz 5. Die Vergütung kann nach Pflegegraden gestaffelt werden. Über die Höhe der Vergütung anerkannter Beratungsstellen und von Beratungspersonen der kommunalen Gebietskörperschaften entscheiden ab dem Jahr 2020 die Landesverbände der Pflegekassen unter Zugrundelegung der im jeweiligen Land nach Satz 5 und 6 vereinbarten Vergütungssätze jeweils für die Dauer eines Jahres. Die Landesverbände haben die jeweilige Festlegung der Vergütungshöhe in geeigneter Weise zu veröffentlichen. Pflegebedürftige des Pflegegrades 1 haben Anspruch, halbjährlich einmal einen Beratungsbesuch abzurufen. Beziehen Pflegebedürftige von einem ambulanten Pflegedienst Pflegesachleistungen, können sie ebenfalls halbjährlich einmal einen Beratungsbesuch in Anspruch nehmen; für die Vergütung der Beratung gelten die Sätze 4 bis 9.

(4) Die Pflegedienste und die anerkannten Beratungsstellen sowie die beauftragten Pflegefachkräfte haben die Durchführung der Beratungseinsätze gegenüber der Pflegekasse oder dem privaten Versicherungsunternehmen zu bestätigen sowie die bei dem Beratungsbesuch gewonnenen Erkenntnisse über die Möglichkeiten der Verbesserung der häuslichen Pflegesituation dem Pflegebedürftigen und mit dessen Einwilligung der Pflegekasse oder dem privaten Versicherungsunternehmen mitzuteilen, im Fall der Beihilfeberechtigung auch der zuständigen Beihilfefestsetzungsstelle. Der Spitzenverband Bund der Pflegekassen und die privaten Versicherungsunternehmen stellen ihnen für diese Mitteilung ein einheitliches Formular zur Verfügung. Erteilt die pflegebedürftige Person die Einwilligung nicht, ist jedoch nach Überzeugung der Beratungsperson eine weitergehende Beratung angezeigt, übermittelt die jeweilige Beratungsstelle diese Einschätzung über die Erforderlichkeit einer weitergehenden Beratung der zuständigen Pflegekasse oder dem zuständigen privaten Versicherungsunternehmen. Diese haben eine weitergehende Beratung nach § 7a anzubieten. Der beauftragte Pflegedienst und die anerkannte Beratungsstelle haben dafür Sorge zu tragen, dass für einen Beratungsbesuch im häuslichen Bereich Pflegekräfte eingesetzt werden, die spezifisches Wissen zu dem Krankheits- und Behinderungsbild sowie des sich daraus ergebenden Hilfebedarfs des Pflegebedürftigen mitbringen und über besondere Beratungskompetenz verfügen. Zudem soll bei der Planung für die Beratungsbesuche weitestgehend sichergestellt werden, dass der Beratungsbesuch bei einem Pflegebedürftigen möglichst auf Dauer von derselben Pflegekraft durchgeführt wird.

(5) Die Vertragsparteien nach § 113 beschließen gemäß § 113b bis zum 1. Januar 2018 unter Beachtung der in Absatz 4 festgelegten Anforderungen Empfehlungen zur Qualitätssicherung der Beratungsbesuche nach Absatz 3. Die Empfehlungen enthalten Ausführungen wenigstens

1. zu Beratungsstandards,

2. zur erforderlichen Qualifikation der Beratungspersonen sowie

3. zu erforderlichenfalls einzuleitenden Maßnahmen im Einzelfall.

Fordert das Bundesministerium für Gesundheit oder eine Vertragspartei nach § 113 im Einvernehmen mit dem Bundesministerium für Gesundheit die Vertragsparteien schriftlich zum Beschluss neuer Empfehlungen nach Satz 1 auf, sind diese innerhalb von sechs Monaten nach

Eingang der Aufforderung neu zu beschließen. Die Empfehlungen gelten für die anerkannten Beratungsstellen entsprechend.

(5a) Der Spitzenverband Bund der Pflegekassen beschließt mit dem Verband der privaten Krankenversicherung e. V. bis zum 1. Januar 2020 Richtlinien zur Aufbereitung, Bewertung und standardisierten Dokumentation der Erkenntnisse aus dem jeweiligen Beratungsbesuch durch die Pflegekasse oder das private Versicherungsunternehmen. Die Richtlinien werden erst wirksam, wenn das Bundesministerium für Gesundheit sie genehmigt. Die Genehmigung gilt als erteilt, wenn die Richtlinien nicht innerhalb von zwei Monaten, nachdem sie dem Bundesministerium für Gesundheit vorgelegt worden sind, beanstandet werden. Beanstandungen des Bundesministeriums für Gesundheit sind innerhalb der von ihm gesetzten Frist zu beheben.

(6) Rufen Pflegebedürftige die Beratung nach Absatz 3 Satz 1 nicht ab, hat die Pflegekasse oder das private Versicherungsunternehmen das Pflegegeld angemessen zu kürzen und im Wiederholungsfall zu entziehen.

(7) Die Landesverbände der Pflegekassen haben neutrale und unabhängige Beratungsstellen zur Durchführung der Beratung nach den Absätzen 3 und 4 anzuerkennen. Dem Antrag auf Anerkennung ist ein Nachweis über die erforderliche pflegefachliche Kompetenz der Beratungsstelle und ein Konzept zur Qualitätssicherung des Beratungsangebotes beizufügen. Die Landesverbände der Pflegekassen regeln das Nähere zur Anerkennung der Beratungsstellen.

(8) Die Beratungsbesuche nach Absatz 3 können auch von Pflegeberaterinnen und Pflegeberatern im Sinne des § 7a oder von Beratungspersonen der kommunalen Gebietskörperschaften, die die erforderliche pflegefachliche Kompetenz aufweisen, durchgeführt werden. Absatz 4 findet entsprechende Anwendung. Die Inhalte der Empfehlungen zur Qualitätssicherung der Beratungsbesuche nach Absatz 5 sind zu beachten.

(9) Beratungsbesuche nach Absatz 3 dürfen von Betreuungsdiensten im Sinne des § 71 Absatz 1a nicht durchgeführt werden.

Verhältnis der Leistungen der Pflegeversicherung zu anderen Sozialleistungen § 13

(5) Die Leistungen der Pflegeversicherung bleiben als Einkommen bei Sozialleistungen und bei Leistungen nach dem Asylbewerberleistungsgesetz, deren Gewährung von anderen Einkommen abhängig ist, unberücksichtigt; dies gilt nicht für das Pflegeunterstützungsgeld gemäß § 44a Absatz 3. Satz 1 gilt entsprechend bei Vertragsleistungen aus privaten Pflegeversicherungen, die der Art und dem Umfang nach den Leistungen der sozialen Pflegeversicherung gleichwertig sind. Rechtsvorschriften, die weitergehende oder ergänzende Leistungen aus einer privaten Pflegeversicherung von der Einkommensermittlung ausschließen, bleiben unberührt.

(6) Wird Pflegegeld nach § 37 oder eine vergleichbare Geldleistung an eine Pflegeperson (§ 19) weitergeleitet, bleibt dies bei der Ermittlung von Unterhaltsansprüchen und Unterhaltsverpflichtungen der Pflegeperson unberücksichtigt. Dies gilt nicht

- *in den Fällen des § 1361 Abs. 3, der §§ 1579,1603 Abs. 2 und des § 1611 Abs. 1 des Bürgerlichen Gesetzbuchs,*
- *für Unterhaltsansprüche der Pflegeperson, wenn von dieser erwartet werden kann, ihren Unterhaltsbedarf ganz oder teilweise durch eigene Einkünfte zu decken und der Pflegebedürftige mit dem Unterhaltspflichtigen nicht in gerader Linie verwandt ist.*

§ 34 SGB XI Ruhen der Leistungsansprüche

(1a) Der Anspruch auf Pflegegeld nach § 37 oder anteiliges Pflegegeld nach § 38 ruht nicht bei pflegebedürftigen Versicherten, die sich in einem Mitgliedstaat der Europäischen Union, einem Vertragsstaat des Abkommens über den Europäischen Wirtschaftsraum oder der Schweiz aufhalten.

(2) Der Anspruch auf Leistungen bei häuslicher Pflege ruht darüber hinaus, soweit im Rahmen des Anspruchs auf häusliche Krankenpflege (§ 37 des Fünften Buches) auch Anspruch auf Leistungen besteht, deren Inhalt den Leistungen nach § 36 entspricht, sowie für die Dauer des stationären Aufenthalts in einer Einrichtung im Sinne des § 71 Abs. 4, soweit § 39 nichts Abweichendes bestimmt. Pflegegeld nach § 37 oder anteiliges Pflegegeld nach § 38 ist in den ersten vier Wochen einer vollstationären Krankenhausbehandlung, einer häuslichen Krankenpflege mit Anspruch auf Leistungen, deren Inhalt den Leistungen nach § 36 entspricht, oder einer Aufnahme in Vorsorge- oder Rehabilitationseinrichtungen nach § 107 Absatz 2 des Fünften Buches weiter zu zahlen; bei Pflegebedürftigen, die ihre Pflege durch von ihnen beschäftigte besondere Pflegekräfte sicherstellen und bei denen § 63b Absatz 6 Satz 1 des Zwölften Buches Anwendung findet, wird das Pflegegeld nach § 37 oder anteiliges Pflegegeld nach § 38 auch über die ersten vier Wochen hinaus weiter gezahlt.

Empfehlungen zur Qualitätssicherung

Die „Empfehlungen nach § 37 Absatz 5 SGB XI zur Qualitätssicherung der Beratungsbesuche nach § 37 Absatz 3 SGB XI vom 29.05.2018, zuletzt geändert am 21.05.2019 finden sich unter https://www.gs-qsa-pflege.de/dokumente-zum-download/

Das Formular zu den Beratungsbesuchen finden man unter HYPERLINK "http://www.gkv-spitzenverband" www.gkv-spitzenverband.de im Bereich Pflegeversicherung, Formulare.

11 Kombinationsleistung (§ 38)

Kurzdarstellung

Pflegesachleistungen und Pflegegeld lassen sich kombinieren. Dabei bildet der prozentuale Verbrauch der Pflegesachleistung die Basis für die Entscheidung, welcher prozentuale Anteil an Pflegegeld noch verfügbar ist.

Weil Anfang 2022 die Sachleistungen erhöht wurden, bleibt proportional auch mehr Pflegegeld bei Kombileistungsbeziehern übrig.

Wesentliche Punkte

Immer Kombinationsleistung statt Sachleistung beantragen

Beim Antrag auf Pflegeleistungen oder bei der Umstellung von Pflegegeld auf Pflegesachleistungen sollte man dazu raten, die Kombinationsleistung zu beantragen. Damit ist sichergestellt, dass, falls einmal die Sachleistung nicht ausgeschöpft wird, immer das anteilige Pflegegeld überwiesen wird. In der Regel dürften die Pflegekassen aufgrund der Rechtslage immer so handeln.

Bindungswirkung von 6 Monaten

Wählt der Pflegebedürftige eine feste Kombination, weil er beispielsweise jeden Monat garantiert 100 Euro Pflegegeld bekommen will, ist er an dieses Verhältnis für 6 Monate gebunden. Der Gesetzgeber hat dies mit praktischen Erwägungen begründet: Könnte der Pflegekunde jederzeit frei das Verhältnis ändern, könnte er je nach Lust und Laune mal mehr oder mal weniger Sachleistungen abfordern. Der praktische Verwaltungs- und Steuerungsaufwand wäre so sehr groß. Allerdings kann man jederzeit dann das Verhältnis ändern, wenn sich die Pflegesituation verändert hat.

Kunden sind daher gut beraten, gegenüber der Pflegekasse keine festen Prozentsätze anzugeben. Wenn einmal etwas mehr Pflegesachleistungen übernommen werden, müssten diese sonst privat bezahlt werden.

Ein relativ stabiles Pflegegeld lässt sich besser und ohne dieses Risiko über den Pflegevertrag steuern.

Die Umrechnung

Die Umrechnung beruht auf folgendem Hintergrund: Die Pflegesachleistung ist ein im Prinzip fester monatlicher Anspruch. Dieser wird gekürzt durch die abgerechneten Leistungen.

Der verbleibende Anteil wird prozentual dargestellt. Daraus ergibt sich, in welchem Prozentsatz die Leistung ausgeschöpft wurde. Wurden nicht 100 % Sachleistungen ausgeschöpft, steht noch der prozentuale Anteil an Pflegegeld zur Verfügung.

Die Rechenformel:

1. In Anspruch genommene Pflegesachleistung geteilt durch maximalen Pflegeradbetrag ergibt prozentualen Anteil der Ausschöpfung
2. 100 % – Rechenbetrag aus 1. ergibt offenen Prozentsatz
3. Pflegegeld mal Ergebnis aus 2.

Beispiel:

1. Pflegesachleistung: 300,– €, Pflegegrad 2: 724,– €; Ergebnis: 0,41 = in %: 41 %
2. 100 % – 41 % = 59 %
3. Pflegegeld Pflegegrad 2: 316,– € * 59 % = 185,06 €

Höherer Anteil bei Kombi-Pflegegeld 2022

Da 2022 die Sachleistungen erhöht wurden, erhalten Kombileistungsbezieher proportional mehr Pflegegeld ausgezahlt, eben weil die Ausgangsbasis der Sachleistungen höher ist.

Während in 2021 eine Nutzung der Sachleistung von 300 € bei Pflegegrad 2 zu einer Nutzung von 43,5 % der Sachleistungen führt, ist der Prozentsatz wegen der höheren Sachleistungsgrenze in 2022 nur noch bei 41 %. Entsprechend blieben 2021 nur 56,5 % Pflegegeld (178,41€) übrig, während es in 2022 59 % (185,06€) sind.

Hilfsmittel zur Umrechnung

Umrechnungstabellen sind einfache Hilfsmittel, um das ungefähr verbleibende Pflegegeld schnell zu berechnen. Die Umrechnungstabellen sind meist in 5 %- oder 10 %-Schritten aufgeteilt. So kann man einfach ablesen, bei welchem Sachleistungsbetrag wie viel Pflegegeld übrig bleibt. Im Rahmen von Erst- oder Beratungsgesprächen reicht diese ungefähre Ermittlung immer aus. Im Rahmen eines konkreten Kostenvoranschlags sollte eine genaue Berechnung erfolgen.

Kombileistungstabellen Seite 266.

Hintergrund

Nicht immer wird so viel professionelle Hilfe benötigt, wie die Sachleistung insgesamt finanziert. Oftmals reicht die Hilfe beim Baden, weil die Pflegeperson nicht (mehr) in der Lage ist, den Pflegebedürftigen aus der Wanne zu heben. Die Kombinationsleistung regelt das Zusammentreffen von Pflegesachleistung und Pflegegeld. Betrachtet man die Statistiken des Bundesgesundheitsministeriums für die Soziale Pflegeversicherung, nahmen 2020 im Jahresdurchschnitt deutlich mehr Pflegebedürftige die Kombinationsleistung in Anspruch als die reine Sachleistung (167.369 Sachleistungen zu 544.186 Kombinationsleistungen).

Hinweise zur Beratung

Warum gibt es nicht die restliche Sachleistung, sondern nur so wenig Pflegegeld?

Die Frage geht in die gleiche Richtung wie jene, warum das Pflegegeld bei doch gleicher Arbeit so viel niedriger ist als die Sachleistung (siehe Seite 130). Beides lässt sich nicht miteinander vergleichen, weil Pflegegeld nur eine Anerkennung, Pflegesachleistung aber für die Komplettfinanzierung inklusiv Ausfall etc. zu nutzen ist.

Überweisung des offenen Pflegegeldes

Die Pflegekasse kann ein zu erstattendes Pflegegeld erst überweisen, wenn der Pflegedienst die Sachleistungen abgerechnet hat. Anders als beim reinen Pflegegeldbezug (wo der Betrag am Monatsanfang überwiesen wird), kann die Überweisung des anteiligen Pflegegeldes erst deutlich später erfolgen. Deshalb ist es hilfreich, wenn der Pflegedienst seine Abrechnungen zügig nach dem Monatswechsel erstellt.

Festlegung eines prozentualen Betrags wenig empfehlenswert

Auch wenn die Pflegeperson immer einen festen Pflegegeldbetrag wünscht, sollte in der Regel keine Festlegung gegenüber der Pflegekasse erfolgen, allerdings in Bezug der Rentenleistungen ist dies vorteilhaft. Zum einen gibt es die Festlegung auf 6 Monate. In der Praxis kann dies zu folgender Situation führen:

- Es ist ein Pflegegeld von 50 % des Pflegegrads 2: 158,00 € festgelegt, entsprechend bleiben 362 € für Sachleistungen übrig.

- Im zweiten Monat soll der Pflegedienst ausnahmsweise eine zusätzliche Große Pflege durchführen, sodass nun Sachleistungen von 398 € zu bezahlen sind.
- Da die Sachleistung auf 50 % beschränkt ist, hat der Pflegebedürftige 27,– € privat (beispielsweise über das Pflegegeld) zu finanzieren.
- Wäre kein fester Prozentsatz vereinbar, würde die Pflegekasse 398 € übernehmen, an Pflegegeld bliebe in diesem Monat: 142,29 €.

Der Unterschied zwischen beiden Berechnungen ist: 15,71 €. Um diesen Betrag wäre die Versorgung teurer, wenn ein fester Prozentsatz als Kombinationsleistung festgelegt worden wäre und daher die zusätzliche Leistung privat (über das Pflegegeld) zu bezahlen wäre.

Nur bei beantragten Rentenleistungen ist eine feste Kombinationsleistung sinnvoll (siehe Seite 77).

Auch bei Kombination gilt die 50 %-Regelung des Pflegegeldes

In Verbindung mit der Kombinationsleistung wird das entsprechend anteilige Pflegegeld zu 50 % bei tageweiser Verhinderungspflege bis zu 6 Wochen bzw. bei Kurzzeitpflege bis zu 8 Wochen weiter gezahlt. Wenn beispielsweise die Kombinationsleistung als Pflegegeld 158,00 € pro Monat beträgt, wird während eines Monats Kurzzeitpflege davon 50 % = 79 € weiter gezahlt. Zwar wird in der Zeit des Kurzzeitpflegeaufenthaltes keine Sachleistung des Pflegedienstes abgerufen, aber für die Weiterzahlung des Pflegegeldes gilt als Bezugsgröße der zuletzt abgerufene Kombinationsbetrag.

Sonderregelung in Behinderteneinrichtungen

Durch das PNG neu geregelt ist der Bezug von Pflegegeld in Kombination mit Leistungen nach § 43a (Leistungen in vollstationären Einrichtungen der Behindertenhilfe). Wenn Pflegebedürftige beispielsweise am Wochenende zu Hause betreut werden, so steht ihnen für diese Tage ein anteiliges Pflegegeld zu (Sachleistungsanspruch siehe § 43a, Seite 253).

Hinweise zur internen Umsetzung

Kombinationsleistung im Kostenvoranschlag: Pflegegeld ausweisen

Im Kostenvoranschlag sollte auch ein möglicherweise noch verfügbares Pflegegeld ausgewiesen sein. Allerdings muss man immer darauf hinweisen, dass sich dies bei Veränderung der Sachleistungen (z. B. durch veränderte Wochentage im Folgemonat) verändern kann.

Quellen

§ 38 Kombination von Geldleistung und Sachleistung (Kombinationsleistung)

Nimmt der Pflegebedürftige die ihm nach § 36 Abs. 3 und 4 zustehende Sachleistung nur teilweise in Anspruch, erhält er daneben ein anteiliges Pflegegeld im Sinne des § 37. Das Pflegegeld wird um den Vomhundertsatz vermindert, in dem der Pflegebedürftige Sachleistungen in Anspruch genommen hat. An die Entscheidung, in welchem Verhältnis er Geld- und Sachleistung in Anspruch nehmen will, ist der Pflegebedürftige für die Dauer von sechs Monaten gebunden. Anteiliges Pflegegeld wird während einer Kurzzeitpflege nach § 42 für bis zu acht Wochen und während einer Verhinderungspflege nach § 39 für bis zu sechs Wochen je Kalenderjahr in Höhe der Hälfte der vor Beginn der Kurzzeit- oder Verhinderungspflege geleisteten Höhe fortgewährt. Pflegebedürftige in vollstationären Einrichtungen der Hilfe für behinderte Menschen (§ 43a) haben Anspruch auf ungekürztes Pflegegeld anteilig für die Tage, an denen sie sich in häuslicher Pflege befinden.

12 Leistungen bei Pflegegrad 1 (§ 28a)

Kurzdarstellung

Als neuer Leistungsgrad wird ab 2017 Pflegegrad 1 definiert. Er unterscheidet sich von allen anderen Pflegegraden dadurch, dass er keine Sach- oder Pflegegeldleistungen enthält, auch keine Ansprüche auf Verhinderungs-, Tages-/Nachtpflege oder Kurzzeitpflege vorgesehen sind.

Pflegebedürftige mit Pflegegrad 1 haben Anspruch

- auf Leistungen der Beratung nach §§ 7a und b,
- auf zwei freiwillige Beratungsbesuche nach § 37.3 pro Jahr,
- Wohngruppenzuschlag nach § 38a,
- auf Pflegeverbrauchsmittel, Pflegehilfsmittel und Wohnraumverbessernde Maßnahmen nach § 40,
- ergänzende Unterstützung bei Nutzung von digitalen Pflegeanwendungen nach §§ 39a sowie 40a und Leistungsanspruch nach § 40b
- auf zusätzliche Betreuung/Aktivierung in stationären Einrichtungen gemäß § 43b,
- Schulungsangebote nach § 45,
- auf den Entlastungsbetrag nach § 45b,
- im Pflegeheim auf einen Zuschuss von 125 €
- zusätzliche Leistungen bei Pflegezeit und kurzfristiger Arbeitsverhinderung nach § 44a.

Siehe auch Übersichtstabelle Seite 102

Wesentliche Punkte

Pflegegrad 1: eine eigenständige Gruppe

Bei Pflegebedürftigen mit Pflegegrad 1 ist nach Auffassung des Gesetzgebers der Pflege- und Unterstützungsbedarf noch so gering, dass dieser Leistungsrahmen ausreichend ist. Die Leistungen sollen eher edukativen und präventiven Charakter haben, daher auch der Schwerpunkt insbesondere bei Beratungs- und Schulungsleistungen sowie beim Bereich der Hilfsmittel und Wohnraumanpassung.

Keine Sachleistungsansprüche, keine Verhinderungs- oder Kurzzeitpflege

Pflegegrad 1 hat keine Sachleistungsansprüche (Übersicht siehe Seite 102). Dazu kommt, dass auch keine Leistungen der Verhinderungs- und/oder Kurzzeitpflege oder der Tagespflege zur Verfügung stehen. Konkrete Leistungen können nur über das monatliche Budget von 125 € nach den Regelungen des Entlastungsbetrages § 45b im Rahmen der Kostenerstattung finanziert werden. Bei Pflegegrad 1 kann das Budget § 45b auch für Leistungen der Selbstversorgung (Körperpflege) genutzt werden (praktisch kann damit beispielsweise das Duschen als Dienstleistung eingekauft werden).

Stationär: nur 125 € Zuschuss

Auch im Pflegeheim gibt es analog zur ambulanten Versorgung einen maximalen Zuschuss von 125 €. Und wie bei allen stationären Bewohnern das Recht auf Leistungen zur zusätzlichen Betreuung und Aktivierung nach § 43b.

Beratungsbesuche nach § 37.3 können freiwillig in Anspruch genommen werden

Die „Kernaufgabe" der Beratungsbesuche nach § 37.3 bei Pflegegeldbezug dient der Qualitätssicherung oder (banaler formuliert) der Kontrolle der Versorgung bei alleinigen Pflegegeldleistungen. Darüber hinaus hat der Gesetzgeber ab 2017 ermöglicht, dass auch bei Sachleistungsbezug Beratungsbesuche durchgeführt werden, und dies mit dem Fokus auf die Beratung und Unterstützung der Pflegepersonen begründet. In diesem Zusammenhang sind auch die freiwilligen Beratungsbesuche bei Pflegegrad 1 zu verstehen: Da kein Pflegegeld ausgezahlt wird, stehen hier dann insbesondere die Beratung und Entlastung der Pflegepersonen im Vordergrund. Die Besuche können wie bei Pflegegrad 2 zweimal pro Jahr abgerufen werden. Werden die Leistungen aber nicht oder nicht laufend abgerufen, gibt es keinerlei Sanktionen der Pflegekassen, denn diese Besuche sind freiwillig und können daher auch nur sporadisch abgerufen werden.

Keine Leistungen der sozialen Sicherung für Pflegepersonen

Pflegepersonen, die einen Pflegebedürftigen des Pflegegrades 1 versorgen, sind zwar nach § 19 Pflegepersonen, haben aber keine Ansprüche auf Leistungen der sozialen Sicherung nach § 44 (siehe Seite 69).

Hintergrund

Bei der Definition und Abgrenzung der einzelnen Pflegegrade haben schon die Entwickler der ersten Grundlage (Das neue Begutachtungsinstrument zur Festlegung von Pflegebedürftigkeit, 2009; Kap. 4.6.2, siehe Literatur) zu Recht darauf hingewiesen, dass im neuen System die Bezeichnungen der Leistungsgrade logisch sein sollten. Im bisherigen System bis 2016 bezogen Pflegebedürftige, die nicht pflegebedürftig waren, aber eine eingeschränkte Alltagskompetenz hatten, trotzdem Leistungen. Die umgangssprachliche Variante „Pflegestufe 0" zeigte dieses Dilemma.

Deshalb sind die neuen Bezeichnungen vereinheitlicht, auch wenn die Leistungsinhalte sich dann zwischen Pflegegrad 1 und den anderen Pflegegraden gravierend unterscheiden.

Hinweise zur Beratung

Enttäuschte Pflegebedürftige!

Pflegebedürftige, die ab 2017 mit Pflegegrad 1 eingestuft werden, wird man vermutlich enttäuschen, wenn man ihnen ihre damit einhergehenden sehr geringen Leistungsansprüche erklärt. Denn die Leistung unterscheidet sich vom Namen her nicht von den anderen Pflegegraden, ist jedoch völlig anders ausgestattet. Hier muss man in der Beratung von Beginn an die Erwartungen dämpfen und erklären, was überhaupt möglich ist.

Erstattungsleistungen nur bei zugelassenen Anbietern

Die für Pflege oder Betreuung verfügbare Leistung nach § 45b kann nur bei zugelassenen Anbietern nach § 45b ‚eingelöst' werden. Das Geld kann nicht beispielsweise für die Nachbarin oder ähnlich (nach den Regeln der Verhinderungspflege) verwendet werden. Und soweit es auch um Körperpflegeleistungen geht, sind allein die nach § 45b genannten Pflegedienste zur Durchführung berechtigt. Denn nach Landesrecht zugelassene Einrichtungen dürften keine Leistungen der Selbstversorgung (Grundpflege) erbringen (siehe § 45b, Seite 181 f.).

Hinweise zur internen Umsetzung

Keine ‚Werbung', sondern realistische Aufklärung

Der Gesetzgeber meint, die Gruppe des neuen Pflegegrades 1 umfasse vor allem solche Versicherten, die nach altem Recht bisher keine Leistungen bekommen haben und deshalb erstmalig neue Ansprüche haben. Wer sich mit dem Einstufungssystem und den Graduierungen auseinandersetzt, wird hieran Zweifel haben. Immerhin benötigt man für den Pflegegrad 2 mindestens 27 von 100 Punkten. Deshalb sollte man bei allen Neukunden, die einen Antrag auf Einstufung stellen, darauf hinweisen, dass die zur Verfügung stehenden Leistungen erst ab Pflegegrad 2 mit Sachleistungen etc. ausgestattet sind, der Pflegegrad 1 nur eine Vorstufe ist.

Pflegedienste müssten nicht aktiv um diese neue Gruppe werben, denn deren Leistungsansprüche nach § 45b können nur bei zugelassenen Pflegeeinrichtungen, im Bereich der Körperpflege (Selbstversorgung) nur bei Pflegediensten umgesetzt werden.

Quellen

Gesetzestext § 28a Leistungen bei Pflegegrad 1

(1) Abweichend von § 28 Absatz 1 und 1a gewährt die Pflegeversicherung bei Pflegegrad 1 folgende Leistungen:
1. Pflegeberatung gemäß den §§ 7a und 7b,
2. Beratung in der eigenen Häuslichkeit gemäß § 37 Absatz 3,
3. zusätzliche Leistungen für Pflegebedürftige in ambulant betreuten Wohngruppen gemäß § 38a, ohne dass § 38a Absatz 1 Satz 1 Nummer 2 erfüllt sein muss,
4. Versorgung mit Pflegehilfsmitteln gemäß § 40 Absatz 1 bis 3 und 5,
5. finanzielle Zuschüsse für Maßnahmen zur Verbesserung des individuellen oder gemeinsamen Wohnumfelds gemäß § 40 Absatz 4,
6. zusätzliche Betreuung und Aktivierung in stationären Pflegeeinrichtungen gemäß § 43b,
7. zusätzliche Leistungen bei Pflegezeit und kurzzeitiger Arbeitsverhinderung gemäß § 44a,
8. Pflegekurse für Angehörige und ehrenamtliche Pflegepersonen gemäß § 45,
9. Ergänzende Unterstützung bei Nutzung von digitalen Pflegeanwendungen gemäß § 39a und digitale Pflegeanwendungen gemäß § 40a,
10. Leistungsanspruch beim Einsatz digitaler Pflegeanwendungen gemäß § 40b.

(2) Zudem gewährt die Pflegeversicherung den Entlastungsbetrag gemäß § 45b Absatz 1 Satz 1 in Höhe von 125 Euro monatlich. Dieser kann gemäß § 45b im Wege der Erstattung von Kosten eingesetzt werden, die dem Versicherten im Zusammenhang mit der Inanspruchnahme von Leistungen der Tages- und Nachtpflege sowie der Kurzzeitpflege, von Leistungen der ambulanten Pflegedienste im Sinne des § 36 sowie von Leistungen der nach Landesrecht anerkannten Angebote zur Unterstützung im Alltag im Sinne des § 45a Absatz 1 und 2 entstehen.

(3) Wählen Pflegebedürftige des Pflegegrades 1 vollstationäre Pflege, gewährt die Pflegeversicherung gemäß § 43 Absatz 3 einen Zuschuss in Höhe von 125 Euro monatlich.

13 Regelungen für die Kostenerstattungsleistungen (§§ 39/45b)

Kurzdarstellung

Die Leistungen der Verhinderungspflege nach § 39 sowie des Entlastungsbetrags nach § 45b sind keine Sachleistungen, die den Versicherten direkt von der Pflegekasse zur Verfügung gestellt werden. Bei diesen beiden Leistungen werden die Kosten erstattet, die (formal) der Versicherte vorher an den Dienstleister (z. B. Pflegedienst) bezahlt hat. Daraus ergeben sich andere Vertragsverhältnisse und andere Abrechnungswege.

Wesentliche Punkte

Unterschied Kostenerstattung und Sachleistung

Bei einer SACHLEISTUNG werden dem Versicherten konkrete Dienstleistungen direkt zur Verfügung gestellt, ohne dass er hierfür vorher in finanzielle Vorleistung zu treten hat. Dafür haben die Pflegekassen entsprechende Verträge mit Pflegediensten oder anderen Einrichtungen geschlossen. Dazu gehören neben der formalen Zulassung zur Pflege (§ 71 Versorgungsvertrag) die Konkretisierung der Inhalte durch die Rahmenverträge nach § 75 auf Landesebene, Qualitätsmaßstäbe und Grundlagen für die Qualitätsprüfung nach §§ 112 f. sowie eine Vergütungsvereinbarung nach § 89 und Regelungen zum Pflegevertrag nach § 120. Durch dieses Vertragsgeflecht regeln die Pflegekassen als Sachwalter der Versicherten die Umsetzung der Leistungen. Damit hat der Dienstleister (hier der Pflegedienst) auch eine direkte Vertragsbeziehung zur Pflegekasse und kann/muss direkt mit ihr abrechnen (Grafik siehe Seite 156).

Bei der KOSTENERSTATTUNG ist das anders: Hier kommt die Pflegekasse erst im Nachhinein dazu. Zunächst vereinbaren beispielsweise der Pflegedienst als Dienstleister sowie der Kunde die Erbringung konkreter Leistungen im Rahmen der Verhinderungspflege oder des Entlastungsbetrags. Sie vereinbaren dazu nicht nur den Umfang, sondern auch die Qualität und den Preis der Leistung. Nach der Erbringung erhält der Versicherte die Rechnung direkt vom Pflegedienst, die er ihm zu bezahlen hat. Danach kann sich der Kunde als Versicherter diese Kosten von seiner Pflegekasse erstatten lassen, indem er die Rechnung dort einreicht.

Systemunterschiede: Sachleistung und Kostenerstattung SGB XI

Sachleistung nach § 36

- Definition über Rahmenvertrag nach § 75,
- Qualitätssicherung nach §§ 112 ff.
- Vergütungsvereinbarung nach § 89,
- Pflegevertrag nach § 120

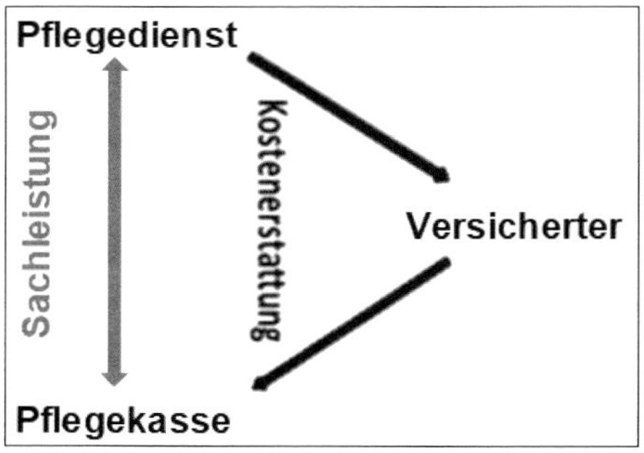

Kostenerstattungsleistung

Entlastungsleistung § 45b,

Verhinderungspflege § 39

- Vertrag und Preisabsprache mit dem Kunden
- Kostenerstattung durch die Pflegekasse an den Kunden
- keine besonderen Qualitätsmaßstäbe

Abtretungserklärung verändert nicht die Rechtslage!

Kein vorheriger Antrag nötig

Mit der Einstufung in einen Pflegegrad erhält der jeweilige Versicherte Zugang zu den Leistungen der Kostenerstattung (bei Pflegegrad 1 jedoch nur auf den Entlastungsbetrag nach § 45b). Damit (also mit dem Antrag auf Einstufung) ist quasi der erste Antrag schon gestellt. Die Konkretisierung der Leistung kann erst im Nachhinein erfolgen, wenn die Kosten angefallen sind. Denn erst nach der Leistung kennt der Kunde die Kostenhöhe, die er sich erstatten lassen will. Daher wird deutlich, dass ein weiterer Antrag (beispielsweise für Verhinderungspflege) ***vor*** der Durchführung der Leistung vom Gesetz nicht vorgesehen sein kann.

Direkte Abrechnung über Abtretungserklärung

Theoretisch müssten aufgrund des vom Gesetzgeber vorgesehenen Mechanismus immer die Versicherten selbst die Rechnungen bei den Pflegekassen einreichen. In der Praxis sind damit viele vor allem ältere Versicherte überfordert, sodass es sich eingebürgert hat, dass sich die Pflegedienste eine Abtretungserklärung unterschreiben lassen und dann im Auftrag des Versicherten abrechnen. Auch mit einer Abtretungserklärung rechnet der Pflegedienst nicht direkt mit der Pflegekasse ab, sondern nur im Auftrag des Versicherten, also indirekt. Der Schuldner bleibt in diesem Fall der Versicherte, nicht die Pflegekasse. Daher sollten Pflegedienste immer Pflegeverträge abschließen, in denen geregelt ist, wer die Kosten übernimmt, wenn ein anderer Kostenträger (z. B. Pflegekasse) die Leistungen nicht finanziert (z. B. weil keine Leistungen mehr vorhanden sind). Das gilt insbesondere bei Pflegegeldbeziehern, die keine Sachleistungen beziehen und mit denen deshalb bisher auch kein anderer Pflegevertrag geschlossen wurde.

Gültigkeit der Abtretungserklärung

Lange Zeit haben die Pflegekassen für die Abrechnung einmalige Abtretungserklärungen akzeptiert. Wenn der Kunde beispielsweise vor 5 Jahren eine solche unterschrieben hat, konnte der Pflegedienst auch heute damit abrechnen. Allerdings konnte keiner mehr sicher sein, dass diese pauschale Abtretung noch aktuell ist und dass der Versicherte nicht doch schon andere Dienstleister hatte. Daher (insbesondere wohl auch auf Anregung von kasseninternen Prüfungen) wird immer öfter verlangt, dass die Abtretungserklärung aktuell sein muss. Faktisch müsste sie konkret für jede Leistung aktuell sein. Praktisch kann man das erreichen, indem man entweder zu jeder Rechnung eine dazu passende Abtretungserklärung (auf der Rechnung oder als separates Formular) unterschreiben lässt oder zumindest auf dem Leistungsnachweis eine Abtretungserklärung einfügt. Über den zweiten Weg spart sich die Pflegeeinrichtung zusätzlichen Aufwand für die zweite Unterschrift (auf der Rechnung).

Keine Verpflichtung zur Abtretung

Aus Sicht der Verwaltung der Pflegekassen bietet die Abtretung und die so direkte Abrechnung durch die Pflegedienste viele Vorteile: Anstatt eine Einzelrechnung des Versicherten bearbeiten zu müssen, die ‚analog', also per Post übersandt wurde, geht es viel schneller, wenn der Pflegedienst diese Rechnung per Datenträgeraustausch (‚digital') übersendet. Das spart der Pflegekassen-Verwaltung Zeit und Geld. Diese Sichtweise führt schon teilweise dazu, dass Pflegeberater gegenüber Versicherten oder auch Pflegediensten behaupten, sie wären verpflichtet, die Leistungen der Kostenerstattung direkt abzurechnen.

Der Gesetzgeber hat dies aber anders vorgesehen: Die Leistungen sind Kostenerstattungsleistungen, der Rechnungsempfänger ist damit der Pflegebedürftige, der die Rechnung einreichen muss. Alles andere ist ‚Goodwill' oder Service des Pflegedienstes.

Es gibt keine Verpflichtung zur Abtretung.

Kostenerstattung nach Tod des Pflegebedürftigen

Im Leistungsrecht ist verankert, dass mit dem Tod des Versicherten alle Leistungsansprüche erlöschen. Da aber die Kostenerstattungsleistungen logischerweise erst nach Erbringung der Leistungen in Rechnung gestellt werden können und beim Tod dann oftmals die Erben erst die Rechnungen erhalten, wurden diese von den Pflegekassen nicht mehr übernommen. Durch eine Änderung in § 35 ist nun gesichert, dass auch nach dem Tod des Pflegebedürftigen noch Anträge/Rechnungen im Rahmen der Kostenerstattung (bis 12 Monate nach dem Eintritt des Todes) von den Pflegekassen beglichen werden

Definition der Preise

Theoretisch ist jeder Dienstleister der Kostenerstattungsleistungen frei in der Definition seiner Preise, es sei denn, es gibt bestimmte Vorschriften aufgrund einer besonderen Zulassung (gilt für andere Anbieter nach Landesrecht im Sinne § 45a) oder ist im Gesetz vorgesehen wie bei § 45b (hier Absatz 4).

Ein Pflegedienst kann die Preise der Verhinderungspflege frei festlegen, zumindest formal gesehen. Allerdings gibt es zwei Faktoren, die diese „Freiheit" faktisch einschränken: der Kunde und die Vergleichspreise vergleichbarer Leistungen. Dazu kommt als dritter Faktor eine gesetzliche Regelung bei § 45b-Leistungen.

Um das zu verdeutlichen, ein Beispiel anhand der Preise in Niedersachsen 2021: Hier gibt es neben den üblichen Leistungskomplexen auch die Grundpflege, Betreuung und Hauswirtschaft nach Zeit. Für die Grundpflege erhält eine Wohlfahrtseinrichtung im März 2021 beispielsweise pro Stunde 50,40 €, für pflegerische Betreuungsmaßnahmen 33,60 € sowie für Hauswirtschaft 27,00 €. Dazu kommt eine Wegepauschale pro Einsatz von 4,65 €. Die Preise sind wie bekannt „leistungsgerecht" vergütet (§ 89).

Variante 1: Der Pflegedienst bietet Verhinderungspflege zum Preis von 60 € die Stunde zzgl. Fahrtkosten von 5,00 € an. Das heißt praktisch: Das gleiche Personal, das bei Sachleistungen für 50,40 € kommt, kostet ‚privat' auf einmal 60,00 €. Auch wenn das formaljuristisch möglich ist, wie glaubwürdig kann man damit gegenüber den Kunden auftreten? Wenn man argumentiert, die Pflegekassenvergütung reiche nicht aus, ist das ein falsches Argument. Denn wenn der Kunde bei seiner Pflegekasse nachfragt, wird sie zu Recht darauf verweisen, dass die Preise leistungsgerecht seien und ansonsten neu verhandelt werden könnten (siehe Seite 27). Da dies der Pflegedienst aber nicht gemacht hat, spricht nichts für sein Argument. Und warum soll der Pflegedienst bei identischer Leistung einmal 50,40 € und einmal 60,00 € bekommen?

Variante 2: Die Wohlfahrtseinrichtung berechnet bei ‚Privatleistungen' einen deutlich niedrigeren Preis: 35,00 pro Stunde ohne zusätzliche Wegekosten. Man will, dass die Pflegebedürftigen möglichst weit mit ihrem Geld kommen! Hier wiederum wird sich die Pflegekasse fragen müssen, ob die bisherige Vergütungsvereinbarung leistungsgerecht ist, wenn der Pflegedienst für die identische Dienstleistung auf 15,40 € + Wegekosten verzichten kann. Spätestens bei der nächsten Vergütungsverhandlung muss die Kasse ihre bisherigen Preisangebote entsprechend absenken.

In beiden Varianten wird die Glaubwürdigkeit des Pflegedienstes nachhaltig erschüttert! Daher bilden die ausgehandelten Preise oder zumindest Preisniveaus (falls keine Stundenpreise als Sachleistungen vereinbart wurden) die Ausgangslage für die Preise bei Kostenerstattungsleistungen.

Preisgrenze beim Entlastungsbetrag § 45b

Weil insbesondere bei den Entlastungsleistungen die Anbieter (auch der Tages- und Kurzzeitpflege) die Preise nach Meinung des Gesetzgebers willkürlich deutlich höher abgerechnet haben als bei vergleichbaren Sachleistungen, hat er mit dem PSG III 2017 eine neue Preisgrenze über § 45b, Abs. 4 eingeführt: „Die für die Erbringung von Leistungen nach Absatz 1 Satz 3 Nummer 1 bis 4 verlangte Vergütung darf die Preise für vergleichbare Sachleistungen von zugelassenen Pflegeeinrichtungen nicht übersteigen." Das heißt: Gibt es für vergleichbare Leistungen schon ausgehandelte Preise (wie beispielsweise bei der Tagespflege oder eben auch bei den pflegerischen Betreuungsmaßnahmen), so bilden diese auch im Rahmen der Kostenerstattung nach § 45b die Obergrenze.

Hintergrund

Der Gesetzgeber hat die Leistungen absichtlich als Kostenerstattungsleistungen ausgestaltet, weil nur so auch andere nicht per Versorgungsvertrag zugelassene Dienstleister diese Leistungen erbringen und abrechnen können. Über diesen Weg ist es möglich, zumindest bei diesen Leistungen ‚Konkurrenz' zur Pflegedienststruktur innerhalb des Systems Pflegeversicherung aufzubauen.

Insbesondere wenn man sich die Entwicklung der Entlastungsleistungen nach § 45b ansieht, wird dieser Weg verständlich.

Hinweise für die interne Umsetzung

Kostenerstattungsleistungen: auf die richtigen Preise achten

Die Preise der Kostenerstattungsleistungen hängen eng mit dem Preisniveau der Sachleistungen zusammen. Bei ausgewiesenen Zeitleistungen im Rahmen der Sachleistung sind diese sogar präjudizierend für die ‚Privatpreise'. Denn das Abweichen sowohl nach oben als auch nach unten ist weder erklärbar noch verständlich. Das gilt auch für reine Privatleistungen: Auch die private Hauswirtschaft kann nicht billiger sein als die Hauswirtschaft, die die Pflegeversicherung bezahlt.

Insbesondere in Bezug auf den erweiterten Inhalt des § 45b bei Versicherten mit Pflegegrad 1 (diese dürfen hier auch Leistungen der Selbstversorgung (Körperpflege) nutzen), weist der Gesetzgeber in seiner Gesetzesbegründung zum PSG 2 ausdrücklich darauf hin, dass dann auch die vereinbarten Sachleistungsvergütungen gelten müssten. Das hat der Gesetzgeber dann mit der Änderung über das PSG III (Preisobergrenze) noch weiter konkretisiert.

Für die Wohlfahrtseinrichtungen gilt hier, kritisch den Einsatz von nebenberuflichen Mitarbeitern zu prüfen, die über die sogenannte Übungsleiterpauschale nach § 3, Nr. 26 Einkommenssteuergesetz eingesetzt werden. Neben den formalen Voraussetzungen spielt hier auch wieder die Vergleichbarkeit eine Rolle: Warum soll man als Kunde einmal viel und einmal wenig für die identische Leistung bezahlen?

Dokumentation und Qualitätsprüfungen

Bei Leistungen der Kostenerstattung gibt es weder vertragliche Vereinbarungen mit den Kostenträgern über Preise noch über Qualität oder Qualitätssicherungsmaßnahmen. Daher gibt es keine verbindlichen Dokumentationsvorschriften. Wie bei allen Leistungen sollten Pflegedienste selbstverständlich einen Leistungsnachweis führen, auf dem der Tag, die Anzahl der Einheiten (Stunden) sowie das Handzeichen des Mitarbeiters und die Unterschrift des Kunden aufgeführt sind. Auch eine zusätzlich formulierte Abtretungserklärung mit einer zweiten Unterschrift sollte praktischerweise hier nicht fehlen.

Da es hierfür keine vertragliche Grundlage gibt, sind weder Leistungen der Verhinderungspflege noch der Entlastungsleistung nach § 45b im Rahmen der Qualitätsprüfungen nach §§ 112 f. zu prüfen. Im Bedarfsfall ist in der Prüfung darauf hinzuweisen.

In der Qualitätsprüfanleitung vom 18.12.2019 werden auch dann Kunden mit Leistungen der Verhinderungspflege in die Prüfauswahl und Prüfung einbezogen, wenn sie im Rahmen der Verhinderungspflege Leistungen der körperbezogenen Pflegeleistungen erhalten. Allerdings fehlt dazu eine Rechtsgrundlage und Begründung, weil für Leistungen der Verhinderungspflege keine vertraglichen Grundlagen mit den Pflegekassen existieren. Daher ist diese Definition in der Prüfanleitung nicht nachzuvollziehen und sollte im Zweifelsfall juristisch geprüft werden.

Quellen

§ 35 Erlöschen der Leistungsansprüche

Der Anspruch auf Leistungen erlischt mit dem Ende der Mitgliedschaft, soweit in diesem Buch nichts Abweichendes bestimmt ist. Endet die Mitgliedschaft durch Tod, erlöschen Ansprüche auf Kostenerstattung nach diesem Buch abweichend von § 59 des Ersten Buches nicht, wenn sie innerhalb von zwölf Monaten nach dem Tod des Berechtigten geltend gemacht werden. § 19 Absatz 1a des Fünften Buches gilt entsprechend.

14 Häusliche Pflege bei Verhinderung der Pflegeperson (§ 39)

Kurzdarstellung

Sind Pflegepersonen zeitweise an der Pflege gehindert, kann deren Tätigkeit durch diese Leistung ersetzt bzw. vertreten werden, vorausgesetzt, der betreute Pflegebedürftige ist mindestens in Pflegegrad 2 eingestuft. Für die Ersatzpflege steht ein Jahresbetrag von 1.612 €, unabhängig vom Pflegegrad, zur Verfügung. Die Verhinderungspflege kann über Pflegedienste, andere professionelle Dienstleister oder über andere Pflegekräfte oder andere Pflegepersonen erbracht werden. Übernehmen andere (ehrenamtliche) Pflegepersonen die Verhinderungspflege, stehen nur Leistungen in Höhe des jeweiligen Pflegegeldes zur Verfügung, zusätzlich können nachweisbare Sachkosten (z. B. Fahrtkosten) angesetzt werden. Bestand vor der Nutzung der Verhinderungspflege ein Pflegegeldanspruch, wird dies zur Hälfte weiter bezahlt.

Es können bis zu 806€ der Mittel der Kurzzeitpflege für Leistungen der Verhinderungspflege genutzt werden. Die Kosten für die Verhinderungspflege sind nachzuweisen (beispielsweise über eine Rechnung).

Zur Abrechnung siehe Seite 155.

Wesentliche Punkte

Voraussetzung ist eine „Vorpflegezeit" von 6 Monaten

Der Pflegebedürftige muss mindestens 6 Monate in seiner häuslichen Umgebung gepflegt worden sein werden, bevor er einen Leistungsanspruch auf Verhinderungspflege hat. Gemeint ist hier allein ein Pflegebedarf des Pflegebedürftigen (Körperpflege, Betreuung Hauswirtschaft), der schon mehr als 6 Monate vorhanden sein muss. Das heißt jedoch nicht, dass schon ein Pflegegrad erreicht sein muss. Es geht hier lediglich um einen regelmäßigen Pflegebedarf, der schon länger als 6 Monate vorliegt, unabhängig vom Pflegegrad.

Bei Pflegebedürftigen, die bei der ersten Einstufung schon Pflegegrad 2 oder höher erhalten, kann man dann davon ausgehen, dass die Vorpflegezeit erfüllt ist, denn schon länger vorher muss/hat eine Pflegebedürftigkeit im Umfang Pflegegrad 1 vorgelegen. Dies ist nur dann nicht der Fall, wenn die Pflegebedürftigkeit plötzlich eintritt (z.B. nach Schlaganfall etc.).

Dabei ist es auch nicht wichtig, dass immer die gleiche Pflegeperson allein die gesamte Zeitdauer versorgt hat, die Versorgung können sich auch mehrere Pflegepersonen teilen. Die Versorgung muss nur schon 6 Monate in häuslicher Umgebung durchgeführt worden sein (stationäre Versorgungszeiten über 4 Wochen zählen hier nicht). Auch Sachleistungen nach § 36 bzw. § 38 sind unschädlich. Die 6-Monats-Frist wird nur einmalig vor dem ersten Bezug der Verhinderungspflege geprüft, danach steht die Leistung ohne weitere Prüfung weiterhin jährlich zur Verfügung.

Eine Pflegeperson, die den Pflegebedürftigen (mit-)pflegt, muss (mindestens) vorhanden sein: Ersatzpflege

Pflegepersonen sind Angehörige oder andere Ehrenamtliche (z. B. Nachbarn), die einen Pflegebedürftigen im Sinne der Module nach § 14 SGB XI pflegen und/oder betreuen und/oder Hilfen bei der Haushaltsführung übernehmen (siehe § 19, Seite 69).

Dabei spielt der Stundenumfang der Versorgung für die Inanspruchnahme der Verhinderungspflege keine Rolle (dieser ist nur wichtig in Hinblick auf weitere Sozialleistungen wie Unfallversicherung oder Rentenansprüche, siehe Seite 69 f.). Im Regelfall wird die eine oder mehrere Pflegepersonen im Rahmen der Einstufung im Pflegegutachten erfasst/dokumentiert und damit den Pflegekassen bekannt sein. Pflegepersonen, die erst nach der Einstufung bzw. einer Folgeeinstufung in die Versorgung einbezogen werden, können jederzeit der Pflegekasse nachgemeldet werden.

Ist tatsächlich keine Pflegeperson vorhanden, die vertreten oder ersetzt werden muss, entfällt die Grundlage für die Leistung. Wer keinerlei Pflegepersonen hat, kann diese Leistung nicht abrufen.

Pflegeperson muss nicht vorab bei der Pflegekasse gemeldet sein

Zur Prüfung der Abrechnungsfähigkeit muss die Pflegekasse prüfen, ob eine Pflegeperson an der Pflege gehindert war. Aber dies setzt nicht voraus, dass diese Pflegeperson schon vor der ‚Vertretung' bei der Pflegekasse namentlich gemeldet sein musste. Dazu gibt es keinerlei rechtliche Vorschriften. Im Gesetzestext § 19 sind Pflegepersonen folgendermaßen definiert: „Pflegepersonen im Sinne dieses Buches sind Personen, die nicht erwerbsmäßig einen Pflegebedürftigen im Sinne des § 14 in seiner häuslichen Umgebung pflegen." Weder hier noch in § 39 ist als Voraussetzung festgelegt, dass diese vor der Verhinderung bei der Pflegekasse gemeldet sein müssen. Oftmals wird von der Pflegekasse bei der Prüfung allein auf die bei der Einstufung genannten Pflegepersonen abgestellt und deshalb die Kostenübernahme abgelehnt. Das ist schon deshalb nicht sachgerecht, weil die Gutachten oft älter sind und jederzeit auch neue oder andere Pflegepersonen den Pflegebedürftigen pflegen können. Wegen der Unfallversicherung und evtl. weiterer sozialer Sicherungsleistungen ist eine Meldung sinnvoll (siehe Seite 76). Ist die Pflegeperson bisher nicht bekannt, so muss spätestens mit dem konkreten Erstattungsantrag (Rechnung) diese benannt werden (siehe unten).

Die Pflegeperson ist für einen bestimmten begrenzten Zeitraum (Stunden oder Tage) daran gehindert sein, die Versorgung durchzuführen

Als Verhinderungsgründe nennt der Gesetzestext: „Erholungsurlaub, Krankheit oder aus anderen Gründen". Ein Nachweis, warum die Pflegeperson an der Pflege gehindert ist, ist im Gesetz nicht vorgesehen, ebenso wenig wie die konkrete Nennung des Grundes. Die Pflegeperson kann tageweise, aber auch stundenweise verhindert sein, beispielsweise um einen Pflegekurs zu besuchen oder auch um zum Kegelvereinstreffen zu gehen. Wichtig ist nur die Feststellung, dass die Pflegeperson in dieser Zeit die Versorgung des Pflegebedürftigen nicht übernehmen kann. Ein weiterer wichtiger Aspekt ist, dass die Pflegeperson nicht dauerhaft verhindert ist, sondern nur für einen gewissen Zeitraum, beispielsweise für die Dauer eines Pflegekurses einige Monate lang.

Die Pflegeperson muss temporär an der Pflege „gehindert" sein

Die Verhinderungspflege ist eine Leistung, die für eine Ausnahmesituation geschaffen wurde: Die Pflegeperson ist normalerweise da, aber nun zeitweise „an der Pflege gehindert". Das heißt praktisch Folgendes: Die Verhinderungspflege kann nicht genutzt werden, wenn die Pflegeperson zu diesem Zeitpunkt dauerhaft nicht da ist: Dazu einige Beispiele:

Beispiel 1: Die Pflegeperson ist nun Donnerstagnachmittag für die nächsten drei Monate an der Übernahme der Pflege gehindert, weil sie an diesen Tagen eine Fortbildung macht. Die Pflegekasse erstattet die Verhinderungspflege.

Beispiel 2: Die Pflegeperson arbeitet ab jetzt donnerstags immer. Die Pflegekasse übernimmt keine Verhinderungspflege, denn in diesem Fall ist die Pflegeperson nicht zeitweise an der Pflege gehindert ist, sondern dauerhaft nicht da.

Es geht also immer um eine zeitweise Vertretung. Zur Verdeutlichung der Intention des Gesetzgebers sei hier aus der Gesetzesbegründung aus dem Jahr 1993 zitiert: „Die Vorschrift trägt der Tatsache Rechnung, dass den Pflegepersonen bei der Pflege ein erhebliches Ausmaß an psychischen und physischen Anstrengungen abverlangt wird und viele Pflegepersonen oft selbst schon im fortgeschrittenen Alter und nicht mehr gesund sind. **Erkrankt die Pflegeperson** oder **fährt sie in Erholungsurlaub**, gerade auch um **neue Kräfte** für die Fortsetzung der Pflegetätigkeiten **zu sammeln**, soll **dies nicht dazu führen**, dass der Pflegebedürftige in **stationäre Pflege überwechseln** muss. Gleiches gilt bei anderen wichtigen

Gründen wie Erkrankung von nahen Angehörigen der Pflegeperson ..." BR-Drucks. 505/93, Seite 113.

Pflegekräfte im Rahmen einer 24-Stunden-Versorgung sind keine Pflegepersonen

Wird die Versorgung des Pflegebedürftigen im Rahmen einer 24-Stunden-Versorgung beispielsweise durch osteuropäische Pflegekräfte organisiert und sichergestellt, können diese zwar selbst über die Verhinderungspflegeleistung finanziert werden (siehe unten: erwerbstätige Einzelpersonen, Seite 166), wenn sie andere Pflegepersonen vertreten. Fallen diese Pflegekräfte aber kurzfristig aus (z. B. weil sie spontan nach Hause müssen oder pandemiebedingt nicht zurückkommen), so kann die Vertretung nicht über die Verhinderungspflege abgerechnet werden. Denn es ist keine (ehrenamtliche) Pflegeperson verhindert, sondern eine erwerbsmäßige Pflegekraft.

Die Leistung können Pflegebedürftige in Anspruch nehmen, die zu Hause (ambulant) versorgt werden.

Pflegebedürftige, die in stationären Einrichtungen gemäß § 72 (Versorgungsvertrag) leben, erhalten dort vertragsgemäß eine umfassende Versorgung, daher sind hier keine Leistungen durch Pflegepersonen notwendig. Folglich gibt es hier auch keine Abrechnungsmöglichkeiten für die Verhinderungspflege.

In anderen stationären Einrichtungen gemäß § 71 Abs. 4, beispielsweise einem Wohnheim für Behinderte, einem Internat, aber auch in einer Tagespflege (§ 41) oder in einer Kurzzeitpflegeeinrichtung (§ 42) kann diese Leistung jedoch genutzt und mit abgerechnet werden. Dabei ist zu beachten, dass über die Verhinderungspflege lediglich die sogenannten pflegebedingten Aufwendungen (Pflege, Behandlungspflege und Betreuung) finanziert werden können, nicht jedoch Kosten für Unterkunft und Verpflegung sowie Investitionskosten (siehe hierzu Finanzierung stationärer Einrichtungen, Seite 229). Falls die Kosten durch die Einrichtung nicht differenziert ausgewiesen sind, soll ein Prozentsatz von mindestens 20 Prozent der Gesamtkosten vom Rechnungsbetrag abgezogen werden. Verhinderungspflege kann als Leistung nicht im Ausland genutzt werden (siehe jedoch Hinweis Sachleistungen, Seite 107).

Leistungen der Verhinderungspflege: Grundpflege, Hauswirtschaft und Betreuung/Begleitung

Zu den Leistungen, die die Pflegeperson bisher durchgeführt hat, gehören nicht nur die körperbezogenen Pflegemaßnahmen und die Hilfen bei der Haushaltsführung, sondern die gesamte Versorgung, insbesondere auch der Betreuung. Dazu gehören auch andere Tätigkeiten wie Betreuung und Begleitung (z. B. beim Spaziergang). Das gesamte Leistungsspektrum der Pflegepersonen soll durch die Verhinderungspflege ersetzt werden. Allerdings wird es bei reinen Leistungen der Hauswirtschaft schon die Nachfrage geben, warum die Pflegeperson nicht an einem anderen Tag dann die Reinigung machen kann. Da im Regelfall aber auch hauswirtschaftliche Tätigkeiten fast immer mit zeitgleicher Betreuung und Beaufsichtigung des Pflegebedürftigen verbunden sind, dürfen sich faktisch diese Probleme nicht ergeben.

Die Verhinderungspflege muss nicht vorher beantragt werden

Der Gesetzestext sieht vor, dass die notwendigen Kosten der Verhinderungspflege erstattet werden, wenn die Pflegeperson an der Pflege gehindert ist. Bereits aus diesem Wortlaut ergibt sich, dass diese Leistung nicht vorher zu beantragen ist, weil konkrete Kosten erst dann erstattet werden können, wenn sie angefallen und bekannt sind. Im Gemeinsamen Rundschreiben der Spitzenverbände der Pflegekassen findet sich daher auch folgender Hinweis: „Anspruchsvoraussetzung ist nicht, dass die Leistung im Voraus beantragt wird." (GKV-Rundschreiben, § 39)

Abgesehen davon wird es im Regelfall schwierig sein, eine Verhinderungspflege wegen spontaner Krankheit vor dem Bekanntwerden der Krankheit zu beantragen.

Viele Pflegekassen haben entsprechende Formulare zur Beantragung der Verhinderungspflege, obwohl kein definiertes Formular im Gesetz vorgesehen ist. Oftmals kann man auch die Verhinderungspflege pauschal für das ganze Jahr ‚beantragen'. Die Leistungsübernahme kann jedoch weder davon abhängig gemacht werden, dass sie vorher zu beantragen ist (sie wird auch durch die Rechnung beantragt), noch kann sie mit Hinweis auf den fehlenden vorherigen Antrag abgelehnt werden. Wurde nicht vorher ein ‚Antrag' gestellt, so sind bei der Abrechnung (mit Abtretungserklärung) folgende drei Informationen mitzuschicken: Welche Pflegeperson (Name, Anschrift), aus welchem Grund (Urlaub, Krankheit, anderer Grund), Dauer (tage- oder stundenweise). Auch sollte der Rechnungstext des Pflegedienstes dann anders lauten: „Antrag auf Übernahme der Kosten im Rahmen der Verhinderungspflege", denn diese Formulierung entspricht der gesetzlichen Grundlage des § 39.

Lehnt die Pflegekasse die Bezahlung ab mit dem Hinweis auf einen ‚fehlenden' Antrag, ist zwar schon die Ablehnung sachlich nicht richtig, aber der ‚fehlende' Antrag kann dann auch immer noch nachgeholt werden. Trotzdem sollte die Pflegekasse auf ihr eigenes Rundschreiben hingewiesen werden!

Die Verhinderungspflege kann überall erbracht/abgerechnet werden

Die Verhinderungspflege kann überall dort (in Deutschland) erbracht werden, wo sich der Pflegebedürftige aufhält, sei es zu Hause, bei seinen Verwandten, in einer Ferienwohnung, in einem Pflegehotel oder in der Kurzzeitpflege oder Tages-/Nachtpflege. Es gilt hier der erweitere Häuslichkeitsbegriff. Nur im Pflegeheim (vollstationäre Leistung) ist keine Leistungserbringung möglich.

Verhinderungspflege kann nur ausnahmsweise im Ausland erbracht werden

Verhinderungspflegeleistungen werden im Ausland nicht finanziert. Ausnahmsweise können die Kosten analog der Ausnahmeregelung für Pflegesachleistungen nach § 34 Abs. 1 für maximal 6 Wochen im Jahr auch dann für die Verhinderungspflege übernommen werden, wenn die Verhinderungspflege von einer mitreisenden Pflegekraft bzw. Verhinderungspflegeperson übernommen wird (siehe auch Quelle).

Wer erbringt Verhinderungspflege: (ehrenamtliche) Pflegepersonen oder Pflegekräfte/Dienste

Für die Frage der verfügbaren Mittel und der konkreten Umsetzung sind zwei Gruppen zu unterscheiden, die beide die Leistung der Verhinderungspflege erbringen können:

- (ehrenamtliche) Pflegepersonen wie andere Angehörige, Nachbarn etc., die die Leistungen nicht erwerbsmäßig erbringen
- (erwerbstätige) Pflegekräfte oder auch Dienstleister, wie Pflegedienste und andere, die die Leistungen deshalb erbringen, weil sie dafür bezahlt werden.

Für diese beiden Gruppen gelten unterschiedliche Bedingungen und Möglichkeiten der Abrechnung, daher müssen sie immer auseinandergehalten werden!

Verhinderungspflege durch Pflegedienste oder auch erwerbstätige Einzelpersonen (Pflegekräfte)

Die Verhinderungspflege kann von den Pflege- und/oder Betreuungsdiensten und/oder von zugelassenen Einzelpersonen nach § 77 erbracht werden, die Versorgungsverträge mit den Pflegekassen haben. Sie kann auch von anderen (gewerblichen) Diensten (wie gewerbliche Betreuungsdienste) erbracht werden, die ***keinen*** Versorgungsvertrag mit den Pflegekassen haben.

Neben Pflegediensten können auch andere (Einzel-) Personen die Verhinderungspflege erwerbstätig erbringen. Dies könnte beispielsweise eine Nachbarin oder ein Student sein. Die

Erwerbstätigkeit ist vor allem dadurch gekennzeichnet, dass für die Erbringung ein Stundenpreis vereinbart und in Rechnung gestellt wird; ohne diese Bezahlung würde die Leistung von den Dienstleistern nicht erbracht.

Wer die Verhinderungspflege erwerbstätig erbringt, muss für diese Leistungen eine entsprechende Rechnung ausstellen. Der Gesetzgeber hat mit dem PSG I ausdrücklich den Nachweis der Kosten verschärft. Auf eine Rechnung gehören neben einer fortlaufenden Rechnungsnummer die erbrachten Leistungen und andere Kosten (z.B. Fahrtkosten) mit den Preisen, aber auch die Adresse sowie Steuernummer des Rechnungsstellers.

Missverständnisse zur Erwerbstätigkeit

Sobald eine Leistung gegen eine konkrete Bezahlung erbracht wird, resultieren daraus entsprechende Konsequenzen (und zwar unabhängig davon, was der Leistungserbringer sonst macht, beispielsweise ob er studiert oder ansonsten nicht gewerblich tätig ist wie die Nachbarin):

- Der Leistungserbringer muss sich (wie alle anderen beruflich Tätigen) für Arbeitsunfälle (meist über die zuständige Berufsgenossenschaft) sowie auch gegen andere Schäden (Berufshaftpflicht) versichern.
- Der Leistungserbringer muss seine Einnahmen bei den Sozialversicherungen angeben und evtl. entsprechende Beiträge zahlen (auch wenn es hier je nach Beschäftigungsart- und -dauer Ausnahmeregeln geben kann, z.B. für Studenten).
- Der Leistungserbringer muss die Einnahmen in seiner Steuererklärung angeben. Denn wenn er nur die Leistungen erbringt, weil er pro Stunde eine Vergütung erhält, ist dies keine ehrenamtliche Tätigkeit mehr.

Wenn der Leistungserbringer diese verschiedenen Punkte nicht klärt und regelt, könnte es sich um klassische „Schwarzarbeit“ handeln. Und würden beispielsweise Schäden auftreten (Unfall, Sachschaden), wäre keine Versicherung zuständig.

Missverständlicher Gesetzestext?

Bei der Frage, ab welcher Entgelthöhe es sich eindeutig um Erwerbstätigkeit handelt, scheint der Gesetzestext selbst unklar zu sein, denn hier steht: „Die **Aufwendungen** der Pflegekasse können sich im Kalenderjahr auf bis zu 1 612 Euro belaufen, wenn die Ersatzpflege durch **andere Pflegepersonen sichergestellt** wird als solche, die mit dem Pflegebedürftigen bis zum zweiten Grad verwandt oder verschwägert sind oder die mit ihm in häuslicher Gemeinschaft leben.“ (§ 37, Abs. 1 letzter Satz).

Folgende Begriffe müssen geklärt werden:

- Pflegepersonen sind lt. SGB XI, § 19 immer ehrenamtlich tätige Personen, die diese Tätigkeit nicht für Geld (besser übersetzt mit „Stundenlohn") übernehmen.
- Aufwendungen: Der Begriff „Aufwendungen" umfasst nicht allein die Kosten der konkreten Leistung, sondern auch weitere Aufwendungen, wie Fahrtkosten oder andere Sachkosten.

Hier ist also nicht formuliert, dass Pflegepersonen mehr ‚abrechnen' dürfen als das entsprechende Pflegegeld (je nach Pflegegrad) sowie ‚Spesen'.

Zur weiteren Klarstellung ein Zitat der Deutschen Rentenversicherung: „Bei der Pflege durch Familienangehörige oder Verwandte **gehen wir grundsätzlich** davon aus, dass Sie Ihre Pflege **ehrenhalber** – also „nicht erwerbsmäßig" ausüben. Dabei spielt es meist keine Rolle, ob Sie als Pflegende dafür eine finanzielle Anerkennung erhalten. Gleiches gilt auch bei der Pflege von z.B. Nachbarn oder Bekannten.

Sollten Sie allerdings als Pflegeperson **vom zu Pflegenden mehr Geld für Ihre Fürsorge** erhalten als die Pflegekasse für **selbst beschaffte Pflegehilfen** zahlt, wird diese prüfen, ob vielleicht ein „echtes" Pflege-Beschäftigungsverhältnis vorliegt. Dann ist dies keine nicht erwerbsmäßige Pflege mehr." https://www.deutsche-rentenversicherung.de/DRV/DE/Rente/Familie-und-Kinder/Angehoerige-pflegen/angehoerige-pflegen_node.html

Verhinderungspflege durch andere Pflegepersonen: Vereinfachte Prüfung

Zur Vereinfachung des Prüfverfahrens hat der Gesetzgeber folgende Regelungen in den Gesetzestext geschrieben:

Bei anderen Pflegepersonen, die mit dem Pflegebedürftigen bis zum zweiten Grade (Ehepartner, Kinder, Enkelkinder, Geschwister) verwandt oder verschwägert sind oder die mit ihm in häuslicher Gemeinschaft leben, darf die Pflegekasse zunächst davon ausgehen, dass die Verhinderungspflege ehrenamtlich erfolgt. Auch deshalb wird in den Anträgen zur Verhinderungspflege immer nach dem möglichen Verwandtschaftsgrad oder dem Wohnort gefragt. Ist eine dieser Bedingungen erfüllt, geht die Pflegekasse automatisch davon aus, dass es sich hier um eine Vertretung durch eine (ehrenamtlich tätige) Pflegeperson handelt und damit die entsprechenden Finanzierungsregelungen greifen.

Natürlich könnte auch beispielsweise die Enkelin, die Pflegefachkraft ist, die Verhinderungspflege erwerbstätig erbringen und abrechnen. Dann wäre dies aber entsprechend gegenüber der Pflegekasse zu erklären. Die Gesetzesvorschrift dient nur der Verwaltungsvereinfachung, kann aber andere Möglichkeiten nicht ausschließen.

Bei Verhinderungspflege durch andere Pflegepersonen nur Leistungen in Höhe des Pflegegeldes

Bei Pflege durch die Pflegepersonen stehen Leistungen in Höhe des jeweiligen Pflegegeldes zur Verfügung. Das ist auch nachvollziehbar, sonst würde die ehrenamtliche Ersatzpflegeperson deutlich mehr Geld bekommen als die normale Pflegeperson. Allerdings gibt es hier einige Besonderheiten zu beachten:

- Da die Leistung der Verhinderungspflege für bis zu 6 Wochen möglich ist, steht für die Vergütung auch das entsprechende 1,5 fache monatliche Pflegegeld zur Verfügung.
- Nach einem Urteil des BSG (B 3 P 6/11 R vom 12.07.2012) ist im Rahmen der Verhinderungspflege die Pflegegeldhöhe nicht pro Tag zu berechnen und zu begrenzen, sondern steht als Gesamtbudget für maximal 6 Wochen zur Verfügung. Es kann also auch in einem kürzeren Zeitraum komplett ausgegeben werden.

Maximale "Entlohnung" Pflegepersonen (unabhängig von Dauer)				
	Pflegegrad 2	Pflegegrad 3	Pflegegrad 4	Pflegegrad 5
Pflegegeld § 37 pro Monat	316 €	545 €	728 €	901 €
Verhinderungspflege	**474,00 €**	**817,50 €**	**1.092,00 €**	**1.351,50 €**
Frei für zusätzlich nachgewiesene 'Spesen'				
Verhinderungspflege	1.138 €	795 €	520 €	261 €
+ 806 € Kurzzeitpflege	1.944 €	1.601 €	1.326 €	1.067 €

Beispiel Pflegegrad 3

Die Schwester als Pflegeperson des Vaters fährt für 3 Wochen in den Urlaub, der Bruder übernimmt die Ersatzpflege: Er kann für diese Zeit maximal 817,50 € als ‚Dankeschön' bekommen. Darüber hinaus kann er z.B. noch Fahrtkosten geltend machen, dafür steht das Restbudget in Höhe von 795,50 € (evtl. auch noch plus Kurzzeitpflege von 806 €) zur Verfügung. Oder das Budget kann später noch für Leistungen anderer gewerblicher Dienstleister oder Pflegekräfte in Anspruch genommen werden.

Um nicht den Anschein einer ‚Vergütung' zu wecken, sollte der Bruder keine ‚Rechnung' oder Ähnliches stellen/unterschreiben, in der beispielsweise eine Stundenvergütung ausgewiesen ist. Eine Quittung über die Gesamtsumme dürfte ausreichen und sachgerechter sein, denn es handelt sich hier nur um ein „Dankeschön", nicht um eine echte Vergütung!

Eine Aufstellung nach Stunden, Stundenvergütung sowie Gesamtsumme würde beispielsweise dem Finanzamt genügend Hinweise auf eine gewerbliche und damit steuerpflichtige Tätigkeit geben!

Spesen und andere Kosten bei Vertretung durch Pflegepersonen

Pflegepersonen können neben dem ‚Dankeschön' noch die Kosten refinanziert bekommen, die sie zusätzlich hatten. Das dürften insbesondere Fahrtkosten sein. Diese werden bei Fahrten mit dem Auto mit 20 Cent pro Kilometer von den Pflegekassen vergütet (die Höhe und Regelung stammt aus dem Bundesreisekostengesetz, das hier angewandt wird). Ansonsten sind entsprechende Nachweise wie Bahnfahrkarten etc. vorzulegen. Möglich wäre auch die Erstattung von Verdienstausfall, wenn der Bruder beispielsweise unbezahlten Sonderurlaub genommen hätte. Dieser ist vom Arbeitgeber zu bestätigen. Bei Selbständigen wird der Ausfall auf der Basis des bisherigen Einkommens (Einkommensteuerbescheid des Vorjahres) und des daraus ersichtlichen Nettos errechnet.

Weiter gezahltes Pflegegeld bei Abwesenheit der verhinderten Pflegeperson

Wenn die zu vertretende Pflegeperson länger als acht Stunden pro Tag nicht anwesend ist und vertreten wird, dann wird das (soweit bisher vorhanden und ausgezahlte) Pflegegeld während der Abwesenheitstage zu 50 % weiter gezahlt. Unabhängig davon wird am ersten und letzten Tag der Verhinderung jeweils das volle Pflegegeld ausgezahlt.

Ist die Pflegeperson allerdings nicht den vollen Tag (länger als acht Stunden), sondern nur stundenweise (z.B. für den Nachmittag) verhindert und zu vertreten, erfolgt keine Kürzung des bisherigen Pflegegeldes.

Unterschiede ehrenamtliche Pflegepersonen und erwerbstätige Pflegekräfte

In der folgenden Grafik sind die unterschiedlichen Punkte und Konsequenzen dargestellt, die ehrenamtliche Pflegepersonen von erwerbstätigen Pflegekräften (seien es Nachbarn, Studenten, andere Dienstleister) unterscheiden.

Leistungsbetrag pro Jahr bis zu 1.612,– €

Der Leistungsbetrag gilt als Maximalbetrag pro Jahr, bei Pflegegrad 2 - 5. Wird der Betrag in einem Jahr nicht ausgeschöpft, verfällt er. Der Leistungsbetrag gilt pro Kalenderjahr und Pflegebedürftigem, nicht pro Pflegeperson. Da der Leistungsbetrag ein Jahresbetrag ist, kann der Pflegebedürftige entscheiden, wann er ihn nutzen will. Ob schon das gesamte Budget im Januar aufgebracht wird oder auf das Jahr verteilt, ist allein seine Entscheidung.

Allerdings sollte mit der Leistungsnutzung nicht immer bis zum Jahresende gewartet werden, wenn dann im Regelfall kaum noch Möglichkeiten der Nutzung bestehen (z.B. wegen mangelnder Kapazitäten der Pflegedienste am Jahresende).

Unterschied zwischen Pflegepersonen und Pflegekräften

	Pflegeperson ehrenamtlich tätig	Pflegekraft/Fachkraft erwerbstätig
	Zeitraum der Vertretung	
Tageweise	möglich	möglich
Stundenweise	nicht möglich, da Pflegegeld nur 'tageweise' berechnet wird	möglich
	Nachweis des Aufwandes	
Nachweis Kosten	Nachweis Summe (keine Einzelaufstellung von Stunden und Preis)	Rechnung mit Umfang, Preis und Gesamtpreis
	Bezahlung	
Arbeitszeit	ohne Bezahlung	(nur) gegen Geld tätig
Weitergabe Pflegegeld	nur "Dankeschön"	unabhängig von der Höhe
Ausgaben wie Fahrtkosten	möglich	im Rahmen Rechnung
	Versicherung	
Unfallversicherung	normale Krankenversicherung ab 10Std./2 Tage/Woche Pflege: Gesetzliche Unfallversicherung	über Berufsgenossenschaft kostenpflichtig versichert
Haftpflichtversicherung	Privat-Haftpflicht	Berufshaftpflichtversicherung abschließen
	Steuer	
bis Höhe Pflegegeld des Pflegegrads	wird 'ehrenamtliche' 'Tätigkeit vermutet, nicht steuerpflichtig	Steuerpflichtig unabhängig von der Höhe
höhere Beträge	dann Erwerbstätigkeit und steuerpflichtig	
	Andere Sozialleistungen	
	im Prinzip keine Anrechnung, solange ehrenamtlich	volle Anrechnung
	Sozialversicherungspflicht	
	keine Berücksichtigung	keine Berücksichtigung, solange unter 450 €/pro Monat oder weniger als 3 Monate pro Jahr

Nutzung von bis zu 806 € der Kurzzeitpflege

Seit 2015 bis 2021 können, soweit nicht schon genutzt, bis zu 806 € der Kurzzeitpflegeleistung, also 50 % des jährlichen Budgets für die Verhinderungspflege mit genutzt werden. Damit erhöht sich das verfügbare Budget für Verhinderungspflegeleistungen dann auf 2.418 €. Zwar wird die Kurzzeitpflegeleistung 2022 deutlich erhöht, aber der Nutzungsbetrag für die Verhinderungspflege bleibt bei 806 €, weil im Gesetzestext der Eurobetrag ausgewiesen ist.

Der Gesetzgeber hat die Umwidmung/Nutzung der Kurzzeitpflegeleistung damit begründet, dass einerseits gar nicht alle Pflegebedürftigen die Kurzzeitpflege nutzen oder nutzen können (Anzahl der Plätze). Andererseits konnte und kann weiterhin für die Kurzzeitpflege das volle Budget der Verhinderungspflege genutzt werden.

Bei Anträgen (siehe Seite 165) oder Abrechnung ist gegebenenfalls mit anzugeben, ob diese Leistungsbeträge für die Finanzierung genutzt werden sollen oder nicht.

Bei stundenweiser Abrechnung spielt die Begrenzung auf 42 Tage pro Jahr keine Rolle

Im Gesetzestext ist geregelt, dass die Verhinderungspflege auf maximal 42 Tage und auf den Höchstbetrag begrenzt ist. Dabei spielt die Tagesgrenze nur dann eine Rolle, wenn die zu vertretende Pflegeperson auch tageweise (mehr als 8 Stunden pro Tag) an der Pflege gehindert ist. Ist sie beispielsweise im Urlaub, kann ein Dienstleister oder eine andere Pflegeperson die Vertretung für maximal 42 Tage abrechnen, unabhängig vom nutzbaren Geldbetrag. Dazu ein Beispiel: Eine Pflegeperson ist für 50 Tage im Urlaub, der Pflegedienst soll nachmittags einmal vorbeischauen. Der Pflegedienst stellt dafür 10,00 € pro Tag in Rechnung, insgesamt 500 €. Wegen der Tagesgrenze erstattet die Pflegekasse jedoch nur 420 € (42 Tage).

Allerdings kann der restliche Leistungsbetrag für eine weitere stundenweise Abwesenheit weiterhin genutzt werden (siehe GKV-Rundscheiben zum Leistungsrecht zu § 39).

Ist die Pflegeperson an weniger als 8 Stunden pro Tag an der Versorgung gehindert (und werden deshalb auch weniger als 8 Stunden vertreten), wird die Tagesgrenze nicht angewendet, es zählt dann nur der Höchstbetrag. Das kann auch bei Krankheit der Fall sein, wenn die Pflegeperson beispielsweise wegen eines akuten Bandscheibenvorfalls die Körperpflege nicht durchführen kann, aber später das Frühstück machen sowie die Beaufsichtigung beim Frühstücken übernehmen kann.

Wichtig ist die Einschränkung, dass im Prinzip eine stundenweise Berücksichtigung bei der Erbringung durch (ehrenamtliche) Pflegepersonen nicht möglich ist. Denn das Pflegegeld wird im Prinzip nur tageweise berechnet. Also würde auch eine stundenweise Ersatzpflege durch (ehrenamtlich tätige) Pflegepersonen immer als „Tag" zählen. Die (evtl.) weitere stundenweise Abrechnung kann dann nur noch über (professionelle) Dienstleister/ erwerbstätige Einzelpersonen erfolgen.

Welche Leistungsart rechnet der Pflegedienst ab?

Bei der Verhinderungspflege wird die Pflegeperson vertreten, folglich sind die Leistungen zu erbringen bzw. zu vertreten, die die Pflegeperson im Rahmen der ‚Pflege' erbracht hat.

In der Praxis kann der Pflegedienst zwei Abrechnungswege wählen:

Analog dem SACHLEISTUNGSKATALOG abrechnen: Das ist zu empfehlen, wenn explizit nur Körperpflegeleistungen im Rahmen der Verhinderungspflege zu erbringen sind.

VERHINDERUNGSPFLEGE NACH ZEIT abrechnen: Auf dem Leistungsnachweis zur Verhinderungspflege ist dann die Dauer der Leistung dokumentiert, jedoch kein konkreter Inhalt.

Die zweite Variante ist immer dann zu empfehlen, wenn keine konkrete Körperpflege wie das Duschen vertreten werden soll, sondern andere Tätigkeiten.

Andere Pflegeleistungen (z. B. Pflegesachleistungen oder Pflegegeld) bleiben während der Nutzung der Verhinderungspflege unberührt

PFLEGESACHLEISTUNGEN: Da Pflegepersonen selbst bei ausgeschöpften Pflegesachleistungen für die Sicherstellung der gesamten Pflege notwendig sind (siehe Hintergrund und Seite 114), bleiben diese die Sachleistungen unabhängig von der Verhinderung der Pflegepersonen bestehen. D. h. der Pflegedienst erbringt neben den vereinbarten Sachleistungen zusätzlich die Verhinderungspflege zur Vertretung der Pflegeperson und rechnet beides ab.

PFLEGEGELD: Das Pflegegeld wird tageweise berechnet (siehe § 37 Abs. 2). Ist die Pflegeperson für einen kompletten Tag (oder mehrere Tage, beispielsweise Urlaub) verhindert und wird dafür die Verhinderungspflege in Anspruch genommen, entfällt für diese Tage das komplette Pflegegeld (für den jeweils ersten und letzten Tag der Verhinderungspflege wird das Pflegegeld jedoch gezahlt), es wird dann aber hälftig weiter gezahlt. Das Pflegegeld wird allerdings nicht gekürzt, wenn die Pflegeperson nicht pro Tag, sondern weniger als 8 Stunden am Tag an der Pflege gehindert ist, da dann die Pflegepersonen für die restliche Zeit des Tages die Pflege weiterhin sicherstellt.

Die obigen Ausführungen gelten entsprechend für die Kombinationsleistung. In Anspruch genommene Leistungen der Tagespflege bleiben ebenfalls unberührt, weil nach der Tagespflege die weitere Versorgung zu Hause auch durch Pflegepersonen sichergestellt werden muss.

Hintergrund

Die meisten Pflegebedürftigen werden weiterhin zu Hause und zum größten Teil (2019 zu ca. 68 % lt. Bundespflegestatistik) allein durch Angehörige (Pflegepersonen) versorgt. Ohne ihre Unterstützung und Hilfe müssten die Pflegebedürftigen sonst oftmals stationär versorgt werden, da auch alleinige Pflegesachleistungen nicht die notwendige Versorgung sicherstellen können und sollen (siehe *§ 4 SGB XI, Absatz 2: „Bei häuslicher und teilstationärer*

Pflege ergänzen die Leistungen der Pflegeversicherung die familiäre, nachbarschaftliche oder sonstige ehrenamtliche Pflege und Betreuung").

Die Pflegeversicherung hat von Beginn an die Pflegepersonen besonders unterstützt und eigenständige Leistungen für ihre Entlastung eingeführt, vor allem die Verhinderungspflege (§ 39), aber auch Leistungen der sozialen Sicherung (§ 44) und seit Juli 2008 Leistungen des Pflegezeitgesetzes.

Die Pflegepersonen haben damit das Recht, sich zeitweise vertreten zu lassen. Sie können und sollten diese Zeit vor allem auch zur persönlichen Erholung nutzen (z. B. Urlaub oder regelmäßige Freizeitaktivitäten), schließlich steht der Erholungsurlaub an erster Stelle der Aufzählung von Ausfallgründen (siehe Gesetzestext). Das Stichwort „Erholungsurlaub" verdeutlicht zugleich, dass es sich um ein regelmäßig zu nutzendes Angebot handelt, das nicht allein auf Notfälle abstellt („Krankheit" steht erst an zweiter Stelle der Verhinderungsgründe).

Sie sind dann besser in der Lage, sich um den Pflegebedürftigen zu kümmern und ihn länger zu Hause zu versorgen, was nicht nur dem Grundsatz: „Ambulant vor Stationär" entspricht, sondern auch finanziell die Pflegeversicherung entlastet (stationäre Pflege ist in der Regel teurer).

Trotz dieses sinnvollen Ziels wird diese Leistung noch wenig in Anspruch genommen, dies mag wohl auch auf mangelnde Aufklärung und Beratung zurückzuführen sein.

Aus den Leistungsausgaben der Sozialen Pflegeversicherung 2020 kann man ablesen, dass immerhin schon 1.63 Milliarden Euro für Leistungen der Verhinderungspflege ausgegeben werden. Vereinfacht umgerechnet (Betrag Verhinderungspflege x Anzahl Pflegebedürftiger der Sozialen Pflegeversicherung) bedeutet dies, dass rechnerisch nur ca. 29 % der Pflegebedürftigen die Leistung genutzt haben! (Tatsächlich dürften es mehr Pflegebedürftige sein, wenn der Leistungsbetrag nicht immer ausgeschöpft wird.)

Geplante Änderung der Ampelkoalition

Lt. Koalitionsvertrag soll das Budget der Verhinderungspflege sowie der Kurzzeitpflege in ein „Entlastungsbudget mit Nachweispflicht" zusammengelegt werden. Begründet wird dies damit, dass Familien von Kindern mit Behinderung ansonsten die Kurzzeitpflegeleistung nicht (vollständig) nutzen können. Faktisch bezieht sich diese Begründung zwar nur auf die sehr kleine Gruppe von pflegebedürftigen Kindern (3,9 % der Pflegebedürftigen sind unter 16 Jahre alt). Durch die Erweiterung würden im Rahmen der Verhinderungspflege statt 2.418 € dann weiter 968 € für die Verhinderungspflege genutzt werden. Die verbesserte Nachweispflicht soll Missbrauch vorbeugen, wie sie dann ausgestaltet wird, ist nicht beschrieben.

Hinweise zur Beratung

Pflegepersonen müssen lernen, an sich selbst zu denken

Pflegepersonen sind für die Versorgung zu Hause unverzichtbar. Je länger sie selbst in der Lage sind, zur Versorgung des Pflegebedürftigen beizutragen, umso länger kann dieser zu Hause bleiben. Pflegepersonen sind meist Lebenspartner oder Kinder. Beiden Gruppen fällt es oftmals schwer, auch an sich selbst zu denken. Umso wichtiger sind der Impuls und das Angebot von Außenstehenden, einmal für sich selbst Zeit zu reservieren. Sprachlich sollte man weniger von Verhinderungspflege reden, weil dies dahingehend missverstanden werden kann, dass die Pflegeperson durch äußere Umstände wie Krankheit oder Unfall verhindert sein muss. Man ist auch verhindert, wenn man einfach mal Zeit zum Einkaufen oder Bummeln nutzen möchte und braucht. Stichworte wie „Erholungszeit", „Zeit für Sie" oder ähnlich positiv besetzte Formulierungen sind hier hilfreicher.

Verhinderungspflege ist nicht allein eine Notfalllösung

Die Verhinderungspflege wird meist nur als reine Notfalllösung verstanden. Dabei zeigt schon der Gesetzestext, dass die Erholung der Pflegeperson an erster Stelle steht („Ist eine Pflegeperson wegen Erholungsurlaub, Krankheit oder aus anderen Gründen ..." § 39, Satz 1). Der Begriff „Erholungsurlaub" beinhaltet den regelmäßigen Urlaub mit dem Ziel der Erholung, um danach gestärkt weiterarbeiten zu können. Die Verhinderungspflege ist damit nicht allein als Notfallversorgung gedacht, wie sie meist interpretiert wird.

Auch Termine in der Woche können mit der Verhinderungspflege vertreten werden, beispielsweise der Pflegekurs oder der Elternabend oder auch der Friseurtermin, etc.

Öfter möchten Pflegepersonen die Verhinderungspflege nicht nutzen, um im Notfall auf sie zurückgreifen zu können. Meist tritt der Notfall nicht ein und die Leistung verfällt ungenutzt. Hier könnte man den Vorschlag machen, die Leistung für das Jahr einzuteilen und je nach Jahresfortschritt schon etwas zu verbrauchen. Außerdem bleibt als Notfallversorgung weiterhin die Kurzzeitpflege vollständig erhalten, da sie eine eigenständige Leistung ist.

Die Verhinderungspflege ersetzt nur den Anteil, den die Pflegeperson kurzfristig nicht übernehmen kann, daher können die vereinbarten Sachleistungen weiter abgerechnet werden.

Die Verhinderungspflege verfällt am Jahresende, man kann also nichts aufsparen. Unabhängig davon, wer (z. B. auch andere Dienstleister oder Nachbarn etc.) über die Verhinderungspflege dafür sorgt, dass die Pflegeperson mehr Zeit für sich hat, ist es gut für die weitere häusliche Versorgung.

Die Verhinderungspflege nicht missbrauchen!

Die Verhinderungspflege ist nicht dazu da, die systematisch notwendigen Eigenanteile in der laufenden Versorgung zu reduzieren. Wenn der Pflegedienst beispielsweise morgens immer die Versorgung übernimmt und am Freitag die Leistungen über Verhinderungspflege abrechnet, ist das nicht sachgerecht: Argumentativ würde das ja heißen: Die Pflegeperson kann von Montag bis Donnerstag nicht, Freitag übernimmt sie die Pflege, ist aber immer „ausnahmsweise" verhindert! Das ist, faktisch, ein Missbrauch der Leistung. Wenn die Pflegeperson regelmäßig nicht da ist, dann ist sie nicht an der Pflege „gehindert" (wie es im Gesetzestext heißt), sondern schlicht nicht da. Auch wenn in manchen Antragsformularen der Pflegekassen als Verhinderungsgrund „Entlastung der Pflegeperson" auftaucht, ist eine regelmäßige Abrechnung damit nicht möglich.

Es tauchen in der Praxis auch fragwürdige Tipps und Geschichten auf, in denen die Nachbarin eine Quittung für die Erbringung der Verhinderungspflege unterzeichnet, aber nicht die Leistung erbringt, sondern die Familie das Geld kassiert: Das ist dann schlicht Leistungsbetrug und sollte auch so benannt werden!

Pflegeperson muss ‚wissen', dass sie verhindert ist!

Natürlich ist es logisch, dass wenn Verhinderungspflege erbracht werden soll, die Pflegeperson nicht nur an der Pflege gehindert ist, sondern sie dies auf Nachfrage der Pflegekassen auch bestätigen kann und sollte. Oft kommt es in der Praxis vor, dass Pflegekassen vor der Begleichung der Rechnung die Pflegepersonen direkt befragen, ob sie verhindert waren oder nicht. Wenn diese dann sagen: „Nun ja, eigentlich wären sie gar nicht verhindert gewesen" oder: „Ich wusste gar nicht, was der Pflegedienst da abrechnet!", dann muss die Pflegekasse zu Recht die Bezahlung ablehnen und gegenüber dem Pflegedienst misstrauisch werden.

Preisvergleich nicht scheuen

Im Vergleich zu Einzelpersonen wie Nachbarn, die diese Leistung für deutlich niedrigere Stundensätze anbieten könnten, werden die Preise des Pflegedienstes höher sein. Argumentativ sollten die Unterschiede aber deutlich gemacht werden:

- die Leistungserbringung ist auch bei Krankheit oder sonstigem Ausfall eines Mitarbeiters gewährleistet,
- die Mitarbeiter sind ausgebildet (Notfall, Lebenssituation im Alter, bestimmte Krankheitsbilder): das soll jedoch nicht heißen, dass andere schlechter arbeiten oder schlechter ausgebildet sind,
- im Notfall ist die Rufbereitschaft des Pflegedienstes erreichbar und kann helfen,

- eine qualifizierte Fachaufsicht wird durch die Pflegedienstleitung gewährleistet,
- eine Haftpflichtversicherung sichert Schäden ab,
- Sozialabgaben etc. werden abgeführt.

Hinweise zur internen Umsetzung

Alle Mitarbeiter (einschließlich Hauswirtschaft, Hilfskräften und Aushilfen) zu diesem Thema schulen

Für die Akzeptanz und die Nutzung ist es hilfreich, dass alle Mitarbeiter des Pflegedienstes die Chancen der Verhinderungspflege kennen und zumindest ansatzweise erklären können, denn die Verhinderungspflege stabilisiert die Versorgung zu Hause. Und wenn der Mitarbeiter, der jeden Tag da ist, der Ehefrau sagt, sie dürfte jetzt mal in Ruhe zum Friseur gehen, im Rahmen der Verhinderungspflege könnte er in der Zeit den Mann betreuen, dann hat das eine andere Wirkung als ein Handzettel oder ein Angebot während einer Pflegevisite.

Bei allen Sachleistungskunden sollte regelmäßig die Nutzung der Verhinderungspflege geprüft werden

Moderne Softwareprogramme sollten in der Lage sein, die Nutzung der Verhinderungspflege zu überwachen. Die Leistung sollte spätestens bei den Pflegevisiten angesprochen werden. Ebenso bei Beratungsbesuchen nach § 37.3. Jede Nutzung der Verhinderungspflege ist ein Erfolg und stabilisiert potenziell die häusliche Versorgung, selbst wenn die Nachbarin oder ein anderer Dienstleister die Verhinderungspflege übernimmt.

Verstärkte Prüfung durch Pflegekassen

Weil die Leistung in den letzten Jahren hohe Steigerungsraten gehabt hat, prüfen die Pflegekassen nun öfter die Grundlage und Abrechnung der Leistung. Insbesondere wird bei den Pflegepersonen und Pflegebedürftigen nachgefragt, ob jemand verhindert war und für welchen Zeitraum. Das ist so weit legitim, zumal es in diesem Bereich auch zu Betrugsfällen (Scheinabrechnungen) kommt, wie beispielsweise die AOK Hessen 2014 veröffentlicht hat. Wichtig ist eine sachgerechte Aufklärung über die Leistung: Wenn sie in Anspruch genommen werden soll, müssen die Pflegepersonen auch wissen, dass sie mithilfe dieser Leistung vertreten werden.

Quellen

§ 39 Häusliche Pflege bei Verhinderung der Pflegeperson

(1) Ist eine Pflegeperson wegen Erholungsurlaubs, Krankheit oder aus anderen Gründen an der Pflege gehindert, übernimmt die Pflegekasse die Kosten einer notwendigen Verhinderungspflege für längstens sechs Wochen je Kalenderjahr; § 34 Abs. 2 Satz 1 gilt nicht. Voraussetzung ist, dass die Pflegeperson den Pflegebedürftigen vor der erstmaligen Verhinderung mindestens sechs Monate in seiner häuslichen Umgebung gepflegt hat und der Pflegebedürftige zum Zeitpunkt der Verhinderung mindestens in Pflegegrad 2 ist. Die Aufwendungen der Pflegekassen können sich im Kalenderjahr auf bis zu 1.612 Euro belaufen, wenn die Verhinderungspflege durch Pflegepersonen sichergestellt wird, die mit dem Pflegebedürftigen nicht bis zum zweiten Grad verwandt oder verschwägert sind und nicht mit ihm in häuslicher Gemeinschaft leben.
(2) Der Leistungsbetrag nach Absatz 1 Satz 3 kann um bis zu 806 Euro aus noch nicht in Anspruch genommenen Mitteln der Kurzzeitpflege nach § 42 Absatz 2 Satz 2 auf insgesamt bis zu 2 418 Euro im Kalenderjahr erhöht werden. Der für die Verhinderungspflege in Anspruch genommene Erhöhungsbetrag wird auf den Leistungsbetrag für eine Kurzzeitpflege nach § 42 Absatz 2 Satz 2 angerechnet.

(3) Bei einer Verhinderungspflege durch Pflegepersonen, die mit dem Pflegebedürftigen bis zum zweiten Grade verwandt oder verschwägert sind oder mit ihm in häuslicher Gemeinschaft leben, dürfen die Aufwendungen der Pflegekasse regelmäßig den Betrag des Pflegegeldes nach § 37 Absatz 1 Satz 3 für bis zu sechs Wochen nicht überschreiten. Wird die Verhinderungspflege von den in Satz 1 genannten Personen erwerbsmäßig ausgeübt, können sich die Aufwendungen der Pflegekasse abweichend von Satz 1 auf den Leistungsbetrag nach Absatz 1 Satz 3 belaufen; Absatz 2 findet Anwendung. Bei Bezug der Leistung in Höhe des Pflegegeldes für eine Verhinderungspflege durch Pflegepersonen, die mit dem Pflegebedürftigen bis zum zweiten Grade verwandt oder verschwägert sind oder mit ihm in häuslicher Gemeinschaft leben, können von der Pflegekasse auf Nachweis notwendige Aufwendungen, die der Pflegeperson im Zusammenhang mit der Verhinderungspflege entstanden sind, übernommen werden. Die Aufwendungen der Pflegekasse nach den Sätzen 1 und 3 dürfen zusammen den Leistungsbetrag nach Absatz 1 Satz 3 nicht übersteigen; Absatz 2 findet Anwendung.

Ruhensvorschrift § 34 Abs. 1, aus dem Rundschreiben zum Leistungsrecht (Quelle), Seite 267:

1. Auslandsaufenthalt

(1) Der Anspruch auf Leistungen nach dem SGB XI ruht, solange sich der Versicherte im Ausland aufhält. Bei vorübergehendem Auslandsaufenthalt von bis zu sechs Wochen im

Kalenderjahr ist das Pflegegeld nach § 37 SGB XI oder das anteilige Pflegegeld nach § 38 SGB XI weiter zu gewähren. Dies gilt seit 01.01.2013 auch für das Pflegegeld nach § 123 SGB XI. Für die Pflegesachleistungen nach §§ 36 und 123 SGB XI gilt dies nur, soweit die Pflegekraft, die ansonsten die Pflegesachleistung erbringt, den Pflegebedürftigen während des Auslandsaufenthaltes begleitet. In Anlehnung an diese Regelung besteht bei vorübergehendem Auslandsaufenthalt und aus Deutschland heraus organisierter Ersatzpflege (mitreisende Verhinderungspflegekraft) auch Anspruch auf Leistungen bei Verhinderung der Pflegeperson nach § 39 SGB XI (vgl. Urteil des Landessozialgerichts Baden-Württemberg vom 11.05.2007, Az.: L 4 P 2828/06). Diese Regelung gilt weltweit.

15 Entlastungsbetrag (§ 45b)

Kurzdarstellung

Seit 2015 (ab PSG I, mit PSG II unverändert) erhalten alle Leistungsbezieher zusätzlich zu den Sachleistungen einen Entlastungsbetrag, der zweckgebunden für Betreuung und Entlastung einzusetzen ist. Die Leistung ist eine Kostenerstattungsleistung, die nur bei zugelassenen Anbietern (Tages- und Nachtpflege, Kurzzeitpflege, Pflegedienste, nach Landesrecht zugelassene Angebote) genutzt werden kann.

Es gibt eine einheitliche Leistung von 125 € für jeden Pflegebedürftigen ab Pflegegrad 2, Pflegegrad 1 siehe Seite 149.

Nicht im Jahr ausgeschöpfte Leistungsbeträge können ins Folge-Halbjahr übertragen werden. Auch Mittel der Verhinderungspflege können für die Finanzierung dieser Leistung genutzt werden.

Die Kriterien für nach Landesrecht zugelassene Einrichtungen sind in § 45a zusammengefasst.

Wesentliche Punkte

Entlastungsbetrag für alle

Ab 2015 (PSG I) steht das Budget des nun so genannten Entlastungsbetrages in Höhe von 125 € allen Pflegebedürftigen zu. Die Leistung heißt formal „Entlastungsbetrag", umgangssprachlich wird oft (und passender) von „Entlastungsleistung" gesprochen.

Der Gesetzgeber hat auch nochmal klargestellt, dass diese Leistung ohne vorherigen Antrag allen Pflegebedürftigen zur Verfügung steht!

Die Leistungen stehen als Monatsbetrag zur Verfügung. Da es sich um Monatsbeträge handelt, kann das Geld nicht im Vorgriff (wie bei einem Jahresbetrag) abgerufen werden. Nicht verbrauchte Leistungen aus dem Vorjahr können aber in den Folgemonaten des nächsten Halbjahrs noch abgerufen werden. Beispiel: Alle Leistungen aus 2021 müssen bis spätestens Ende Juni 2020 abgerufen werden, sonst verfallen sie.

In Pandemiezeiten gab/gibt es Sonderregelungen zur Nutzung und zur Übertragung in spätere Zeiträume, die hier aber nicht aufgeführt werden.

Die Leistung ist eine Kostenerstattungsleistung (siehe Seite 155).

Keine Anrechnung auf Leistungen der Sozialhilfe

Gemäß §§ 45b, Abs. 3 ist geregelt, dass diese zusätzlichen Leistungen (nach 45b) bei den Fürsorgeleistungen zur Pflege nach dem SGB XII nicht angerechnet werden, sondern damit zusätzlich zur Verfügung stehen. Dies war auch vor 2017 schon so geregelt, damals noch in § 13, Abs. 3a in der Fassung bis 2016.

Das heißt auch praktisch, dass der Sozialhilfeträger nicht seine Leistungen z.B. der Haushaltshilfe entsprechend kürzen darf mit dem Hinweis, dafür stünde ja das Geld des Entlastungsbetrags zur Verfügung. Der Sozialhilfeträger muss die notwendige hauswirtschaftliche Versorgung unabhängig vom Entlastungsbetrag finanzieren!

Erstattung der Aufwendungen im Zusammenhang mit der Nutzung von Angeboten

Anders als bei allen anderen Sachleistungen sowie der Verhinderungspflege kann dieses Budget für die Finanzierung aller konkreten Kosten („Aufwendungen in Zusammenhang mit der Nutzung von Angeboten") eingesetzt werden, die mit der Nutzung der Angebote anfallen; das gilt insbesondere auch für die ansonsten immer privat zu zahlenden Hotel- und Investitionskosten in der Kurzzeitpflege oder Tagespflege, aber beispielsweise auch von Fahrtkosten im Rahmen der Betreuung durch einen Pflegedienst (z. B. im Tagestreff).

Leistung kann nur durch zugelassene Dienstleister erbracht werden

Im Gegensatz zur Verhinderungspflege (§ 39) kann dieses Budget nur für Leistungen zugelassener Pflegeeinrichtungen oder anerkannter Angebote nach Landesrecht (§ 45a) genutzt werden. Leistungen nicht zugelassener Anbieter oder von Privatpersonen können nicht erstattet werden.

In Pandemiezeiten gab es auch zeitlich befristete Abrechnungsmöglichkeiten für nicht zugelassene Dienstleister, die aber nur eine Ausnahmeregelung darstellen und nicht dauerhaft sind.

Vier Möglichkeiten, die Leistung zu nutzen

Die Leistung kann eingesetzt werden für qualitätsgesicherte Leistungen durch vier verschiedene Anbieter:

1. Tages- oder Nachtpflege (§ 41)

Leistungen der Tages- und Nachtpflege (Pflegebedingte Aufwendungen), die nicht mehr mit dem Budget nach § 41 finanziert sind, können hierüber bezahlt werden, sowie auch die sonst nur privat zu tragenden Hotelkosten (Unterkunft und Verpflegung) und (soweit sie im Bundesland weiter berechnet werden) auch die Investitionskosten der Tages- und Nachtpflege.

2. Kurzzeitpflege (§ 42)

Leistungen der Kurzzeitpflege (Pflegebedingte Aufwendungen) können hierüber finanziert werden (falls das Budget nach § 42 ausgeschöpft ist), sowie auch die sonst nur privat zu finanzierenden Hotelkosten (Unterkunft und Verpflegung) und (soweit sie im Bundesland weiter berechnet werden) auch die Investitionskosten.

3. Entlastungsleistungen durch den Pflegedienst

Es werden hierüber Leistungen der ambulanten Pflegedienste im Sinne § 36 erbracht, in den Pflegegraden 2 bis 5 jedoch keine Selbstversorgung (Hinweis: Modul 4, § 14 Abs. 2; Körperpflege sowie Hilfe bei der Nahrungsaufnahme).

Da Pflegebedürftige mit Pflegegrad 1 konkrete Dienstleistungen nur über das Budget des § 45b nutzen können, ist für diese Gruppe der Leistungsumfang erweitert worden: Sie dürfen auch Leistungen im Sinne des Moduls Selbstversorgung (hier insbesondere Körperpflege) abrufen. Also können sie beispielsweise über diese Leistung das wöchentliche Duschen finanzieren (soweit das Geld dann dafür reicht).

4. Anerkannte Angebote zur Unterstützung im Alltag

Weitere Angebote (und Anbieter) können nach Landesrecht für Angebote zur Unterstützung im Alltag (früher als „niedrigschwellige Betreuungs- und Entlastungsleistungen" bezeichnet) zugelassen werden. Die Zulassung ist in entsprechenden Landesverordnungen zu regeln und je nach Bundesland unterschiedlich ausgestaltet. Nur nach dieser Zulassung (durch eine entsprechende Landesbehörde/-stelle) können Dienstleistungen dieser Anbieter durch Pflegebedürftige in Anspruch genommen und über die Pflegeversicherung refinanziert werden.

Als mögliche Anbieter von Entlastungsleistungen nach Landesrecht kommt eine Gruppe verschiedenster Einrichtungen, Dienste oder auch Einzelpersonen infrage, die der Gesetzgeber im § 45a, Abs. 1 aufgeführt hat. Mit dem PSG II hat der Gesetzgeber die formalen Vorgaben für die Landesrichtlinien noch erweitert: Anbieter nach Landesrecht müssen eine genaue Beschreibung ihrer Angebote und Preise darlegen, die Mitarbeiter müssen eine zielgruppen- und tätigkeitsgerechte Qualifikation haben, Grund- und Notfallwissen beherrschen und hier auch kontinuierlich fortgebildet werden sowie unter ständiger fachlicher Anleitung stehen und ein System der Qualitätssicherung vorweisen. Die Landesrichtlinien müssen diese Mindestanforderungen umsetzen und bei der Zulassung der Anbieter als Grundvoraussetzung prüfen, bevor sie diese zulassen.

Bei Dienstleistern nach Landesrecht: Umwandlung von Sachleistungen

Eine Sonderregelung zur Finanzierung gilt nur für die nach Landesrecht zugelassenen Anbieter (die ansonsten keine Sachleistungen abrechnen dürfen): Sie können bis zu 40 % der Sachleistungen zur weiteren Finanzierung der Leistungen nach § 45b nutzen. Das setzt voraus, dass die Leistungsbezieher im Abrechnungsmonat auch noch entsprechende (freie) Sachleistungsansprüche haben. Durch die Umwandlung reduzieren sich entsprechend die Sachleistungs- bzw. Pflegegeldansprüche für diesen Monat.

Ab 2017 hat der Gesetzgeber ausdrücklich geregelt, dass es einen Umwandlungsanspruch gibt und dieser unabhängig vom vorhandenen Budget/Guthaben nach § 45b genutzt werden kann. Weiterhin gilt die vorrangige Abrechnung der Sachleistungen durch Pflegedienste. Bei Umwandlung hat der Versicherte zusätzlich analog den Regelungen bei reinem Pflegegeldbezug (zusätzliche) Beratungsbesuche nach § 37 Abs. 3 zur Qualitätssicherung (der umgewandelten Leistungen) abzurufen; auch evtl. zusätzlich zu den normalen Beratungsbesuchen im Rahmen des Pflegegeldbezuges. Die mit der Umwandlung verpflichtenden Beratungsbesuche dienen der Qualitätskontrolle der ‚Umwandlungsbeträge', nicht der normalen Beratung bei Pflegegeldbeziehern.

Mit dem GVWG 2021 hat der Gesetzgeber den Ablauf bei der Nutzung des Umwandlungsanspruchs weiter konkretisiert um die Berücksichtigung bereits ausgezahlten Pflegegeldes. Es ist nun auch gesetzlich geregelt, dass die Umwandlung nicht vorher beantragt werden muss.

Verhinderungspflege und Leistungen nach § 45b

Mit dem PSG 2 hat der Gesetzgeber klargestellt, dass auch dann die (weiteren) Aufwendungen erstattet werden, wenn für die Finanzierung insbesondere der Tages-/ Nachtpflege oder Kurzzeitpflege Mittel der Verhinderungspflege eingesetzt wurden. Da die Verhinderungspflege nur die jeweiligen Pflegesätze finanzieren kann, können so die anderen Kosten (Hotel- und Investitionskosten) über die Leistung nach § 45b (mit-)finanziert werden.

Hintergrund

Die Einführung der Zusätzlichen Betreuungsleistungen nach § 45b im Jahr 2002 sollte die stark somatische Ausrichtung der alten Pflegeeinstufung und deren Leistungen ergänzen. Folgerichtig hieß das entsprechende Gesetz, in dem die Regelungen in die Pflegeversicherung eingeführt wurden, „Pflege-Leistungsergänzungsgesetz". Die zusätzlichen Betreuungsleistungen waren eigenständige Leistungen für demenziell Erkrankte, geistig Behinderte oder psychisch kranke Versicherte, losgelöst von jedem anderen Leistungsbezug. Zunächst standen 460 Euro als Jahresbetrag zur Verfügung, der ohne Einschränkung auf die Folgejahre übertragen werden konnte.

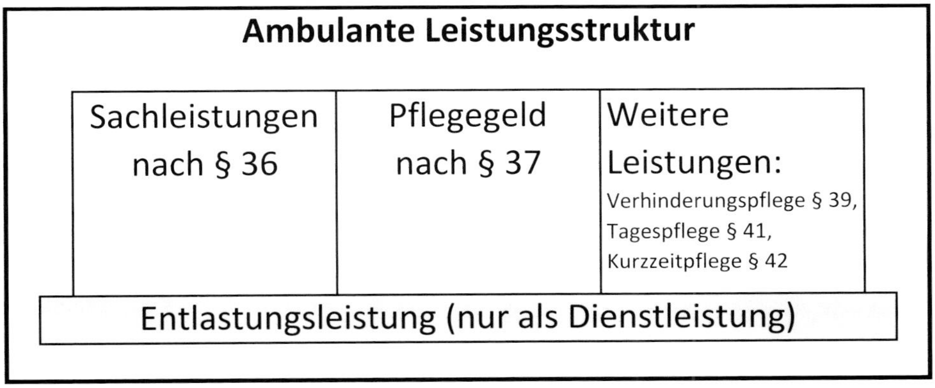

Zum 01.07.2008 wurde der Leistungsrahmen ausgeweitet: Es gab nun zwei Leistungsstufen, sowie Monatsbeträge von 100 oder 200 €. Auch wurde eine in etwa vergleichbare Zusatzleistung in der stationären Pflege eingeführt.

Ab 2015 ist die Leistung für alle Leistungsbezieher geöffnet. Auf Empfehlung des Berichts des Expertenbeitrags zur konkreten Ausgestaltung des neuen Pflegebedürftigkeitsbegriffs 2013 soll den Versicherten die Möglichkeit gegeben werden, schon frühzeitig und möglichst unbürokratisch Entlastungsleistungen in Anspruch zu nehmen. Hintergrund ist die Idee, den Erhalt der Selbstständigkeit und Selbstbestimmtheit zu fördern, aber auch sein pflegerisches Umfeld durch Entlastungen zu unterstützen. Daher wird diese Leistung quasi als **Basisleistung** eingeführt, auf der alle anderen Leistungen aufbauen (siehe Grafik). Besonderheit dieser Leistung ist, dass sie nur als Dienstleistung (nicht als Geldbetrag) abgerufen werden kann, sodass die Entlastung tatsächlich ‚ankommt'.

Seit der Einführung der Leistungsansprüche nach § 45b verfolgt der Gesetzgeber die Idee, neben den Pflegediensten zusätzliche andere Dienstleister für die Versorgung zu gewinnen, insbesondere im früher sogenannten niedrigschwelligen Bereich. Was sich zunächst auf die besondere Gruppe der demenziell erkrankten Pflegebedürftigen beschränkte, sollte mit dem PNG und der Einführung der Häuslichen Betreuung 2013 ausgeweitet werden. Allerdings wurde damals der Gesetzentwurf noch entsprechend verändert, sodass die Leistung der übergangsweise eingeführten Häuslichen Betreuung nach § 124 auch weiterhin nur durch Pflegedienste erbracht werden konnte.

2015, mit der Öffnung der Leistung nach § 45b, gewinnen die Dienstleister nach Landesrecht eine neue Bedeutung, da der Kreis der Leistungsbezieher massiv ausgeweitet worden ist und auch 2017 so erweitert bleibt. Welche Bedeutung diese neuen Anbieter von Entlastungsleistungen nach Landesrecht haben werden, hängt einerseits von den jeweiligen landesrechtlichen Regelungen ab, andererseits vom Angebot der Pflegedienste und dem Verhalten der Kunden.

Da die Ausgestaltung nach Landesrecht sehr unterschiedlich ist, gibt es in einzelnen Bundesländern große Versorgungslücken und ein Überangebot an Nachfragen, während in anderen Ländern (insbesondere, wenn dort auch Einzelpersonen/Nachbarschaftshilfen eine Zulassung nach Landesrecht erhalten können) die Situation deutlich entspannter ist.

Hinweise zur Beratung

Betreuungsleistungen und Hauswirtschaft ohne Grundpflege

Ab 2015 ist der Leistungsinhalt erweitert worden, es kann nun neben Betreuung im Rahmen der Entlastung auch hauswirtschaftliche Leistungen geben. Im PSG 1 hat der Gesetzgeber in seiner Begründung eine ganze Reihe von möglichen hauswirtschaftlichen Entlastungsleistungen aufgezählt wie Blumenpflege, Wocheneinkauf, Fahrdienste, wartungsgerechte Reinigung der Waschmaschine oder Frühjahrsputz. Weil es bei der Entlastung auch ausdrücklich um die Entlastung der Pflegeperson geht, ist der hauswirtschaftliche Bereich hier weiter anzusetzen als bei den Sachleistungen (hier ist er beschränkt auf die Wohnung). Trotzdem sind weder Leistungen wie Rasenmähen noch Hausmeistertätigkeiten gemeint, zumal hier die Grenze zu anderen Berufsgruppen (Gewerken) fließend ist und die Einhaltung von Vorschriften der Unfallversicherung viele Leistungen eigentlich ausschließt. Auch wenn Fahrdienste hier aufgeführt sind, so sind die weiteren gesetzlichen Vorschriften wie das Personenbeförderungsgesetz, Versicherungspflichten und Steuerrecht ebenfalls zu berücksichtigen.

Der Rahmen der Entlastungsleistung wird sicherlich überschritten, wenn mit der Begründung der Entlastung der Pflegeperson die (private) Wohnung der Pflegeperson geputzt wird, damit diese dann mehr Zeit für den Pflegebedürftigen hat. Um es beispielhaft zu formulieren: Tatsächlich wird die Tochter dadurch entlastet, dass der Pflegedienst ihre Wohnung putzt, aber eine ‚solche' Entlastung hat der Gesetzgeber sicherlich nicht gemeint, zumal ein unmittelbarer Zusammenhang mit dem Pflegebedürftigen nicht gegeben ist.

Leistungen der ambulanten Pflegedienste in Sinne des § 36

Ab 2017 benennt der Gesetzgeber für die Pflegedienste nicht mehr die Leistungen konkret, sondern verweist auf vergleichbare Leistungen im Sinne der Sachleistungen nach § 36: Die hier möglichen Leistungen mit Ausnahme der Leistungen für die Selbstversorgung (Körperpflege, Hilfe bei der Nahrungsaufnahme) stellen im Kern den Rahmen dar. Allerdings ist dieser Rahmen nicht abschließend, da hier die Formulierung „im Sinne" gewählt wurde. Da als Sachleistungen nun nicht nur Hilfen zur Mobilität (z. B. Spaziergänge etc.) und Betreuung zur Verfügung stehen, sondern auch der Begriff der Hauswirtschaft erweitert wurde (Hilfen bei der Haushaltsführung), ist der mögliche Leistungsrahmen relativ offen und vergleichbar den bisherigen Möglichkeiten.

Der Verweis auf Leistungen nach § 36 heißt aber nicht automatisch, dass damit auch die Systematik der jeweiligen Vergütungsvereinbarung nach § 89 gilt. Rein praktisch können Leistungen über den Entlastungsbetrag dann nach einer anderen Logik (z.B. Hauswirtschaft nach Zeit) abgerechnet werden, als es in der Vergütungsvereinbarung für die Sachleistungen definiert ist (hier z.B. Hauswirtschaft nach Pauschalen).

Budgetabfrage

Wer als Pflegedienst oder Dienstleister Leistungen der Verhinderungspflege nach § 39 oder Entlastungsleistungen nach § 45b nutzen will, sollte vorher klären, ob der Versicherte noch entsprechende Ansprüche hat. Oftmals ist es den Pflegebedürftigen gar nicht klar, dass beispielsweise auch die Tagespflege schon darüber abgerechnet hat. Daher empfiehlt es sich, vorher bei der Pflegekasse nachfragen zu lassen. Der Versicherte hat das Recht auf diese Auskunft. Er kann allerdings auch die Pflegekasse beauftragen, dass sie dem Pflegedienst direkt darüber Auskunft erteilt.

Hinweise zur internen Umsetzung

„Konto" führen?

Gerade für Leistungen nach § 45b ist es sinnvoll, selbst soweit möglich den Überblick zu behalten, wie viel Budget noch für Leistungen verfügbar ist, und den Kunden auf die Nutzung aufmerksam zu machen. Moderne Softwareprogramme können dies übernehmen. Allerdings sollte man darauf achten bzw. berücksichtigen, dass die Kunden die Leistungen auch jederzeit bei anderen in Anspruch nehmen (können), ohne den Pflegedienst zu informieren. Oftmals kann es sein, dass den Kunden die Mehrfachnutzung (z. B. bei einem Kurzzeitpflegeaufenthalt) gar nicht bewusst ist. Zur Sicherung der Ansprüche sollte auch bei Kunden, bei denen nur Leistungen nach § 45b erbracht werden (z. B. Pflegegeldbezieher) immer ein Pflegevertrag neben einer möglichen Abtretungserklärung abgeschlossen werden, damit immer die Zahlungsverpflichtung des Kunden sichergestellt ist.

Umwandlungsanspruch gilt nur für Dienstleister mit Landeszulassung

Die Möglichkeit, das Budget der Leistung nach § 45b um Leistungsbeträge aus dem Sachleistungsbudget zu erweitern, haben deshalb nur Dienstleister nach Landesrecht, weil Pflegedienste die vergleichbaren Leistungen im Wesentlichen immer auch als Sachleistungen erbringen und abrechnen können. Die Pflegedienste haben diese Möglichkeit also zu 100 % schon immer!

Die Umwandlung von Sachleistungen setzt voraus, dass entsprechende Sachleistungen/ Pflegegeldbeträge noch verfügbar sind. Werden Dienstleistungen nach § 45b über umgewandelte Sachleistungen finanziert, wird entsprechend der verbleibende Pflegegeldanspruch gekürzt (wie bei normalen Sachleistungen auch).

Beispiel: Ein Pflegegeldempfänger mit Pflegegrad 2 hat in 2021 einen Pflegegeldanspruch von 316 € (Sachleistung 724 €). Er kann dann Sachleistungen im Umfang von 289,60 € umwandeln, verzichtet dann aber auf 126,40 € Pflegegeld.

Darüber hinaus muss er zusätzliche Beratungsbesuche nach § 37.3 (in der dort beschriebenen Häufigkeit) abrufen und nachweisen, wenn er regelmäßig umwandelt. Falls er die Besuche nicht nachweist, erfolgen die vergleichbaren Sanktionen wie beim Pflegegeldbezug (§ 37, Abs. 6), also keine weitere Übernahme (Umwandlung) der Kosten. Auch hierüber müsste die Pflegekasse ihn beraten bzw. informieren. Da auch Pflegeberater der Pflegekassen nach § 37.8 die Beratungsbesuche erbringen können, sollte überlegt werden, ob diese Besuche durch den Pflegedienst (als Konkurrenz) oder besser durch andere Berater (Pflegeberater) erbracht werden.

Leistungen in Zusammenhang mit anderen Leistungen der Sozialhilfe

Der Gesetzgeber hat ausdrücklich geregelt, dass die Leistungen nach § 45b nicht bei weiteren Leistungen zur Pflege im Sinne der Sozialhilfe angerechnet werden. Praktisch heißt dies, dass auch Sozialhilfeempfänger diese Leistung extra nutzen dürfen, ohne dass damit andere Leistungen (z. B. der Hauswirtschaft) gekürzt werden dürfen. Allerdings empfiehlt es sich, bei dieser Personengruppe insbesondere Betreuungsleistungen (und keine Hauswirtschaft) zu erbringen, denn sonst könnte doch eine indirekte Anrechnung erfolgen (bestimmte nötige Hauswirtschaft muss dann nicht mehr über die Sozialhilfe finanziert werden, wenn sie schon erbracht wurde).

Die Umwandlung von Sachleistungen wird bei den Leistungen der Hilfe zur Pflege durch die Sozialhilfe angerechnet, da Sachleistungen grundsätzlich bei der Sozialhilfe zu berücksichtigen sind; andererseits dürften Sozialhilfeempfänger im Regelfall keine umwandelbaren Pflegegeldbeträge haben, sondern nur Sachleistungen beziehen.

Im Verzeichnis der Pflegekassen zu finden sein!

Nach § 7 Abs. 1 sind die Pflegekassen verpflichtet, nicht nur allgemeine Preisvergleichslisten über die Angebote der Pflegeeinrichtungen vorzuhalten und sie den Versicherten zugänglich zu machen. Auch Angebote nach § 45b sowie 45c (bis 2016) bzw. dann § 45a sind hier zu veröffentlichen. Alle Dienstleister nach § 45b sollten hier gefunden werden; daher sollten alle prüfen, ob sie mit ihren aktuellen Angeboten vertreten sind (siehe § 7, Seite 55).

Quellen

§ 45a Angebote zur Unterstützung im Alltag, Umwandlung des ambulanten Sachleistungsbetrags (Umwandlungsanspruch), Verordnungsermächtigung

(1) Angebote zur Unterstützung im Alltag tragen dazu bei, Pflegepersonen zu entlasten, und helfen Pflegebedürftigen, möglichst lange in ihrer häuslichen Umgebung zu bleiben, soziale Kontakte aufrechtzuerhalten und ihren Alltag weiterhin möglichst selbständig bewältigen zu können.
Angebote zur Unterstützung im Alltag sind
1. Angebote, in denen insbesondere ehrenamtliche Helferinnen und Helfer unter pflegefachlicher Anleitung die Betreuung von Pflegebedürftigen mit allgemeinem oder mit besonderem Betreuungsbedarf in Gruppen oder im häuslichen Bereich übernehmen (Betreuungsangebote),
2. Angebote, die der gezielten Entlastung und beratenden Unterstützung von pflegenden Angehörigen und vergleichbar nahestehenden Pflegepersonen in ihrer Eigenschaft als Pflegende dienen (Angebote zur Entlastung von Pflegenden),
3. Angebote, die dazu dienen, die Pflegebedürftigen bei der Bewältigung von allgemeinen oder pflegebedingten Anforderungen des Alltags oder im Haushalt, insbesondere bei der Haushaltsführung, oder bei der eigenverantwortlichen Organisation individuell benötigter Hilfeleistungen zu unterstützen (Angebote zur Entlastung im Alltag).
Die Angebote benötigen eine Anerkennung durch die zuständige Behörde nach Maßgabe des gemäß Absatz 3 erlassenen Landesrechts. Durch ein Angebot zur Unterstützung im Alltag können auch mehrere der in Satz 2 Nummer 1 bis 3 genannten Bereiche abgedeckt werden. In Betracht kommen als Angebote zur Unterstützung im Alltag insbesondere Betreuungsgruppen

für an Demenz erkrankte Menschen, Helferinnen- und Helferkreise zur stundenweisen Entlastung pflegender Angehöriger im häuslichen Bereich, die Tagesbetreuung in Kleingruppen oder Einzelbetreuung durch anerkannte Helferinnen oder Helfer, Agenturen zur Vermittlung von Betreuungs- und Entlastungsleistungen für Pflegebedürftige und pflegende Angehörige sowie vergleichbar nahestehende Pflegepersonen, Familienentlastende Dienste, Alltagsbegleiter, Pflegebegleiter und Serviceangebote für haushaltsnahe Dienstleistungen.

(2) Angebote zur Unterstützung im Alltag beinhalten die Übernahme von Betreuung und allgemeiner Beaufsichtigung, eine die vorhandenen Ressourcen und Fähigkeiten stärkende oder stabilisierende Alltagsbegleitung, Unterstützungsleistungen für Angehörige und vergleichbar Nahestehende in ihrer Eigenschaft als Pflegende zur besseren Bewältigung des Pflegealltags, die Erbringung von Dienstleistungen, organisatorische Hilfestellungen oder andere geeignete Maßnahmen. Die Angebote verfügen über ein Konzept, das Angaben zur Qualitätssicherung des Angebots sowie eine Übersicht über die Leistungen, die angeboten werden sollen, und die Höhe der den Pflegebedürftigen hierfür in Rechnung gestellten Kosten enthält. Das Konzept umfasst ferner Angaben zur zielgruppen- und tätigkeitsgerechten Qualifikation der Helfenden und zu dem Vorhandensein von Grund- und Notfallwissen im Umgang mit Pflegebedürftigen sowie dazu, wie eine angemessene Schulung und Fortbildung der Helfenden sowie eine kontinuierliche fachliche Begleitung und Unterstützung insbesondere von ehrenamtlich Helfenden in ihrer Arbeit gesichert werden. Bei wesentlichen Änderungen hinsichtlich der angebotenen Leistungen ist das Konzept entsprechend fortzuschreiben; bei Änderung der hierfür in Rechnung gestellten Kosten sind die entsprechenden Angaben zu aktualisieren.

(3) Die Landesregierungen werden ermächtigt, durch Rechtsverordnung das Nähere über die Anerkennung der Angebote zur Unterstützung im Alltag im Sinne der Absätze 1 und 2 einschließlich der Vorgaben zur regelmäßigen Qualitätssicherung der Angebote und zur regelmäßigen Übermittlung einer Übersicht über die aktuell angebotenen Leistungen und die Höhe der hierfür erhobenen Kosten zu bestimmen. Beim Erlass der Rechtsverordnung sollen sie die gemäß § 45c Absatz 7 beschlossenen Empfehlungen berücksichtigen.

(4) Pflegebedürftige in häuslicher Pflege mit mindestens Pflegegrad 2 können eine Kostenerstattung zum Ersatz von Aufwendungen für Leistungen der nach Landesrecht anerkannten Angebote zur Unterstützung im Alltag unter Anrechnung auf ihren Anspruch auf ambulante Pflegesachleistungen nach § 36 erhalten, soweit für den entsprechenden Leistungsbetrag nach § 36 in dem jeweiligen Kalendermonat keine ambulanten Pflegesachleistungen bezogen wurden. Der hierfür verwendete Betrag darf je Kalendermonat 40 Prozent des nach § 36 für den jeweiligen Pflegegrad vorgesehenen Höchstleistungsbetrags nicht überschreiten. Zur Inanspruchnahme der Umwandlung des ambulanten Sachleistungsbetrags nach Satz 1 bedarf es keiner vorherigen Antragstellung. Die Anspruchsberechtigten erhalten die Kostenerstattung

nach Satz 1 bei Beantragung der dafür erforderlichen finanziellen Mittel von der zuständigen Pflegekasse oder dem zuständigen privaten Versicherungsunternehmen sowie im Fall der Beihilfeberechtigung anteilig von der Beihilfefestsetzungsstelle gegen Vorlage entsprechender Belege über Eigenbelastungen, die ihnen im Zusammenhang mit der Inanspruchnahme der Leistungen der Angebote zur Unterstützung im Alltag entstanden sind. Die Vergütungen für ambulante Pflegesachleistungen nach § 36 sind vorrangig abzurechnen. Im Rahmen der Kombinationsleistung nach § 38 gilt die Erstattung der Aufwendungen nach Satz 1 als Inanspruchnahme der dem Anspruchsberechtigten nach § 36 Absatz 3 zustehenden Sachleistung. Ist vor der Auszahlung der Kostenerstattung nach Satz 1 für den jeweiligen Kalendermonat bereits mehr Pflegegeld oder anteiliges Pflegegeld an den Pflegebedürftigen ausgezahlt worden, als er nach Berücksichtigung des Betrags der zu erstattenden Aufwendungen beanspruchen kann, wird der Kostenerstattungsbetrag insoweit mit dem bereits ausgezahlten Pflegegeldbetrag verrechnet. Beziehen Anspruchsberechtigte die Leistung nach Satz 1, findet § 37 Absatz 3 bis 5 und 7 bis 9 Anwendung; § 37 Absatz 6 findet mit der Maßgabe entsprechende Anwendung, dass eine Kürzung oder Entziehung in Bezug auf die Kostenerstattung nach Satz 1 erfolgt. Die Inanspruchnahme der Umwandlung des ambulanten Sachleistungsbetrags nach Satz 1 und die Inanspruchnahme des Entlastungsbetrags nach § 45b erfolgen unabhängig voneinander.

§ 45b Entlastungsbetrag

(1) Pflegebedürftige in häuslicher Pflege haben Anspruch auf einen Entlastungsbetrag in Höhe von bis zu 125 Euro monatlich. Der Betrag ist zweckgebunden einzusetzen für qualitätsgesicherte Leistungen zur Entlastung pflegender Angehöriger und vergleichbar Nahestehender in ihrer Eigenschaft als Pflegende sowie zur Förderung der Selbständigkeit und Selbstbestimmtheit der Pflegebedürftigen bei der Gestaltung ihres Alltags. Er dient der Erstattung von Aufwendungen, die den Versicherten entstehen im Zusammenhang mit der Inanspruchnahme von

1. Leistungen der Tages- oder Nachtpflege,

2. Leistungen der Kurzzeitpflege,

3. Leistungen der ambulanten Pflegedienste im Sinne des § 36, in den Pflegegraden 2 bis 5 jedoch nicht von Leistungen im Bereich der Selbstversorgung,

4. Leistungen der nach Landesrecht anerkannten Angebote zur Unterstützung im Alltag im Sinne des § 45a.

Die Erstattung der Aufwendungen erfolgt auch, wenn für die Finanzierung der in Satz 3 genannten Leistungen Mittel der Verhinderungspflege gemäß § 39 eingesetzt werden. Die Leistung nach Satz 1 kann innerhalb des jeweiligen Kalenderjahres in Anspruch genommen werden; wird die Leistung in einem Kalenderjahr nicht ausgeschöpft, kann der nicht verbrauchte Betrag in das folgende Kalenderhalbjahr übertragen werden.

(2) Der Anspruch auf den Entlastungsbetrag entsteht, sobald die in Absatz 1 Satz 1 genannten Anspruchsvoraussetzungen vorliegen, ohne dass es einer vorherigen Antragstellung bedarf. Die Kostenerstattung in Höhe des Entlastungsbetrags nach Absatz 1 erhalten die Pflegebedürftigen von der zuständigen Pflegekasse oder dem zuständigen privaten Versicherungsunternehmen sowie im Fall der Beihilfeberechtigung anteilig von der Beihilfefestsetzungsstelle bei Beantragung der dafür erforderlichen finanziellen Mittel gegen Vorlage entsprechender Belege über entstandene Eigenbelastungen im Zusammenhang mit der Inanspruchnahme der in Absatz 1 Satz 3 genannten Leistungen. Für Zwecke der statistischen Erfassung bei den Pflegekassen und den privaten Versicherungsunternehmen muss auf den Belegen eindeutig und deutlich erkennbar angegeben sein, im Zusammenhang mit welcher der in Absatz 1 Satz 3 Nummer 1 bis 4 genannten Leistungen die Aufwendungen jeweils entstanden sind.

(3) Der Entlastungsbetrag nach Absatz 1 Satz 1 findet bei den Fürsorgeleistungen zur Pflege nach § 13 Absatz 3 Satz 1 keine Berücksichtigung. § 63b Absatz 1 des Zwölften Buches findet auf den Entlastungsbetrag keine Anwendung. Abweichend von den Sätzen 1 und 2 darf der Entlastungsbetrag hinsichtlich der Leistungen nach § 64i oder § 66 des Zwölften Buches bei der Hilfe zur Pflege Berücksichtigung finden, soweit nach diesen Vorschriften Leistungen zu gewähren sind, deren Inhalte den Leistungen nach Absatz 1 Satz 3 entsprechen.

(4) Die für die Erbringung von Leistungen nach Absatz 1 Satz 3 Nummer 1 bis 4 verlangte Vergütung darf die Preise für vergleichbare Sachleistungen von zugelassenen Pflegeeinrichtungen nicht übersteigen. Näheres zur Ausgestaltung einer entsprechenden Begrenzung der Vergütung, die für die Erbringung von Leistungen nach Absatz 1 Satz 3 Nummer 4 durch nach Landesrecht anerkannte Angebote zur Unterstützung im Alltag verlangt werden darf, können die Landesregierungen in der Rechtsverordnung nach § 45a Absatz 3 bestimmen.

16 Pflegehilfsmittel und wohnumfeldverbessernde Maßnahmen (§ 40)

Kurzdarstellung

Pflegehilfsmittel und wohnumfeldverbessernde Maßnahmen können dazu beitragen, dass die Häusliche Pflege überhaupt möglich bleibt, die Pflege erleichtert wird, die Beschwerden des Pflegebedürftigen gelindert werden oder/und sie sollen dem Pflegebedürftigen eine selbstständigere Lebensführung ermöglichen. Die Leistungen sind zu beantragen. Die Überprüfung der Notwendigkeit kann die Pflegekasse unter Beteiligung einer Pflegefachkraft des Pflegedienstes oder des MD durchführen, sie muss aber nicht mehr jeden Antrag überprüfen lassen.

Ab 2022 neu eingeführt ist die Richtlinie zum Verfahren, damit Pflegefachkräfte im Rahmen der Leistungserbringung nach §§ 36, 37.3 SGB XI sowie § 37 und 37 c SGB V doppelfunktionale Pflegehilfsmittel empfehlen und damit eine ärztliche Verordnung ersetzen können.

PFLEGEVERBRAUCHSMITTEL sind für den Einmalgebrauch bestimmte Hilfsmittel, für die pro Monat ein Budget bis zu 40,00 € zur Verfügung steht.

TECHNISCHE PFLEGEHILFSMITTEL sind beispielsweise Pflegebetten, die im Regelfall leihweise zur Verfügung gestellt werden.

WOHNUMFELDVERBESSERNDE MASSNAHMEN können beispielsweise Umbauten von Bädern sein. Pro Maßnahme stehen bis zu 4.000,00 € zur Verfügung. Leben mehrere Pflegebedürftige im gleichen Haushalt, stehen bei gleichem Bedarf bis zu 4 x 4.000 € zur Verfügung.

Die Hilfsmittelausstattung im Pflegeheim wird von diesem Paragrafen nicht umfasst, sie hat das Heim im Rahmen der Investitionskosten selbst zu gewährleisten, soweit nicht die Krankenversicherung zuständig ist.

Die Leistungen stehen allen Pflegebedürftigen ab Pflegegrad 1 zu.

Wesentliche Punkte

Anspruchsvoraussetzung Pflegehilfsmittel

Pflegehilfsmittel zu Lasten der Pflegeversicherung sind dann zu genehmigen, wenn sie eine (oder mehrere) der folgenden Anforderungen erfüllen:

- DIE PFLEGE ERLEICHTERN
  Beispiel: Ein Pflegebett, das man elektrisch hochstellen kann, kann das Waschen im Bett erleichtern, ein Duschstuhl kann überhaupt das Duschen erst wieder ermöglichen.
- BESCHWERDEN DES PFLEGEBEDÜRFTIGEN LINDERN
  Beispiel: Eine Lagerungsrolle kann das Liegen im Bett erträglicher machen.
- DEM PFLEGEBEDÜRFTIGEN EINE SELBSTSTÄNDIGERE LEBENSFÜHRUNG ERMÖGLICHEN
  Beispiel: Mit einem Hausnotrufgerät kann der Pflegebedürftige in häuslichen Notsituationen Hilfe holen; ein Umzug in eine barrierefreie Wohnung ermöglicht, dass man ohne fremde Hilfe die Wohnung verlassen kann.

Überprüfung der Notwendigkeit durch Gutachten nicht mehr immer notwendig

Der Gesetzgeber hat ab 2021 neu geregelt, dass die Pflegekassen die Überprüfung nur noch in geeigneten Fällen durch eine Pflegefachkraft oder den MD vornehmen muss. Die bisher vorgeschriebene Pflichtprüfung unter Zuhilfenahme von Gutachtern entfällt (die Neuregelung entspricht nun der vergleichbaren Regelung im SGB V (§ 33). So werden nun viele Anträge, die in sich schlüssig sind (z.B. Toilettenstuhl bei Pflegegrad 4) nicht mehr zusätzlich überprüft werden. In geeigneten Fällen kann die Pflegekasse die Notwendigkeit unter Beteiligung einer Pflegefachkraft oder des MD (siehe § 40, Abs. 1) überprüfen lassen.

Feststellungen im Rahmen der Pflegeberatung nach § 37.3, die im Formular festzuhalten und zu begründen sind, sind dazu ebenso ausreichend wie Feststellungen bei der Einstufung.

Pflegefachkräfte der Pflegedienste werden Empfehlungen zu Pflegehilfsmitteln gemäß der seit 2022 gültigen zur Empfehlung von Hilfsmitteln und Pflegehilfsmitteln mit dem dort vorgesehenen Verfahren und Formular empfehlen. Dabei ersetzt diese Empfehlung bei doppelfunktionalen Hilfsmitteln auch eine ansonsten nötige ärztliche Verordnung.

Begründung der Notwendigkeit erleichtert die Entscheidung

Bei der Beantragung der Leistung ist es sinnvoll, kurz zu begründen, warum ein Hilfsmittel beantragt wird. Dabei sind, soweit zutreffend, alle Aspekte zur Begründung zu berücksichtigen:

Beispiel: Es wird ein Pflegebett beantragt, allerdings ohne weitere Begründung. Die Pflegekasse lehnt ab, da der Pflegebedürftige nur Pflegegrad 2 hat, noch mobil ist und deshalb die Pflege nicht erleichtert wird. Das elektrisch betriebene Pflegebett mit „Bettgalgen" ermöglicht aber dem Pflegebedürftigen wieder allein aufzustehen, weshalb es erst die selbstständige Lebensführung ermöglicht.

Das Beispiel zeigt, dass man schon bei der Beantragung die individuelle Situation genauer beschreiben sollte, denn die Ablehnung der Pflegekasse ist zunächst einmal nachvollziehbar.

Fristen für die Antragsgenehmigung eingeführt

Neu eingeführt sind Fristen, innerhalb derer die zuständige Pflegekasse den Antrag auf ein Pflegehilfsmittel bearbeiten muss. Die Fristen sind analog zu den schon in der Krankenversicherung bekannten Bearbeitungsfristen (§ 13, 3a SGB V) folgendermaßen definiert:

- Ab Antragseingang bei der Pflegekasse drei Wochen zur Bearbeitung.
- Bei Einschaltung externe Gutachter (MD oder Pflegefachkraft) Information des Versicherten und Verlängerung der Frist auf 5 Wochen.

Kann die Pflegekasse die Frist nicht einhalten, muss der Versicherte mit einem hinreichenden Grund über die Verzögerung informiert werden. Erfolgt keine Mitteilung, gilt der Antrag als bewilligt und der Versicherte kann sich das Hilfsmittel auf Kosten der Pflegeversicherung beschaffen.

Abgrenzungsproblematik zur Krankenversicherung

Auch durch die Krankenversicherung entsteht ein Anspruch auf Hilfsmittel (§ 33 SGB V), wenn sie im Einzelfall erforderlich sind, um

- den Erfolg einer Krankenbehandlung zu sichern:

  Beispiel: Gehhilfen nach einem Bänderriss,
- einer drohenden Behinderung vorzubeugen oder

  Beispiel: Wechseldruckmatratze zur Vermeidung von Druckgeschwüren
- eine Behinderung auszugleichen:

  Beispiel: Versorgung mit Inkontinenzmaterial.

Dies gilt aber nur, soweit die Hilfsmittel nicht allgemeine Gebrauchsgegenstände des täglichen Lebens sind oder nach § 34 Abs. 4 SGB V ausgeschlossen werden.

Viele Hilfsmittel können mehrere Versorgungsziele unterstützen: Sie können sowohl dafür sorgen, den Erfolg einer Krankenbehandlung abzusichern als auch gleichzeitig die Pflege zu erleichtern: sogenannte doppelfunktionale Hilfsmittel bzw. Pflegehilfsmittel. So kann ein Rollator die eingeschränkte Gehfähigkeit ausgleichen (Behinderung ausgleichen), gleichzeitig aber auch eine selbstständigere Lebensführung ermöglichen, weil der Pflegebedürftige sich damit allein bewegen kann. Gesetzlich geregelt ist, dass die Leistungen der Krankenversicherung und anderer Leistungsträger, wie z. B. Unfallversicherung, Vorrang haben vor den Leistungen der Pflegeversicherung.

Nach einem Urteil des Bundessozialgerichts aus 2007 und einem darauf basierenden geänderten Verfahren der Kranken- und Pflegekassen hat der Gesetzgeber 2011 durch das Gesetz zur Verbesserung der Versorgungsstrukturen in der gesetzlichen Krankenversicherung (GKV-VStG) den § 40 um den Absatz 5 erweitert, in dem das Vorgehen der Kranken- und Pflegeversicherung bei der Versorgung mit Hilfsmitteln geregelt ist.

Prüfungsschema zur Abgrenzung der Zuständigkeit

1. Im ersten Schritt sind die Versorgungsziele zu erheben, die mit dem beantragten Produkt erreicht werden sollen.
2. Danach ist zu prüfen, ob diese Versorgungsziele der Krankenversicherung zugeordnet werden können oder
3. es sich allein um Versorgungsziele der Pflegeversicherung handelt.

Ein Hilfsmittel ist auch dann der Pflegeversicherung zuzuordnen, „wenn im konkreten Einzelfall zwar noch marginal ein Behinderungsausgleich vorstellbar ist, die Aspekte der Erleichterung der Pflege, der Linderung der Beschwerden oder der Ermöglichung einer selbstständigeren Lebensführung aber so weit überwiegt, das eine Leistungspflicht der Krankenkasse nicht gerechtfertigt ist." (aus GKV-Rundschreiben zu § 40)

Verordnungsmöglichkeit für die Krankenversicherung erweitert

Hilfsmittel der Krankenversicherung sind im Rahmen der Therapie durch den Arzt zu verordnen, soweit durch sie das Ziel der Hilfsmittelversorgung erreicht werden kann. Der Gemeinsame Bundesausschuss hat dazu eine entsprechende Richtlinie verabschiedet (siehe Quellen). Für ein konkretes Hilfsmittel, das allein in die Leistungspflicht der Pflegekasse gehört, ist jedoch keine ärztliche Verordnung nötig.

Auch wenn der Gutachter im Rahmen der Pflegeeinstufung ein Hilfsmittel zu Lasten der Krankenversicherung empfiehlt, ist ebenfalls keine ärztliche Verordnung notwendig; die Feststellung bei der Einstufung ersetzt diese.

Neu im SGB XI geregelt wird die Möglichkeit, dass auch Pflegefachkräfte (insbesondere der Pflegedienste) Hilfsmittel auch zu Lasten der Krankenversicherung ‚verordnen' dürfen (im neuen Abs. 6, § 40 geregelt). Das Prozedere ist in einer Richtlinie geregelt: Dabei geht es immer eingeschränkt um die sogenannten doppelfunktionalen Hilfsmittel. Denn nur, wenn Hilfsmittel auch den Zielen der Pflegeversicherung dienen, kann die Pflegefachkraft diese entsprechend ‚verordnen'.

Hilfsmittelverzeichnis SGB V und Pflegehilfsmittelverzeichnis SGB XI

Die gesetzlichen Krankenkassen haben nach § 139 SGB V ein Hilfsmittelverzeichnis zu erstellen und weiterzuführen, das die verordnungsfähigen Hilfsmittel der Krankenversicherung enthält. Das Pflegehilfsmittelverzeichnis nach § 78 der Pflegeversicherung ergänzt das Hilfsmittelverzeichnis der Krankenversicherung um die Pflegehilfsmittel, die allein unter die Leistungspflicht der Pflegeversicherung fallen.

Für die Frage, welche Hilfsmittel zur Verfügung stehen, bilden beide Verzeichnisse die Grundlage. Hilfsmittel oder Pflegehilfsmittel, die hier nicht aufgeführt sind (z. B. neu entwickelte), können trotzdem in die Leistungspflicht einer der Kassen fallen. Hier ist im Einzelfall zu prüfen, ob das Hilfsmittel den besonderen Zweck erfüllt und nicht ein gleichwertiges Produkt in den Verzeichnissen vorhanden ist. Eine Ablehnung mit bloßem Verweis auf eines der Verzeichnisse ist nicht sachgerecht, da im Gesetzestext der jeweilige Hilfsmittelanspruch nicht auf die im Verzeichnis aufgeführten Hilfsmittel beschränkt ist.

Ausstattung mit Hilfsmitteln kann schon frühzeitig beginnen

Auch wenn sich der Pflegebedürftige (oder Kranke) noch im Krankenhaus oder in einer Rehabilitationseinrichtung befindet, kann die Ausstattung mit Hilfsmitteln oder Pflegehilfsmitteln schon erfolgen, damit eine nahtlose Versorgung sichergestellt ist. So kann beispielsweise das Pflegebett aufgestellt werden, bevor der Pflegebedürftige aus der Kurzzeitpflege kommt, oder der Rollstuhl für den Rücktransport genutzt werden.

In diesem Zusammenhang ist auch auf die Aufgaben des Entlassmanagements des Krankenhauses hinzuweisen (§ 39, Abs. 1a SGB V, in Verbindung mit § 92 Abs. 1 Satz 2, Nr. 6): Das Krankenhaus kann/muss auch die für die Weiterversorgung zu Hause notwendigen Hilfsmittel verordnen, was der Gesetzgeber durch eine Konkretisierung im § 39, Abs. 1a, eingeführt mit dem TSVG, nochmals verdeutlicht hat: „Das Entlassmanagement umfasst alle Leistungen, die für die Versorgung nach Krankenhausbehandlung erforderlich sind, insbesondere die Leistungen nach den §§ 37b, 38, 39c sowie alle dafür erforderlichen Leistungen nach dem Elften Buch." Dazu gehört auch die Ausstattung mit Pflegehilfsmitteln.

Pflegeverbrauchsmittel

Pflegeverbrauchsmittel sind:

- saugende Bettschutzunterlagen zum Einmalgebrauch,
- Schutzbekleidung wie Einmalhandschuhe, Schürzen, Fingerlinge oder Mundschutz/Schutzmasken,
- Desinfektionsmittel.

Die Pflegekassen übernehmen Kosten für die Pflegeverbrauchsmittel in Höhe von monatlich maximal 40 Euro. Die Pflegeverbrauchsmittel können über die Pflegekasse als Sachleistung zur Verfügung gestellt werden, indem ein von der Kasse beauftragter Partner die Lieferung übernimmt.

Es ist gesetzlich ausdrücklich auch die Kostenerstattung für diese Leistung geregelt. Dazu muss die Pflegeberatung nach § 7a/b ausdrücklich beraten. Praktisch tritt dann der Pflegebedürftige in Vorleistung, kauft sich das notwendige Material wie Pflegehandschuhe oder Schutzmasken beispielsweise im Drogeriemarkt um die Ecke und lässt sich die Kosten von der Pflegekasse erstatten. Zur Vereinfachung kann die Pflegekasse auf den Nachweis von Einzelbelegen verzichten, wenn regelmäßig (z. B. innerhalb eine halben Jahres) die Summe von 40 Euro pro Monat überschritten wird. Danach wird der Betrag von 40 Euro jeden Monat ohne weitere Belege überwiesen. Beim Einkauf gerade von größeren Gebinden sollte darauf geachtet werden, dass sich die Summen auf mehrere Monate verteilen lassen, solange noch keine pauschale Überweisung erfolgt.

Technische Pflegehilfsmittel

Dies sind zum Beispiel Pflegebetten, Waschsysteme, Toiletten- und Duschstühle oder auch Hausnotrufgeräte. Technische Pflegehilfsmittel werden vorrangig leihweise dem Pflegebedürftigen zur Verfügung gestellt. Lehnt der Pflegebedürftige eine leihweise Versorgung ohne zwingenden Grund ab, hat er die Kosten bei Nutzung des Hilfsmittels in vollem Umfang zu tragen. Zur Bereitstellung schließen die Kranken- und Pflegekassen entsprechende Verträge mit Anbietern von Pflegehilfsmitteln ab, dies sind in der Regel Sanitätshäuser oder andere Lieferanten. Viele Pflegekassen verfügen auch über zentrale Depots, aus denen heraus die Versorgung erfolgt (einige schreiben auch jeweils die einzelne Lieferung im Internet aus!). Daher sollte bei der zuständigen Kranken- und/oder Pflegekasse nachgefragt werden, über welchen Lieferanten die Versorgung erfolgen soll.

Installation, Anpassung und Schulung inklusive

Zur Überlassung der Hilfsmittel gehört auch die notwendige Änderung, Instandsetzung und Ersatzbeschaffung von Pflegehilfsmitteln sowie die Ausbildung in ihrem Gebrauch. So wird ein Pflegebett nicht nur geliefert und aufgestellt, sondern auch der Umgang damit wird dem Pflegebedürftigen bzw. seiner Pflegeperson erläutert. Auch die jährliche Wartung erfolgt durch den Dienstleister. Oder das Hausnotrufgerät wird angeschlossen und getestet und danach dem Pflegebedürftigen erklärt.

Zuzahlung pro Hilfsmittel (außer Pflegeverbrauchsmittel)

Die Zuzahlung für Versicherte, die das 18. Lebensjahr vollendet haben, beträgt bei technischen Pflegehilfsmitteln 10 % des Anschaffungspreises, höchstens jedoch 25,– € je Pflegehilfsmittel. Die Härtefallregelungen der Krankenversicherung nach § 62 SGB V gelten hier entsprechend. (Für Zuzahlungen in beiden Bereichen müssen höchstens 2 %, im Rahmen der Härtefallregelung für Pflegebedürftige, die chronisch krank sind, nur 1 % der jährlichen Bruttoeinnahmen zum Lebensunterhalt gezahlt werden, darüber hinaus ist der Versicherte befreit.) Die Zuzahlungsbefreiung im Bereich der Krankenversicherung gilt auch für die Pflegeversicherung.

Wohnumfeldverbessernde Maßnahmen: Definition

Der Begriff „Wohnumfeldverbessernde Maßnahmen" weist schon darauf hin: Es geht um alle Maßnahmen, die das Wohnumfeld so verbessern, dass der Pflegebedürftige überhaupt bzw. weiterhin zu Hause wohnen kann. Da die ambulante Versorgung dauerhaft meist deutlich günstiger ist als die stationäre Versorgung, hat auch die Pflegekasse ein finanzielles Interesse daran, dass die Versicherten möglichst lange zu Hause versorgt werden können. (siehe auch Pflegeversicherung Seite 21 f.)

Leistungen zur Verbesserung des Wohnumfeldes sollen:

- Häusliche Pflege überhaupt oder weiterhin ermöglichen, z. B. indem die Wohnung rollstuhlgerecht gemacht wird.
- Häusliche Pflege erheblich erleichtern, z. B. durch den Einbau einer Dusche kann die Körperpflege wieder im Bad durchgeführt werden.
- Eine möglichst selbstständige Lebensführung wiederherstellen, z. B. durch den Einbau einer automatisch öffnenden Haustür, sodass der Pflegebedürftige (mit Rollator) die Wohnung wieder alleine verlassen kann.

Die wohnumfeldverbessernden Maßnahmen sind mit wesentlichen Eingriffen in die Bausubstanz verbunden (z. B. Verbreiterung von Türen für den Rollstuhl), anders als Technische Hilfsmittel, die in der Regel nicht mit der Bausubstanz verbunden werden oder nur punktuell (z. B. ein Haltegriff).

Zu den wohnumfeldverbessernden Maßnahmen gehören auch der Ein- und Umbau von Mobiliar (z. B. absenkbare Küchenschränke).

Umzug kann auch dazugehören!

Ein Umzug kann dann eine wohnumfeldverbessernde Maßnahme sein, wenn dadurch eine selbstständigere Lebensführung ermöglicht wird. Beispielsweise zieht der Versicherte vom dritten Stock in eine barrierearme Wohnung ins Erdgeschoss und kann deshalb allein die Wohnung verlassen (keine Treppe). In diesem Fall kann der Umzug bezuschusst werden.

Katalog möglicher wohnumfeldverbessernder Maßnahmen

Die nachfolgende Aufstellung ist dem Gemeinsamen Rundschreiben der Spitzenverbände der Pflegekassen (siehe Quellen) entnommen. Sie zeigt exemplarisch, in welchen Bereichen und mit welchen Ausstattungselementen sich falls notwendig bauliche Anpassungen erreichen lassen und welche auch über Zuschüsse der Pflegeversicherung gefördert werden können.

Maßnahmen außerhalb der Wohnung/des Eingangsbereichs

Aufzug

- Einbau eines Personenaufzuges in einem eigenen Haus,
- Anpassung an die Bedürfnisse eines Rollstuhlfahrers: ebenerdiger Zugang, Vergrößerung der Türen, Schalterleiste in Greifhöhe,
- Installation von Haltestangen, Schaffung von Sitzplätzen.

Briefkasten

- Absenkung des Briefkastens auf Greifhöhe (z. B. bei Rollstuhlfahrern).

Orientierungshilfen

- Schaffung von Orientierungshilfen für Sehbehinderte, z. B. ertastbare Hinweise auf die jeweilige Etage.

Treppe

- Installation von gut zu umfassenden und ausreichend langen Handläufen auf beiden Seiten,
- Verhinderung der Stolpergefahr durch farbige Stufenmarkierungen an den Vorderkanten,
- Einbau von fest installierten Rampen und Treppenliften.

Türen, Türanschläge und Schwellen

- Türvergrößerung,
- Abbau von Türschwellen,
- Installation von Türen mit pneumatischem Türantrieb oder Ähnlichem,
- Einbau einer Gegensprechanlage.

Mögliche Maßnahmen im gesamten Wohnbereich

Bewegungsfläche

- Umbaumaßnahmen zur Schaffung ausreichender Bewegungsfläche, z. B. durch Installation der Waschmaschine in der Küche anstatt im Bad (Aufwendungen für Verlegung der Wasser- und Stromanschlüsse).

Bodenbelag

- Beseitigung von Stolperquellen, Rutsch- und Sturzgefahren.

Heizung

- Installation von z. B. elektrischen Heizgeräten anstelle von Öl-, Gas-, Kohle- oder Holzöfen (wenn dadurch der Hilfebedarf bei der Beschaffung von Heizmaterial kompensiert wird).

Lichtschalter/Steckdosen/Heizungsventile

- Installation der Lichtschalter/Steckdosen/Heizungsventile in Greifhöhe,
- ertastbare Heizungsventile für Sehbehinderte.

Reorganisation der Wohnung

- Anpassung der Wohnungsaufteilung (ggf. geplant für jüngere Bewohner, Ehepaare) auf veränderte Anforderungen (alt, allein, gebrechlich) durch Umnutzung von Räumen,
- Stockwerktausch (insbesondere in Einfamilienhäusern ist häufig das Bad und das Schlafzimmer in oberen Etagen eingerichtet).

Türen, Türanschläge und Schwellen

- Türvergrößerung,
- Abbau von Türschwellen, z. B. auch zum Balkon,
- Veränderung der Türanschläge, wenn sich dadurch der Zugang zu einzelnen Wohnungsbereichen erleichtern oder die Bewegungsfläche vergrößern lässt,
- Einbau von Sicherungstüren zur Vermeidung einer Selbst- bzw. Fremdgefährdung bei desorientierten Personen,
- Bei einer bereits installierten Türöffnungs- und Türschließungsanlage eine Absenkung der Anlage in Greifhöhe bzw. behinderungsgerechte Anpassung,
- Absenkung des Türspions.

Fenster

- Absenkung der Fenstergriffe,
- Anbringung von elektrisch betriebenen Rollläden, sofern der Pflegebedürftige zur Linderung seiner Beschwerden ständig auf einen kühlen Raum angewiesen ist und eine Unterbringung nur in diesem Raum erfolgen kann.

Spezielle Maßnahmen in besonderen Wohnbereichen – Küche

Armaturen

- Installation von Armaturen mit verlängertem Hebel oder Schlaufe, Schlauchbrause,
- Installation von Warmwassergeräten, wenn kein fließend warmes Wasser vorhanden ist und aufgrund der Pflegebedürftigkeit Warmwasserquellen im Haus nicht erreicht oder das warme Wasser nicht – wie bisher – aufbereitet werden kann.

Bodenbelag

- Verwendung von rutschhemmendem Belag.

Kücheneinrichtung

- Veränderung der Höhe von z. B. Herd, Kühlschrank, Arbeitsplatte, Spüle als Sitzarbeitsplätze,
- Schaffung einer mit dem Rollstuhl unterfahrbaren Kücheneinrichtung,
- Absenkung von Küchenoberschränken (ggf. maschinelle Absenkvorrichtung,
- Schaffung von herausfahrbaren Unterschränken (ggf. durch Einhängekörbe).

Bad und WC

Einbau eines fehlenden Bades/WC

- Umgestaltung der Wohnung und Einbau eines nicht vorhandenen Bades/WC.

Anpassung eines vorhandenen Bades/WCs

Armaturen

- Installation von Armaturen mit verlängertem Hebel oder Schlaufe, Schlauchbrause,
- Installation von Warmwassergeräten, wenn kein fließend warmes Wasser vorhanden ist und aufgrund der Pflegebedürftigkeit Warmwasserquellen im Haus nicht erreicht oder das warme Wasser nicht – wie bisher – aufbereitet werden kann.

Badewanne

- Badewanneneinstiegshilfen, die mit wesentlichen Eingriffen in die Bausubstanz verbunden sind.

Bodenbelag

- Verwendung von rutschhemmendem Bodenbelag,
- Schaffung rutschhemmender Bodenbeläge in der Dusche.

Duschplatz

- Einbau einer Dusche, wenn der Einstieg in eine Badewanne auch mit Hilfsmitteln nicht mehr ohne fremde Hilfe möglich ist,

- Herstellung eines bodengleichen Zugangs zur Dusche oder Einbau einer niedrigen Duschtasse, wenn ein bodengleicher Zugang baulich nicht möglich ist.

Einrichtungsgegenstände

- Anpassung der Höhe.

Toilette

- Anpassung der Sitzhöhe des Klosettbeckens durch Einbau eines Sockels.

Waschtisch

- Anpassung der Höhe des Waschtisches (ggf. Einbau eines höhenverstellbaren Waschtisches) zur Benutzung im Sitzen bzw. im Rollstuhl.

Schlafzimmer

Bettzugang

- Umbaumaßnahmen zur Schaffung eines freien Zugangs zum Bett.

Bodenbelag

- Verwendung von rutschhemmendem Bodenbelag.

Lichtschalter/Steckdosen

- Installation von Lichtschaltern und Steckdosen, die vom Bett aus zu erreichen sind.

Folgende Maßnahmen sind nicht förderfähig:

- Ausstattung der Wohnung mit einem Telefon, einem Kühlschrank, einer Waschmaschine,
- Verbesserung der Wärmedämmung und des Schallschutzes,
- Reparatur schadhafter Treppenstufen,
- Brandschutzmaßnahmen,
- Herstellung einer funktionsfähigen Beleuchtung im Eingangsbereich/Treppenhaus,
- Rollstuhlgarage,
- Errichtung eines überdachten Sitzplatzes,
- elektrischer Antrieb einer Markise,
- Austausch der Heizungsanlage, Warmwasseraufbereitung,
- Schönheitsreparaturen (Anstreichen, Tapezieren von Wänden und Decken, Ersetzen von Oberbelägen),
- Beseitigung von Feuchtigkeitsschäden,
- allgemeine Modernisierungsmaßnahmen.

Zuschuss ohne Eigenanteil, bei mehreren Pflegebedürftigen auch mehrfach

Durch das PNG ab 2013 ist die bis dahin bestehende Eigenanteilsregelung entfallen. Der Zuschuss der Pflegekasse wird nun immer bis zur maximal möglichen Höhe bezahlt.

Leben in einer Wohnung mehrere Pflegebedürftige (z. B. Ehepaar oder Wohngemeinschaft) und betrifft die wohnumfeldverbessernde Maßnahme alle Pflegebedürftigen, so kann der Zuschuss für bis zu 4 Pflegebedürftige, also bis maximal 16.000 €, abgerufen werden. Wenn beispielsweise das pflegebedürftige Ehepaar nicht mehr die Badewanne nutzen kann und deshalb das Bad umbauen lässt, kann diese Maßnahme mit bis zu 8.000 € bezuschusst werden.

Zuschuss pro Maßnahme

Der Zuschuss wird pro Maßnahme gezahlt. Das bedeutet, dass bei einer veränderten Pflegesituation und sich damit ergebenden neuen Notwendigkeiten ein zweiter Zuschuss gezahlt werden kann. Beispiel: Im ersten Schritt wird eine Rampe eingebaut, weil der Pflegebedürftige mit dem Rollstuhl sonst nicht die Wohnung erreichen/verlassen kann. Nach einiger Zeit kann er auch nicht mehr die Badewanne nutzen, deshalb wird als zweite Maßnahme das Badezimmer umgebaut. Beide Maßnahmen können von der Pflegekasse nacheinander bezuschusst werden.

Verfahren und Beratungsmöglichkeit

Die Leistungen sollten vor Beginn der Maßnahme mit einem Kostenvoranschlag beantragt werden, schon um für die Gesamtfinanzierung die Zusage der Pflegekasse zu haben. Allerdings bedeutet das nicht, dass nicht auch im Nachhinein noch ein Antrag gestellt werden kann. Auch kann die Pflegekasse nicht verlangen, dass mehrere Kostenvoranschläge eingereicht werden, denn hier geht es nicht um ‚öffentliche' Bauvorhaben, sondern um Arbeiten im Privatbereich. Lt. Rundschreiben der Pflegekassen (siehe Quellen) sind nicht nur die nachgewiesenen Materialkosten und der Arbeitslohn zu finanzieren, sondern auch beispielsweise mögliche Fahrtkosten und nachgewiesener Verdienstausfall (statt Arbeitslohn) der Angehörigen, wenn sie diese Maßnahmen durchgeführt haben.

Auch die Empfehlung des MD, der im Rahmen der Einstufung Maßnahmen zur Wohnraumanpassung empfiehlt, stellt einen Antrag dar, wenn der Pflegebedürftige dem nicht widerspricht.

Die Pflegekassen sind verpflichtet, die Pflegebedürftigen vor Beginn einer Maßnahme zu beraten, beispielsweise darüber, welche baulichen Möglichkeiten es gibt oder wie hoch ungefähr die Kosten sein werden. Daher sollte vorher die Pflegekasse um eine Beratung gebeten werden. Die Pflegekasse kann auch örtliche Institutionen wie Wohnraumberatungsstellen mit der Beratung beauftragen; die Beratung ist kostenfrei. Sie ist allerdings nicht zu verwechseln mit der eigentlichen Durchführungsplanung (Bauplanung), die je nach Umfang der jeweilige Handwerker oder ein Architekt übernimmt.

Hintergrund

Mit Einführung der Pflegeversicherung gab es immer wieder Abgrenzungsprobleme zur Leistungspflicht der Krankenversicherung. Vor allem bei Hilfsmitteln, die durchaus für verschiedene Ziele sowohl der Kranken- als auch der Pflegeversicherung geeignet waren. Insbesondere die Krankenversicherung war anfangs bestrebt, vieles in die Leistungspflicht der Pflegeversicherung zu verschieben. Sowohl die Politik als auch das Bundessozialgericht haben dies immer wieder kritisiert und verbindliche Regelungen angemahnt bzw. festgelegt. Daher wird nun regelmäßig zuerst die Leistungspflicht der Krankenversicherung überprüft, selbst wenn ausdrücklich ein Pflegehilfsmittel beantragt worden ist.

Die neuen Möglichkeiten, dass Pflegefachkräfte auch doppelfunktionale Hilfsmittel ‚verordnen' (auch zu Lasten der Krankenversicherung) verordnen dürfen, ist sicherlich ein Fortschritt und vereinfacht das praktische Leben ungemein!

Hinweise zur Beratung

Pflegehandschuhe können im doppelten Sinne helfen

Für viele Menschen und gerade auch für nahe Angehörige wie Ehepartner und Kinder ist die Versorgung bei Inkontinenz eine schwierige Aufgabe. Während dies bei Babys und Kleinkindern eine noch alltägliche Angelegenheit ist, wird sie bei Pflegebedürftigen nicht nur körperlich sehr viel schwerer, nun muss man (auch noch) Schamgrenzen überwinden und vieles mehr. Pflegehandschuhe sind zwar sehr dünn, doch dieser Abstand zur eigenen Haut kann auch helfen, Distanz aufzubauen und die Versorgung zu erleichtern. Daher sollten die Pflegepersonen immer auf die Nutzung, und sei es vordergründig mit dem Argument der Hygiene, sowie die Finanzierungsmöglichkeiten durch die Pflegeversicherung hingewiesen werden.

Pauschale Pakete aus dem Internet?

Im Bereich der Pflegeverbrauchsmittel gibt es einige Anbieter, insbesondere aus dem Onlinebereich, die fertig konfektionierte Pakete anbieten und monatlich zuschicken. Die Pakete sind so zusammengestellt, dass preislich immer der Höchstbetrag bei der Pflegekasse abgerechnet wird. Dies kann für Pflegebedürftige höherer Pflegegrade mit einem entsprechenden Verbrauch sinnvoll sein. Aber wenn die Ehefrau für die Mitversorgung ihres Mannes (Pflegegrad 1) einmal im Monat ein Paket Handschuhe benötigt, so sollte eher der Kauf im Drogeriemarkt und die Kostenerstattung empfohlen werden.

Schulung im Umgang mit dem Hilfsmittel

Die Pflegebedürftigen und vor allem die Pflegepersonen sollten darüber aufgeklärt werden, dass sie bei der Lieferung vom Hilfsmittellieferanten geschult werden (müssen), wenn sich das Produkt nicht selbst erklärt. Die Pflegepersonen sollen daher nicht auf den Pflegedienst verwiesen werden bzw. erst auf ihn warten, um sich dann alles in Ruhe erklären zu lassen. Natürlich kann der Pflegedienst auch später noch den Umgang erklären, aber dies wäre dann eine reine Serviceleistung.

Die Anpassung langfristig planen

Erfahrungsgemäß ist es schwierig, Menschen zu Veränderungen zu bewegen. Dabei haben Pflegedienste die Chance, durch frühzeitige und konkrete Hinweise dafür zu sorgen, dass die Pflegebedürftigen länger in der Wohnung verweilen können. Beispielsweise wird ein Pflegebedürftiger mit Pflegegeldbezug im Rahmen der Beratungsbesuche regelmäßig aufgesucht. Anfangs duscht der Pflegebedürftige noch regelmäßig in der Badewanne. Da ein weiterer körperlicher Abbau wahrscheinlich ist, sollte die Pflegefachkraft schon frühzeitig das Thema ansprechen und gezielt auch auf mögliche Förderungen hinweisen. Durch die frühzeitige Sensibilisierung kann es gelingen, rechtzeitig mit dem Umbau anzufangen.

Zuschüsse sollten vor Beginn beantragt werden: Verjährungsfristen können helfen!

Lt. Rundschreiben der Pflegekassen sollten die Zuschüsse vor Beginn beantragt werden, was jedoch nicht ausschließt, dass man auch noch später diese Zuschüsse beantragen kann. Das dürfte weniger bei zu planenden Umbaumaßnahmen hilfreich sein, sondern eher bei der Bezuschussung eines schon abgeschlossenen Umzugs. Soweit der Antrag noch zeitnah gestellt wird, sollte man es in jedem Fall versuchen.

Grundsätzlich können aber Anträge auf Zuschüsse auch im Nachhinein gestellt werden, denn lt. § 45 Abs. 1 SGB I verjähren Ansprüche auf Sozialleistungen (erst) vier Jahre nach Ablauf des Kalenderjahres, in dem sie entstanden sind.

Hinweise zur internen Umsetzung

Die eigene Verordnungskompetenz nutzen!

Pflegefachkräfte dürfen Hilfsmittel im Sinne § 40 „verordnen", so sieht es der Gesetzgeber seit 1995 vor. Diese verliehene Kompetenz sollten Pflegedienste besser nutzen. Eine solche fachliche Stellungnahme sollte sich nicht nur auf die Aussage beschränken, dass der Versicherte ein Hilfsmittel benötigt, sondern auch kurz schildern, warum und aus welchem der drei möglichen Gründe des § 40. Das erleichtert auch der Pflegekasse das Verständnis der Situation und damit ihre Entscheidung.

Mit der neuen Gesetzeslage können alle Pflegefachkräfte nun auch doppelfunktionale Hilfsmittel verordnen. Mit der entsprechenden Richtlinie sowie den Abläufen sollten sich alle Pflegefachkräfte vertraut machen, weil hierdurch viele ärztliche Verordnungen und damit entsprechende Wege, Diskussionen und Aufwände entfallen werden!

Verordnungskompetenz der Pflegefachkräfte nutzen

Im Rahmen der Leistungserbringung von Sachleistungen, Beratungseinsätze nach § 37.3 oder Leistungen der Häuslichen Krankenpflege (§ 37 SGB V) oder Intensivpflege (§ 37c SGB V), können Pflegefachkräfte „Empfehlungen" zu Hilfsmitteln sowohl der Pflegeversicherung (Produktgruppen 50 – 54) sowie zu doppelfunktionalen Hilfsmitteln (Produktgruppen 04, 18 – 20, 22, 33) abgeben, die dann eine ärztliche Verordnung ersetzen. Die Empfehlung ist auf dem entsprechenden Formular pro Hilfsmittel genau zu begründen. Diese Empfehlung gibt der Pflegebedürftige dann einem Leistungserbringer (z. B. Sanitätshaus), dass den Antrag an die zuständige Kasse weiterleitet und die Ausstattung übernimmt.

In der Praxis dürfte dann für jede Empfehlung das Formular gemäß der Richtlinie zu verwenden sein, Hinweise z.B. auf dem Beratungsformular § 37.3 dürften damit ersetzt werden. Gerade in 2022 dürfte es noch etwas dauern, bis alle beteiligten Institutionen, wie Hilfsmittel-Leistungserbringer (z. B. Sanitätshäuser), aber auch Pflege- und Krankenkassen sich an die neuen Abläufe gewöhnt haben dürften. Die Pflegedienste sollten ihre neue erweitere Kompetenz aktiv nutzen, erspart sie in der Praxis doch bisher nötige Wege

Pflegedienste sind nicht Hilfsarbeiter des Sanitätsfachhandels

Für die (falls notwendig) Lieferung, Installation, Instandsetzung, Reparatur sowie Einweisung, aber auch notwendige jährliche Inspektionen wird der Lieferant des Hilfsmittels bezahlt und ist daher auch dafür zuständig. Soll der Pflegedienst dabei sein, wenn beispielsweise eine

Wechseldruckmatratze geliefert wird, ist zu klären, wer diese Leistung bezahlt. Zumindest kann es keine kostenfreie „Eh-da-Leistung" des Pflegedienstes sein. Kann beispielsweise der Lieferant die Matratze nicht ins Bett legen und richtig einstellen, weil der Pflegebedürftige bettlägerig ist und ‚das Bett versperrt', kann es nicht Aufgabe des Pflegedienstmitarbeiters sein, später den Matratzenwechsel vorzunehmen. Wenn er dies jedoch übernimmt, ist er auch für die sachgerechte Einstellung der Matratze verantwortlich! Das gilt insbesondere dann, wenn Hilfsmittel von Online-Lieferdiensten geliefert werden.

Örtliche Angebote kennen und nutzen

In vielen größeren Städten gibt es spezialisierte Beratungsstellen, die oftmals auch über Ausstellungsräume verfügen. Es ist sinnvoll, hier den Kontakt herzustellen und regelmäßig alle Mitarbeiter über die technischen Möglichkeiten zu informieren bzw. selbst Ausstellungen zu besuchen. Dadurch lernen alle Mitarbeiter das aktuelle Angebot an Hilfsmitteln und Umbaumöglichkeiten kennen und können gezielter bei der Versorgung auf Verbesserungsmöglichkeiten achten.

Quellen

§ 40 Pflegehilfsmittel und wohnumfeldverbessernde Maßnahmen

(1) Pflegebedürftige haben Anspruch auf Versorgung mit Pflegehilfsmitteln, die zur Erleichterung der Pflege oder zur Linderung der Beschwerden des Pflegebedürftigen beitragen oder ihm eine selbständigere Lebensführung ermöglichen, soweit die Hilfsmittel nicht wegen Krankheit oder Behinderung von der Krankenversicherung oder anderen zuständigen Leistungsträgern zu leisten sind. Die Pflegekasse kann in geeigneten Fällen die Notwendigkeit der Versorgung mit den beantragten Pflegehilfsmitteln unter Beteiligung einer Pflegefachkraft oder des Medizinischen Dienstes überprüfen lassen. Entscheiden sich Versicherte für eine Ausstattung des Pflegehilfsmittels, die über das Maß des Notwendigen hinausgeht, haben sie die Mehrkosten und die dadurch bedingten Folgekosten selbst zu tragen. § 33 Abs. 6 und 7 des Fünften Buches gilt entsprechend.

(2) Die Aufwendungen der Pflegekassen für zum Verbrauch bestimmte Pflegehilfsmittel dürfen monatlich den Betrag von 40 Euro nicht übersteigen; bis zum 31. Dezember 2021 gilt ein monatlicher Betrag in Höhe von 60 Euro. Die Leistung kann auch in Form einer Kostenerstattung erbracht werden.

(3) Die Pflegekassen sollen technische Pflegehilfsmittel in allen geeigneten Fällen vorrangig leihweise überlassen. Sie können die Bewilligung davon abhängig machen, dass die Pflegebedürftigen

sich das Pflegehilfsmittel anpassen oder sich selbst oder die Pflegeperson in seinem Gebrauch ausbilden lassen. Der Anspruch umfasst auch die notwendige Änderung, Instandsetzung und Ersatzbeschaffung von Pflegehilfsmitteln sowie die Ausbildung in ihrem Gebrauch. Versicherte, die das 18. Lebensjahr vollendet haben, haben zu den Kosten der Pflegehilfsmittel mit Ausnahme der Pflegehilfsmittel nach Absatz 2 eine Zuzahlung von zehn vom Hundert, höchstens jedoch 25 Euro je Pflegehilfsmittel an die abgebende Stelle zu leisten. Zur Vermeidung von Härten kann die Pflegekasse den Versicherten in entsprechender Anwendung des § 62 Abs. 1 Satz 1, 2 und 6 sowie Abs. 2 und 3 des Fünften Buches ganz oder teilweise von der Zuzahlung befreien. Versicherte, die die für sie geltende Belastungsgrenze nach § 62 des Fünften Buches erreicht haben oder unter Berücksichtigung der Zuzahlung nach Satz 4 erreichen, sind hinsichtlich des die Belastungsgrenze überschreitenden Betrags von der Zuzahlung nach diesem Buch befreit. Lehnen Versicherte die leihweise Überlassung eines Pflegehilfsmittels ohne zwingenden Grund ab, haben sie die Kosten des Pflegehilfsmittels in vollem Umfang selbst zu tragen.

(4) Die Pflegekassen können subsidiär finanzielle Zuschüsse für Maßnahmen zur Verbesserung des individuellen Wohnumfeldes des Pflegebedürftigen gewähren, beispielsweise für technische Hilfen im Haushalt, wenn dadurch im Einzelfall die häusliche Pflege ermöglicht oder erheblich erleichtert oder eine möglichst selbständige Lebensführung des Pflegebedürftigen wiederhergestellt wird. Die Höhe der Zuschüsse ist unter Berücksichtigung der Kosten der Maßnahme sowie eines angemessenen Eigenanteils in Abhängigkeit von dem Einkommen des Pflegebedürftigen zu bemessen. Die Zuschüsse dürfen einen Betrag in Höhe von 4.000 Euro je Maßnahme nicht übersteigen. Leben mehrere Pflegebedürftige in einer gemeinsamen Wohnung, dürfen die Zuschüsse für Maßnahmen zur Verbesserung des gemeinsamen Wohnumfeldes einen Betrag in Höhe von 4.000 Euro je Pflegebedürftigen nicht übersteigen. Der Gesamtbetrag je Maßnahme nach Satz 3 ist auf 16.000 Euro begrenzt und wird bei mehr als vier Anspruchsberechtigten anteilig auf die Versicherungsträger der Anspruchsberechtigten aufgeteilt.

(5) Für Hilfsmittel und Pflegehilfsmittel, die sowohl den in § 23 und § 33 des Fünften Buches als auch den in Absatz 1 genannten Zwecken dienen können, prüft der Leistungsträger, bei dem die Leistung beantragt wird, ob ein Anspruch gegenüber der Krankenkasse oder der Pflegekasse besteht und entscheidet über die Bewilligung der Hilfsmittel und Pflegehilfsmittel. Zur Gewährleistung einer Absatz 1 Satz 1 entsprechenden Abgrenzung der Leistungsverpflichtungen der gesetzlichen Krankenversicherung und der sozialen Pflegeversicherung werden die Ausgaben für Hilfsmittel und Pflegehilfsmittel zwischen der jeweiligen Krankenkasse und der bei ihr errichteten Pflegekasse in einem bestimmten Verhältnis pauschal aufgeteilt. Der Spitzenverband Bund der Krankenkassen bestimmt in Richtlinien, die erstmals bis zum 30. April 2012 zu beschließen sind, die Hilfsmittel und Pflegehilfsmittel nach Satz 1, das Verhältnis, in dem die Ausgaben aufzuteilen sind, sowie die Einzelheiten zur Umsetzung der Pauschalierung. Er be-

rücksichtigt dabei die bisherigen Ausgaben der Kranken- und Pflegekassen und stellt sicher, dass bei der Aufteilung die Zielsetzung der Vorschriften des Fünften Buches und dieses Buches zur Hilfsmittelversorgung sowie die Belange der Versicherten gewahrt bleiben. Die Richtlinien bedürfen der Genehmigung des Bundesministeriums für Gesundheit und treten am ersten Tag des auf die Genehmigung folgenden Monats in Kraft; die Genehmigung kann mit Auflagen verbunden werden. Die Richtlinien sind für die Kranken- und Pflegekassen verbindlich. Für die nach Satz 3 bestimmten Hilfsmittel und Pflegehilfsmittel richtet sich die Zuzahlung nach den §§ 33, 61 und 62 des Fünften Buches; für die Prüfung des Leistungsanspruchs gilt § 275 Abs. 3 des Fünften Buches. Die Regelung dieses Absatzes gelten nicht für Ansprüche auf Hilfsmittel oder Pflegehilfsmittel von Pflegebedürftigen, die sich in vollstationärer Pflege befinden, sowie von Pflegebedürftigen nach § 28 Abs. 2.

(6) Pflegefachkräfte können im Rahmen ihrer Leistungserbringung nach § 36, nach den §§ 37 und 37c des Fünften Buches sowie der Beratungseinsätze nach § 37 Absatz 3 konkrete Empfehlungen zur Hilfsmittel- und Pflegehilfsmittelversorgung abgeben. Wird ein Pflegehilfsmittel nach Absatz 1 Satz 1 oder Absatz 5 oder ein Hilfsmittel nach Absatz 5, das den Zielen von Absatz 1 Satz 1 dient, von einer Pflegefachkraft bei der Antragstellung empfohlen, werden unter den in den Richtlinien nach Satz 6 festgelegten Voraussetzungen die Notwendigkeit der Versorgung nach Absatz 1 Satz 2 und die Erforderlichkeit der Versorgung nach § 33 Absatz 1 des Fünften Buches vermutet. Die Empfehlung der Pflegefachkraft darf bei der Antragstellung nicht älter als zwei Wochen sein. Einer ärztlichen Verordnung gemäß § 33 Absatz 5a des Fünften Buches bedarf es bei Vorliegen einer Empfehlung nach Satz 1 nicht. Die Empfehlung der Pflegefachkraft für ein Pflegehilfsmittel oder ein Hilfsmittel, das den Zielen des Absatzes 1 Satz 1 dient, ist der Kranken- oder Pflegekasse zusammen mit dem Antrag des Versicherten in Textform zu übermitteln. Der Spitzenverband Bund der Krankenkassen, zugleich nach § 53 Satz 1 die Aufgaben des Spitzenverbandes Bund der Pflegekassen wahrnehmend, legt bis zum 31. Dezember 2021 in Richtlinien fest, in welchen Fällen und für welche Hilfsmittel und Pflegehilfsmittel nach Satz 2 die Erforderlichkeit oder Notwendigkeit der Versorgung vermutet wird; dabei ist auch festzulegen, über welche Eignung die empfehlende Pflegefachkraft verfügen soll. In den Richtlinien wird auch das Nähere zum Verfahren der Empfehlung durch die versorgende Pflegefachkraft bei Antragstellung festgelegt. Die Bundespflegekammer und die Verbände der Pflegeberufe auf Bundesebene sind an den Richtlinien zu beteiligen. Der Spitzenverband Bund der Krankenkassen, zugleich nach § 53 Satz 1 die Aufgaben des Spitzenverbandes Bund der Pflegekassen wahrnehmend, wird beauftragt, die in den Richtlinien festgelegten Verfahren in fachlicher und wirtschaftlicher Hinsicht unter Beteiligung des Medizinischen Dienstes Bund, der Bundespflegekammer und der Verbände der Pflegeberufe auf Bundesebene zu evaluieren.

Ein Bericht über die Ergebnisse der Evaluation ist dem Bundesministerium für Gesundheit bis zum 1. Januar 2025 vorzulegen.

(7) Die Pflegekasse hat über einen Antrag auf Pflegehilfsmittel oder Zuschüsse zu wohnumfeldverbessernden Maßnahmen zügig, spätestens bis zum Ablauf von drei Wochen nach Antragseingang oder in Fällen, in denen eine Pflegefachkraft oder der Medizinische Dienst nach Absatz 1 Satz 2 beteiligt wird, innerhalb von fünf Wochen nach Antragseingang zu entscheiden. Über einen Antrag auf ein Pflegehilfsmittel, das von einer Pflegefachkraft bei der Antragstellung nach Absatz 6 Satz 2 empfohlen wurde, hat die Pflegekasse zügig, spätestens bis zum Ablauf von drei Wochen nach Antragseingang, zu entscheiden. Kann die Pflegekasse die Fristen nach Satz 1 oder Satz 2 nicht einhalten, teilt sie dies den Antragstellern unter Darlegung der Gründe rechtzeitig schriftlich mit. Erfolgt keine Mitteilung eines hinreichenden Grundes, gilt die Leistung nach Ablauf der Frist als genehmigt.

§ 78 Verträge über Pflegehilfsmittel

(1) Der Spitzenverband Bund der Pflegekassen schließt mit den Leistungserbringern oder deren Verbänden Verträge über die Versorgung der Versicherten mit Pflegehilfsmitteln, soweit diese nicht nach den Vorschriften des Fünften Buches über die Hilfsmittel zu vergüten sind. Abweichend von Satz 1 können die Pflegekassen Verträge über die Versorgung der Versicherten mit Pflegehilfsmitteln schließen, um dem Wirtschaftlichkeitsgebot verstärkt Rechnung zu tragen. Die §§ 36, 126 und 127 des Fünften Buches gelten entsprechend.

(2) Der Spitzenverband Bund der Pflegekassen erstellt als Anlage zu dem Hilfsmittelverzeichnis nach § 139 des Fünften Buches ein systematisch strukturiertes Pflegehilfsmittelverzeichnis. Darin sind die von der Leistungspflicht der Pflegeversicherung umfassten Pflegehilfsmittel aufzuführen, soweit diese nicht bereits im Hilfsmittelverzeichnis enthalten sind. Pflegehilfsmittel, die für eine leihweise Überlassung an die Versicherten geeignet sind, sind gesondert auszuweisen. Das Pflegehilfsmittelverzeichnis ist spätestens alle drei Jahre unter besonderer Berücksichtigung digitaler Technologien vom Spitzenverband Bund der Pflegekassen fortzuschreiben. Unbeschadet der regelhaften Fortschreibung nach Satz 4 entscheidet der Spitzenverband Bund der Pflegekassen über Anträge zur Aufnahme von neuartigen Pflegehilfsmitteln in das Pflegehilfsmittelverzeichnis innerhalb von drei Monaten nach Vorlage der vollständigen Unterlagen. Der Spitzenverband Bund der Pflegekassen informiert und berät Hersteller auf deren Anfrage über die Voraussetzungen und das Verfahren zur Aufnahme von neuartigen Pflegehilfsmitteln in das Pflegehilfsmittelverzeichnis; im Übrigen gilt § 139 Absatz 8 des Fünften Buches entsprechend. Die Beratung erstreckt sich insbesondere auch auf die grundlegenden Anforderungen an den Nachweis des pflegerischen Nutzens des Pflegehilfsmittels. Im Übrigen gilt § 139 des Fünften Buches entsprechend mit der Maßgabe, dass die Verbände der Pflegeberufe und der

behinderten Menschen vor Erstellung und Fortschreibung des Pflegehilfsmittelverzeichnisses ebenfalls anzuhören sind.

(2a) Der Spitzenverband Bund der Pflegekassen beschließt spätestens alle drei Jahre, erstmals bis zum 30. September 2021, Empfehlungen zu wohnumfeldverbessernden Maßnahmen gemäß § 40 Absatz 4 unter besonderer Berücksichtigung digitaler Technologien, einschließlich des Verfahrens zur Aufnahme von Produkten oder Maßnahmen in die Empfehlungen. Absatz 2 Satz 5 bis 7 gilt entsprechend.

(3) Die Landesverbände der Pflegekassen vereinbaren untereinander oder mit geeigneten Pflegeeinrichtungen das Nähere zur Ausleihe der hierfür nach Absatz 2 Satz 4 geeigneten Pflegehilfsmittel einschließlich ihrer Beschaffung, Lagerung, Wartung und Kontrolle. Die Pflegebedürftigen und die zugelassenen Pflegeeinrichtungen sind von den Pflegekassen oder deren Verbänden in geeigneter Form über die Möglichkeit der Ausleihe zu unterrichten.

(4) Das Bundesministerium für Gesundheit wird ermächtigt, das Pflegehilfsmittelverzeichnis nach Absatz 2 und die Festbeträge nach Absatz 3 durch Rechtsverordnung im Einvernehmen mit dem Bundesministerium für Arbeit und Soziales und dem Bundesministerium für Familie, Senioren, Frauen und Jugend und mit Zustimmung des Bundesrates zu bestimmen; § 40 Abs. 5 bleibt unberührt.

§ 18 Verfahren zur Feststellung der Pflegebedürftigkeit

(6a) Der Medizinische Dienst der Krankenversicherung oder die von der Pflegekasse beauftragten Gutachter haben gegenüber der Pflegekasse in ihrem Gutachten zur Feststellung der Pflegebedürftigkeit konkrete Empfehlungen zur Hilfsmittel- und Pflegehilfsmittelversorgung abzugeben. Die Empfehlungen gelten hinsichtlich Hilfsmitteln und Pflegehilfsmitteln, die den Zielen von § 40 dienen, jeweils als Antrag auf Leistungsgewährung, sofern der Versicherte zustimmt. Bezüglich der empfohlenen Hilfsmittel, die den Zielen nach § 40 dienen, wird die Erforderlichkeit nach § 33 Absatz 1 des Fünften Buches vermutet; insofern bedarf es keiner ärztlichen Verordnung gemäß § 33 Absatz 5a des Fünften Buches. Welche Hilfsmittel und Pflegehilfsmittel im Sinne von Satz 2 den Zielen von § 40 dienen, wird in den Begutachtungs-Richtlinien nach § 17 konkretisiert. Dabei ist auch die Richtlinie des Gemeinsamen Bundesausschusses nach § 92 Absatz 1 des Fünften Buches über die Verordnung von Hilfsmitteln zu berücksichtigen. Die Pflegekasse übermittelt dem Antragsteller unverzüglich die Entscheidung über die empfohlenen Hilfsmittel und Pflegehilfsmittel.

§ 39 Krankenhausbehandlung

(1a) Die Krankenhausbehandlung umfasst ein Entlassmanagement zur Unterstützung einer sektorenübergreifenden Versorgung der Versicherten beim Übergang in die Versorgung nach

Krankenhausbehandlung. § 11 Absatz 4 Satz 4 gilt. Das Krankenhaus kann mit Leistungserbringern nach § 95 Absatz 1 Satz 1 vereinbaren, dass diese Aufgaben des Entlassmanagements wahrnehmen. § 11 des Apothekengesetzes bleibt unberührt. Der Versicherte hat gegenüber der Krankenkasse einen Anspruch auf Unterstützung des Entlassmanagements nach Satz 1; soweit Hilfen durch die Pflegeversicherung in Betracht kommen, kooperieren Kranken- und Pflegekassen miteinander. Das Entlassmanagement umfasst alle Leistungen, die für die Versorgung nach Krankenhausbehandlung erforderlich sind, insbesondere die Leistungen nach den §§ 37b, 38, 39c sowie alle dafür erforderlichen Leistungen nach dem Elften Buch. Das Entlassmanagement umfasst auch die Verordnung einer erforderlichen Anschlussversorgung durch Krankenhausbehandlung in einem anderen Krankenhaus. Soweit dies für die Versorgung des Versicherten unmittelbar nach der Entlassung erforderlich ist, können die Krankenhäuser Leistungen nach § 33a und die in § 92 Absatz 1 Satz 2 Nummer 6 und 12 genannten Leistungen verordnen und die Arbeitsunfähigkeit feststellen; hierfür gelten die Bestimmungen über die vertragsärztliche Versorgung mit der Maßgabe, dass bis zur Verwendung der Arztnummer nach § 293 Absatz 7 Satz 3 Nummer 1 eine im Rahmenvertrag nach Satz 9 erster Halbsatz zu vereinbarende alternative Kennzeichnung zu verwenden ist. Bei der Verordnung von Arzneimitteln können Krankenhäuser eine Packung mit dem kleinsten Packungsgrößenkennzeichen gemäß der Packungsgrößenverordnung verordnen; im Übrigen können die in § 92 Absatz 1 Satz 2 Nummer 6 genannten Leistungen für die Versorgung in einem Zeitraum von bis zu sieben Tagen verordnet und die Arbeitsunfähigkeit festgestellt werden (§ 92 Absatz 1 Satz 2 Nummer 7). Der Gemeinsame Bundesausschuss bestimmt in den Richtlinien nach § 92 Absatz 1 Satz 2 Nummer 6, 7 und 12 die weitere Ausgestaltung des Verordnungsrechts nach Satz 7. Die weiteren Einzelheiten zu den Sätzen 1 bis 8, insbesondere zur Zusammenarbeit der Leistungserbringer mit den Krankenkassen, regeln der Spitzenverband Bund der Krankenkassen auch als Spitzenverband Bund der Pflegekassen, die Kassenärztliche Bundesvereinigung und die Deutsche Krankenhausgesellschaft unter Berücksichtigung der Richtlinien des Gemeinsamen Bundesausschusses in einem Rahmenvertrag. Wird der Rahmenvertrag ganz oder teilweise beendet und kommt bis zum Ablauf des Vertrages kein neuer Rahmenvertrag zustande, entscheidet das sektorenübergreifende Schiedsgremium auf Bundesebene gemäß § 89a. Vor Abschluss des Rahmenvertrages ist der für die Wahrnehmung der wirtschaftlichen Interessen gebildeten maßgeblichen Spitzenorganisation der Apotheker sowie den Vereinigungen der Träger der Pflegeeinrichtungen auf Bundesebene Gelegenheit zur Stellungnahme zu geben. Das Entlassmanagement und eine dazu erforderliche Verarbeitung personenbezogener Daten dürfen nur mit Einwilligung und nach vorheriger Information des Versicherten erfolgen. Die Information sowie die Einwilligung müssen schriftlich oder elektronisch erfolgen.

Richtlinien zur Empfehlung von Hilfsmitteln und Pflegehilfsmitteln durch Pflegefachkräfte gemäß § 40 Absatz 6 Satz 6 SGB XI vom 20.12.2021 Inkrafttreten der Richtlinien: 01.01.2022

Fundstelle: www.gkv-spitzenverband.de im Bereich Pflegeversicherung

17 Digitale Pflegeanwendungen (§§ 39a, 40a/b)

Kurzdarstellung

Pflegebedürftige haben seit 2021 den Anspruch auf Versorgung mit sogenannten digitalen Pflegeanwendungen (Abkürzung „DiPa"), um Beeinträchtigungen der Selbständigkeit oder Fähigkeiten zu reduzieren oder einer Verschlimmerung entgegen zu wirken. Die DiPa (im Prinzip Softwareprogramme bzw. Apps) können sowohl vom Pflegebedürftigen eigenständig oder in Interaktion mit Pflegepersonen oder Pflegekräften genutzt werden. Voraussetzung ist allerdings eine technische Ausstattung des Pflegebedürftigen (z.B. Tablet, Computer, Internetanschluss), der nicht bezuschusst wird.

Mit einem Zuschuss von monatlich bis zu 50 € wird dann die dauerhafte Nutzung sowie evtl. Begleitung/Anleitung durch einen Pflegedienst finanziert. Die möglichen DiPa werden zentral gelistet und zugelassen.

Wesentliche Punkte

Verzeichnis der digitalen Pflegeanwendungen (DiPa)

Jede von der Pflegeversicherung refinanzierte digitale Pflegeanwendung muss über das zuständige Bundesinstitut für Arzneimittel und Medizinprodukte zugelassen werden. Dort wird auch ein entsprechendes Verzeichnis erstellt (siehe Quelle). Neben den digitalen Pflegeanwendungen gibt es quasi analog auch digitale Gesundheitsanwendungen (DiGa), die als Hilfsmittel von der Krankenversicherung refinanziert werden.

Hardware muss der Pflegebedürftige haben

Voraussetzung für die Nutzung solcher Softwarelösungen, unabhängig von DiPa oder DiGa, ist das Vorhandensein entsprechender Technik: Im Regelfall wird man einen Computer und/oder ein Tablet oder evtl. auch (nur) ein Smartphone benötigen, wobei letzteres allein wegen der Bildschirmgröße oft nicht ausreichen wird. Dazu kommt noch ein Internetanschluss. Diese technischen Voraussetzungen muss der Pflegebedürftige selbst bereitstellen, sie werden weder von der Pflegekasse noch von der Krankenkasse finanziert.

Was könnten DiPa sein/machen?

Noch (Anfang 2022) sind keine DiPa zugelassen. Es stellt sich auch die Frage, was solche Anwendungen können sollten bzw. wie sie den gesetzlich geforderten Zweck erfüllen können. Einfache Erinnerungsfunktionen für die Medikamenteneinnahme etc. können mit jedem Kalenderprogramm erstellt werden und dürften sicherlich nicht finanziert werden. Es bleibt also abzuwarten, was hier dauerhaft eine Zulassung erhält und wie sinnvoll solche DiPa einzusetzen sind.

Problem Finanzierung

Die Finanzierung der DiPa einschließlich der unterstützenden Dienstleistungen durch den Pflegedienst ist auf monatlich 50 € begrenzt. Damit sind sowohl die Softwarenutzungskosten als auch die Unterstützung durch den Pflegedienst zu bezahlen. Nicht wirklich berücksichtigt sind die vermutlich notwendigen Mehrzeiten bei der ersten Installation und Einrichtung einer solchen Anwendung.

Hintergrund

Im Rahmen der allgemeinen Digitalisierungswelle und der vergleichbaren Angebote in der Krankenversicherung wurden auch die DiPa beschlossen und eingeführt. Welche Angebote es hier mit welchem konkreten Nutzen dauerhaft geben wird, bleibt offen. Auch der Zeitrahmen, wann mit ersten Zulassungen zu rechnen ist, ist ebenso nicht absehbar.

Hinweise zur Beratung

Installation und Hardwareprobleme?

Für die Praxis stellt sich die Frage, wie die Pflegedienste hier unterstützend tätig sein sollen und können. Schon allein mit der Installation könnten sich vor Ort beim Pflegebedürftigen völlig neue Probleme stellen: von der Hardwarefrage über WLAN-Vernetzung und Internetbandbreite bis zu Datenschutzfragen und Hackerangriffen. Läuft die Software auf der konkret vorhandenen Hardware reibungslos, kann sie sicherlich auch von Pflegekräften bedient und unterstützt werden. Aber alle anderen Fragen sollten nicht durch die Pflege geklärt werden, denn hier gibt es ansonsten unendlich viele Probleme zu lösen. Und nebenbei bemerkt könnte es sein, dass man bei den Pflegebedürftigen oft auf die ausgemusterte Hardware der Kinder/Enkel stößt mit den entsprechenden Folgen und Fragestellungen.

Quellen

§ 39a Ergänzende Unterstützung bei Nutzung von digitalen Pflegeanwendungen

Pflegebedürftige haben bei der Nutzung digitaler Pflegeanwendungen im Sinne des § 40a Anspruch auf ergänzende Unterstützungsleistungen, deren Erforderlichkeit das Bundesinstitut für Arzneimittel und Medizinprodukte nach § 78a Absatz 5 Satz 6 festgestellt hat, durch nach diesem Buch zugelassene ambulante Pflegeeinrichtungen. Der Anspruch setzt voraus, dass die ergänzende Unterstützungsleistung für die Nutzung der digitalen Pflegeanwendung im Einzelfall erforderlich ist.

§ 40a Digitale Pflegeanwendungen

(1) Pflegebedürftige haben Anspruch auf Versorgung mit Anwendungen, die wesentlich auf digitalen Technologien beruhen und von den Pflegebedürftigen oder in der Interaktion von Pflegebedürftigen, Angehörigen und zugelassenen ambulanten Pflegeeinrichtungen genutzt werden, um Beeinträchtigungen der Selbständigkeit oder der Fähigkeiten des Pflegebedürftigen zu mindern und einer Verschlimmerung der Pflegebedürftigkeit entgegenzuwirken, soweit die Anwendung nicht wegen Krankheit oder Behinderung von der Krankenversicherung oder anderen zuständigen Leistungsträgern zu leisten ist (digitale Pflegeanwendungen).
(2) Der Anspruch umfasst nur solche digitale Pflegeanwendungen, die vom Bundesinstitut für Arzneimittel und Medizinprodukte in das Verzeichnis für digitale Pflegeanwendungen nach § 78a Absatz 3 aufgenommen sind. Die Pflegekasse entscheidet auf Antrag des Pflegebedürftigen über die Notwendigkeit der Versorgung des Pflegebedürftigen mit einer digitalen Pflegeanwendung. Entscheiden sich Pflegebedürftige für eine digitale Pflegeanwendung, deren Funktionen oder Anwendungsbereiche über die in das Verzeichnis für digitale Pflegeanwendungen nach § 78a Absatz 3 aufgenommenen digitalen Pflegeanwendungen hinausgehen oder deren Kosten die Vergütungsbeträge nach § 78a Absatz 1 Satz 1 übersteigen, haben sie die Mehrkosten selbst zu tragen. Über die von ihnen zu tragenden Mehrkosten sind die Pflegebedürftigen von den Pflegekassen vorab in schriftlicher Form oder elektronisch zu informieren.

(3) Für digitale Pflegeanwendungen, die sowohl den in § 33a Absatz 1 Satz 1 des Fünften Buches als auch den in Absatz 1 genannten Zwecken dienen können, prüft der Leistungsträger, bei dem die Leistung beantragt wird, ob ein Anspruch gegenüber der Krankenkasse oder der Pflegekasse besteht und entscheidet über die Bewilligung der digitalen Gesundheitsanwendung oder der digitalen Pflegeanwendung. Ansprüche nach anderen Vorschriften dieses Buches bleiben unberührt. § 40 Absatz 5 Satz 2 bis 6 gilt entsprechend mit der Maßgabe, dass der Spitzenverband Bund der Krankenkassen Richtlinien über das Verhältnis zur Aufteilung der Ausgaben erstmals bis zum 31. Dezember 2021 zu beschließen hat.

(4) Die Hersteller stellen den Anspruchsberechtigten digitale Pflegeanwendungen barrierefrei im Wege elektronischer Übertragung über öffentlich zugängliche Netze, auf maschinell lesbaren Datenträgern oder über digitale Vertriebsplattformen zur Verfügung.

§ 40b Leistungsanspruch beim Einsatz digitaler Pflegeanwendungen

Pflegebedürftige haben Anspruch auf die Leistungen nach den §§ 39a und 40a bis zur Höhe von insgesamt 50 Euro im Monat. Die Aufteilung des Leistungsanspruchs nach Satz 1 auf die ergänzende Unterstützungsleistung nach § 39a und die digitale Pflegeanwendung nach § 40a beim Einsatz digitaler Pflegeanwendungen richtet sich nach § 78a Absatz 1 Satz 5.

Bundesinstitut für Arzneimittel und Medizinprodukte, www.bfarm.de

18 Zusätzliche Leistungen für Pflegebedürftige in ambulant betreuten Wohngruppen § 38a

Kurzdarstellung

Für Pflegebedürftige, die in ambulanten Wohngemeinschaften leben, gibt es einen monatlichen Leistungszuschlag von 214 €, der einzusetzen ist für die Mitfinanzierung von gemeinsam durch die Mitglieder der Wohngemeinschaft beauftragten Leistungen einer Person, die organisatorische, verwaltende, betreuende oder das Gemeinschaftsleben fördernde Tätigkeiten durchführt oder die Wohngruppenmitglieder bei der gemeinsamen Haushaltsführung unterstützt. Eine Wohngemeinschaft im Sinne des § 38a bilden mindestens 3, maximal 12 Personen, die zum Zwecke der gemeinschaftlich organisierten Pflege zusammenwohnen. Dabei müssen mindestens drei der Personen Leistungen der Pflegeversicherung beziehen. Eine weitere Voraussetzung ist, dass keine Versorgungsform vorliegt, in der ein Anbieter Leistungen anbietet oder gewährleistet, die dem Umfang einer stationären Pflegeeinrichtung entsprechen.

Der Wohngruppenzuschlag geht direkt an den jeweiligen Pflegebedürftigen, dieser muss ihn auch beantragen und mit den im Gesetz aufgeführten Unterlagen belegen.

Wesentliche Punkte

Was sind ambulante Wohngemeinschaften?

Eigentlich unterscheiden sich die grundsätzlichen Merkmale einer Wohngemeinschaft nicht davon, in welchem Alter man darin wohnt: jeder Mieter innerhalb einer Wohngemeinschaft schließt einen Mietvertrag für sein Zimmer/seine Räume sowie die anteilige Nutzung der Gemeinschaftsräume ab. Mit den anderen Mietern zusammen wird geregelt/vereinbart, wie mit gemeinschaftlichen Aufgaben und Kosten verfahren wird: Regelungen zur Hauswirtschaft und eine gemeinsame Kasse für Ausstattung und Aktivitäten. Was jeder einzelne Mieter in seinen eigenen Räumen macht, ist zunächst seine Privatangelegenheit, es sei denn, er stört die anderen (z. B. durch laute Musik etc.). Jeder wohnt hier in seinem eigenen Zimmer und außerhalb des Zimmers müssen die Gemeinschaftsangelegenheiten gemeinsam geregelt werden.

Im Alter und bei Pflegebedürftigkeit ist es grundsätzlich nicht anders: Jeder ‚Bewohner' einer Wohngemeinschaft ist zunächst einmal Mieter eines Zimmers/der Räume. Wenn er innerhalb seiner Wohnung (Zimmer) Hilfe und Unterstützung benötigt, kann er sich diese (wie zuvor in der allein bewohnten Wohnung) einkaufen über einen Pflegevertrag mit einem Pflegedienst.

Die Gemeinschaft der Bewohner beauftragt dann (in einem dritten Vertrag) gemeinschaftlich jemanden/einen Dienst für weitere Aufgaben wie Essenkochen etc. Auch die Haushaltskasse (Höhe der Einzahlungen, was damit bezahlt wird) bestimmen die Mieter gemeinsam.

Formal sind Wohngemeinschaften genauso zu behandeln wie das Wohnen in Einzelwohnungen, daher gehören sie auch zur ambulanten Versorgung. Oftmals ist es jedoch Praxis, dass beispielsweise Pflegedienste einen Teil der Organisation und Verwaltung übernehmen, auch weil es weltfremd ist, dass Menschen im hohen Alter sich genauso praktisch organisieren können wie beispielsweise Studenten in ihrer Wohngemeinschaft. Da so die Grenzen zum Pflegeheim verschwimmen können, gibt es in jedem Bundesland unterschiedliche Regelungen und Rahmenbedingungen für die Gründung und/oder den Betrieb einer Wohngemeinschaft. Oft wird zwischen selbstverantworteten und trägerorganisierten Wohngemeinschaften unterschieden, was sich insbesondere bei der Frage auswirkt, in welchem Maße hier die zuständigen Behörden eine Aufsicht übernehmen.

Betreuungsleistungen außerhalb der individuellen Leistungen

In jeder Wohngemeinschaft werden von Mietern gemeinsam bestimmte Leistungen benötigt und in Auftrag gegeben: Dazu gehört neben der hauswirtschaftlichen Versorgung (Essen, Reinigen der Gemeinschaftsräume) meist auch die durchgehende Präsenz bzw. 24-Stunden-Betreuung, weiterhin auch übertragene Verwaltungstätigkeiten wie Verwaltung der Haushaltskasse, Organisation der Mietersitzungen etc. Diese Leistungen werden privat mit dem Anbieter (Personen, Pflegedienst oder andere) vereinbart und finanziert. Bei Bedürftigkeit ist auch der Sozialhilfeträger Verhandlungspartner für eine Vergütungsvereinbarung nach SGB XII über diese Leistung. Für diese Leistung gibt es einen monatlichen Zuschuss.

Ausdrücklich ist ab 2015 formuliert, dass die Mitglieder der Wohngemeinschaft (als Auftraggebergemeinschaft) hier gemeinschaftlich eine Person beauftragen, wobei die im Gesetz genannte ‚Person' schon wegen der Einhaltung der üblichen Arbeitszeitvorschriften nicht allein alle Leistungen gewährleisten kann, sondern dies mehrere Personen gemeinsam oder auch Dienstleister (z. B. Pflegedienst) sind.

Insbesondere auch beim Punkt der Beauftragung „einer Person" haben drei BSG-Urteile aus dem Jahr 2020 für eine offenere und weiter gefasste Auslegung gesorgt (siehe Quellen): So kann auch die Beauftragung mehrerer Personen oder auch juristischer Personen (z.B. Pflegedienste) das Erfordernis erfüllen.

Zeitgleich müssen mindestens drei Pflegebedürftige zusammenleben

Der Anspruch besteht nur, wenn mindestens drei Pflegebedürftige (ab Pflegegrad 1) in einer gemeinsamen Wohnung leben. Dieser Nachweis kann lt. Rundschreiben der Pflegekassen formlos erfolgen, d. h. die Mitbewohner müssen diese sich nur gegenseitig bestätigen. Es können auch mehr pflegebedürftige Bewohner in der Wohngruppe wohnen, der Zuschlag ist zu zahlen, wenn mindestens drei davon Pflegeversicherungsleistungen erhalten.

Nicht den Umfang einer stationären Versorgung garantiert

Ambulante Versorgung ist dadurch gekennzeichnet, dass jeder Kunde individuell seine Leistungen, die er konkret benötigt, ‚einkauft'. In der Wohngemeinschaft geht es hier insbesondere um die sich individuell unterscheidenden Leistungen der Körperpflege, evtl. Hilfen bei der Nahrungsaufnahme sowie die hauswirtschaftliche Versorgung innerhalb seines Zimmers/seiner Zimmer. Je nach Vorlieben, Gewohnheiten etc. des Kunden sind die eingekauften Leistungen unterschiedlich. Und kommt an einem Tag der Woche regelmäßig die Tochter und räumt das Zimmer auf, wird dieser Kunde keine entsprechende Leistung an diesem Tag mehr einkaufen müssen und bezahlen. Ambulant wird nach Bedarf und nach erbrachter Leistung abgerechnet.

Im stationären System erfolgt zwar die Leistungserbringung in der Grundpflege auch individuell nach den persönlichen Wünschen. Aber die Finanzierung ist pauschaliert: Alle Bewohner zahlen die gleiche Höhe, unabhängig davon, was der Einzelne benötigt oder bekommt. Kommt die Tochter und hilft an einem Tag mit, so bleiben trotzdem die Kosten in der gleichen Höhe bestehen.

Wenn also in einer Wohngemeinschaft nicht nur die Gemeinschaftskosten der Betreuung/Hauswirtschaft, sondern auch der Grundpflege pauschaliert sind, eine Mitarbeit von Angehörigen/Pflegepersonen zu keiner Kostenreduzierung führt, ist dies eine Versorgungsform, in der ein Dritter die Versorgung quasi stationär sicherstellt, und deshalb keine zu bezuschussende ambulante Wohnform.

Ab 2017: Neuregelung des Besuchs der Tagespflege in Verbindung mit Zuschlag für Wohngemeinschaften

Grundsätzlich ist ab 2017 zusätzlich geregelt, dass bei regelmäßigem Besuch der Tagespflege kein Zuschuss nach § 38a mehr gezahlt wird. Hintergrund sind Modelle von Betreibern, die Wohngemeinschaften und Tagespflegen in einem Gebäude integrieren und die Wohngemeinschaftsmitglieder tagsüber in der Tagespflege betreuen lassen. Schaut man sich die finanziellen Rahmenbedingungen der Tagespflege an (keine Anrechnung ambulanter Leistungen), ist ein solches Modell für viele finanziell attraktiv, insbesondere auch für die Mieter, ihre Angehörigen, aber auch den Sozialhilfeträger. Allerdings spart die Wohngemeinschaft nur dann Kosten, wenn alle Mitglieder ohne Ausnahme tagsüber die Wohngemeinschaft verlassen, und die Versorgung in dieser Zeit nur in der Tagespflege erfolgt. In dieser Konstellation gibt es zwar auch für die Mieter der Wohngemeinschaft sowohl ambulante als auch teilstationäre Leistungen, aber die dritte Finanzierungsquelle, der Zuschuss nach § 38a, wird dann nicht gezahlt.

Nur im Einzelfall kann der Besuch der Tagespflege nach Einschätzung des MDK notwendig sein, ohne dass der Zuschuss nach § 38a gekürzt wird.

Unterlagen für die Beantragung

Bei Beantragung des Zuschlages hat der Versicherte die seit 2015 im Gesetz (Abs. 2) aufgeführten Unterlagen seinem Antrag beizulegen. Dies sind:

1. eine formlose Bestätigung des Antragstellers, dass die Voraussetzungen nach Absatz 1 Nummer 1 erfüllt sind (mindestens drei, maximal 12 Personen, die gemeinschaftlich wohnen, davon mindestens drei mit Pflegegrad),
2. die Adresse und das Gründungsdatum der Wohngruppe,
3. den Mietvertrag einschließlich eines Grundrisses der Wohnung,
4. der (eigene) Pflegevertrag nach § 120,
5. Vorname, Name, Anschrift und Telefonnummer sowie Unterschrift der Person nach Absatz 1 Nummer 3: Wie schon oben dargestellt, kann diesen Umfang nicht allein eine Person darstellen; erbringt ein Pflegedienst oder sonstiger Dienstleister diese Leistung, wäre hier die verantwortliche Person einzutragen,
6. die vereinbarten Aufgaben der Person nach Absatz 1 Nummer 3: dies wäre die Betreuungsvereinbarung.

Da die Gesetzesvorschrift in 2015 nochmals inhaltlich verändert worden ist, gilt ab 2017 der Bestandsschutz für alle die Bewohner von Wohngemeinschaften, die dort zum 31.12.2014 gewohnt und Ansprüche auf den Zuschlag nach § 38a hatten. Der Bestandsschutz bezieht sich aber nur auf den einzelnen Bewohner und seine Leistungsrechte, nicht auf die Wohngemeinschaft selbst.

Hintergrund

Zur stärkeren Förderung alternativer Wohnformen jenseits des Pflegeheimes hat der Gesetzgeber mit dem PNG 2013 diese neue Leistung eingeführt. Sie entlastet in der Tat die privat zu zahlenden Kosten in den Wohngemeinschaften. Das bedeutet aber weder, dass diese Summe für die definierten Leistungen ausreicht, noch dass ambulante Wohngemeinschaften damit günstiger als Pflegeheime sein müssen.

Hinweise zur Beratung

Keine Förderung der individuellen Leistungen

Die mit dem Wohngemeinschaftszuschlag finanzierten Leistungen sind nicht identisch mit den individuellen Sachleistungen, die jeder einzelne Bewohner im Rahmen eines Pflegevertrages vereinbart hat. Damit reduzieren sich durch den Zuschlag auch nicht die Pflegeleistungen, sondern nur die gemeinschaftlichen Betreuungsleistungen.

Zuschuss und Sozialhilfe

Da der Zuschuss nach § 38a ausdrücklich für die gemeinschaftlich beauftragten Leistungen gezahlt wird, die ansonsten privat zu finanzieren sind, ist es nachvollziehbar, wenn bei Sozialhilfeempfängern diese Leistung berücksichtigt wird. Denn es wird keine zusätzliche Leistung finanziert (anders ausdrücklich § 45b, siehe Seite 181 f.), sondern der Betreuungs- und Versorgungsaufwand, der gemeinschaftlich eingekauft wird.

Landesheimgesetze

Seit der Föderalismusreform 2006 gibt es keine bundesweit einheitliche Regelung im Heimgesetz mehr, sondern 16 Landesheimgesetze mit zum Teil völlig unterschiedlichen Regelungen auch zu ambulanten Wohngemeinschaften. Allerdings ist hier der Bereich des Ordnungsrechts angesprochen. Das Leistungsrecht (der Pflegeversicherung) gilt bundesweit, kann aber im Einzelfall zu anderen Konsequenzen führen: Es kann also sein, dass zwar eine Wohngemeinschaft nach Landesrecht als ambulante Wohngemeinschaft anerkannt ist, sie aber keine Zuschüsse der Pflegeversicherung erhält, weil sie die Vorgaben im Bundesrecht nicht erfüllt. So gibt es in Berlin seit Jahren eine pauschale Vergütungsvereinbarung für Wohngemeinschaften mit demenziell Erkrankten: Ab der alten Pflegestufe 2 war die Abrechnung einer Tagespauschale möglich, aktuell ab Pflegegrad 4; weil damit gegen die leistungsrechtliche Regelung des Abs. 1, Punkt 4 verstoßen wird, dürfte es eigentlich für so finanzierte Wohngemeinschaften keine Zuschüsse der Pflegekasse geben. Auch in anderen Bundesländern gibt es insbesondere durch Sozialhilfeträger präferierte Regelungen, die die Pflegeleistungen auf die Sachleistungsstufen deckeln und die anderen notwendigen Leistungen (einschließlich offener Pflegeleistungen) über eine fest definierte Pauschale finanzieren (so oft in NRW). Auch diese Struktur widerspricht der gesetzlichen Regelung des § 38a in der Fassung ab 2015 (siehe auch Heiber, PSG 1 zu § 38a).

Diskussion Tagespflege und Wohngemeinschaft

Die Diskussion um die Nutzung der Tagespflege durch Wohngemeinschaften vor Verabschiedung des PSG II (einschließlich der Gesetzesbegründung) haben immer nur ‚Investoren' und ‚Betreiber' im Fokus gehabt, die möglichst viele Finanzierungsquellen ‚abgreifen' wollen. Dass bei dieser Konstruktion vor allem auch die Kunden, Angehörigen und Sozialhilfeträger sparen, wurde kaum thematisiert.

Dabei ist die Konstruktion inhaltlich mehr als fragwürdig: Nur wenn die Wohngemeinschaft geschlossen morgens die Wohnung verlässt und tagsüber nur in der Tagespflege ist, entstehen überhaupt finanzielle Vorteile: Denn wenn ein Teil der Mieter in der Wohngemeinschaft bleiben will, dann muss hier trotzdem die hauswirtschaftliche Versorgung, Betreuung und Pflege organisiert und bezahlt werden. Die Tagespflege kann auch nicht in der Wohngemeinschaft ‚eingerichtet' werden, denn eine stationäre Einrichtung kann nicht in einer Privatwohnung betrieben werden. Auch können, trotz räumlicher Nähe, die Gäste der Tagespflege nicht zum Mittagsschlaf nach Hause gehen, denn das Tagespflegepersonal darf nicht ambulant arbeiten.

Wegen dieser inhaltlichen Vorbehalte hat der Gesetzgeber nicht die Nutzung der Tagespflege für Mieter einer Wohngemeinschaft verboten, nur wird dann der Zuschuss nach § 38a nicht bezahlt, allerdings sind die 214 € zu verschmerzen, wenn man dafür die vollen Tagespflegeleistungen von mindestens 689 € erhält und damit auch grundpflegerische Leistungen tagsüber ‚spart'.

Anschubfinanzierung zur Gründung ambulant betreuter Wohngemeinschaften

Die Anschubfinanzierung zur Gründung von Wohngemeinschaften (nach § 45e), die 2013 eingeführt wurde, ist so lange verfügbar, bis die Mittel (30 Mill. Euro) verbraucht sind. Gefördert wird bei der Gründung ambulanter Wohngemeinschaften der altersgerechte oder barrierearme Umbau der Wohnung. Der Zuschuss beträgt 2.500 € pro Pflegebedürftigem, maximal für 4 Anspruchsberechtigte pro Wohngemeinschaft. Auch Umgestaltungsmaßnahmen, die schon vor der Gründung und dem Einzug der Wohngruppe erfolgen, können finanziert werden. Zusätzlich können auch Mittel der Wohnraumanpassung nach § 40 genutzt werden, sodass hier maximal zusätzliche Mittel von 26.000 € genutzt werden könnten. Die Beratung erfolgt durch die zuständigen Pflegekassen.

Hinweise zur internen Umsetzung

Abgrenzung individueller und gemeinschaftlicher Leistungen

In Wohngemeinschaften gibt es permanent das Abgrenzungsproblem zwischen individuell = einzeln abzurechnenden Pflegeleistungen und den Leistungen, die gemeinschaftlich finanziert sind. Deshalb sollten die Betreuungskräfte immer wieder beobachten, was an konkreten Leistungen nur einzelnen Kunden zuzuordnen ist und was nur ausnahmsweise vorkommt bzw. für alle Kunden erbracht wird. Das gilt vor allem bei der Nachtpräsenz. Wird in dieser Zeit regelmäßig beispielsweise bei einem Kunden ein Toilettengang durchgeführt, müsste dieser dauerhaft im Rahmen der Pflege abgerechnet werden, während sich die Nachtpräsenz entsprechend vergünstigen kann, weil ja die Arbeitszeit (während des Toilettengangs) bereits bezahlt ist.

Quellen

§ 38a Zusätzliche Leistungen für Pflegebedürftige in ambulant betreuten Wohngruppen

(1) Pflegebedürftige haben Anspruch auf einen pauschalen Zuschlag in Höhe von 214 Euro monatlich, wenn

1. sie mit mindestens zwei und höchstens elf weiteren Personen in einer ambulant betreuten Wohngruppe in einer gemeinsamen Wohnung zum Zweck der gemeinschaftlich organisierten pflegerischen Versorgung leben und davon mindestens zwei weitere Personen pflegebedürftig im Sinne der §§ 14, 15 sind,

2. sie Leistungen nach den §§ 36, 37, 38, 45a oder 45b,

3. eine Person durch die Mitglieder der Wohngruppe gemeinschaftlich beauftragt ist, unabhängig von der individuellen pflegerischen Versorgung allgemeine organisatorische, verwaltende, betreuende oder das Gemeinschaftsleben fördernde Tätigkeiten zu verrichten oder die Wohngruppenmitglieder bei der Haushaltsführung zu unterstützen, und

4. keine Versorgungsform einschließlich teilstationärer Pflege vorliegt, in der ein Anbieter der Wohngruppe oder ein Dritter den Pflegebedürftigen Leistungen anbietet oder gewährleistet, die dem im jeweiligen Rahmenvertrag nach § 75 Absatz 1 für vollstationäre Pflege vereinbarten Leistungsumfang weitgehend entsprechen; der Anbieter einer ambulant betreuten Wohngruppe hat die Pflegebedürftigen vor deren Einzug in die Wohngruppe in geeigneter Weise darauf hinzuweisen, dass dieser Leistungsumfang von ihm oder einem Dritten nicht erbracht wird, sondern die Versorgung in der Wohngruppe auch durch die aktive Einbindung ihrer eigenen Ressourcen und ihres sozialen Umfeldes sichergestellt werden kann.

Leistungen der Tages- und Nachtpflege gemäß § 41 können neben den Leistungen nach dieser Vorschrift nur in Anspruch genommen werden, wenn gegenüber der zuständigen Pflegekasse durch eine Prüfung des Medizinischen Dienstes der Krankenversicherung nachgewiesen ist, dass die Pflege in der ambulant betreuten Wohngruppe ohne teilstationäre Pflege nicht in ausreichendem Umfang sichergestellt ist; dies gilt entsprechend für die Versicherten der privaten Pflege-Pflichtversicherung.

(2) Die Pflegekassen sind berechtigt, zur Feststellung der Anspruchsvoraussetzungen bei dem Antragsteller folgende Daten zu erheben, zu verarbeiten und zu nutzen und folgende Unterlagen anzufordern:

1. eine formlose Bestätigung des Antragstellers, dass die Voraussetzungen nach Absatz 1 Nummer 1 erfüllt sind,

2. die Adresse und das Gründungsdatum der Wohngruppe,

3. den Mietvertrag einschließlich eines Grundrisses der Wohnung und den Pflegevertrag nach § 120,

4. Vorname, Name, Anschrift und Telefonnummer sowie Unterschrift der Person nach Absatz 1 Nummer 3 und

5. die vereinbarten Aufgaben der Person nach Absatz 1 Nummer 3.

§ 144 Überleitungs- und Übergangsregelungen, Verordnungsermächtigung

(1) Für Personen, die am 31. Dezember 2014 einen Anspruch auf einen Wohngruppenzuschlag nach § 38a in der am 31. Dezember 2014 geltenden Fassung haben, wird diese Leistung weiter erbracht, wenn sich an den tatsächlichen Verhältnissen nichts geändert hat.

§ 45e Anschubfinanzierung zur Gründung von ambulant betreuten Wohngruppen

(1) Zur Förderung der Gründung von ambulant betreuten Wohngruppen wird Pflegebedürftigen, die Anspruch auf Leistungen nach § 38a haben und die an der gemeinsamen Gründung beteiligt sind, für die altersgerechte oder barrierearme Umgestaltung der gemeinsamen Wohnung zusätzlich zu dem Betrag nach § 40 Absatz 4 einmalig ein Betrag von bis zu 2 500 Euro gewährt. Der Gesamtbetrag ist je Wohngruppe auf 10 000 Euro begrenzt und wird bei mehr als vier Anspruchsberechtigten anteilig auf die Versicherungsträger der Anspruchsberechtigten aufgeteilt. Der Antrag ist innerhalb eines Jahres nach Vorliegen der Anspruchsvoraussetzungen zu stellen. Dabei kann die Umgestaltungsmaßnahme auch vor der Gründung und dem Einzug erfolgen. Die Sätze 1 bis 4 gelten für die Versicherten der privaten Pflege-Pflichtversicherung entsprechend.

(2) Die Pflegekassen zahlen den Förderbetrag aus, wenn die Gründung einer ambulant betreuten Wohngruppe nachgewiesen wird. Der Anspruch endet mit Ablauf des Monats, in dem das Bundesversicherungsamt den Pflegekassen und dem Verband der privaten Krankenversicherung

e. V. mitteilt, dass mit der Förderung eine Gesamthöhe von 30 Millionen Euro erreicht worden ist. Einzelheiten zu den Voraussetzungen und dem Verfahren der Förderung regelt der Spitzenverband Bund der Pflegekassen im Einvernehmen mit dem Verband der privaten Krankenversicherung e. V.

Aktuelle Urteile des BSG zu ambulanten Wohngemeinschaften, die alle am 10 September 2020 verkündet wurden

- B 3 P 2/19 R
- B 3 P 1/20 R
- B 3 P 3/19 R

19 Struktur der Stationären Finanzierung

Kurzdarstellung

Die Finanzierung der stationären Einrichtungen – dazu gehört neben dem Pflegeheim auch die Tages-/Nachtpflege sowie die Kurzzeitpflege – ist besonders geregelt. Die Pflegeversicherung übernimmt anteilig die Finanzierung der pflegebedingten Aufwendungen (Pflege, Behandlungspflege und soziale Betreuung). Privat sind von den Nutzern die Hotelkosten (Unterkunft und Verpflegung) sowie Investitionskosten und weitere Zusatzleistungen zu finanzieren.

Die Eigenanteile an den Pflegekosten werden ab 2017 differenziert finanziert: In der Tages- und Nachtpflege sowie in der Kurzzeitpflege werden die Eigenanteile pro Pflegegrad differenziert, während es ab 2017 im Pflegeheimbereich einen einrichtungseinheitlichen Eigenanteil gibt (mehr dazu auf Seite 254).

Ab 2022 werden im Pflegeheim die Einrichtungseinheitlichen Eigenanteile zusätzlich je nach Verweildauer reduziert (mehr dazu auf Seite 255)

Die Zusätzliche Betreuung nach § 87b, die (vergleichbar den Leistungen ambulant nach § 45b) 2008 im vollstationären Bereich als Betreuungsangebot eingeführt wurde, das zusätzlich zum Pflegesatz finanziert wird, wurde 2013 auf alle stationären Einrichtungen ausgeweitet und 2015 auf alle Heimbewohner. 2017 wird diese zusätzliche Betreuungsleistung als Leistungsanspruch des Versicherten in § 43b weiterentwickelt und in § 85, Abs. 8 geregelt.

Wesentliche Punkte

Die Gesamtkosten in stationären Einrichtungen gliedern sich in vier Kostenblöcke: den Pflegesatz (pflegebedingte Aufwendungen), Hotelkosten, Investitionskosten sowie Zusatzkosten.

Der Pflegesatz umfasst Kosten für Pflegeleistungen, Behandlungspflege und Betreuung

- Unter dem Pflegesatz versteht man alle notwendigen Grundpflegeleistungen, also Körperpflege-, Ernährungs- und Mobilitätsleistungen.
- Unter Behandlungspflege werden alle vom Arzt verordneten/angeordneten und vom Pflegeheimpersonal übernommenen Behandlungspflegeleistungen verstanden.

Ambulante und stationäre Finanzierung

	Ambulant		Stationär		
Kostenbestandteile	**1. Kostenträger**	**Nachrangig**	**Stat. Bezeichnung**	**1. Kostenträger**	**Nachrangig**
Grundpflege	Pflegekasse	Privat/Sozialh.	Pflegesatz	Pflegekasse	Privat/Sozialh.
Hauswirtschaft	Pflegekasse	Privat/Sozialh.	Unterkunft *	Privat	Sozialhilfe
Soziale Betreuung	Privat	Sozialhilfe	Pflegesatz	Pflegekasse	Privat/Sozialh.
Betreuung	Pflegekasse	Privat/Sozialh.	Zusätzliche Betreuung	Pflegekasse	Privat/Sozialh.
Behandlungspflege	Krankenkasse		Pflegesatz	Pflegekasse	Privat/Sozialh.
Lebensmttel	Privat	Sozialhilfe	Verpflegung	Privat	Sozialhilfe
Mietnebenkosten	Privat	Sozialhilfe	Unterkunft *	Privat	Sozialhilfe
Kaltmiete	Privat	Sozialhilfe	Investitionskosten **	Landesförderung	Privat/Sozialh.

* Während ambulant das Besorgen von Gegenständen des täglichen Bedarfs Leistungsbestandteil ist, gibt es diese Leistung stationär ggf. nur als Zusatzleistung

* Die ambulanten Investitionskosten (für Fahrzeuge, Büro, Ausstattung), die in einigen Ländern nicht gefördert werden sind hier nicht aufgeführt

- Unter Betreuung (früher als Soziale Betreuung bezeichnet) versteht man Gemeinschaftsangebote (z. B. Sport, Gedächtnistraining, gemeinsame Unternehmungen) sowie die Beratung bei einzelnen Problemen und Fragen. Meist wird die Betreuung durch gesonderte Mitarbeiter übernommen.

Der PFLEGESATZ wird von der Pflegeversicherung (mit-)finanziert im Rahmen der jeweiligen Höchstbeträge der Leistungen. Darüber hinaus nicht gedeckte Anteile sind privat zu finanzieren.

Hotelkosten beinhalten Verpflegung, Hauswirtschaft sowie „Warmmiete“

In den **HOTELKOSTEN** sind neben den Kosten für die Erstellung der Verpflegung (einschließlich Lebensmitteln) Kosten der Unterkunft wie andere hauswirtschaftliche Leistungen sowie andere Verbrauchskosten wie Heizung oder Hausmeister enthalten (vergleichbar der Warmmiete). Die Hotelkosten sind privat zu finanzieren, dabei wird der Satz in der Regel differenziert zwischen Unterkunft und Verpflegung.

Investitionskosten entsprechen „Kaltmiete“

In den INVESTITIONSKOSTEN sind Kosten zur Herstellung und Erhaltung der Gebäude enthalten (vergleichbar der Kaltmiete). Die Höhe der zu zahlenden Investitionskosten richtet sich auch danach, ob im Bundesland die Investitionskosten gefördert werden und ob das entsprechende Heim gefördert wurde oder nicht. Die weiter berechneten Investitionskosten sind privat zu finanzieren (siehe Tab. Seite 230).

Zusatzleistungen sind alle weiteren Leistungen

Unter ZUSATZLEISTUNGEN sind weitere Dienstleistungen wie Telefon, besonders komfortable Zimmer oder zusätzliche betreuerische Dienstleistungen zu verstehen. Diese werden immer privat finanziert.

Systemvergleich Ambulant und Stationär

Der Systemvergleich zeigt, welche Kostenanteile von welchem Kostenträger vor- und nachrangig übernommen werden (siehe Grafik auf Seite 230).

Zusätzliche Betreuung und Aktivierung

Als vergleichbare Leistung zu den ambulanten Ansprüchen nach § 45b gibt es einen Vergütungszuschlag (87b bis 2016) für zusätzliche Betreuungs- und Aktivierungsangebote, den die Pflegeeinrichtungen über den Pflegesatz hinaus bekommen, aber auch entsprechend zweckgebunden einsetzen und nachweisen müssen. Seit 2015 gibt es pro 20 stationär versorgten Pflegebedürftigen zusätzlich eine Vollzeitstelle für diese Betreuungsaufgaben.

Ab 2017 wird dieser Vergütungszuschlag als Recht des Versicherten auf diese zusätzliche Betreuungsleistung nach § 43b ausgestaltet, praktisch ändern sich aber weder die finanzierte Personalmenge noch die Inhalte.

Hintergrund

In stationären Einrichtungen gelten eigenständige Finanzierungszuständigkeiten, die sich nicht immer logisch ableiten lassen: So ist die Behandlungspflege Bestandteil des Pflegesatzes und wird von der Pflegeversicherung bzw. der Rest als Eigenanteil finanziert, obwohl Pflegeheimbewohner identische Krankenkassenbeiträge zahlen. Dieser Systembruch ist nur politisch zu begründen. Allerdings können die Pflegeheime seit 2019 (mit PpSG) zusätzliche Stellen im Bereich der medizinischen Behandlungspflege besetzen und außerhalb des Pflegesatzes finanzieren lassen, dazu leisten die Krankenkassen auch einen pauschalen Zuschuss an die Pflegekassen (§ 8, Abs. 6 SGB XI, § 37, Abs. 2a). In der Praxis funktioniert die Neueinstellung von zusätzlichen Pflegefachkräften kaum, weil es kein verfügbares Personal gibt. Ab Juli 2023 wird schrittweise ein bundesweit einheitliches Personalbemessungssystem für die Pflegeheime eingeführt, die Umsetzung erfolgt schrittweise, wird aber auch hier zu einem höheren Personalbedarf bei gleichzeitigem Personalmangel führen.

Die Unterkunftskosten werden in zwei getrennten Beträgen ausgewiesen: In den sogenannten Hotelkosten sind ungefähr die Mietanteile enthalten, die man auch als Warmmiete bezeichnen würde (Unterkunft), sowie die Verpflegungskosten. In den sogenannten Investitionskosten sind die Kosten enthalten, die man als Kaltmiete bezeichnen würde. Die Trennung hat mit der unterschiedlichen Finanzierung zu tun. Die Hotelkosten (Unterkunft und Verpflegung) werden immer privat finanziert, während die Höhe der Investitionskosten davon abhängig ist, ob die stationäre Einrichtung in einem Bundesland liegt, in dem Investitionskosten für Pflegeheime gefördert werden bzw. dieses Heim gefördert wurde (dass es dadurch auch zu Wettbewerbsverzerrungen kommt, weil nicht alle Heime immer gefördert wurden, sei hier auch erwähnt).

Leistungsgerechte Vergütung

Auch für alle stationären Einrichtungstypen und Einrichtungen gilt: Alle Kostenblöcke werden mit den Pflegekassen und im Regelfall auch unter Einbeziehung der Sozialhilfeträger im Rahmen von Vergütungsverhandlungen ausgehandelt. Auch jährliche Steigerungen etc. werden jeweils neu verhandelt. Dabei treten die Pflegekassen lt. Gesetz quasi als Treuhändler der Pflegebedürftigen auf und müssen dafür sorgen, dass nur angemessene Kosten („leistungsgerecht") vergütet werden. An die verhandelten Vergütungen sind alle Vertragsparteien bis zu einer Neuverhandlung gebunden. Die Bewohner oder Nutzer (insbesondere in der Tages- und Nachtpflege sowie im Pflegeheim ist das wichtig) sind frühzeitig auf die Neuverhandlung und auf mögliche höhere Pflegesätze hinzuweisen, entsprechende Regelungen sind in den Heimverträgen ausgewiesen.

Quellen

Zusätzliche Betreuung und Aktivierung in stationären Pflegeeinrichtungen

§ 43b Inhalt der Leistung

Pflegebedürftige in stationären Pflegeeinrichtungen haben nach Maßgabe von § 84 Absatz 8 und § 85 Absatz 8 Anspruch auf zusätzliche Betreuung und Aktivierung, die über die nach Art und Schwere der Pflegebedürftigkeit notwendige Versorgung hinausgeht.

§ 85 Pflegesatzverfahren

(8) Die Vereinbarung des Vergütungszuschlags nach § 84 Absatz 8 erfolgt auf der Grundlage, dass

1. die stationäre Pflegeeinrichtung für die zusätzliche Betreuung und Aktivierung der Pflegebedürftigen über zusätzliches Betreuungspersonal, in vollstationären Pflegeeinrichtungen in sozialversicherungspflichtiger Beschäftigung verfügt und die Aufwendungen für dieses Personal weder bei der Bemessung der Pflegesätze noch bei den Zusatzleistungen nach § 88 berücksichtigt werden,
2. in der Regel für jeden Pflegebedürftigen 5 Prozent der Personalaufwendungen für eine zusätzliche Vollzeitkraft finanziert wird und
3. die Vertragsparteien Einvernehmen erzielt haben, dass der vereinbarte Vergütungszuschlag nicht berechnet werden darf, soweit die zusätzliche Betreuung und Aktivierung für Pflegebedürftige nicht erbracht wird.
Pflegebedürftige und ihre Angehörigen sind von der stationären Pflegeeinrichtung im Rahmen der Verhandlung und des Abschlusses des stationären Pflegevertrages nachprüfbar und deutlich darauf hinzuweisen, dass ein zusätzliches Betreuungsangebot besteht. Im Übrigen gelten die Absätze 1 bis 7 entsprechend.

§ 8 Gemeinsame Verantwortung

(6) Abweichend von § 84 Absatz 4 Satz 1 erhalten vollstationäre Pflegeeinrichtungen auf Antrag einen Vergütungszuschlag zur Unterstützung der Leistungserbringung insbesondere im Bereich der medizinischen Behandlungspflege. Voraussetzung für die Gewährung des Vergütungszuschlags ist, dass die Pflegeeinrichtung über neu eingestelltes oder über Stellenaufstockung erweitertes Pflegepersonal verfügt, das über das Personal hinausgeht, das die Pflegeeinrichtung nach der Pflegesatzvereinbarung gemäß § 84 Absatz 5 Satz 2 Nummer 2 vorzuhalten hat. Das zusätzliche Pflegepersonal muss zur Erbringung aller vollstationären Pflegeleistungen vorgesehen sein und es muss sich bei dem Personal um Pflegefachkräfte handeln. Nur für den Fall, dass die vollstationäre Pflegeeinrichtung nachweist, dass es ihr in einem Zeitraum von über vier Monaten nicht gelungen ist, geeignete Pflegefachkräfte einzustellen, kann sie ausnahmsweise auch für die Beschäftigung von zusätzlichen Pflegehilfskräften, die sich in der Ausbildung zur Pflegefachkraft befinden, einen Vergütungszuschlag erhalten. Das Bundesversicherungsamt verwaltet die zur Finanzierung des Vergütungszuschlags von den Krankenkassen nach § 37 Absatz 2a des Fünften Buches und von den privaten Versicherungsunternehmen nach Absatz 9 Satz 2 zu leistenden Beträge im Ausgleichsfonds der Pflegeversicherung. Der Anspruch auf einen Vergütungszuschlag ist unter entsprechender Anwendung des § 84 Absatz 2 Satz 5 und 6 begrenzt auf die tatsächlichen Aufwendungen für zusätzlich
1. eine halbe Stelle bei Pflegeeinrichtungen mit bis zu 40 Plätzen,
2. eine Stelle bei Pflegeeinrichtungen mit 41 bis zu 80 Plätzen,
3. anderthalb Stellen bei Pflegeeinrichtungen mit 81 bis zu 120 Plätzen und
4. zwei Stellen bei Pflegeeinrichtungen mit mehr als 120 Plätzen.

Der Vergütungszuschlag ist von den Pflegekassen monatlich zu zahlen und wird zum 15. eines jeden Monats fällig. Der Spitzenverband Bund der Pflegekassen legt im Benehmen mit den Bundesvereinigungen der Träger stationärer Pflegeeinrichtungen das Nähere für die Antragstellung und den Nachweis nach Satz 4 sowie das Zahlungsverfahren für seine Mitglieder fest. Die Festlegungen bedürfen der Zustimmung des Bundesministeriums für Gesundheit im Benehmen mit dem Bundesministerium für Familie, Senioren, Frauen und Jugend im Rahmen seiner Zuständigkeit. Bis zum Vorliegen der Bestimmung nach Satz 8 stellen die Landesverbände der Pflegekassen die sachgerechte Verfahrensbearbeitung sicher; es genügt die Antragstellung an eine als Partei der Pflegesatzvereinbarung beteiligte Pflegekasse. Die über den Vergütungszuschlag finanzierten zusätzlichen Stellen und die der Berechnung des Vergütungszuschlags zugrunde gelegte Bezahlung der auf diesen Stellen Beschäftigten sind von den Pflegeeinrichtungen unter entsprechender Anwendung des § 84 Absatz 6 Satz 3 und 4 und Absatz 7 nachzuweisen. Die Auszahlung des gesamten Zuschlags hat einheitlich über eine Pflegekasse an die vollstationäre Pflegeeinrichtung vor Ort zu erfolgen. Änderungen der den Anträgen zugrunde liegenden Sachverhalte sind von den vollstationären Pflegeeinrichtungen unverzüglich anzuzeigen. Der Spitzenverband Bund der Pflegekassen berichtet dem Bundesministerium für Gesundheit erstmals bis zum 31. Dezember 2019 und danach jährlich über die Zahl der durch diesen Zuschlag finanzierten Pflegekräfte, den Stellenzuwachs und die Ausgabenentwicklung.

SGB V: § 37 Häusliche Krankenpflege

(2a) Zur pauschalen Abgeltung der Vergütungszuschläge der Pflegekassen nach § 8 Absatz 6 des Elften Buches leisten die Krankenkassen jährlich 640 Millionen Euro an den Ausgleichsfonds der sozialen Pflegeversicherung. Der Spitzenverband Bund der Krankenkassen erhebt hierzu von den Krankenkassen eine Umlage gemäß dem Anteil der Versicherten der Krankenkassen an der Gesamtzahl der Versicherten aller Krankenkassen. Das Nähere zum Umlageverfahren und zur Zahlung an die Pflegeversicherung bestimmt der Spitzenverband Bund der Krankenkassen.

20 Tages- und Nachtpflege (§ 41)

Kurzdarstellung

Tages- und Nachtpflegeeinrichtungen sind stationäre Einrichtungen, in denen sich die Pflegebedürftigen tagsüber (oder nur nachts) aufhalten und betreut werden. Sie ergänzen die ambulante Versorgung. Die Einrichtungen müssen auch einen Fahrdienst anbieten bzw. organisieren.

Seit 2015 stehen die Leistungsbeträge der Tagespflege unabhängig und damit zusätzlich zu den ambulanten Leistungen zur Verfügung. Dadurch gibt es seit dieser Zeit einen massiven Ausbau von Tagespflegeplätzen.

Wesentliche Punkte

Angebot der tageweisen Betreuung

Tagespflegeeinrichtungen bieten in der Regel wochentags von 8.00 bis 17.00 Uhr die Betreuung von Pflegebedürftigen an, immer mehr Einrichtungen öffnen aber auch länger oder auch teilweise am Wochenende. Während des Aufenthaltes erhalten die Pflegebedürftigen alle notwendigen Leistungen der Grundpflege, Versorgung mit Speisen und Getränken, Behandlungspflege (z. B. Medikamentengabe) sowie der Sozialen Betreuung (Tagesgestaltung). Die Einrichtungen haben einen Fahrdienst anzubieten (eigener oder organisiert), dessen Kosten entweder im Pflegesatz enthalten sind oder separat ausgewiesen werden, jedoch durch die Leistungsbeträge innerhalb der Pflegegrade finanziert werden können. Die Leistungsbeträge werden 2022 nicht erhöht, aber auch nicht abgesenkt.

Leistungsansprüche Tages- und Nachtpflege					
Tages-und Nachtpflege § 41					
	Pflegegrad 1	Pflegegrad 2	Pflegegrad 3	Pflegegrad 4	Pflegegrad 5
	-	**689 €**	**1.298 €**	**1.612 €**	**1.995 €**

Je nach Konzeption und baulicher Gestaltung ähnelt der Alltag in der Tagespflege eher einem Heim der vierten Generation (siehe Stationäre Pflege, Seite 252). In modern konzipierten Tagespflegen bildet meist eine Wohnküche den Mittelpunkt, in der sich das ‚Leben' abspielt.

Nachtpflege: eine schwierige und oft auch nicht notwendige Leistung

Die Nachtpflege ist gedacht als Alternative für Pflegebedürftige, die nachts aktiv sind und ihre Pflegepersonen dadurch massiv strapazieren. Diese Pflegebedürftigen sollen abends die Nachtpflege aufsuchen und morgens wieder nach Hause kommen. Allerdings ist diese Idee, die der Gesetzgeber seit 1995 ins Gesetz mit aufgenommen hat, in der Praxis nie richtig angekommen. Das liegt auch an der Grundannahme: Insbesondere Menschen mit demenzbedingten Einschränkungen haben Schwierigkeiten mit dem Tag/Nachtrhythmus. Allerdings auch mit der Umstellung auf andere Gegebenheiten wie Räume, andere Menschen etc. Diese schon ‚verwirrte' Gruppe abends mit einem Wagen abholen zu lassen, dürfte deshalb umso schwieriger sein.

Andererseits gibt es oftmals vielfältige Gründe für nächtliche Aktivitäten, die zumindest zum Teil auch daran liegen können, dass sich die Betroffenen eben tagsüber entsprechend ‚ausruhen' können (vielleicht grob vergleichbar mit Schulkindern in den Ferien, die lange schlafen und dann abends nicht ins Bett wollen). Pflegebedürftige, die tagsüber beispielsweise in der Tagespflege neue und viele Anregungen erhalten (allein durch die andere Umgebung, andere Menschen, Eindrücke etc.), entwickeln oft dauerhaft einen anderen Lebens- und damit auch Schlafrhythmus. Deshalb kann im Einzelfall der Besuch der Tagespflege auch positive Auswirkungen auf die Nacht haben. Bundesweit gab es einmal anfangs (1999) ca. 735 ausgewiesene Nachtpflegeplätze, aktuell (2019) nur noch ca. 260.

Chancen und Probleme der Tagespflege

Die Tagespflege kann die Versorgung zu Hause entlasten und ergänzen, gerade wenn die Pflegeperson tagsüber selbst beschäftigt ist (z. B. berufstätig). Sie kann dann ein vergleichbares Angebot für Pflegebedürftige darstellen, wie es der Kindergarten für Kleinkinder ist. Die Tagespflege kann Pflegebedürftige versorgen, die tagsüber nicht allein bleiben können, aber ansonsten zu Hause versorgt werden.

Problematisch ist allerdings, dass gerade Pflegebedürftige, die aufgrund von demenziellen Erkrankungen nicht alleine bleiben können, dann regelmäßigen Ortswechseln ausgesetzt

Tagespflege: beispielhafte Kosten (NRW 2021)				
	Pflegegrad 2	Pflegegrad 3	Pflegegrad 4	Pflegegrad 5
Pflegesatz	70,22 €	73,46 €	76,71 €	79,95 €
Fahrtkosten bis 6 KM pro Fahrt				8,00 €
				Alle Stufen, pro Tag
Hotelkosten inklusive Verpflegung				20,03 €
Investitionskosten				3,35 €

werden. In vielen Fällen könnten eine schrittweise Gewöhnung und ein frühzeitiger Besuch der Tagespflege dies erheblich abmildern.

Finanzierung der Tagespflege

Die Tagespflege ist von der Finanzierung her eine stationäre Einrichtung: Die pflegebedingten Kosten werden von der Pflegeversicherung bis zur Höhe der Leistungsbeträge pro Pflegegrad bezuschusst, darüber hinausgehende Anteile sind privat zu tragen. Die Zuschüsse der Pflegeversicherung sind in der Höhe wie die ambulanten Sachleistungen.

Die Hotelkosten (Unterkunft und Verpflegung) sind privat zu bezahlen, ebenso wie die Investitionskosten (die allerdings von einigen Bundesländern finanziert und damit nicht privat weiter berechnet werden müssen).

Zur Finanzierung aller Kosten der Tagespflege, also auch der privat zu tragenden Hotel- und Investitionskosten, kann der Entlastungsbetrag nach § 45b in Höhe von 125 € eingesetzt werden. Auch können Mittel der Verhinderungspflege direkt für die Pflegekosten (siehe Seite 166) eingesetzt werden.

BEISPIEL FÜR EINE VERSORGUNG (LEISTUNG UND FINANZIERUNG):

- Der Kunde mit Pflegegrad 3 besucht die Tagespflege an 14 Tagen im Monat. An Pflegekosten einschließlich Fahrtkosten werden dafür 1.252,44 € in Rechnung gestellt, die die Pflegekasse komplett finanziert.
- Die Hotelkosten für die 14 Tage betragen 327,32 €, abzüglich der Entlastungsleistung nach § 45b von 125 € verbleiben privat 202,32 €.
- Insgesamt wären für die 14 Tage Tagespflege privat 202,32 € aufzubringen. Dafür wäre der Pflegebedürftige an 14 Tagen tagsüber nicht nur pflegerisch versorgt, sondern würde entsprechend auch die Mahlzeiten etc. zu Hause einsparen. Allein ein Menüservice würde für 14 Tage in NRW ca. 110 € kosten.
- Wird für die Versorgung zu Hause auch noch ein Pflegedienst beauftragt, der für die Leistungen beispielsweise 953 € in Rechnung stellt, wäre immer noch Pflegegeld in Höhe von 171,14 für die Gesamtfinanzierung einsetzbar. So bleibt am Ende für die Versorgung pro Monat (14 Tage Tagespflege + Hilfen durch Pflegedienst) Kosten in Höhe von 31,18 € übrig, die privat zu finanzieren wären.

Problem Abgrenzung Fahrdienstleistung und Transportkosten

Zu den durch die Pflegeversicherung finanzierten Kosten gehören auch die Transportkosten von der Wohnung zur Tagespflege und zurück. In den meisten Landesrahmenverträgen nach § 75 zur Tagespflege ist unklar formuliert, was die Beförderung tatsächlich einschließt. Denn neben der Fahrt stellt sich die Frage, ob der Fahrer den Kunden auch in der Wohnung

Tagespflege Berechnungsschema

		Beispiel	Berechnung
Leistung Tagespflege			
1.1	Pflegegrad	**3**	
1.2	Verfügbare Leistung Tagespflege	**1.298,00 €**	
1.3	Verfügbarer Entlastungsbetrag	**125,00 €**	
Tagespflege			
2.1	Pflegesatz pro Tag	**73,46 €**	
2.2	Fahrtkosten pro Tag	**16,00 €**	
2.2	Anzahl Tage	**14**	
2.3	Kosten pro Monat	1.252,44 €	
2.4	Ergebnis abzüglich Leistung (1.2)	45,56 €	
2.5	Privat zu zahlende Pflegeleistung	**0,00 €**	
Hotelkosten			
3.1	Hotel- und Investkosten pro Tag	23,38 €	
3.2	Hotel- und Investkosten pro Monat	327,32 €	
3.3	abzüglich verfügbarer Leistung 1.3.	**-125,00 €**	
4.1	Privat zu zahlende Leistungen Gesamt	**202,32 €**	
Für die Versorgung Zuhause verfügbar			
5.1	Genutzte Ambulante Sachleistung	953,00 €	
5.2	**verbleibendes** Ambulantes Pflegegeld	171,14 €	
5.3	abzüglich Privatleistungen Tagespflege 2.5.	-202,32 €	
5.4	Privat zu Zahlen	**31,18 €**	

abholen muss, ihm womöglich noch beim Anziehen hilft und die Treppe runter begleitet (und umgekehrt) oder ob die Leistung erst an der Haustür beginnt (und nicht an der Wohnungstür oder sogar in der Wohnung). Auch aus praktischen Gründen kann es sein, dass der Fahrdienst diese Leistung nicht erbringen kann, denn er darf andererseits die anderen Mitfahrenden nicht unbeaufsichtigt lassen (insbesondere nicht Demente ec.).

In einigen Bundesländern gibt es auch die ambulante Leistung: „Aufsuchen/Verlassen der Wohnung“, die ausweislich der Vertragstexte in Zusammenhang mit dem Besuch einer Tagespflegeeinrichtung genutzt (und abgerechnet) werden kann.

Daher ist immer mit der Tagespflege zu besprechen, wo die Leistung des Fahrdienstes beginnt und endet, wenn zu Hause keine Pflegeperson vorhanden ist, die den Pflegebedürftigen ausgehfertig machen und zur Tür begleiten bzw. wieder in Empfang nehmen kann.

Hintergrund

Bis zur Pflegereform 2008 war die Tagespflege mit gleich hohen Leistungen ausgestattet wie die Pflegesachleistung. Allerdings standen für beide Leistungen zusammen nur insgesamt 100 % der Leistungshöhe zur Verfügung. Rechnete die Tagespflege 60 % ab, verblieben für die Versorgung zu Hause nur 40 %. Ab 2008 stand dann ein Budget in Höhe von insgesamt 150 % zur Verfügung. Dies hat auch einen regelrechten Gründungsboom an Tagespflegeeinrichtungen ausgelöst. Mit dem PSG I wurde die Tagespflegeleistung völlig von der ambulanten Leistung entkoppelt, sodass für jeden Bereich nun 100 % Leistung (getrennt) verfügbar ist. Dadurch ist es zu einem deutlichen Ausbau der Tagespflege gekommen, der auch weiterhin anhält.

Ende 2019 (Bundespflegestatistik 2019) gab es ca. 82.639 Tagespflegeplätze: Das heißt, nur für ca. 2,38 % aller ambulanten Leistungsbezieher im Jahr 2019 gab es Tagespflegeplätze. Daher ist der weitere Ausbau notwendig und sinnvoll.

Im Vorfeld der letzten Pflegereform (GVWG 2021) war diskutiert worden, die Tagespflegeleistung in Verbindung mit ambulanten Leistungen wieder auf 150 % zurück zu fahren (wie bis vor PSG I). Hintergrund waren Trägerkonzepte, bei denen alle ambulanten Leistungen einschließlich Tagespflege an einem Standort (Betreutes Wohnen mit Aufenthalt tagsüber in der Tagespflege) kombiniert werden und dies nach Meinung des Ministeriums zu einer nicht gewollten Ausnutzung (Stapelleistungen) komme (so formuliert im Arbeitsentwurf Pflegereformgesetz vom 12.03.2021).

In der aktuellen Umsetzung (GVWG) wurde diese Kürzung nicht berücksichtigt, im Koalitionsvertrag der Ampel-Koalition wird nur von der Unterstützung für eine weiteren bedarfsgerechten Ausbau der Tages- und Nachtpflege gesprochen.

Hinweise zur Beratung

Tagespflege kann eine gute Ergänzung sein

Die Versorgung von Kleinkindern im Kindergarten kann Familien nicht nur den Alltag erleichtern, sondern eine Berufstätigkeit überhaupt ermöglichen und gleichzeitig den Kindern neue und andere Anregungen geben. Vergleichbar kann man auch die Möglichkeiten der Tagespflege umschreiben. Allerdings gibt es klare Unterschiede: Pflegebedürftige sind, anders als kleine Kinder, sicherlich weniger neugierig, etwas Neues zu erfahren und kennenzulernen. Gleichzeitig ist die Belastungsfähigkeit meist eingeschränkt. Auch können die wechselnden Gruppen sowie die unter Umständen längeren Wegezeiten sehr unterschiedlich wahrgenommen werden: als interessante Abwechslung oder nur als Stress und Störung. Dies sollte man bei einer Beratung offen darstellen und diskutieren.

Schnuppertage nutzen

Eigentlich alle Tagespflegeeinrichtungen bieten die Möglichkeit, zunächst an einem oder einzelnen Tagen die Einrichtung zu besuchen und so langsam kennenzulernen. Bevor die Tagespflege besucht wird, sollte, soweit dies möglich ist, der Pflegebedürftige darüber aufgeklärt und informiert werden.

Fahrtweg kommt dazu

Je nach Lage und Abholrunde kann der Weg morgens und abends recht lang sein. Daher ist es ratsam, sich vorher zu erkundigen, wie lange die Fahrtzeit dauern wird. Bei sehr langen Zeiten sollte alternativ auch geprüft werden, ob es andere Möglichkeiten gibt: Beispielsweise auf dem Weg zum Kindergarten/der Arbeit selbst den Angehörigen hinbringen und abholen, evtl. auch über andere Dienstleister wie Taxiunternehmen etc. (hier könnte man sicherlich Pauschalen verhandeln).

Tagespflege ist für alle da!

Lange Zeit wurde die Tagespflege vor allem als Versorgungsform für Menschen mit demenziellen Krankheitsbildern gesehen. Auch viele Tagespflegeeinrichtungen haben gezielt diese Zielgruppe beworben, weil die Entlastungsleistungen nach § 45b (die man für die Finanzierung der Privatkosten nutzen konnte) bis 2014 von einer Einstufung nach § 45a abhängig waren. Seit 2015 erhalten alle ambulanten Leistungsbezieher diese Entlastungsleistungen.

Für nicht wenige Pflegebedürftige ist der Tag sehr lang, wenn sie beispielsweise morgens durch den Pflegedienst versorgt werden und ihre Angehörigen dann erst abends kommen können. Andere Pflegebedürftige können oder wollen nicht allein sein. Auch für diese Gruppe ist die Tagespflege eine geeignete Ergänzung. Und je bunter die Gäste der Tagespflege gemischt sind (nicht nur demenziell Erkrankte), umso interessanter und abwechslungsreicher kann der Tag sein.

Öffnungszeiten der Tagespflege sollten sich dem Bedarf anpassen

Problematisch sind die oft noch relativ starren Öffnungszeiten der Tagespflege und der damit erzwungene Ablauf: Pflegebedürftige, die am Morgen erst grundpflegerisch versorgt werden müssen, müssen so pünktlich fertig sein, dass der Fahrdienst sie mitnehmen kann. Das muss auch der Pflegedienst in der Tourenplanung wissen und berücksichtigen.

Für Berufstätige sind die meist (noch) angebotenen Zeitfenster oft zu knapp, weil sie kaum mit den Arbeitszeiten übereinstimmen. Hier wird sich das Angebot der Tagespflege an die Kundenwünsche anpassen müssen, was angesichts der neuen Tagespflegen, aber auch der verfügbaren Finanzierungsmittel immer mehr geschieht (siehe Tab. unten).

Finanzierung in der Gesamtbetrachtung

Betrachtet man alle Finanzierungsmöglichkeiten der Pflegeversicherung für den ambulanten Bereich und vergleicht diese mit den stationären Beträgen, wird man feststellen, dass mindestens in der Kombination mit Tagespflege „ambulant vor stationär" auch in der Finanzierung umgesetzt ist (siehe Tab. unten).

Diese Betrachtungsweise könnte auch für Sozialhilfeträger zunehmend wichtig werde: Denn eine Kombination aus ambulanter Pflege und Tagespflege könnte günstiger sein als eine vollstationäre Versorgung. Allerdings nur, wenn der Pflegebedürftige mit ambulanter Versorgung morgens und abends auskommt und beispielsweise die Nacht allein verbringen kann.

Zwar wird bei der vollstationären Pflege zusätzlich der Einrichtungseinheitliche Eigenanteil prozentual je nach Verweildauer gesenkt, gleichzeitig sind aber die Hotel- und Investitionskosten deutlich höher als die vergleichbaren Kosten in der eigenen Wohnung/Haus.

Finanzierungsmöglichkeiten der Tagespflege					
Darstellung pro Monat ab 2022					
Für die Finanzierung der Tagespflege stehen folgende Budgets zur Verfügung					
1. Pflegebedingte Aufwendungen (inkl. Fahrtkosten)					
	Pflegegrad 1	***Pflegegrad 2***	***Pflegegerad 3***	***Pflegegrad 4***	***Pflegegrad 5***
Tagespflege § 42	***0,00***	***689,00***	***1.298,00***	***1.612,00***	***1.995,00***
Verhinderungspflege § 39	*0,00*	*201,50*	*201,50*	*201,50*	*201,50*
2. Unterkunft, Verpflegung, Investkosten					
Entlastungsleistung § 45b	*125,00*	*125,00*	*125,00*	*125,00*	*125,00*
3. Gesamt verfügbar Tagespflege *(ohne einsetzbares Pflegegeld)*	***125,00***	***1.015,50***	***1.624,50***	***1.938,50***	***2.321,50***
Darüber hinaus stehen folgende Leistungen für die Häusliche Pflege zur Verfügung					
Versorgung Zuhause					
Pflegesachleistung	***0,00***	***724,00***	***1.363,00***	***1.693,00***	***2.095,00***
einsetzbares Pflegegeld	*0,00*	*316,00*	*545,00*	*728,00*	*901,00*
Gesamtbudget für die Versorgung in der Tagespflege und Zuhause					
Tagespflege und Pflegesachleistung ambulant für Versorgung zuhause	***125,00***	***1.739,50***	***2.987,50***	***3.631,50***	***4.416,50***
Für vollstationäre Pflege verfügbares Budget	***125,00***	***770,00***	***1.262,00***	***1.775,00***	***2.005,00***
Unterschied zu ambulant in Prozent	-	***225,9%***	***236,7%***	***204,6%***	***220,3%***

Hinweise zur internen Umsetzung

Wichtige Kooperationspartner: Zusammenarbeit regeln

Tagespflegeeinrichtungen sind wichtige Kooperationspartner der Pflegedienste, denn jeder Kunde, der die Tagespflege besucht, geht (noch) nicht ins Pflegeheim. Daher sollten Pflegedienste im Einzugsgebiet liegende Tagespflegen kennen und mit jeder kooperieren. Hilfreich sind sicherlich auch Kooperationsvereinbarungen, in denen geregelt wird, wie die Zusammenarbeit funktionieren kann. So wäre beispielsweise zu planen, wie mehrfache Medikamentengaben zu organisieren sind, wie die Pflegeplanung ausgetauscht und gemeinsam fortentwickelt werden kann etc. Das gilt auch, wenn die Tagespflege zur eigenen Einrichtung/zum eigenen Träger gehört.

Quellen

§ 41 Tagespflege und Nachtpflege

(1) Pflegebedürftige der Pflegegrade 2 bis 5 haben Anspruch auf teilstationäre Pflege in Einrichtungen der Tages- oder Nachtpflege, wenn häusliche Pflege nicht in ausreichendem Umfang sichergestellt werden kann oder wenn dies zur Ergänzung oder Stärkung der häuslichen Pflege erforderlich ist. Die teilstationäre Pflege umfasst auch die notwendige Beförderung des Pflegebedürftigen von der Wohnung zur Einrichtung der Tagespflege oder der Nachtpflege und zurück.
(2) Die Pflegekasse übernimmt im Rahmen der Leistungsbeträge nach Satz 2 die pflegebedingten Aufwendungen der teilstationären Pflege einschließlich der Aufwendungen für Betreuung und die Aufwendungen für die in der Einrichtung notwendigen Leistungen der medizinischen Behandlungspflege.
Der Anspruch auf teilstationäre Pflege umfasst je Kalendermonat
1. für Pflegebedürftige des Pflegegrades 2 einen Gesamtwert bis zu 689 Euro,
2. für Pflegebedürftige des Pflegegrades 3 einen Gesamtwert bis zu 1 298 Euro,
3. für Pflegebedürftige des Pflegegrades 4 einen Gesamtwert bis zu 1 612 Euro,
4. für Pflegebedürftige des Pflegegrades 5 einen Gesamtwert bis zu 1 995 Euro.

(3) Pflegebedürftige der Pflegegrade 2 bis 5 können teilstationäre Tages- und Nachtpflege zusätzlich zu ambulanten Pflegesachleistungen, Pflegegeld oder der Kombinationsleistung nach § 38 in Anspruch nehmen, ohne dass eine Anrechnung auf diese Ansprüche erfolgt.

21 Kurzzeitpflege (§ 42)

Kurzdarstellung

Die Kurzzeitpflege bietet die zeitweilige Versorgung außerhalb der eigenen Wohnung. Dies kann für Übergangszeiten nach einem Krankenhausaufenthalt, aber auch für eine kurzfristige Erholung oder Auszeit der Pflegepersonen genutzt werden. Für bis zu acht Wochen pro Kalenderjahr steht ab 2022 ein Budget unabhängig vom Pflegegrad von maximal 1.774,– € zur Verfügung.

Zugang zu Leistungen haben alle Leistungsbezieher der Pflegeversicherung mit mindestens Pflegegrad 2. Pflegebedürftige mit Pflegegrad 1 können bei Bedarf auf Kosten der Krankenversicherung in die Kurzzeitpflege gehen.

Die Kurzzeitpflege kann über Mittel von noch nicht in Anspruch genommenen Leistungen der Verhinderungspflege nach § 39 auf bis zu 3.386 Euro ausgeweitet werden.

Wesentliche Punkte

Vollversorgung für kurze Zeit gesichert

Die Kurzzeitpflege kann genutzt werden, wenn die Versorgung zu Hause kurzfristig nicht möglich ist und Tagespflege nicht ausreicht. Oftmals wird die Kurzzeitpflege nach einem Krankenhausaufenthalt genutzt. Auch für regelmäßige oder plötzliche Ausfallzeiten der Pflegepersonen kann die Kurzzeitpflege besucht werden. Dies gilt auch für Zeiten, in denen beispielsweise das Haus oder die Wohnung erst noch umgebaut werden müssen (z. B. wenn der Pflegebedürftige nach einem Schlaganfall im Rollstuhl sitzt). Das Warten auf Pflegehilfsmittel (z. B. Pflegebett) sollte allerdings kein Grund sein, in die Kurzzeitpflege zu gehen. Denn die Versorgung mit Hilfsmitteln kann bereits aus dem Krankenhaus heraus geplant, beauftragt (siehe Seite 197) und organisiert werden.

Solitäre und eingestreute Kurzzeitpflegeplätze

Grundsätzlich sind zwei Angebotsarten von Kurzzeitpflegeplätzen zu unterscheiden:

- Solitäre Kurzzeitpflegen sind eigenständige Einrichtungen, die nur Kurzzeitpflege anbieten und von der Struktur einem Hotel ähneln: Hier ist auch klar, dass der Hotelaufenthalt nicht ewig dauert, sondern das man anschließend wieder nach Hause fährt.
- Eingestreute Kurzzeitpflegeplätze werden in Pflegeheimen angeboten: Freie Kapazitäten werden hier auch für kurze Aufenthalte genutzt. Allerdings ergibt sich hier

systematisch die Möglichkeit, auch dauerhaft zu bleiben. Das kann dazu führen, dass Pflegebedürftige nur einen kurzen Aufenthalt planen, aber sie dann doch länger bleiben oder zum dauerhaften Aufenthalt ‚überredet' bzw. davon überzeugt werden. Für Angehörige hat diese Variante den Vorteil, dass man den Pflegebedürftigen erst nur mit dem Hinweis des kurzfristigen Aufenthaltes dort unterbringt, aber dieser dann einfach verlängert werden kann. Andererseits fürchten viele Pflegebedürftige genau diese Möglichkeit, dass sie zwar mit dem Versprechen eines kurzen Aufenthaltes in die Kurzzeitpflege gehen, aber dann doch dableiben sollen/müssen.

Solitäre Kurzzeitpflegen haben den Vorteil, dass sie nicht als ‚Einstieg' in einen Daueraufenthalt im (gleichen) Haus dienen können, sondern jeder weiß, dass er wieder nach Hause kommt. Weil bisher die Finanzierung schwierig war, gibt es kaum solitäre Kurzzeitpflegeplätze. Dies sollte sich aber mittelfristig durch die bessere Finanzierung ändern (siehe Hintergrund).

Keine ‚Wartezeit' notwendig

Die Kurzzeitpflege kann als Leistung sofort in Anspruch genommen werden, beispielsweise wenn die Pflegebedürftigkeit wegen eines Schlaganfalls etc. plötzlich und unvermutet beginnt. Bei der Verhinderungspflege ist im Gegensatz dazu eine Vorpflegezeit von 6 Monaten notwendig, die bei der Kurzzeitpflege nicht vorgesehen ist. Die Mitnutzung des Budgets der Verhinderungspflege ist allerdings weiterhin von den Bedingungen der Verhinderungspflege und damit der notwendigen Vorpflegezeit abhängig (siehe auch Seite 161).

Als stationäre Einrichtung bietet die Kurzzeitpflege eine umfassende Versorgung wie in einem Pflegeheim.

Finanzierung auch über Verhinderungspflege und Entlastungsbetrag möglich

Die Kurzzeitpflege ist eine stationäre Einrichtung, einschließlich der stationären Finanzierung. Die Kurzzeitpflegeleistung kann allein nur für die Finanzierung des Pflegesatzes (allgemeine Pflegeleistungen) genutzt werden. In der Kurzzeitpflege sind die Hotelkosten sowie die Investitionskosten und evtl. Zusatzkosten privat zu finanzieren.

Als weitere Finanzierungsquelle kann die Verhinderungspflege (§ 39) genutzt werden, mit der ebenfalls allein der Pflegesatz finanziert werden darf. Der Gesetzgeber hat deshalb die Bezugsdauer ab 2016 generell auf acht Wochen erhöht.

Wie bei der Tagespflege kann mit dem Entlastungsbetrag nach § 45b nicht nur der Pflegesatz, sondern auch die Hotelkosten sowie Investitionskosten mit finanziert werden (siehe § 45b, Seite 183).

Erholungszeit bietet Chancen

Eine kurze Auszeit kann allen Chancen bieten. Der Pflegebedürftige kann sich bei guter Versorgung in der Kurzzeitpflege erholen, auch die Pflegeperson kann sich ausruhen und Kraft für die nächste Zeit schöpfen. So ein Urlaub kann für beide Seiten hilfreich sein. Aufenthalte in der Kurzzeitpflege könnten auch ähnlich wie ein Jahresurlaub fest geplant werden, sodass auch die Pflegeperson weiß, wann sie sich erholen kann. Manchmal reichen drei bis vier Tage, an denen man ohne Gedanken an den Pflegebedürftigen durchschlafen und sich erholen kann, um danach die Versorgung wieder übernehmen zu können.

Kurzzeitpflege als Schnupperpflege nutzen

Die – meist im Pflegeheim eingestreuten – Kurzzeitpflegeplätze kann man auch nutzen, um verschiedene Pflegeheime auszuprobieren. So ist es ohne Probleme möglich, sich innerhalb kürzerer Zeit in verschiedenen Pflegeheimen zur Kurzzeitpflege aufnehmen zu lassen, um den praktischen Heimalltag zu erleben. Allerdings sollten dann mit den Pflegepersonen und Angehörigen sowie dem Pflegedienst die konkrete Dauer und die Rückkehr vereinbart sein.

Sonderfall: Kurzzeitpflege in anderen Einrichtungen

Die normale Kurzzeitpflege wird in Pflegeheimen angeboten, in denen alte Menschen leben. Für pflegebedürftige Kinder oder junge Behinderte gibt es kaum vergleichbare Angebote. Sie in Pflegeheime mit sehr alten Menschen unterzubringen, war lange Zeit die einzige Möglichkeit. Seit der Reform 2008 gab es hier eine Ausnahmeregelung, die durch das PNG 2012 noch erweitert wurde, aber noch auf Kinder eingeschränkt war. Seit dem PSG I können Pflegebedürftige in begründeten Einzelfällen auch Kurzzeitpflege in anderen Einrichtungen, beispielsweise der Behindertenbetreuung, in Anspruch nehmen, selbst wenn diese Einrichtungen keinen Versorgungsvertrag mit der Pflegekasse haben. Die Abrechnung erfolgt dann analog den stationären Finanzierungsregelungen.

Sonderfall: Kurzzeitpflege in Rehabilitationseinrichtungen

Ebenfalls durch das PNG eingeführt ist die Regelung, dass auch medizinische Rehabilitationseinrichtungen über die Leistung der Kurzzeitpflege (neben der Verhinderungspflege nach § 39) abrechnen können, wenn während der Maßnahme der medizinischen Vorsorge oder Rehabilitation für eine Pflegeperson eine gleichzeitige Unterbringung und Pflege des Pflegebedürftigen erforderlich ist.

Kurzzeitpflege über die Krankenversicherung § 39c SGB V
Pflegebedürftige mit Pflegegrad 1 können dann auf Kosten der Krankenversicherung die Kurzzeitpflege besuchen, wenn die Versorgung Zu Hause mit Leistungen nach § 37, 1a SGB V(sogenannte Unterstützungspflege) nicht möglich oder ausreichend ist, weil keine im Haushalt lebende Person diese Versorgung in dem Umfang übernehmen kann (§ 37.3 SGB V). Hier bedarf es einer ärztlichen Verordnung.

Hintergrund

Die Kurzzeitpflege soll die Versorgung zu Hause in den Zeiten stabilisieren, in denen kurzfristig keine Versorgung möglich ist, beispielsweise bei Krankheit der Pflegeperson, Urlaub oder aus anderen Gründen.

Inzwischen hat sich die Kurzzeitpflege immer mehr als Zugang oder – um es böse zu formulieren – „als Rutschbahn" ins Pflegeheim entwickelt. Pflegebedürftige, die nach einem Krankenhausaufenthalt in die Kurzzeitpflege gehen, bleiben dann oft dauerhaft im Pflegeheim. Das ist schade und der eigentlich sinnvollen Idee abträglich.

Mit der Pflegereform GVWG 2021 werden ab 2022 eigenständige Kalkulationsgrundlagen für die Angebote der Kurzzeitpflege geschaffen (§ 88a), die insbesondere auch die besonderen Anforderungen der solitären Kurzzeitpflege berücksichtigen und diese besser finanzieren sollen. Damit sollen Anreize geschaffen werden, die Kurzzeitpflege weiter auszubauen. Weil hierdurch auch die Kosten steigen werden, wurde die Kurzzeitpflegeleistung ab 2022 auch um 10 % von 1.612 € auf 1.774 € erhöht.

Geplante Änderung der Ampelkoalition

Lt. Koalitionsvertrag soll das Budget der Verhinderungspflege sowie der Kurzzeitpflege in ein „Entlastungsbudget mit Nachweispflicht" zusammen gelegt werden. Begründet wird dies damit, dass Familien von Kindern mit Behinderung ansonsten die Kurzzeitpflegeleistung nicht (vollständig) nutzen können. Faktisch bezieht sich diese Begründung zwar nur auf die sehr kleine Gruppe von pflegebedürftigen Kindern (3,9 % der Pflegebedürftigen sind unter 16 Jahre alt). Durch die Erweiterung würde sich aus Sicht der Nutzung für die Kurzzeitpflege nichts ändern, weil man sie immer schon bis zu 100 % der Verhinderungspflege nutzen konnte.

Hinweise zur Beratung

Beratung im Krankenhaus

Viele Pflegebedürftige gehen aus dem Krankenhaus heraus in die Kurzzeitpflege. Viele bleiben dann dauerhaft im Heim. Die Gründe sind für den Pflegedienst meist nicht nachvollziehbar, weil die Versorgung auch zu Hause bisher gut gelaufen ist und organisiert war. Nicht unterschätzen darf man im Krankenhaus die (heimliche) Macht der Ärzte. Wenn ein Arzt den Angehörigen sagt (oder rät), den Pflegebedürftigen erst einmal in die Kurzzeitpflege zu geben, vertrauen viele Angehörige diesem Urteil. Schließlich ist es ein Arzt, der dies sagt. Ob er überhaupt Ahnung von den Möglichkeiten der ambulanten Versorgung hat, ob er die Kurzzeitpflege kennt, spielt dabei keine Rolle. Ein anderes ‚Motiv' kann auch der Gedanke sein, dass man Patienten viel eher in eine stationäre Einrichtung entlassen kann als nach Hause, weil man davon ausgeht, dass auch instabilere Patienten dort gut versorgt werden können (sogenannte ‚blutige' Entlassungen).

Der Pflegedienst kann hier nur intervenieren, wenn er den Pflegekunden im Krankenhaus besucht und die Entlassung aktiv begleitet. Wenn man frühzeitig mit den Angehörigen über die Anschlussversorgung redet, kann man die Vor- und Nachteile der Möglichkeiten ebenso diskutieren wie evtl. geweckte Ängste nehmen (z. B. durch intensivere Pflege in den ersten Tagen zu Hause (siehe Sachleistung, Seite 107), durch Nutzung der Verhinderungspflege (§ 39) etc.).

Kurzzeitpflege als Akquiseinstrument der Pflegeheime?

Die allermeisten Kurzzeitpflegeplätze sind nicht in speziellen (sogenannten solitären) Kurzzeitpflegeeinrichtungen angesiedelt, sondern als sogenannte „eingestreute Kurzzeitpflegeplätze" direkt in normalen Pflegeheimen. Je nach Auslastung und vertraglicher Vereinbarung können dann freie Heimplätze auch für die Kurzzeitpflege genutzt werden. Genau hier besteht auch die Gefahr, dass Pflegebedürftige, die eigentlich nur für die Kurzzeitpflege ein Pflegeheim aufsuchen, dauerhaft dort bleiben. Heimträger und Mitarbeiter haben sicherlich ein hohes Interesse an der Auslastung ihres Hauses, zumal durchschnittliche Verweilzeiten in den Heimen sehr viel kürzer geworden sind. Wenn die Angehörigen von der Bereichsleitung oder Heimleitung darauf angesprochen werden, dass der Pflegebedürftige doch viel Versorgung benötigt und sich hier wohlfühlt, kann dies für viele Angehörige der Grund sein, den Pflegebedürftigen hier dauerhaft anzumelden. Wie weit dann noch das Selbstbestimmungsrecht des Pflegebedürftigen eine Rolle spielt, ist offen. Und wenn ein naher Angehöriger, beispielsweise die Tochter, dem Vater sagt, dass sie ihn zu Hause nicht mehr versorgen kann, bleibt dem Vater meist auch nichts anderes übrig als zuzustimmen. Häufig ist zu beobachten, dass die Pflegebedürftigen sehr wohl das „Abgeschobensein" realisieren und relativ schnell sterben.

Immer erst Kurzzeitpflege abrechnen (lassen)

Wenn Pflegebedürftige beispielsweise wegen Urlaub der Pflegeperson in die Kurzzeitpflege gehen, kann es sein, dass Pflegekassen dann den Antrag auf Kurzzeitpflegeleistungen in die Leistungsart „Verhinderungspflege § 39" ändern, weil die Pflegeperson im Urlaub war. Allerdings ist diese Leistungsänderung zum Nachteil des Pflegebedürftigen, denn wenn er danach noch mal eine Vertretungsleistung benötigt, ist das ambulante Budget nach § 39 bereits (weitgehend) ausgeschöpft, es bleibt dann nur die Kurzzeitpflege übrig. Da der Gesetzestext auf keine konkreten Gründe abstellt, sollte bei einem stationären Aufenthalt (Kurzzeitpflege) immer erst diese Leistung genutzt werden. Denn dann bleiben später alle Optionen (nochmals Kurzzeitpflege oder über Verhinderungspflege zu Hause) erhalten.

Auch vor dem Hintergrund der neu eingeführten schrittweisen Reduzierung des Einrichtungseinheitlichen Eigenanteils ist die komplette Nutzung der Kurzzeitpflege weiterhin finanziell sinnvoll, auch wenn die vollstationäre Versorgung geplant ist.

Hinweise zur internen Umsetzung

Einrichtungsangebot kennen

Pflegedienste sollten nicht nur die Einrichtungen kennen, die in der Umgebung Kurzzeitpflege anbieten. Es sollte auch gesammelt und beobachtet werden, aus welcher Einrichtung die Pflegekunden immer nach Hause kommen und aus welcher eher nicht. Denn auch Pflegebedürftige wissen inzwischen, dass oftmals der Weg aus der Kurzzeitpflege nach Hause versperrt wird. Das Wissen kann dazu führen, dass Pflegebedürftige alles tun, um nicht in eine Kurzzeitpflege zu müssen.

Kunden in der Kurzzeitpflege besuchen

Unabhängig von der Frage der Finanzierung (als Privatleistung oder als kostenfreier Service des Dienstes) sollte der Pflegedienst den Pflegebedürftigen in der Kurzzeitpflege besuchen, auch um die Rückkehr in die Wohnung vorzubereiten. Hier wird man dem Pflegebedürftigen nicht nur signalisieren, dass er nach Hause kann, sondern auch erfahren können, wie die Kollegen im Heim oder die anderen Pflegepersonen jetzt denken.

Quellen

§ 42 Kurzzeitpflege

(1) Kann die häusliche Pflege zeitweise nicht, noch nicht oder nicht im erforderlichen Umfang erbracht werden und reicht auch teilstationäre Pflege nicht aus, besteht für Pflegebedürftige der Pflegegrade 2 bis 5 Anspruch auf Pflege in einer vollstationären Einrichtung. Dies gilt:
1. für eine Übergangszeit im Anschluss an eine stationäre Behandlung des Pflegebedürftigen oder
2. in sonstigen Krisensituationen, in denen vorübergehend häusliche oder teilstationäre Pflege nicht möglich oder nicht ausreichend ist.

(2) Der Anspruch auf Kurzzeitpflege ist auf acht Wochen pro Kalenderjahr beschränkt. Die Pflegekasse übernimmt die pflegebedingten Aufwendungen einschließlich der Aufwendungen für Betreuung sowie die Aufwendungen für Leistungen der medizinischen Behandlungspflege bis zu dem Gesamtbetrag von 1774 Euro im Kalenderjahr. Der Leistungsbetrag nach Satz 2 kann um bis zu 1 612 Euro aus noch nicht in Anspruch genommenen Mitteln der Verhinderungspflege nach § 39 Absatz 1 Satz 3 auf insgesamt bis zu 3 386 Euro im Kalenderjahr erhöht werden. Der für die Kurzzeitpflege in Anspruch genommene Erhöhungsbetrag wird auf den Leistungsbetrag für eine Verhinderungspflege nach § 39 Absatz 1 Satz 3 angerechnet.

(3) Abweichend von den Absätzen 1 und 2 besteht der Anspruch auf Kurzzeitpflege in begründeten Einzelfällen bei zu Hause gepflegten Pflegebedürftigen auch in geeigneten Einrichtungen der Hilfe für behinderte Menschen und anderen geeigneten Einrichtungen, wenn die Pflege in einer von den Pflegekassen zur Kurzzeitpflege zugelassenen Pflegeeinrichtung nicht möglich ist oder nicht zumutbar erscheint. § 34 Abs. 2 Satz 1 findet keine Anwendung. Sind in dem Entgelt für die Einrichtung Kosten für Unterkunft und Verpflegung sowie Aufwendungen für Investitionen enthalten, ohne gesondert ausgewiesen zu sein, so sind 60 vom Hundert des Entgelts zuschussfähig. In begründeten Einzelfällen kann die Pflegekasse in Ansehung der Kosten für Unterkunft und Verpflegung sowie der Aufwendungen für Investitionen davon abweichende pauschale Abschläge vornehmen.

(4) Abweichend von den Absätzen 1 und 2 besteht der Anspruch auf Kurzzeitpflege auch in Einrichtungen, die stationäre Leistungen zur medizinischen Vorsorge oder Rehabilitation erbringen, wenn während einer Maßnahme der medizinischen Vorsorge oder Rehabilitation für eine Pflegeperson eine gleichzeitige Unterbringung und Pflege des Pflegebedürftigen erforderlich ist.

§ 37 Häusliche Krankenpflege

(1a) Versicherte erhalten an geeigneten Orten im Sinne von Absatz 1 Satz 1 wegen schwerer Krankheit oder wegen akuter Verschlimmerung einer Krankheit, insbesondere nach einem

Krankenhausaufenthalt, nach einer ambulanten Operation oder nach einer ambulanten Krankenhausbehandlung, soweit keine Pflegebedürftigkeit mit Pflegegrad 2, 3, 4 oder 5 im Sinne des Elften Buches vorliegt, die erforderliche Grundpflege und hauswirtschaftliche Versorgung. Absatz 1 Satz 4 und 5 gilt entsprechend.
(3) Der Anspruch auf häusliche Krankenpflege besteht nur, soweit eine im Haushalt lebende Person den Kranken in dem erforderlichen Umfang nicht pflegen und versorgen kann.

§ 39c Kurzzeitpflege bei fehlender Pflegebedürftigkeit

Reichen Leistungen der häuslichen Krankenpflege nach § 37 Absatz 1a bei schwerer Krankheit oder wegen akuter Verschlimmerung einer Krankheit, insbesondere nach einem Krankenhausaufenthalt, nach einer ambulanten Operation oder nach einer ambulanten Krankenhausbehandlung, nicht aus, erbringt die Krankenkasse die erforderliche Kurzzeitpflege entsprechend § 42 des Elften Buches für eine Übergangszeit, wenn keine Pflegebedürftigkeit mit Pflegegrad 2, 3, 4 oder 5 im Sinne des Elften Buches festgestellt ist. Im Hinblick auf die Leistungsdauer und die Leistungshöhe gilt § 42 Absatz 2 Satz 1 und 2 des Elften Buches entsprechend. Die Leistung kann in zugelassenen Einrichtungen nach dem Elften Buch oder in anderen geeigneten Einrichtungen erbracht werden.

22 Pflegeheim (§ 43, 43a, 43b)

Kurzdarstellung

Zur Versorgung zu Hause ist die Versorgung im Pflegeheim die Alternative. Hier wird eine umfassende Vollversorgung angeboten, sodass auch ohne Pflegepersonen die Versorgung sichergestellt ist. Die Leistungen der Pflegeversicherung finanzieren nur den Pflegesatz (pflegebedingte Aufwendungen), alle anderen Kosten sind privat oder/und durch die Sozialhilfe zu tragen.

Ab 2017 wird die Berechnung des Eigenanteils an den Pflegekosten umgestellt von unterschiedlichen Eigenanteilen pro Pflegestufen auf einen einrichtungseinheitlichen Eigenanteil. Auch die Zuschüsse der Pflegeversicherung werden neu gestaffelt (siehe Tab. Seite 256).

Ab 2022 wird der einrichtungseinheitliche Eigenanteil gestaffelt nach der Verweildauer prozentual von der Pflegekasse zusätzlich bezuschusst. Diese Reduzierung berücksichtigt der Heimträger automatisch bei der Erstellung der Privatrechnung an die Heimbewohner.

Pflegebedürftige, die dauerhaft in Einrichtungen der Behindertenhilfe (Eingliederungshilfe) leben, erhalten einen pauschalen Zuschuss der Pflegekasse von 10 % des Heimentgeltes, jedoch nicht mehr als 256,– € pro Monat.

Wesentliche Punkte

Vollstationäre Pflege jederzeit möglich

In der Fassung bis 2016 war die vollstationäre Leistung nur möglich, wenn die ambulante Pflege nicht ausreichend sichergestellt werden konnte. Das hat der Gesetzgeber geändert: Nun kann der Versicherte die vollstationäre Pflege ohne weitere Prüfung wählen.

Versorgung ist nicht gleich 24-Stunden-Betreuung!

Die Pflegeheime haben einen umfassenden Versorgungsauftrag. Dieser wird im Wesentlichen durch den Pflegegrad und den Gesamtzustand des Bewohners definiert. Er bekommt alle für die Erhaltung seiner Gesundheit notwendigen Leistungen der Grundpflege und Behandlungspflege, darüber hinaus auch Angebote der Betreuung. Aber anders als in der Ambulanten Pflege hat der Bewohner kein konkret beziffertes Recht auf eine bestimmte Betreuungszeit oder eine Eins-zu-Eins-Betreuung, wie dies bei ambulanten Leistungen der Fall ist. Es ist zwar ständig Pflegepersonal im Haus, aber nicht immer ständig für ihn da. Auch im Pflegeheim kann man (wie zu Hause auch) allein in seinem Zimmer liegen und einsam sein. Das Heim kann zwar Betreuungsangebote machen, die in der Regel in der Gruppe organisiert sind, aber wer daran nicht teilnehmen will, ist genauso allein wie zu Hause. Daher ist der weitere Besuch der Kontaktpersonen genauso notwendig wie zu Hause, allerdings müssen sie keine grundpflegerischen Tätigkeiten mehr übernehmen.

Sicherheit der Versorgung hat ihre Grenzen: nächtliche Störungen ausschließen!

Auch im Pflegeheim kann man stürzen, aus dem Bett fallen oder allein im Zimmer auf dem Boden liegen (wie zu Hause auch!). Das Heimpersonal ist weder in der Lage, ständig neben allen Bewohnern ‚zu stehen' und aufzupassen, noch ist es verantwortlich dafür. (Das gilt nicht für Bewohner, bei denen eine Sturzgefährdung aufgrund objektiver Diagnosen oder Tatsachen bekannt ist, hier muss das Heim entsprechend beraten und in Absprache mit den Bewohnern evtl. beispielsweise technische Vorkehrungen treffen.) Also kann man im Pflegeheim auch nachts um 2.00 Uhr aus dem Bett fallen und erst morgens im Zuge der Grundpflege entdeckt werden. Zwar gibt es in manchen Pflegeheimen immer noch die Unsitte, mehrfach nächtlich die Zimmer zu kontrollieren, aber diese Angewohnheit verstößt nicht nur gegen die Menschenwürde, sondern eigentlich auch gegen das Grundgesetz (Unverletzlichkeit der Wohnung etc.). So fürsorglich die nächtlichen Zimmerbesuche anscheinend sind, sie sind doch eine permanente Störung der Nachtruhe. Daher sollte nur bei ausdrücklichem Wunsch und unter Berücksichtigung des Allgemeinzustandes ein nächtlicher Kontrollbesuch erfolgen. Dass ein Bewohner, der nachts um 2.00 Uhr verstorben ist, erst morgens um 7.00 Uhr gefunden wird, ist sachgerecht und richtig. Auch ein Auffinden um 4.00 Uhr hätte am Tod nichts geändert.

Unterschiedliche Pflegeheimgenerationen

Die Pflegeheime haben sich in den letzten Jahrzehnten weiterentwickelt. Heute wird man in der Regel Heime der sogenannten dritten und vierten Generation finden. Häuser der dritten Generation sind als Wohnbereiche organisiert, bei denen der Alltag im Wohnbereich stattfindet. Oftmals werden auch die Mahlzeiten im Wohnbereich und nicht in einem zentralen Speisesaal eingenommen oder es besteht die Wahl für die Bewohner. Im Wohnbereich leben meist ca. 15 bis 25 Bewohner zusammen. Die Versorgung mit Speisen etc. erfolgt durch eine Zentralküche.

Heime der vierten Generation (sogenannte Hausgemeinschaften) bilden im Grunde eine eigene Wohngemeinschaft, die auch gemeinsam die Mahlzeiten selbst zubereitet. Den Mittelpunkt bildet eine Wohnküche, in der sich das Gemeinschaftsleben abspielt. Das Essen wird hier unter Mithilfe der Bewohner (soweit sie dazu in der Lage sind) zubereitet, meist wird auch Bewohnerwäsche gemeinsam gewaschen. Im Grunde wird hier das Leben wie in einer Großfamilie gestaltet, die notwendigen hauswirtschaftlichen Tätigkeiten gestalten den Tagesablauf. Hausgemeinschaften bestehen in der Regel aus 8 bis 12 Bewohnern.

Viele Heime spezialisieren sich auch auf bestimmte Gruppen, wie z. B. Menschen mit demenziellen Erkrankungen.

Heimvertrag regelt Leistungen und Kosten

Die Pflegeheime sind verpflichtet, mit den Bewohnern einen Heimvertrag abzuschließen. Darin sind nicht nur die Überlassung des Zimmers (sozusagen der Mietvertrag) geregelt, sondern auch die Übernahme der notwendigen Pflege (sozusagen der Pflegevertrag) sowie der Versorgung (Hotelleistungen).

Zusätzliche Betreuungsleistungen im Pflegeheim (§ 43b)

Durch die Pflegereform 2008, angepasst 2013, 2015 und 2017 wurde für die Pflegebedürftigen im Pflegeheim ein zusätzliches Betreuungsangebot geschaffen. Den Heimträgern steht zusätzliches Betreuungspersonal zur Verfügung. Die zusätzlichen Kosten übernimmt die Pflegeversicherung. Bei der Heimauswahl sollte, wenn beim Pflegebedürftigen eine entsprechende Einstufung vorliegt, darauf geachtet werden, dass das Heim solche Angebote bietet.

Pflegebedürftige in Behinderteneinrichtungen

Gerade jüngere Pflegebedürftige leben in Einrichtungen der Behindertenhilfe, die als Ziel auch die Eingliederung in die Gesellschaft bzw. ins Berufsleben haben. Die Finanzierung der Einrichtungen ist meist über das SGB XII (Eingliederungshilfe) geregelt. Zur Abgeltung der anfallenden Kosten der Grundpflege und hauswirtschaftlichen Versorgung finanziert die Pflegeversicherung 10 % der Kosten des Heimentgeltes, jedoch nicht mehr als 266,– € im Monat. Ab 2017 gilt dies nur für Pflegebedürftige ab Pflegegrad 2. Halten sich die Pflegebedürftigen auch zeitweise zu Hause auf, können sie entsprechend ambulante Leistungen in Anspruch nehmen. Die An- und Abreisetage zählen als volle Tage für den Anspruch auf ambulante Leistungen.

Werden die Pflegebedürftigen am Wochenende zu Hause versorgt, haben sie in dieser Zeit Anspruch auf Sachleistungen oder Pflegegeld (als Kombinationsleistung). Bei den Sachleistungen steht der volle Leistungsanspruch ambulant abzüglich der in Anspruch genommenen Tage der Stationären Versorgung zur Verfügung:

Beispiel Pflegegrad 3: 20 Tage im Internat, 10 Tage zu Hause: Das Internat berechnet statt 266 € nur 170 €; dann bleiben für die Häusliche Versorgung noch Sachleistungen in

Höhe von 1.363 € (Pflegegrad 3) – 170 € = 1.193 € (Hinweis: Sachleistungen sind Monatsbeträge, daher der hohe Anspruch).

Bei Pflegegeld steht nur das anteilige Pflegegeld aufgrund der Anzahl der häuslichen Versorgung zur Verfügung: Im Beispiel sind das 10 Tage von 545 € = 180,00 €.

Finanzierung der Heimplätze

Pflegeheime sind stationäre Einrichtungen, deren Kosten sich in Pflegekosten (pflegebedingte Aufwendungen, Behandlungspflege sowie (soziale) Betreuung), Hotelkosten (Unterkunft und Verpflegung), Investitionskosten (vergleichbar der Kaltmiete) sowie Zusatzkosten (wie Telefon etc.) aufgliedern (siehe auch Seite 229 f.). Alle Kostenblöcke werden mit den Pflegekassen und im Regelfall unter Einbeziehung der Sozialhilfeträger im Rahmen von Vergütungsverhandlungen ausgehandelt. Auch jährliche Steigerungen etc. werden jeweils neu verhandelt. Dabei treten die Pflegekassen lt. Gesetz quasi als Treuhänder der Pflegebedürftigen auf und müssen dafür sorgen, dass nur angemessene Kosten („leistungsgerecht") vergütet werden. An die verhandelten Vergütungen sind alle Vertragsparteien bis zu einer Neuverhandlung gebunden. Die Bewohner sind frühzeitig auf die Neuverhandlung und auf mögliche höhere Pflegesätze hinzuweisen, entsprechende Regelungen sind in den Heimverträgen ausgewiesen. Über den Heimbeirat sind die Bewohner auch bei jeder Pflegesatzverhandlung die Vertretung der Heimbewohner anzuhören (§ 85, Abs. 3)

Einrichtungseinheitlicher Eigenanteil

Die Finanzierungsstruktur der Pflegekosten hat sich ab 2017 gravierend geändert. Bis 2016 waren die Eigenanteile an den Pflegekosten (am Pflegesatz) je nach Pflegestufe differenziert: In der Pflegestufe 1 war der Eigenanteil im Regelfall deutlich niedriger als in der Pflegestufe 3. Das führte in der Vergangenheit dazu, das oft notwendige und sachgerechte Höherstufungsanträge nicht gestellt wurden, um die privat zu tragenden Kosten niedrig zu halten. Damit fehlte aber faktisch auch dem Pflegeheim die Finanzierung für tatsächlich notwendige Versorgung.

Ab 2017 hat der Gesetzgeber die Eigenanteilsberechnung im Pflegeheim umgestellt: Der Eigenanteil wird nun einrichtungseinheitlich berechnet und ist damit für alle Bewohner jedes Pflegegrades gleich hoch. Um das zu erreichen, werden die Gesamtkosten der Pflege für alle Bewohner zusammengerechnet, die Zuschüsse der Pflegekassen für die jeweiligen Pflegegrade abgezogen und die Restkosten auf alle Bewohner verteilt. Im Ergebnis werden ab 2017 die niedrigen Pflegegrade höhere, die höheren Pflegegrade niedrigere Eigenanteile im Vergleich zu 2016 bezahlen, wobei es durch die Bestandschutzregelungen keine Schlechterstellung der bisherigen Bewohner gegeben hat.

Das heißt auch: Für Pflegebedürftige mit hohen Pflegegraden ist der Pflegeheimplatz 2019 sogar günstiger, als er es 2016 gewesen ist!

Der einrichtungseinheitliche Eigenanteil hat Vor- und Nachteile.

Vorteil: Klare Finanzierungssicherheit im Heim: keine unkalkulierbaren Mehrkosten mehr, diese stehen schon beim Einzug dauerhaft fest (und werden nur im Rahmen der normalen Kostensteigerungen pro Jahr erhöht).

Das Pflegeheim bekommt immer die Kosten erstattet, die es aufgrund der Versorgung tatsächlich hat.

Nachteil: Gerade für die Einstiegsstufe Pflegegrad 2 (bisher vergleichbar Pflegestufe 1) wird das Heim deutlich teurer.

Im Bereich der Tages- und Nachtpflege sowie der Kurzzeitpflege wird der Eigenanteil formal weiterhin differenziert dargestellt. Aber hier kann der Pflegebedürftige durch seine Verweildauer steuern, wie hoch sein Eigenanteil ist. Und in der Kurzzeitpflege kommt positiv dazu, dass der Leistungsbetrag der Pflegeversicherung in gleicher Höhe unabhängig von Pflegegrad verfügbar ist.

Nur noch in Pflegegrad 1 ist das Heimentgelt anders, ab Pflegegrad 2 bis 5 sind die Kosten immer identisch.

Leistungsbeträge stationär

Im Stationären Bereich gibt es 2017 erstmals so etwas wie „Leistungskürzungen“: Denn die vergleichbare Pflegestufe 1 mit bisher 1.064 € pro Monat wurde nun im Pflegegrad 2 ‚abgesenkt‘ auf 770 € pro Monat. Allerdings wird diese Absenkung nicht direkt die Pflegebedürftigen des Pflegegrades 2 treffen, weil die Eigenanteile nicht mehr nach Pflegegraden differenziert ausgewiesen werden, sondern alle Heimbewohner gemeinsam für die nicht finanzierten Pflegekosten in gleicher Höhe aufkommen. Deshalb hat diese ‚Kürzung‘ keine direkte Auswirkung auf Heimbewohner des Pflegegrades 2, sondern im Kern Auswirkungen auf alle Heimbewohner.

Zusätzliche Reduzierung des einrichtungseinheitlichen Eigenanteils

Ab 2022 hat der Gesetzgeber den vom Pflegebedürftigen zu tragenden Anteil an den Pflegekosten weiter abgesenkt, allerdings gestaffelt nach der Aufenthaltsdauer (siehe Tabelle Seite 256).

Die Absenkung erfolgt prozentual auf den tatsächlich zu zahlenden Eigenanteil und nicht wie die bisherigen Zuschüsse als fester Zuschussbetrag. Die zeitliche Staffelung führt

Leistungsansprüche Vollstationär 2022					
Vollstationäre Pflege § 43					
	Pflegegrad 1	Pflegegrad 2	Pflegegrad 3	Pflegegrad 4	Pflegegrad 5
	-	**770 €**	**1.262 €**	**1.775 €**	**2.005 €**
Begrenzung des Eigenanteils an den pflegebedingten Aufwendungen § 43c					
	1. Jahr	2. Jahr	**3. Jahr**	ab 4. Jahr	
	5%	**25%**	**45%**	**70%**	

dazu, dass die höchste Entlastung erst im vierten Jahr im vollstationären Pflegeheim erreicht wird. Da die durchschnittliche Verweildauer in den Pflegeheimen erfahrungsgemäß deutlich kürzer ist (genaue Daten werden in keiner Statistik erfasst), wirken die hohen Entlastungen ab dem dritten und vierten Jahr gut, werden aber wohl nur einer relativ kleinen Gruppe zugutekommen.

Bei der Darstellung der privat zu finanzierenden Kosten müssen die Kosten je nach Verweildauer dargestellt werden, denn der Ausgangswert des Einrichtungseinheitlichen Eigenanteils, wie er in den Preisvergleichslisten der Heime und Pflegekassen ausgewiesen wird, wird dann anhand der Verweildauer weiter gekürzt.

Beispiel Darstellung Heimentgelt 2022 für Pflegegrad 2-5				
Kosten pro Monat (Beispiel NRW)				
Einrichtungseinheitlicher Eigenanteil:		Ausgangswert	**1.058,31 €**	
Zusätzliche Begrenzung ab 2022	1. Jahr	2. Jahr	3. Jahr	ab 4. Jahr
	5%	25%	**45%**	70%
Übernahme Pflegekasse	- 52,92 €	- 264,58 €	- 476,24 €	- 740,82 €
einrichtungseinheitlicher Eigenanteil	**1.005,39 €**	**793,73 €**	**582,07 €**	**317,49 €**
Unterkunft	605,05 €	605,05 €	605,05 €	605,05 €
Verpflegung	465,73 €	465,73 €	465,73 €	465,73 €
Investitionskosten	420,71 €	420,71 €	420,71 €	420,71 €
	1. Jahr	2. Jahr	3. Jahr	ab 4. Jahr
Tatsächlich privat zu zahlende Heimkosten	**2.496,88 €**	**2.285,22 €**	**2.073,56 €**	**1.808,98 €**
Vergleich zu Privatkosten 2021	1. Jahr	2. Jahr	3. Jahr	ab 4. Jahr
	2.549,80 €	**2.549,80 €**	**2.549,80 €**	**2.549,80 €**
Differenz zu 2021	52,92 €	264,58 €	476,24 €	740,82 €
Differenz in Prozent	**2%**	**12%**	**23%**	**41%**

Vergleicht man die Heimkosten 2021 und 2022 (mit der dann schrittweisen Reduzierung), wird noch mal deutlich, dass die Reduzierung der pflegebedingten Privatkosten (EEE) von 5 % nur zu einer Reduzierung der gesamt privat zu tragenden Kosten von 2 % führt, vergleichbar dann in den Folgejahren. Das gilt es in der Beratung immer klar zu stellen: Die prozentuale Unterstützung bezieht sich nicht auf die Gesamtkosten, sondern nur auf die pflegebedingten Eigenanteile, die in diesem Beispiel nur 41,5 % der gesamten privat zu zahlenden Heimkosten ausmachen.

Absehbare Kostensteigerungen in der vollstationären Pflege

In den nächsten Jahren werden die Heimkosten bedingt durch drei verschiedene Faktoren weiter steigen (müssen):

- Einführung der tarifangeglichenen Bezahlung, spätestens zum 01.09.2022.
- Schrittweise Einführung eines bundeseinheitlichen Personalschlüssels ab 2023: hier sind die Auswirkungen je nach Bundesland unterschiedlich hoch. Der Gesetzgeber hat in der Gesetzesbegründung von einer bundesweit durchschnittlichen Personalverbesserung von ca. 40 % mehr Stellen gesprochen.
- In den fünf neuen Bundesländern sowie in Teilen Berlins werden zusätzlich noch die investiven Kosten deutlich steigen: Zu Beginn der Pflegeversicherung wurden im Rahmen des Programms „Aufbau Ost" über 7 Milliarden D-Mark für den Neubau von Pflegeheimplätzen durch die Pflegeversicherung bereit gestellt. Dadurch sind die durchschnittlichen Investitionskosten in diesen Ländern noch deutlich niedriger als in den anderen Bundesländern. Da aber viele dieser damaligen Neubauten inzwischen deutlich mehr als 20 Jahre alt sind, entstehen hier entsprechende neue Investitionskosten, die entsprechend auf die Privatanteile umzulegen sind.

Hintergrund

Pflegeheime haben häufig ein schlechtes Image, zumindest solange, bis man als Pflegebedürftiger oder als Angehöriger selbst vor der Frage steht, wie es weitergehen kann. Die meisten Heime bieten eine gute Pflege, selbst wenn es wie in jeder Branche auch bei den Heimen ‚schwarze Schafe' gibt. Bei aller medialen Aufregung über Pflegeskandale und Schulnoten sollte man diese einmal ins reale Verhältnis zu allen anderen Einrichtungen setzen, die gute Versorgung bieten. Die Entdeckung der schwarzen Schafe durch Qualitätsprüfungen bestätigt das System, das für bessere Qualität sorgen kann, indem es schlechte Pflege aufdeckt und sanktioniert. Heime, die wegen schlechter Pflege aufgefallen sind, werden durch die Pflegekassen zu besserer Versorgung gezwungen. Ansonsten würden sie ihre Zulassung verlieren. Pflegeheime sind für Pflegedienste auch deshalb keine echte Konkurrenz, weil sie eine Versorgungsintensität anbieten, die zu Hause nur in Verbindung mit Pflegepersonen möglich ist.

Mit den Anfängen der Pandemie hat es den Heimbereich anfangs sehr stark betroffen, seit der Impfung sind die Heime in der Regel nicht mehr Hot Spots. Allerdings ist auch die Belegung in vielen Heimen noch nicht wieder auf dem Niveau vor Beginn der Pandemie, so dass es evtl. leichter ist, freie Plätze zu finden.

Die finanzielle Absenkung der Leistungsbeträge 2017 in Pflegegrad 2 resultiert einerseits aus den Vorstudien zur Umsetzung des neuen Pflegebedürftigkeitsbegriffs: Hier wurden die Versorgungsrelationen der Pflegegrade untereinander evaluiert und diese Verhältnisse der Pflegegrade zueinander festgelegt. Denn faktisch gibt es ab 2017 nur noch die Betragsdifferenz der Pflegegrade, anhand derer sich die Kosten und damit die verfügbare Personalmenge unterscheiden wird. Und die ‚Absenkung' hat direkt weder für das Heim noch für die Bewohner Auswirkungen, da alle nicht gedeckten Kosten auf alle Bewohner gemeinsam verteilt werden.

Zudem kann der Gesetzgeber immer darauf verweisen, dass doch eigentlich die Vergangenheit ungerecht war (höhere Beträge stationär als ambulant, siehe Seite 25); faktisch ist auch diese Aussage schwierig, da stationär immer schon mehr Kostenbestandteile finanziert werden mussten (insbesondere Behandlungspflege, aber auch Betreuung) als ambulant.

Im Vorfeld der aktuellen Pflegereform (GVWG) gab es die Diskussion über den sogenannten Sockel-Spitze-Tausch:

- Bisher (bis Ende 2020) zahlt die Pflegeversicherung nur einen Sockelbetrag, die nicht gedeckelte Spitze (= einrichtungseinheitlicher Eigenanteil) finanziert der Pflegebedürftige selbst.
- Beim Sockel-Spitze-Tausch zahlt der Pflegebedürftige einen festen Sockelbetrag (in 2021 war von 700 € die Rede, die ungedeckelte Spitze übernimmt dann die Pflegeversicherung.

Die Regierungsparteien haben sich dann entscheiden, ein Mischmodell einzuführen:

- Die Pflegekasse zahlt einen festen Sockelbetrag, variiert nach Pflegegraden (unverändert wie bislang).
- Zusätzlich wird die bisher allein privat zu bezahlende ‚Spitze' prozentual je nach Verweildauer schrittweise reduziert.

Die Begründung war, dass bei einem echten Sockel-Spitze-Tausch Pflegebedürftige gar keinen Anreiz mehr haben, ein günstiges Heim zu wählen, da ihre Kosten immer gleich hoch sind. Mit dem Mixmodell soll dieser Anreiz erhalten bleiben.

Hinweise zur Beratung

Ungeliebte Pflegeheime, trotzdem oftmals alternativlos!

In jeder Befragung wird deutlich, dass kaum ein Mensch sein Leben im Pflegeheim beenden will. Trotzdem findet sich für viele Menschen bei zunehmender Pflegebedürftigkeit keine andere Alternative als ein Heim.

Auch die mediale ‚Verteufelung' macht es Pflegebedürftigen und Angehörigen schwer, den Umzug ins Pflegeheim nicht als Niederlage zu betrachten: „Wir konnten nicht mehr!", „Es geht nicht mehr!" Dass sich die Pflegebedürftigen dann entsprechend abgeschoben fühlen und ihren letzten Wohnsitz mit vielen Vorbehalten sehen, ist nachvollziehbar. Solange es keine erkennbare Alternative gibt, sollten alle den Umzug in ein Pflegeheim nicht als Niederlage darstellen und empfinden, sondern als ganz normale Entscheidung. Dabei kann auch der Pflegedienst helfen, der den Übergang mit vorbereiten kann und – obwohl er einen Kunden verliert – diesen Umzug erleichtern kann.

Pflegeheime waren am Anfang der Pandemie, als noch keine Impfung vorhanden war, echte Corona-Hotspots. Das ist inzwischen deutlich anders geworden, es könnte sogar im Heim aufgrund der Impf- und Testvorgaben und der Hygienestandards ‚sicherer' sein als im eher ungeregelten ambulanten Bereich. Zwar ist hier auch die Pflege durchgeimpft und getestet, aber der Zutritt aller anderen erfolgt ohne weitere Kontrolle und damit mit erhöhtem Risiko.

Gründe für einen Heimeinzug

Gründe für einen Heimeinzug können sein:

- Pflegepersonen, die fehlen oder selbst nicht mehr können und deren Fehlen nicht durch Dienstleistung kompensiert werden kann,
- veränderter Versorgungsbedarf: Gerade Beaufsichtigung rund um die Uhr kann ambulant nur schwer finanziell tragbar und legal organisiert werden,
- Plätze in Ambulanten Wohngemeinschaften sind nicht verfügbar,
- Desorientierung und Eigen-/Fremdgefährdung ohne Aufsicht,
- Wunsch des Pflegebedürftigen,
- nicht angepasste und nicht veränderbare Wohnsituation: Eine Wohnung, die nur mit Stufen erreichbar ist und über kein umbaufähiges Bad verfügt, wird für Rollstuhlfahrer zur sprichwörtlichen Falle.

Gründe, die nicht für einen Heimeinzug sprechen

- Barrierefreie bzw. barrierearme Wohnung, die auch selbstständig verlassen werden kann: Wer in einem Betreuten Wohnen lebt und zumindest noch situativ orientiert ist, für den gibt es wenig Gründe, in ein Pflegeheim umzuziehen.
- Hinweis des Haus- oder Krankenhausarztes: Auch wenn dies vielleicht eher ein Vorurteil des Autors ist: Gerade Krankenhausärzte kennen nicht die Möglichkeiten der ambulanten Versorgung und verweisen schnell auf die Kurzzeitpflege. Hausärzte auf dem Land sind da meist besser informiert.

Doppelzimmer?

In der Tat sind Plätze im Doppelzimmer meist etwas billiger. Aber trotzdem sollte man sich fragen, was das für den Pflegebedürftigen bedeuten kann, zumindest wenn er bisher allein gewohnt hat:

- Vermutlich für den Rest seines Lebens ist er zwangsweise mit einem Fremden zusammen. Aber anders als im Mehrbettzimmer im Krankenhaus ist das Doppelzimmer im Pflegeheim kein kurzfristiger Zustand, sondern dauerhaft (bis zum Lebensende).
- Der Vorteil ist die teilnehmende Beobachtung und soziale Kontrolle: Wenn etwas ist, kann der Nachbar auch Bescheid sagen. Dieser Vorteil wird mit dem Verlust von Selbstbestimmung erkauft.
- Jede Intimität, auch jede Peinlichkeit muss geteilt werden.
- Der Zimmerpartner ist zwar nicht wirklich selbst ausgewählt, aber trotzdem kann ein Doppelzimmer auch ein Weg sein, nicht mehr den überwiegenden Teil des Tages allein sein zu müssen.
- Angehörige, die meist darüber entscheiden, sollten sich einmal selbst fragen, ob sie ihre letzten Monate und Tage in fremder Gesellschaft verbringen wollen.
- Nur weil viele Pflegebedürftige nicht direkt widersprechen, muss man noch nicht von einer Zustimmung ausgehen.
- Es gibt durchaus Diagnosen im Bereich Demenz und Alzheimer, bei deren Krankheitsverlauf aus therapeutischen Gründen ein Doppelzimmer Sinn machen kann (z. B. auch die Entwicklung der Pflegeoasen). Aber diese Begründung dürfte nur für eine Minderheit der Doppelzimmerbewohner zutreffen.

In vielen Bundesländern gibt es immer mehr Vorgaben, die den Heimen Vorschriften machen, dass sie kaum noch Doppelzimmer vorhalten dürfen. Allerdings wird durch diese Entwicklung/Vorgabe das Heim – insbesondere die Investitionskosten – teurer.

Hinweise zur Beratung: Kosten

Grundlegende Änderung ab 2017

Mit der Einführung des neuen Pflegebedürftigkeitsbegriffs wird auch die Heimfinanzierung systematisch umgestellt: von pflegestufenabhängig unterschiedlich hohen Eigenanteilen zu einrichtungseinheitlichen Eigenanteilen. Dieser Systemwechsel hat Vor- und Nachteile, wie oben im Beispiel mit konkreten Zahlen dargestellt. Gerade für die Eingangsstufe, also im Pflegegrad 2, wird der Heimaufenthalt nun deutlich teurer. Das trifft jeden Kunden, der ab 2017 in ein Pflegeheim geht.

Durch die stufenweise Reduzierung der Eigenanteile ab 2022 wird der Heimaufenthalt mit jedem Jahr günstiger statt teurer. Diese Bezuschussung kann auch einen Teil der dauerhaft steigenden Kosten auffangen, was allerdings erst ab dem zweiten Jahr spürbar wird.

Heime sind der Wohnsitz für den letzten Lebensabschnitt

Eigentlich ist es jedem klar: Wer in ein Pflegeheim zieht, tut dies im Regelfall für den allerletzten Lebensabschnitt, der mit dem Tod endet. Und oftmals wird die Lebensphase im Heim eher kürzer als länger sein. Auch vor diesem Hintergrund sollte man insbesondere finanzielle Aspekte bei der Heimauswahl betrachten, gerade auch als Angehöriger. Ganz einfach formuliert: Wenn der eigene Vater nur noch ein oder zwei Jahre zu leben hat, welche Bedeutung hat dann ein Eigenanteil, der vielleicht 100 € höher ist als in einem anderen Heim, das dem Vater eigentlich nicht so gut gefällt? Sind es nicht die vielleicht 2.400 € (für zwei Jahre) Mehrkosten wert, wenn sich der Vater hier wohler fühlt?

Untersuchungen zur durchschnittlichen Verweildauer sind rar: Das Altersinstitut Bielefeld hat 2015 eine Studie zur Verweildauer veröffentlicht: Diese beträgt im Durchschnitt 29,9 Monate (betrachtet im Zeitraum 2007 bis 2014), wobei 20 % der Bewohner innerhalb der ersten vier Wochen versterben.

Man sollte die Diskussionen über die Eigenanteile, und was sich die jeweilige Familie leisten kann, auch vor dem Hintergrund des verbleibenden Lebensabschnitts sehen und daran denken, dass dieser letzte Lebensabschnitt, der mit dem Umzug ‚beginnt', wahrscheinlich zeitlich sehr überschaubar sein wird.

Und wie im Punkt vorher noch mal geklärt: Mit jedem Jahr sinken die Kosten eher als dass sie steigen!

Vergleich ambulante und stationäre Kosten nicht hilfreich

Will man einen Kostenvergleich der Systeme machen, muss man jeweils alle Kostenanteile zu Hause und im Pflegeheim vergleichen, nicht nur die Pflegekosten. Dadurch wird sichtbar, dass man zu Hause zwar öfter einen höheren Anteil an den Pflegekosten zu tragen hat, jedoch im Bereich der Hotel- und Investitionskosten zu Hause meist deutlich günstiger ist.

Dabei bewohnt man zu Hause seine eigene Wohnung mit meist mehreren Zimmern allein, während man im Pflegeheim meist ein normales Zimmer allein bewohnt, alle anderen Räume jedoch immer gemeinsam nutzt.

Aber zukünftig wird es viel weniger um mögliche Kosten gehen als um die Frage, in welcher Versorgungsform sich überhaupt die Versorgung sicherstellen lässt. Insbesondere vor dem Hintergrund der demografischen Entwicklung: Ambulante Pflege ist nur möglich, wenn auch andere Pflegepersonen da sind, die die Versorgung zu Hause dann sicherstellen, wenn der Pflegedienst weg oder die Tagespflege ‚aus' ist. Wer abends und nachts nicht allein sein kann, der ist auf Gemeinschaftswohnformen wie ein Pflegeheim angewiesen. Ambulante Wohngemeinschaften sind schon von der Menge der verfügbaren Wohnungen her oft noch keine Alternative.

Hinweise zur internen Umsetzung

Pflegeheime selbst kennenlernen

Natürlich kennt man die Heime, die in der Umgebung des Pflegedienstes sind. Für eine gute Überleitung ist es hilfreich, die Heime auch tatsächlich zu besuchen und das Überleitungsverfahren abzusprechen. Auch kann man mit dem Heim und den Angehörigen besprechen, dass man am Anfang öfter zu Besuch kommt, um das Einleben zu erleichtern. Bei Heimen in gleicher Trägerschaft ist dies sicherlich einfacher als bei anderen Einrichtungen.

Nachschub aus dem „Betreuten Wohnen" oder der Tagespflege?

Manche Heimträger bauen in der Nähe oder Nachbarschaft Betreutes Wohnen auf mit dem Hintergedanken, dass daraus die zukünftigen Heimbewohner kommen. Dabei sind wesentliche Gründe, die für einen Heimeinzug sprechen, vor allem nicht mehr angepasste Wohnsituationen. Warum sollen Pflegebedürftige, die in barrierefreien Wohnungen leben und im Haus viel Versorgung einschließlich Mittagstisch finden, in das Pflegeheim umziehen? Sie geben die eigene Wohnung auf zugunsten viel kleinerer Zimmer. Sie müssen im Heim in Gesellschaft leben, auch wenn sie lieber alleine wohnen würden. Wenn man den konkreten Kostenvergleich auf der Basis aller Kosten durchführt, ist das Heim oftmals nicht günstiger.

Auch die Tagespflege im Heim sollte nicht als Akquiseinstrument für das Heim missbraucht werden. Denn gerade der Aufenthalt in der Tagespflege stabilisiert eigentlich die ambulante Versorgung (siehe auch Tagespflege, Seite 235 f.).

Quellen

§ 43 Inhalt der Leistung

(1) Pflegebedürftige der Pflegegrade 2 bis 5 haben Anspruch auf Pflege in vollstationären Einrichtungen, wenn häusliche oder teilstationäre Pflege nicht möglich ist oder wegen der Besonderheit des einzelnen Falles nicht in Betracht kommt.
(2) Für Pflegebedürftige in vollstationären Einrichtungen übernimmt die Pflegekasse im Rahmen der pauschalen Leistungsbeträge nach Satz 2 die pflegebedingten Aufwendungen einschließlich der Aufwendungen der Betreuung und die Aufwendungen für Leistungen der medizinischen Behandlungspflege. Der Anspruch beträgt je Kalendermonat:
1. 770 Euro für Pflegebedürftige des Pflegegrades 2,
2. 1.262 Euro für Pflegebedürftige des Pflegegrades 3,
3. 1.775 Euro für Pflegebedürftige des Pflegegrades 4,
4. 2.005 Euro für Pflegebedürftige des Pflegegrades 5,

(3) Wählen Pflegebedürftige des Pflegegrades 1 vollstationäre Pflege, erhalten sie für die in Absatz 2 Satz 1 genannten Aufwendungen einen Zuschuss in Höhe von 125 € monatlich.

(4) Bei vorübergehender Abwesenheit von Pflegebedürftigen aus dem Pflegeheim werden die Leistungen für vollstationäre Pflege erbracht, solange die Voraussetzungen des § 87a Abs. 1 Satz 5 und 6 vorliegen.

§ 43c Begrenzung des Eigenanteils an den pflegebedingten Aufwendungen

Pflegebedürftige der Pflegegrade 2 bis 5, die bis einschließlich zwölf Monate Leistungen nach § 43 beziehen, erhalten einen Leistungszuschlag in Höhe von 5 Prozent ihres zu zahlenden Eigenanteils an den pflegebedingten Aufwendungen. Pflegebedürftige der Pflegegrade 2 bis 5, die seit mehr als zwölf Monaten Leistungen nach § 43 beziehen, erhalten einen Leistungszuschlag in Höhe von 25 Prozent ihres zu zahlenden Eigenanteils an den pflegebedingten Aufwendungen. Pflegebedürftige der Pflegegrade 2 bis 5, die seit mehr als 24 Monaten Leistungen nach § 43 beziehen, erhalten einen Leistungszuschlag in Höhe von 45 Prozent ihres zu zahlenden Eigenanteils an den pflegebedingten Aufwendungen. Pflegebedürftige der Pflegegrade 2 bis 5, die seit mehr als 36 Monaten Leistungen nach § 43 beziehen, erhalten einen Leistungszuschlag in Höhe von 70 Prozent ihres zu zahlenden Eigenanteils an den pflegebedingten Aufwendungen. Bei der Bemessung der Monate, in denen Pflegebedürftige Leistungen nach § 43 beziehen, werden Monate, in denen nur für einen Teilzeitraum Leistungen nach § 43 bezogen worden sind, berücksichtigt. Die Pflegeeinrichtung, die den Pflegebedürftigen versorgt, stellt der Pflegekasse des Pflegebedürftigen neben dem Leistungsbetrag den Leistungszuschlag in Rechnung und dem Pflegebedürftigen den verbleibenden Eigenanteil. Die Pflegekasse übermittelt für jeden Pflegebe-

dürftigen beim Einzug in die Pflegeeinrichtung sowie zum 1. Januar 2022 für alle vollstationär versorgten Pflegebedürftigen die bisherige Dauer des Bezugs von Leistungen nach § 43.

Pflege in vollstationären Einrichtungen der Hilfe für behinderte Menschen

§ 43a Inhalt der Leistung

Für Pflegebedürftige der Pflegegrade 2 bis 5 in einer vollstationären Einrichtung der Hilfe für behinderte Menschen, in der die Teilhabe am Arbeitsleben und am Leben in der Gemeinschaft, die schulische Ausbildung oder die Erziehung behinderter Menschen im Vordergrund des Einrichtungszwecks stehen (§ 71 Abs. 4), übernimmt die Pflegekasse zur Abgeltung der in § 43 Abs. 2 genannten Aufwendungen zehn vom Hundert des nach § 75 Abs. 3 des Zwölften Buches vereinbarten Heimentgelts. Die Aufwendungen der Pflegekasse dürfen im Einzelfall je Kalendermonat 266 Euro nicht überschreiten. Wird für die Tage, an denen die pflegebedürftigen Behinderten zu Hause gepflegt und betreut werden, anteiliges Pflegegeld beansprucht, gelten die Tage der An-und Abreise als volle Tage der häuslichen Pflege.

Pflegeversicherung: Leistungen 2021/2022

Zusammenstellung: © SysPra.de 2021

alle Leistungen pro Monat, wenn nicht anders angegeben

Sachleistungen	Pflegegrad 1	Pflegegrad 2	Pflegegrad 3	Pflegegrad 4	Pflegegrad 5
Bis 2021	keine	689 €	1.298 €	1.612 €	1.995 €
Ab 2022	keine	**724 €**	**1.363 €**	**1.693 €**	**2.095 €**
Über § 37.1a SGB V	Körperpflege möglich				
Pflegegeld § 37	keine	**316 €**	**545 €**	**728 €**	**901 €**
Pflegegeld wird pro Tag/ausgezahlt	keine	11,29 €	19,46 €	26,00 €	32,18 €

Berechnung Kombileistungen	***Beispiel Pflegegrad 2***
1. verbrauchte Sachleistung geteilt durch Sachleistung des Pflegegrads = %	*450 / 689 = 0,65 = **65%***
2. 100% minus verbrauchte Sachleistung in % = Prozentsatz Pflegegeld	*1 - 65% = **35 %***
3. Pflegegeld des Pflegegrades mal %-Zahl = verfügbares Pflegegeld	*316 * 35 % = **110,60 €***

Verhinderungspflege § 39	keine	Pflegegrad 2-5			
erwerbsmäßige Pflege		**pro Jahr bis 1.612€** Zusätzlich bis 806 € der Kurzzeitpflege genutzt werden, max. 2.418 €			
ehrenamtliche Pflege	maximal	474,00 €	817,50 €	1.092,00 €	1.351,50 €
Erstattung Fahrtkosten und andere Aufwendungen		pro km 0,20 €; alles insgesamt bis 1.612 € bzw. 2.418 €			

Entlastungsbetrag § 45b	Pflegegrad 1	Pflegegrad 2	Pflegegrad 3	Pflegegrad 4	Pflegegrad 5
	pro Monat, kann angespart werden, nach Jahresende ins nächste Halbjahr übertragbar				
	125 €	**125 €**			
nicht bei Sozialhilfe anrechenbar!	Mit Körperpflege	alle Leistungen aber ohne Körperpflege			

Pflegehilfsmittel und wohnumfeldverbessernde Maßnahmen § 40	
Pflegeverbrauchsmittel	**40 € pro Monat**, pandemiebedingt 60 € (bis 31.12.21)
Wohmumfeldverbessernde Maßnahmen pro (jeder neuen) Maßnahme	**bis 4.000 € pro Maßnahme**, max. 16.000 bei Wohngemeinschaften
Anträge sind innerhalb von 3 bzw. bei Einschaltung MDK von 5 Wochen zu genehmigen, sonst Leistung genehmigt (wie § 13,3a SGB V)	

Wohngruppenzuschlag § 38a	**214 €**

Stationäre Leistungen: Hotel- und Investitionskosten müssen privat bezahlt werden, können bei Tages-/Kurzzeitpflege mit Entlastungsbetrag $ 45b finanziert werden

	Pflegegrad 1	Pflegegrad 2	Pflegegrad 3	Pflegegrad 4	Pflegegrad 5
Tagespflege § 41	keine	**689 €**	**1.298 €**	**1.612 €**	**1.995 €**

Kurzzeitpflege § 42	keine	pro Jahr bis 1.612€
ab 2022		**pro Jahr bis 1.774 €**
	über § 39c V	Zusätzlich freie Leistungen der Verhinderungspflege nutzbar

	Pflegegrad 1	Pflegegrad 2	Pflegegrad 3	Pflegegrad 4	Pflegegrad 5
Vollstationäre Pflege § 43	keine	**770 €**	**1.262 €**	**1.775 €**	**2.005 €**
Reduzierung Einrichtungseinheitlicher Eigenanteil		1. Jahr	2. Jahr	3. Jahr	ab 4. Jahr
	-	**5%**	**25%**	**45%**	**70%**

Einstufung in Pflegegrade: Kriterien	Pflegegrad 1	Pflegegrad 2	Pflegegrad 3	Pflegegrad 4	Pflegegrad 5
Punktmenge ab	12,5	27	47,5	70	90

Umrechnung von Kombinationsleistungen nach § 38 SGB XI
Stand: 01.01.2022

Pflegegrad 2

Sachleistung in Euro	in Prozent		in Prozent	in Euro
724,00 €	100%	< == >	0%	**0,00 €**
687,80 €	95%	< == >	5%	**15,80 €**
651,60 €	90%	< == >	10%	**31,60 €**
615,40 €	85%	< == >	15%	**47,40 €**
579,20 €	80%	< == >	20%	**63,20 €**
543,00 €	75%	< == >	25%	**79,00 €**
506,80 €	70%	< == >	30%	**94,80 €**
470,60 €	65%	< == >	35%	**110,60 €**
434,40 €	60%	< == >	40%	**126,40 €**
398,20 €	55%	< == >	45%	**142,20 €**
362,00 €	50%	< == >	50%	**158,00 €**
325,80 €	45%	< == >	55%	**173,80 €**
289,60 €	40%	< == >	60%	**189,60 €**
253,40 €	35%	< == >	65%	**205,40 €**
217,20 €	30%	< == >	70%	**221,20 €**
181,00 €	25%	< == >	75%	**237,00 €**
144,80 €	20%	< == >	80%	**252,80 €**
108,60 €	15%	< == >	85%	**268,60 €**
72,40 €	10%	< == >	90%	**284,40 €**
36,20 €	5%	< == >	95%	**300,20 €**
0,00 €	0%	< == >	100%	**316,00 €**

Stand: ab 01.01.2022

Pflegegrad 3

Sachleistung in Euro	in Prozent		in Prozent	in Euro
1.363,00 €	100%	< == >	0%	**0,00 €**
1.294,85 €	95%	< == >	5%	**27,25 €**
1.226,70 €	90%	< == >	10%	**54,50 €**
1.158,55 €	85%	< == >	15%	**81,75 €**
1.090,40 €	80%	< == >	20%	**109,00 €**
1.022,25 €	75%	< == >	25%	**136,25 €**
954,10 €	70%	< == >	30%	**163,50 €**
885,95 €	65%	< == >	35%	**190,75 €**
817,80 €	60%	< == >	40%	**218,00 €**
749,65 €	55%	< == >	45%	**245,25 €**
681,50 €	50%	< == >	50%	**272,50 €**
613,35 €	45%	< == >	55%	**299,75 €**
545,20 €	40%	< == >	60%	**327,00 €**
477,05 €	35%	< == >	65%	**354,25 €**
408,90 €	30%	< == >	70%	**381,50 €**
340,75 €	25%	< == >	75%	**408,75 €**
272,60 €	20%	< == >	80%	**436,00 €**
204,45 €	15%	< == >	85%	**463,25 €**
136,30 €	10%	< == >	90%	**490,50 €**
68,15 €	5%	< == >	95%	**517,75 €**
0,00 €	0%	< == >	100%	**545,00 €**

Stand: ab 01.01.2022

Pflegegrad 4

Sachleistung in Euro	in Prozent		in Prozent	in Euro
1.693,00 €	100%	< == >	0%	**0,00 €**
1.608,35 €	95%	< == >	5%	**36,40 €**
1.523,70 €	90%	< == >	10%	**72,80 €**
1.439,05 €	85%	< == >	15%	**109,20 €**
1.354,40 €	80%	< == >	20%	**145,60 €**
1.269,75 €	75%	< == >	25%	**182,00 €**
1.185,10 €	70%	< == >	30%	**218,40 €**
1.100,45 €	65%	< == >	35%	**254,80 €**
1.015,80 €	60%	< == >	40%	**291,20 €**
931,15 €	55%	< == >	45%	**327,60 €**
846,50 €	50%	< == >	50%	**364,00 €**
761,85 €	45%	< == >	55%	**400,40 €**
677,20 €	40%	< == >	60%	**436,80 €**
592,55 €	35%	< == >	65%	**473,20 €**
507,90 €	30%	< == >	70%	**509,60 €**
423,25 €	25%	< == >	75%	**546,00 €**
338,60 €	20%	< == >	80%	**582,40 €**
253,95 €	15%	< == >	85%	**618,80 €**
169,30 €	10%	< == >	90%	**655,20 €**
84,65 €	5%	< == >	95%	**691,60 €**
0,00 €	0%	< == >	100%	**728,00 €**

Stand: ab 01.01.2022

Pflegegrad 5

Sachleistung in Euro	in Prozent		in Prozent	in Euro
2.095,00 €	100%	< == >	0%	**0,00 €**
1.990,25 €	95%	< == >	5%	**45,05 €**
1.885,50 €	90%	< == >	10%	**90,10 €**
1.780,75 €	85%	< == >	15%	**135,15 €**
1.676,00 €	80%	< == >	20%	**180,20 €**
1.571,25 €	75%	< == >	25%	**225,25 €**
1.466,50 €	70%	< == >	30%	**270,30 €**
1.361,75 €	65%	< == >	35%	**315,35 €**
1.257,00 €	60%	< == >	40%	**360,40 €**
1.152,25 €	55%	< == >	45%	**405,45 €**
1.047,50 €	50%	< == >	50%	**450,50 €**
942,75 €	45%	< == >	55%	**495,55 €**
838,00 €	40%	< == >	60%	**540,60 €**
733,25 €	35%	< == >	65%	**585,65 €**
628,50 €	30%	< == >	70%	**630,70 €**
523,75 €	25%	< == >	75%	**675,75 €**
419,00 €	20%	< == >	80%	**720,80 €**
314,25 €	15%	< == >	85%	**765,85 €**
209,50 €	10%	< == >	90%	**810,90 €**
104,75 €	5%	< == >	95%	**855,95 €**
0,00 €	0%	< == >	100%	**901,00 €**

Stand: ab 01.01.2022

23 Quellen und Links

Gesetzestexte

Im Internet:

- www.gesetze-im-Internet.de:
  kostenfreies Angebot des Bundesministeriums für Justiz
- www.haeusliche-pflege.net, im Bereich Produkte, Downloads

Rundschreiben der Spitzenverbände der Pflegekassen und weitere Quellen:

- www.gkv-spitzenverband.de:
  Spitzenverband der gesetzlichen Kranken- und Pflegekassen: Hier findet man viele Rundschreiben, Rahmenverträge auf Bundesebene etc.
  - Gemeinsames Rundschreiben zu den leistungsrechtlichen Vorschriften des PflegeVG
  - Weitere Rundschreiben, Rahmenverträge und Empfehlungen auf Bundesebene
- www.mds-ev.de:
  Internetauftritt des MDS als Spitzenorganisation der Medizinischen Dienste; hier findet man alle Unterlagen zur Einstufungsbegutachtung einschließlich der aktuellen Begutachtungsrichtlinien, zu Qualitätsprüfungen sowie fachliche Stellungnahmen
- www.vincentz.net:
  Im Bereich Service finden sich viele aktuelle Gesetzestexte, Rundschreiben und andere interessante Texte rund um die ambulante Pflege

Bundesversicherungsamt:

- www.bundesversicherungsamt.de:
  Rundschreiben zum Verwaltungshandeln der bundesunmittelbaren Pflegekassen

- Koalitionsvertrag der Bundesregierung 2021-2025
  https://www.bundesregierung.de/breg-de/service/gesetzesvorhaben/koalitionsvertrag-2021-1990800

Urteile des Bundessozialgerichts

www.bsg.bund.de: Bereich Entscheidungen bzw. Presse

Zahlen und Statistiken

- www.bmas.de: Alterssicherungsbericht 2012 (über den Bereich Pressemitteilungen)

- www.bmg-bund.de:
  Internetseite des Bundesministeriums für Gesundheit: Hier gibt es spezielle Seiten zum Bereich Pflegeversicherung, auch zu Zahlen und Entwicklung
- www.destatis.de:
  Internetportal des Statistischen Bundesamtes, das für Amtliche Pflegestatistik zuständig ist. Die Pflegestatistik wird alle zwei Jahre jeweils zum 15. Dezember erhoben, die nächste 2017. Veröffentlicht werden die Daten in der Regel ein bis zwei Jahre später, die nächste also Anfang 2019.

Pflegedatenbanken:

- www.aok-pflegedienstnavigator.de (Angebot der AOK)
- www.pflegelotse.de (Angebot der Ersatzkassen VdEK)
- www.bkk-pflegefinder.de (Angebot der Betriebskrankenkassen, Bund)
- www.der-pflegekompass.de (Angebot der Bundesknappschaft)

Soziale Sicherung:

- Rundschreiben der Gesetzlichen Unfallversicherungsträger:
  http://www.vdek.com/Rentenversicherung für Pflegepersonen:
- Hinweisblatt: Frauen und Beruf:
  http://www.arbeitsagentur.de/ im Bereich Veröffentlichungen

Hinweisblatt zum Pflegezeitgesetz:

- http://www.arbeitsagentur.de/

Bücher:

- Andreas Heiber, Leistungskataloge und Vergütungen SGB XI 2018,
  Vincentz Network, Hannover 2019
- Andreas Heiber, Vertragsgespräche erfolgreich führen,
  Vincentz Network, Hannover 2016
- Andreas Heiber, Das Pflege-Stärkungsgesetz 1,
  Vincentz Network, Hannover 2015
- Utz Krahmer, Helmut Schellhorn (Hrsg.), Hilfe zur Pflege nach dem SGB XII,
  Vincentz Network, Hannover 2018
- A. Wingenfeld, A. Büscher u.a., Das neue Begutachtungsinstrument zur Festlegung von Pflegebedürftigkeit, GKV-Schriftenreihe Modellprogramm zur Weiterentwicklung der Pflegeversicherung, Band 2, 2009

Der Autor

Andreas Heiber, geboren 1963 in Bielefeld; langjährige Tätigkeit bei einem Bundesverband der freien Jugendhilfe, mehrere Jahre angestellt im Softwarevertrieb für den sozialen Bereich; 1993 Gründung der Unternehmensberatung System & Praxis Andreas Heiber mit heutigem Sitz in Bielefeld. Fachbuchautor (u. a. Ambulante Einsatzplanung, Kostenrechnung und Preiskalkulation, Beratungshandbuch SGB XI, Studienbriefe für die Hamburger Fern-Hochschule (Bereich ambulant), Stern-Ratgeber Pflegeversicherung, Bücher zu aktuellen Pflegereformen wie PNG, PSG 1 – 3, GVWG. Referent für viele Verbände und Kongresse (u. a. Altenpflege, Häusliche Pflege Managertag, Vincentz Akademie, Sozialgerichtstag, DATEV, Bank für Sozialwirtschaft), Unternehmensberatung für ambulante Pflegedienste mit den Schwerpunkten Organisation, Kostenrechnung und Vergütungsverhandlung, Entwicklung von Strategien und Quartiersversorgung, Ambulante Wohngemeinschaften sowie Umsetzung der gesetzlichen Veränderungen. Seit 2002 gemeinsam mit Gerd Nett (Arzt, Unternehmensberater) in der Unternehmensberatung System & Praxis tätig. Gerd Nett betreut insbesondere die Schwerpunkte Qualitätsprüfungen, SIS® und Einstufungen.